传记文库

特立，不独行

Beethoven

【德】费里克斯·胡赫 著
高中甫 译

扼住命运的咽喉

贝多芬传

新 星 出 版 社 NEW STAR PRESS

贝多芬手稿

目 录

译　序

音乐当使人类的精神爆出火花

——贝多芬

我喜欢贝多芬的音乐，敬重贝多芬的人品，一直想翻译一部介绍贝多芬的书，以表达我对他的热爱。有关他的著作可谓多矣，学究式的考证、学院式的论述、学术性的专著、各式各样的传记、同时代人的回忆录、作品的分析等等，不一而足。这中间当然不乏已成为研究和了解贝多芬的经典性著述。可我想到年轻的读者，他们喜欢贝多芬的作品，或者开始喜欢。我在他们的年纪时，就渴望对这位伟大的音乐家知道得多些，更多些。我想他们也会是这样的。但专业性的、学术性的著作对一般音乐爱好者似乎艰深了些，距离也远了些。于是我挑选了费里克斯·胡赫这部描写贝多芬生平与创作的传记小说。

贝多芬是位开辟了音乐史上一个新的世纪的艺术家，他有着一个天才的音乐家的禀赋，这是常人所不及的，但他也有着一个人的喜怒哀乐、七情六欲，这是与常人相同的。把一个艺术家不仅作为艺术家来理解，同时也作为常人来描写，我认为这是这部传记小说的一大长处。正因如此，它使读者对这位音乐天才感到亲切，为他困厄的一生悲愤、伤怀，为他的斗争和获得的胜利欢乐、欣喜。

贝多芬的一生充满了痛苦；他有一个悲惨的童年，还在少年时候，便不得不忍受成人的苦难；他在青年时代，渴求爱，也怀着炽烈的爱去爱人，但在爱情上却一再失意，经历了多次痛苦和令人伤感的恋爱，终生孤独；正当创作力鼎盛时期，他患严重的耳疾，对于个音乐家说来，还有比失聪的打击更沉重的吗？当他处于成熟时期，他又不幸陷入同弟媳和侄儿的纠葛之中，对他那可怜而又可憎的侄儿的病态之爱，使他丧失了宝贵的时间、精力和健康，付出了沉重的代价。

但痛苦不能使他屈服，他在痛苦中始终高扬起头颅，在搏斗，在奋击。平庸而又爱慕虚荣的父亲，几乎使贝多芬对音乐憎恶起来，然而他的音乐禀赋和他的勤奋，终于使他踏上了一条正途。父亲的酗酒和母亲的早逝，使他失去了童年的幸福，还在别的孩子无忧无虑地享受欢乐和爱抚的时候，他却将承担整个家庭的重任，然而他成功地持了这个陷入破灭的家庭。耳聋使他濒于崩溃的境地，还在三十二岁时就写下了令人心碎的遗嘱，然而他克服了命运的打击，喊出了：“我要扼住命运的喉咙，它决不能把我完全打倒。”差不多与此同时，他完成了清明恬静然而激昂振奋的《第二交响曲》。他爱情上不断遭到挫折，然而每一次痛苦和哀伤经过搏击都化为欢乐的音符，构成了壮丽的乐章。一个命定痛苦和孤独的不幸的人，却终生讴歌欢乐，鼓舞人们向上，这是何等伟大的人品，何等高尚的性格，何等坚毅的精神，何等超人的勇气！贝多芬的一生，本身就是一部同命运、同世界、同自己的灵魂进行斗争的雄浑宏伟的交响曲！

在贝多芬的日记里有一句话：“谁想收获欢乐，那就得播种眼泪。”这是一个过来人的沉痛之语。他的作品中的欢乐，那是经过斗争由痛苦铸成的。“经过痛苦得到欢乐”，这是他用自己的心血凝成的一句名言，是他毕生的写照，后人，特别是身处逆境的人都能从中汲取到力量和勇气。

听到贝多芬音乐的人，有谁不感到振奋，不燃起对生命对生活的热爱？你若是有更深的理解，那么，即使在悲哀沉痛的乐句里，也依然能听到斗争和希望。是啊，如同他所说的："谁能悟透我音乐的意义，便能超脱寻常人无从拔出的苦难。"我们渴望更多地了解贝多芬的一生和他的作品，这样我们才会对这隽永之语有更深的体会。费里克斯·胡赫的这部作品，在某种程度上能满足我们的这一愿望。

费里克斯·胡赫出生于一个文学世家，原是个医生，但酷爱音乐和文学。在一九二七和一九三一年他先后完成了这部小说的第一部和第二部。在一九四一年和一九四八年又完成了《莫扎特》和《莫扎特在维也纳》，这使他在文坛上博得了名声。此外他还写有《德累斯顿随想曲》等。

在这部《贝多芬传》中，作者怀着诗人的激情，以巧妙的构思，细腻的描绘和生动的语言，为我们塑造了一个伟大的受难者的形象。书中的人物都是历史上实有其人的，书中的情节也多是以事实为依据的，但在一些细节上也借助了想象力，不过它们不是作者的凭空臆想，而是符合人物思想和性格的逻辑发展的构思。传记小说应当既是传记又是小说，这一文学体裁不同于凡事都有所本的传记，亦非完全出于虚构的小说。它应该总体是实，细部为虚：大处是真，小处是诗。一部普通的传记，它告诉读者的是一个历史人物的生平，而一部传记小说，它呈现在读者面前的是一个历史人物的艺术形象，或者说是形象化了的历史人物，具有审美的价值。

胡赫在广泛研究和充分占有材料的基础上完成了这部作品，虽然对一些历史事件的处理，一些事实的取舍，安排的比例等方面不无值得商榷之处，但作者成功地塑造了一个生动的、有血有肉的形象，使贝多芬这个人物具有强烈的艺术感染力。有些章节确实令读者饱含泪水，长歌当哭啊！作品中其他一些人物，如内弗、布洛宁夫人、布伦斯维克姐妹、贝蒂娜，也都是感人的，富立体感的。《新音乐观察》杂志在谈及这部作品的成就时指出："胡赫的贝多芬小说，无疑属于这个巨大题材中最强有力的富有诗意的创作。只有一个诗人才敢于从事这样重大的任务，把贝多芬的生活，他的发展和他的完成写成一部长篇小说。”

作者在这部作品的后记中说，他既非音乐史家亦非职业音乐家。因此，我们不能从专业和学术的角度来要求和评价这部作品。这是一部小说，作者塑造的是他理解的贝多芬，对贝多芬作品的阐释也是基于他自己的理解，不言而喻，这有着主观的色彩和幻想的成分。作为一个诗人，他有这样的权利，也正当地和成功地使用了这种权利。在这部作品刚出版时，有的评论家指出，这本书不一定受到专家们的看重，但是那些对贝多芬和他的作品感兴趣的人是会欢迎的。这是正确的。我想，我们的年轻读者，那些喜欢和开始喜欢贝多芬和他的作品的音乐爱好者是会欢迎这部作品的。读了这部小说之后，会对贝多芬产生更大的敬意，对他的作品更为喜爱。

这部作品是译者根据 Bastei-Lubbe 出版社一九五七年版本译出的。在翻译过程中，我尊敬的德国友人缪勒(K · J · Müller)先生先后惠寄有关书籍和资料，使我得益甚多，这里向他表示衷心的谢意。

译文不妥和错讹之处，还望读者指正。

高中甫

于本书再版之际

第一部

贝多芬的青少年时代

第一章

十二月的一个夜晚。群星从蓝黑色的天空向下闪烁着光辉，倒映在静寂而奔流着的莱茵河里。波恩，这座古老的科隆大主教的都城在沉睡，坐落在波恩巷的那些房屋延伸在黑暗之中，只有从后街一处房子的阁楼窗户里露出一丝微弱的亮光。

里面的一个年轻母亲在难产。房间矮小，粉刷石灰的墙壁光秃秃的。混浊的油灯只暗淡地照亮了很小一块地方；一个小火炉烧得通红，空气灼热得几乎令人难以忍受。

一个上了年纪的女人坐在靠背椅上，热得昏昏沉沉，她睡着了；在她漫长而困苦的一生中，沉重的负担几乎把她压垮了。她伺候的年轻女人由于痛苦而精疲力竭，她入睡了，但睡得很轻。在她和善的面孔上，劳动和忧愁已刻下了一两处过早出现的皱纹，现在她脸上泛出一丝微笑。她在梦中。——

"快来，伦欣，"她听到父亲在喊，"你可以跟我去了，今天宫里有好玩的！"她欢叫着跳了起来，抓住父亲的手，同他一道上路。——宫殿就坐落在河边。他们进入厨房。味道多么美呵！厨师们穿着洁白的围裙在巨大的包铜的灶旁忙碌着。厨师长恭敬地走了过来，向父亲报告些什么。随后他用银勺舀了一盘汤。——父亲表情审慎地尝了几口。“嘿，小馋猫，你也尝尝！”——汤的味道多么美呀！——“别这样匆匆忙忙的，孩子！要把你的胃烫坏的！”——可是她还是狼吞虎咽地喝了下去。

“你们看这个孩子！”父亲喊了一声，厨师们开始笑了起来。——噢，好痛呵！她的腹内在发烧，越来越厉害。她大声地叫了起来——她醒了。

老女人睡得迷迷糊糊。她费力地立起身来，走到床边，嘴里咕哝了几句。随之，两个女人又都返回梦乡。

玛格达莲娜站在城堡雉堞的上边，望着田野。她的目光搜寻着莱茵河另一岸架在摩塞尔河上的古老大桥，逡巡着沿河顺流而下的公路，直到莱茵河的转弯处，她才把目光收了回来。母亲站在她的身旁，穿着孀居的服装。深陷的双目从多皱纹的脸上闪着光泽。“孩子，你又在望那个波恩人？算了，别望他了！看来事情不怎么好呵！”

“妈妈，你夜里在什么地方？”

“在教堂的台阶上，每夜都在那儿。只有那个地方才有幸福！别想那个波恩人，那个三心二意的歌手了！”

这时响起了一支美丽的歌曲，有吉他伴奏。母亲不见了。他站在她的面前，她扑向他的怀里。“约翰！”她喊起来，“约翰！”——她醒了过来。“约翰！你在哪儿？”可是她那搜寻的目光看到的只是睡着了的老女人。腹痛又重新对她进行袭击，仿佛它利用她的睡眠集聚起新的力量。一场沉默的角逐开始了。她的额头冒出明亮的汗珠，两手握成拳头在痉挛，咬紧牙关。不要叫出声来！不要把可怜的老女人过早地喊醒！在一阵新的剧痛冲击着她的期间，她因为没叫出声来而满意地露出微笑。

若是他现在在她身边多好啊！——微笑消逝了，她的嘴唇周围流露一种酸辛的表情。他参加演出的歌剧早就结束了。肯定他和一两个酒肉朋友在酒馆喝酒，把钱都喝掉了，而这钱她为维持这个家庭是多么急需呵。在这一年里，从她生下第一个儿子之后，他变得太快了。他那个时候多好呵，是那么关心她！他几乎是足不出户；那个小路易生下来时，他是多么幸福；而孩子几天之后就死了时，他又是多么绝望呵。——今天呢？他还真的喜欢她吗？酒控制他的力量越来越强大，而她留在他心里的力量却越来越微弱。若不是这样，那他就会坐在她的床边，把她的手握在自己的手里。——她多么可怜，多么苍白！泪水盈眶。不，不能哭，这会伤害孩子的，他会一生都愁容满面的！她的孩子呵，她现在用一个孤独的愁苦的母亲的全部激情来爱她的孩子呵。但愿会再是一个男孩！上帝这次不会再把他从身边领走吧！万能的主呵，你不会这样残忍的呀！

噢，痛呵！痛到头了，她明显地感觉到了，她必须把接生的女人叫醒。在这不久，一个男孩的有力声音充满了狭小的房间。

"是个男孩，贝多芬太太！"接生婆喊道，并把这个小生物递给了她。玛格达莲娜长时间地看着他，她那善良而温柔的眼睛充满了泪水。——"感谢你，上帝！"她轻轻地说。——在这之后，像邻居一样，波恩巷中的这座后街的房屋也变得一片黑暗。

群星继续地在天空中漫游。午夜早已过去了。木星升在天穹的顶端，它在行星群中发着光亮，把光华洒向大地，洒向莱茵河畔这座昏暗的小城，洒向这间昏暗的小屋。它的光亮透过窗户，照在摇篮上，柔和的光线在孩子的四周闪动，他恬静而安详地沉睡，等待着孩子的该是一个什么样的未来呢？

教堂的钟响了三下。市集旁的一家小酒馆的门被打开了，几个晚归的酒鬼冲了出来，静谧的覆盖着白雪的广场上满是他们的戏谑声和笑声，直到他们彼此分手各自走上归家的道路，这喧闹声才消失。其中的一个踏向附近的波恩巷。他看来非常兴奋，时而畅怀大笑，他不断地自言自语，最后说什么，要给那个混蛋的意大利人点颜色看看。他没有再重复说下去，而唱了起来，唱的是一支意大利式的华彩段，他那漂亮的声音在静寂的巷子里颤动着。

"向我学一学吧，意大利人，若是你也能的话，向贝多芬这个可怜的德国歌手学学吧！试试看，我在听着呢！"随之爆发出一阵嘲弄的笑声。"你没有兴趣？那好，另找个时间！我就住在这儿。"

他打开沉重的大门，穿过走廊直到后院，开了房门，登上楼梯，进入卧室，点上油灯。他的目光一下子落到摇篮上，落到他妻子苍白而闪着光辉的眼睛上。

“伦娜！”他喊了起来，“伦娜！我没有在你的身边！”他那颀长、削瘦的身躯矮了半截。“伦娜！请原谅我！”他啜泣着膝行到床边，把脸埋在被里。

“约翰！”妻子说，随之她沉默不语。她用手轻轻地抚摸他的头发。

“伦娜！”他啜泣地喊道，“好人，神圣的人！”

“约翰！我的约翰！”她温柔地说，“安静些，约翰！一切都很顺利！我爱你，你还是爱我的吧，是吗？”

“我向你起誓！”她的丈夫叫了起来，吻着她的双手，她赤裸着的胳臂，她的颈部。

“约翰，”她温存地把他推开，“先看看你的孩子呵！是个男孩！”

约翰·范·贝多芬立起身来，走到摇篮旁。孩子已经醒了；他那双大而乌黑的眼睛严肃地望着父亲。他好长一段时间凝视着孩子；随后，他又跪倒在妻子的床头。

“你怎么不说话呢？”她轻声地问道。

“伦娜！在我们的孩子面前我向你发誓：我要学好！我要永远留在你的身边！我决不再让你埋怨我！我决不再让一滴酒沾我的嘴唇！”他为自己的这种高尚行动而激动，泪水重又夺眶而出。

“约翰！谁要你这样做呵！”

“是我要求这样做！你会看到，我这次是遵守诺言的！”

“不，约翰！根本不需要这样！你只要像一年前那样就行了！那我该多么幸福呵！”她疲倦地闭上眼睛。

“我答应你，伦娜！我答应你，我起誓！你一定会满意我的，一定会同孩子快乐的！”

她的脸上泛出一丝幸福的微笑。“谢谢你，约翰！让我们睡吧，我的亲爱的！”

丈夫在她的额头印上一记亲吻。随后他又一次走到摇篮旁。孩子还一直醒着，用目光严肃地死盯住父亲。——他感到某种不快，转过身来。——“晚安，伦娜！我在下面的沙发上过夜。晚安，亲爱的，我的好人！”

母亲还长时间没有入睡。这幸福太巨大了。今天她又重新地得到了孩子和丈夫。我的上帝，他还在呼吸？一阵突然的恐惧攫住了她。她用手触摸摇篮，触摸孩子的被。于是一股几乎看不见的温暖气息吹抚着她的手。她松了一口气，倒了下来。终于她也进入了甜蜜的睡乡。

天穹中的群星变得苍白，只有熠熠闪光的木星还抵抗着越来越亮的黎明。但它也终于消逝不见了。通红的太阳升上了覆雪的屋顶。天空一片澄蓝。无垠的田野穿着洁白的服装，闪着光辉，庄严肃穆；从无数计的透明的光束中，色和光十分和谐地迸发出来。

波恩巷还依然沉寂、孤独。突然，两个孩子从街角冲了过来，相互投掷着雪球，在皑皑白雪中欢叫着扭打在一起，这时一个上了年纪的先生从他的房子里来到街上，两个孩子就围着他追逐起来。他想骂他们一句，但他没有这样做；他感觉到生活的清新。在他还未来得及更多思索时，两个孩子就跑开了。

“黄金般的童年！”宫廷乐队指挥范 · 贝多芬自言自语说道。随后他裹紧他的红色大衣，迈着均匀的步子，积雪在他脚下嘎嘎作响，他向儿子的住房走了过去。

在二楼的门前他敲了四下，头三下是同样的强度，而第四下则格外加重。没有回答。他又敲了四下，可这次敲得愈来愈慢，但却愈来愈有力，而最后一下又格外加重。可依然沉寂无声。于是他开开了房门。从沙发上传来了强烈的鼾声。老人走到跟前，望着沉睡者漂亮可却显得疲惫的面庞，摇了摇头。随后他爬上楼梯，在一扇低矮的屋门前停下了脚步；他呼吸急促，心脏急遽地跳动，在这儿他又重复地敲了四下房门。

“进来，亲爱的父亲！”从里面传出来温柔的声音。宫廷乐队指挥走了进来。他那闪着光泽的眼睛向暗处望去。一股令人窒息的空气扑面而来，这使他几乎喘不过气来。“啾，孩子，你好吗？你好吗？”他一边问一边摸索着向前。

“很好，父亲！您看摇篮那儿！是一个男孩！”

“玛格达莲娜！”他的声音颤抖起来。“哪儿？要看看！”他蹒跚到窗前，把窗帘拉开，光线溢满开来。

“玛格达莲娜！多么幸福呵！谢谢你，我亲爱的女儿！”老人骑士般俯身向苍白、年轻的母亲，吻了吻她的手。她幸福地微笑着。

“啊，小家伙在这儿！你是这副样子！”他俯身在摇篮上，褐色的双目灵活地在闪着光泽。他的孙子在沉睡之中，紧握着两个小小的拳头。

老人久久伫立不动。“玛格达莲娜！”他终于轻声地说，“这是主的恩赐！上帝听到了弦的乞求。一个男孩！有了后代了！是一个真正的贝多芬！他的额头隆起得多么漂亮！看吧，这个孩子会成为一个音乐家！”

“只要成为一个正直的人，我就满意了。”年轻的母亲回答说，她脸上的微笑慢慢地消逝了。

“一切都好吧？”老人问道。

“都好，亲爱的父亲，我谢谢您。”

“你们怎么给他洗礼？”

“还是用您的名字，父亲，如果您喜欢做教父的话。”

“当然喜欢，我要做的！”他再次吻了吻他儿媳的手。“再见！和孩子好好保重身体！今天下午我再来。”他庄重地躬了躬身，随后走了。

宫廷乐队指挥进入他自己舒适而温暖的屋间。房中还留有优等烟草的芳香。他快意地吸了一口气，他想起来了，他没有抽完他的烟斗，于是重又把它点燃起来。前厅里响起了沉闷的钟声。

排练复活节弥撒的节目还有时间！他把一把躺椅拖到窗边，喘了一口气，轻松地坐了下去。房间里十分安静。他坐了一会儿，吸着烟，陷入沉思之中。

随后他又立起身来，把烟斗放到原来的地方，从柜中取出一只皮夹。这里面放的是他的家谱。一株嶙峋的橡树，这是一个优秀的艺术家画的，它上面挂着一些小的徽章，写着家族成员的名字。老人把天鹅羽毛笔蘸了蘸墨水，用沉重坚实的手在一个空白的徽章上写下路德维柯斯。他虔敬地看着纸上的墨汁慢慢地干掉，当墨汁终于全都被吸收了时，他深深地叹了一口气。他把双手交叉在胸前，轻轻地说："上天的伟大的主啊，你又使我们有了后人。让他活下去，使他成为一个比他父亲更好的人！"

他慢慢地把目光从一个徽章移到另一个徽章。古老的图画在他眼前浮动起来。他的先人是弗莱芒的农民，贝多芬家族是昌盛的，这就像他们故乡的肥沃的土地一样。这个家族的一支移居到安特卫普。在新开路有一座小的房屋。在门的上方悬挂着一块傲然的牌匾，上书《Sphaera Mundi》，——《地球仪！》——但在里面却是贫穷和困苦。裁缝的职业无法养活十二个孩子。父亲坐在低矮的板凳上。针线与他那强有力的双拳太不相称了，它们用来打人更合适些。正如所有姓贝多芬的一样，他越是发火，家里越是贫困，而孩子们就越是经常吃到他的拳头的苦头。可有一次，当他无缘无故殴打十八岁的大儿子时——这时孩子早已当了一名合唱队的队员，自己挣到面包了——，儿子便从家里跑掉了，他再没有看到他的这个儿子。

当这个血气方刚的歌手来到克莱门斯·奥古斯特的富丽堂皇的宫殿时，那是多么幸福的年代呵。他很快就爱上了约瑟芬，娶她为妻。可怜的约瑟芬！她还不如死去！当病魔在吞噬着她的生命时，她同丈夫分开了，被送进科隆的修道院。

啊，这儿，是他的三个孩子的名字。有两个标上了十字架[①]。从他胸中发出一声深深的叹息。约翰内斯！这是他惟一活在世上的一个儿子，他是他的整个希望呵；他继承下来他那副音色优美的嗓子，可却没有继承他的性格。轻浮，没有毅力，嗜酒如命，他带给他的除了忧虑和苦恼没有别的。还有这

①死亡的标志。——译注

个婚姻！可怜的玛格达莲娜！她是那么心地纯洁、善良，是一个少有的贤妻良母。但却不是一个他必不可少的女人，不是一个能使丈夫听从规劝的女人。她把他看成是一个神一样，常说，他应该和一个高贵的、富有的姑娘结婚。

“可怜的莲娜！”老人喃喃道，“若是当初你没有遇到他，你的命也许更好些！”

他倏地站了起来，把皮夹放回原处，从柜中一个秘密角落里拿出一个用摩洛哥羊皮制成的小匣子。里面有一枚美丽的纯绿宝石指环，这是死去的选帝侯为庆祝他在宫廷乐队歌唱二十五年赠给他的一件礼物。“我要在今天洗礼之后戴在她的手上，”他自言自语道，“约翰是不会送给她什么的。最好是给她钱，这个可怜的女人。可是不能，今天不能！今天不应当让她想到贫困苦难。”

钟声把他从沉思中惊醒过来。该是排练的时候了！他会迟到的，三十八年来，自从他来到波恩这还是第一次。他匆忙地把指环放回原处，锁上柜子，穿上红外衣，从克拉维卡[①] 琴上拿起乐谱，前去宫廷乐队。

乐师们都已集聚在舞台上，他们压低了声音交谈，以免影响他们的上了年纪的风琴演奏家范 · 顿 · 埃顿，他是乐队指挥的同乡和朋友。埃顿由于等候而疲倦得靠在风琴上入睡了。贝多芬的到场惊醒了他。他向老朋友点头致意并疑问地望着他。“你可以向我表示庆贺了！”乐队指挥用弗莱芒语说，“一个男孩！一个漂亮的小家伙！”随即他登上指挥台，举起了手。风琴的和弦声在大厅轰鸣，合唱队欢快地插了进来：

> 欢乐吧，欢乐吧，世上的人们！
> 解救你们的人，今天已经诞生！

---

①克拉维卡（Klavichord），十八世纪常见的一种古钢琴。——译注

第二章

从孩子诞生之后，约翰·贝多芬看来确实变好了。他忠于对妻子的许诺，避免和他的那些酒肉朋友交往，只在家里喝一些简单的饮料。房间里响起了他欢乐的笑声和愉快的歌声，他唱的是那么漂亮，在波恩没有一个人能唱得像他那么好。就是他的父亲现在也对他感到满意了。他以火一样的热情完成他在剧院和在乐队中的工作。当乐队指挥从指挥台上望到站在台上的儿子时，他为自己有这样的儿子而骄傲。没有一个人像他那样英俊，那样漂亮；没有一个人在举止上虽则是疏懒却风度不凡，这可不是能学得到的，它一定是天生的。约翰是从什么人那里得到的，老人自己也不知道。任何一个人都没有他那副出色的嗓子。现在有那么多学生在跟他学唱，要多少有多少。波恩的上流人家都请他去做教师，这带来一笔很好的进项。一当他拿到薪俸或者一笔可观的酬劳，就兴高采烈地回到家里。——“莲娜！到这儿来，坐下，闭上眼睛，解下围裙！”一捧铮然有声的钱币倾倒在她的怀里。“亲爱的，过家用，够吗？”——玛格达莲娜把丈夫拉到身旁，吻他。——“约翰，你真是个好人！等着，现在你该得到报答！”她去给他拿来一瓶本来是准备节日用的好酒。

那当时贝多芬夫妇过着一种美满的家庭生活。在经济上，无论是丈夫还是妻子都没有感到困难，他所赚到的，也随即用光了。但是他们生活得很好，很满意，享受着他们并不过分的乐趣。

玛格达莲娜命名日这一天成了欢乐的顶点。约翰整天在城里奔波，到男同事和女同事那里，到乐队的乐师们那里，到园丁那里，到饭馆老板那里，到糕点铺里。晚饭之后，他以庄重严肃的口吻要求他的妻子去睡觉。楼上楼下川流不息。弄来了桂树和彩带，房间被装饰成了一座真正的神坛。在旁边摆上了乐谱架，乐师们在轻轻地定弦。一切准备停当了，于是约翰到卧室唤醒他的妻子——她当然没有想到睡觉——让她再次出场。他庄重地陪她走到神坛前，坐在下面的一把饰满花朵的安乐椅上。这时通往旁边房间的门打开了。随着一声欢快、嘹亮的喇叭声，音乐响了起来。四周的邻居都醒了，穿着睡衣睡裤站在窗前。善良的玛格达莲娜幸福地坐在那里，在这把宝座式的安乐椅上她局促不安；因为她本来就不想成为人们瞩目的中心，她宁愿把这种场面留给她的丈夫。随后，摆上桌子，开始豪饮，美餐。当大家都感到酒意盎然时，奏起了舞曲，人们的脚都动了起来。——“停下！”玛格达莲娜喊了声，“这不行呵，已经是午夜了！我们四周的邻居该怎么说呢？”——“他们能安静地入睡！”她的丈夫喊了起来，并脱掉了鞋。所有的人也都随着脱下了鞋，尽管有的袜子上都开了洞。欢乐一直延续到凌晨。

路德维希长得矮小结实。他三岁了。在更早的时候，他得了痘疮，这在他褐色的脸上留下无数小小的疤痕。他的父亲观望他时经常摇头，向镜里投了得意的一瞥，说道：“我居然有这么一个丑陋的儿子，他这可不是因为我呵！”

他的妻子对这种抱怨不予理睬，她的孩子是漂亮的。她的丈夫根本不懂，尽管他在其他方面比她懂得多。她的公爹对他儿子约翰的观点也完全不赞同：“漂亮？不，路易斯可不是通常的那种漂亮。你知道，玛格达莲娜，对于男人来说，漂亮可是大自然的一份危险的礼物。那些漂亮的男人多半是没有什么出息的。至于说丑陋，这话可说得愚蠢。他的额头隆起得多么漂亮！他那双灰眼睛多么炯炯有神！我们对他满意极了！”

宫廷乐队指挥对他的孙子十分宠爱，他把许多时间都消磨在孩子身上。他就住在斜对面，这样小家伙不久就能单独一个人跑到他那里去。小孙子坐在地板上，一个人玩耍，轻轻地自言自语，再不就唱着歌，而祖父坐在他的躺椅上，抽着烟斗，目光沉思地落在孩子的身上。

一七七三年的圣诞节就要到了。在节日的第一天，约翰就分发了礼物。祖父已经决定在圣诞之夜给孙子点燃一株小树。下午他领着小家伙去做通常的散步。经过一两个星期潮湿、寒冷的阴雨天气，又落了一场新雪，波恩裹上了一层熠熠闪光的新装。

两个人在雪地穿行，老人迈着缓慢的步子，免得孩子走得太快，可孩子却总是往前冲，这吸引了一些过路人的目光。两个人都穿着节日的服装：宫廷乐队指挥头戴一顶漂亮的褐色皮帽，身着红色的布大衣，穿着黑色丝袜和漆皮鞋，鞋上银色的结带在阳光中闪闪发亮。孙子一身全白的羊绒衣服，在他身边橐橐地走着。乐队指挥时而遇到一个熟人，彼此寒暄几句，相互祝愿节日幸福，而这期间小路德维希则不耐烦地往前奔去。他们从波恩巷踅入市场，小家伙突然欢叫了一声，乐队指挥也不由自主地站住了。

市场周围那些鳞次栉比的房屋，今天都头顶闪闪发光的白雪，直矗向碧蓝的晴空。积雪下的屋顶和弯曲有致的房脊呈现出奇奇怪怪的形状。市集正面的市议会和它那漂亮的露天台阶，这一切今天构成了一幅多么完美的图画！

小家伙继续往前挤去。“走啊，爷爷！《逃兵》！”——“对，路易斯，是《逃兵》，我们可不能错过。”

他们继续走下去，在市议会旁拐入街角，不久就站在大主教官邸前装饰着塔楼的前庭。从塔楼上响起了著名的钟琴。

路德维希安详地停住脚步。“跟着唱，爷爷！”老人听从了，他轻轻地哼哼着蒙西尼[1] 这部受人喜爱的歌剧中的旋律，这旋律他听了上千次，也唱过上千次；这期间小家伙的清脆声音响了起来，这个三岁的孩子唱歌要比说话好多了。老人对孩子的快乐是多么由衷的喜悦呵。但这首乐曲每次都使他感到少许的悲戚，因为正是在这部《逃兵》中他曾扮演了一个光辉的角色，他已经有两年多不演唱了。

他俩缓慢地沿着宫殿的四角走着，来到了庭园，长长的林荫路和覆雪的松树围墙给孩子们提供了一个再好没有的捉迷藏的地方。一场好玩的游戏要开始了，孩子要爷爷站在一个易见的地方不动，自己打算藏起来；就在这当儿，从拐角走过来两个身穿华丽服装的大人物：选帝侯马克斯 · 弗里德利希和他的身握大权的首相贝尔德布施男爵。乐队指挥急忙把孩子拉在一边，摘下帽子，恭顺地站在那里，等着两人的到来。

“啊，亲爱的贝多芬！”选帝侯说，这是一个身材短小，和颜悦色的老人，“您也在享受这美妙的天气？您戴上帽子！天气很冷，您也不是年轻人了。呶，这是您的孙子？好一个强壮的小家伙！长得跟他的爷爷那么像！”这位统治者好意地用戴着手套的手去抚摸孩子的坚实通红的面颊。孩子似乎觉得这种亲热太过分了，于是用劲地抓住选帝侯的手，把它推向一边。两位大人物都笑了起来。

“一个真正的贝多芬！”选帝侯说，“他知道他要干什么。孩子有音乐的天赋吗？”

“有一些，殿下。《逃兵》中的旋律他唱的很不错了。”

“和他的爷爷一样了，”选帝侯说。“我不想再留您谈下去了，那样您的孙子的脚该冻坏了。再见，亲爱的贝多芬，今天晚间为基督举行弥撒时再见！”说完他和蔼地点了点头就同他的陪同者走开了。

“贝多芬变老了”，当贝尔德布施同选帝侯走到乐队指挥听不到的距离时，他这样说道。“该让他退休了。卢切西也着急了，他告诉我有好多年薪一千古

---

①蒙西尼（Monsigny，1729–1817），法国作曲家。——译注

尔登的聘请。如果我们还这样地长期留住贝多芬不放，那他就要走了。”

“贝多芬更便宜些。”选帝侯从容地回答说。贝尔德布施叹了一口气。“但愿殿下用在音乐上的钱能稍多一点！贝多芬是一个说得过去的合唱队领唱，可他却从来不是一个乐队或歌剧的指挥。他也从来就没有学过！这个人除了学过歌唱之外，什么都没有学过！”

“Mon dieu[①]，卡斯帕尔！”选帝侯叫了起来，“是谁向我提议要贝多芬做乐队指挥的？”

“此一时彼一时也，殿下！当您的先人去世时，他留给我们的是一大堆债务，那个时候是能节省的地方就要节省；因此我们才不得不把那个宝贵的意大利人解聘。感谢上帝，那样的时候已经过去了！现在我们的口袋里钱多了一点。”

“好像你的那位女修道院主持也是这样想的，”选帝侯说得直截了当，这使这位圆滑狡黠的外交官一下子脸红起来。“弗拉门特，卡斯帕尔，女人们已令人厌烦了；我不要，我最好永远不见到她。”

贝尔德布施又恢复了镇静。他朝着他的这个至为尊敬的主人瞥了一眼，目光中含有一丝嘲弄的味道。他比选帝侯高出了整整一头。

“我觉得，卡洛琳还一直是一个标致的女人，”他说，“但如果殿下对此有异议的话，那我愿意赞同您的意见。”

“最好是这样，”选帝侯说，“但是玩十五子游戏[②]时她还是要来，可要安分些，我不愿意缺少她。”

“这对她是一种荣幸，”贝尔德布施用毫无表情的口吻回答。“如果殿下允许我，”他极有兴致地继续说，“在这事谈完之后再回到我们的话题：说真的，不能再这样下去了！如果有什么访问的话，那我们会感到羞愧的。教堂和剧院统共只有八名歌手！一个十四人的管弦乐队，其中几乎连一个吹奏的都没有！这用于教堂还可以，但用于舞台就差多了！难道殿下就老是满足于这个

①法语：我的上帝呵。——译注

②一种双方各有十五枚棋子的游戏。——译注

袖珍型的剧院？殿下，您该让贝多芬退休，命卢切西继任，让玛蒂奥里做首席小提琴——”

“这要成千的古尔登。”选帝侯说。

“加强弦乐部分，”贝尔德布施不为所动地继续说，“再添一两支笛子、双簧管和圆号——”

“再来一打歌手。”选帝侯笑着打断了他。

“——那时我们就像个样了，”贝尔德布施继续说，“我们就能人饱耳福，甚至能听到一场大型歌剧了。”

“这一切要多少钱？”

“要不了命的，殿下。我们的纳税人不就是做这个用的吗！”

“卡斯帕尔，”选帝侯说，他用自己的胳膊碰了碰他的陪同者的胳膊，“我必须再次告诉你，我把政府整个都交给了你，因为我过去相信你。”

“过去？”贝尔德布施叫了起来。

“现在也还相信，”选帝侯改正说，“因为我遗憾地知道自己缺少治理的才能。你使我省心省力，卡斯帕尔，这我得向你承认。但有时我也犯疑，我把所有一切，政府的一切操劳都放到你身上，是否做得妥当。这一定是由神安排的，卡斯帕尔，是这样吧？对此我们是不应当怀疑的。”

“殿下，请允许我说一些我对此的个人意见。”

“我现在六十五岁了，人一变老，这样一类的念头就会涌上脑际。我在设想，如果我死了，那我应当在上帝面前对我的统治进行结算。我别的没有什么可说，可我没有对任何人有意地行恶；除此，我毕生随心所欲地享受了乐趣。”

“殿下，这足够上天堂的了。也许您要把您的钱财带入坟墓？您的先人用于玩乐上的花费不是比我们有十倍之多？人民为了我们的节制而感激我们，殿下，您是熟悉这首美好的歌的：

‘在克莱门斯·奥古斯特年代，

人们像在天堂一样，穿蓝戴白。

在马克斯·弗里德利希时期，

人们穿黑戴红像在荒年一样挨饿忍饥！'”

“现在我们的收入有多少？”——“一年整整二百万古尔登。”

“一笔可观的数目，卡斯帕尔！我们这块狭小的土地承受得了吗？人们不会在捐税的重压下唉声叹气？”

“每个人都唉声叹气，即使没有什么可唉声叹气的。但是我觉得，殿下又听到有人对我的抱怨了。”

“是的，卡斯帕尔！人们认为你的治理过于苛刻和严厉了。”

“无赖们是不满意的。”

“人们不仅抱怨税重。审判经常是自行其是，有法不依。”

贝尔德布施停下脚步，把他的胳膊抽了出来。“好的，殿下，如果您不再对我信任了，那我今天就提出辞呈。”

“Mon dieu，卡斯帕尔，你怎么成了这么个爱发火的人！我只是问问而已！卡斯帕尔，你知道，我是一个善良的人，我希望我的人民幸福、满意。”

“在整个德国，您的人民是最幸福的了。您看看普鲁士！它的那位伟大的国王老是有打不完的战争！您看看黑森！选帝侯把他的人卖给英国去当炮灰。可在科隆大主教管辖地之内，人们有什么感到不幸福的呢？在教会的治理下他们过的一直是那么好！可这些无赖们过得越好，就越是不满意。”

“你使我心上放下了块石头，”善良的老选帝侯说，“我从没有怀疑过你，但我要再次从你那儿得到证实，我是能信任你的。卡斯帕尔，高兴些！法国芭蕾舞团什么时候来？”

“后天，殿下。女主角也许应该在宫中下榻？”

“她值得吗？”

“她有一双最漂亮的大腿，这是我从没看到过的。”选帝侯粲然一笑，表示满意。

当爷爷和孙子到家的时候，天还没有黑。老人要路德维希今晚睡在他这里；这样他就有充足的时间来消磨这个晚上。他把孩子带到他的卧室里，然后在起居室里点燃圣诞树。随之他让一个银制的小钟响了起来，于是孩子迸发出一阵欢呼。他领着孩子进入起居室，为孩子的喜悦而感到幸福。到孩子该睡觉时，他给他脱掉衣服，把他放到自己的床上。这时才八点钟！离午夜弥撒还有四个小时。他突然感到一种少有的疲惫，于是他决定也躺下稍许休息休息。为了不误事，他把那只巴黎小闹钟放在头边，在孩子身边舒展开四肢。小家伙有一阵睡得不大安静，他在梦中大声笑了起来。爷爷把孙子紧紧拥在身旁。当他感觉到孩子松弛的四肢紧贴在自己身边时，当他感觉到孙子的小脑袋偎依在他的胸脯上时，一阵幸福感攫住了他。

他睡着了。他在做梦，他坐在明斯特大教堂里。正举行弥撒，是那样美好，他还从没有经历过。在圣餐时从空中飘来小提琴奏出的一个旋律，是那样辽阔，那样超凡入圣，他不禁由于幸福和痛苦而热泪纵横。当天使的和谐歌唱停下来，他也恢复了镇静时，他转过身问他的邻人：这弥撒究竟是谁主持的？——您不知道？是贝多芬！——哪一个贝多芬？——哪一个贝多芬？先生，您不认识贝多芬？不认识路德维希·范·贝多芬？——这是我的孙子！老人讷讷说。他的心溢满了天堂般的幸福。他周围的人和明斯特教堂的柱子开始摇晃起来，随之这一切都坍塌了，成为虚无。在宫廷，乐队在圣诞之夜徒然地等候着乐队指挥范·贝多芬。

第二天上午，一小时一小时地过去了，可是老人没有把孩子带来，于是玛格达莲娜走了过去接孩子。她的敲门没人理睬。她突然害怕起来。她跑到一个锁匠那里，让他把门打开。她进入卧室，看到老人已死在床上。面庞上流露出超凡脱俗的幸福。在他的胸上，孩子依然在沉睡。

第三章

乐队指挥之死对于他的亲人是一种如何沉重的打击，这在很久以后才看得出来。在他儿子的悲哀之中不久就羼杂进另外的感情。首先他得到了一小笔遗产，可随之也带来了烦恼。乐队指挥还兼从事小规模的贩酒营业。约翰在父亲的一些记事本上找到了一些欠款人的名单，他们都是葡萄种植农，欠的数目不等，这都是他预支给他们的，可却从来没有得到酒。当约翰去催账时，大多数人都赖账，因为他手中没有任何书面字据，他毫无办法可想。

“你看，莲娜，每当我不把花费的每个芬尼都记下来时，父亲就经常责备我。可一有个农民到他那里，给他带来一罐新鲜的奶油或者一些味道可口的奶酪，那就能借到一笔钱，而不需立下什么借据。这就是父亲所夸耀的办事要有条理，现在这种草率给我们带来了麻烦。”

“父亲一直是身体健康，他怎么能想到这样快离开我们！”

“上帝主宰我们。我们应该活到七十岁，圣经上是这么说的。”

“可父亲才不过六十一岁啊！”

“不管怎样，反正这种做法是一种不负责任的轻率。”

玛格达莲娜觉得这太过分了，她说：“约翰！你该感到羞愧！难道你忘记了，我们的一切不都该感激父亲吗？”

“我一辈子都感谢他，可道理还是道理。”

约翰的悲痛由于另外一种感情而得到减轻，不久就恢复了平衡，对此他自己也不甚了了。这是一种感觉，他现在能生活得更加自由了，面对父亲他总有着一种负疚感。老人的一些做法是对的，他怀着感激之情承认这一点。可他到底是一个成人，是一家之主，他知道该做什么，不该做什么。老人确实没有权利去干预他的事情，他约翰也从没有说过老人干涉过他。为了戒掉酗酒的恶习，他不需要老人的劝导，他已经向他证明了，他能戒得掉。

祖父有好几个星期不照面了，路德维希太小了，他要见爷爷。可当他听到爷爷现在在天堂里，那儿比地上要好得多，于是感到高兴了。直到很久以后，这个长大的孩子才悟出来，他已失去了祖父。

玛格达莲娜承受的损失最大。在困苦忧愁的日子里，她从公公那里得到了安慰、帮助。现在她只有丈夫和孩子了。她经常感到一种莫名的恐惧，对未来的恐惧，这未来只掌握在她丈夫一人的手中呵。但她有一颗勇敢的心。她的约翰是善良的，他爱她。她不再有理由不相信他的品性，他的意志力。不，公公得到善终，在他功成名就时刻被召回，她该感谢才对。

约翰·范·贝多芬原本希望选帝侯让他接任父亲的职位。为什么不呢？他父亲原先也是一个歌手，尽管这样，后来不也成了一个非常能干的乐队指挥？而他父亲能做到的，那他也能做到。因此他递上了一份申请书，在申请书中他称，虽然“有人”认为他能胜任宫廷乐队指挥的职务，但他愿把他的才能供选帝侯驱使。然而他的希望完全落空了。那个有名望的乐师和作曲家，意大利人卢切西被任命为宫廷乐队指挥，并负有扩大乐队，给宫廷带来光彩的任务。

一七七四年四月，玛格达莲娜又生了一个儿子。他的洗礼日成了他父亲生活中的一桩大事：首相贝尔德布施男爵，这位身居要职的人物成了孩子的教父，而漂亮的修道院主持卡洛琳·冯·扎纯霍芬成了孩子的教母。对这种安排玛格达莲娜徒劳地表示反对。最终她叹着气让步了。她在思忖：也许以后这会给孩子带来好处。孩子被命名为卡斯帕尔·安东·卡尔。

现在的住处对这一家人显得过于狭小了。在莱茵巷面包师费舍尔旁边，正巧乐队指挥曾住过多年的那所房子空着，约翰就是在这里长大的。于是他把家搬到了这熟悉和喜爱的地方。

玛格达莲娜对这次搬迁并不高兴。莱茵巷过于狭窄了，两辆车都无法错开。要想望一望天空，就得站在窗前才行。光线昏暗使她心里感到压抑，呼吸起来都不那么轻松。

现在路德维希已经五岁了，对他说来这次搬迁可是一件了不起的大事。首先，面包师的那群孩子成了他的小伙伴，他同他们在院子中，在巷子里玩耍嬉戏。再说，莱茵河就在近旁！几步就穿出莱茵巷，然后是个下坡，坡很陡，不小心就会翻筋斗的，然后到了老莱茵门，后面就是莱茵河了，这巨大辽阔的莱茵河。这儿有什么看不到的！一眼望不到头的，捆在一起的巨大木排顺流而下，还有装载重物吃水很深的货船。在这样一艘船上该是多么惬意呀！从船的甲板上的小舱里升起袅袅青烟，被风欢快地拽来扯去。船夫依在舵盘旁，抽着烟斗，一个女人在晒衣服，一两个孩子在和一条小白狗玩耍。他们不会掉在水里？他们一定会游泳。他们这是到荷兰去。到那儿把货卸下来，这些好东西都让荷兰人弄去了。空了的船再返回来，经过波恩到上游去。如果好风天气，他们就升起帆来，逆流而上。如果没有风，那就套上马，一下子套上六匹或八匹，它们沿着河边的小道把船拽往上游。可小家伙不喜欢看这种场面，那些可怜的小马令他心里难过。在岸边有一望无垠的灌木丛，这里面可有的是捉迷藏的好地方，比在院子里可好多了，院子里的每个地方都能找得到。双亲禁止他在大人不在场时到这里来玩，可父亲多半时候是不在家的，而妈妈得照顾小弟弟。一当她发现他不听话，也就骂一小会儿，然后一切又都好起来。她可从来不打他，她比父亲好多了。

在费舍尔的院子里有一个秋千，凯茜莉·费舍尔，一个十四岁的大姑娘对他非常好，若是他想玩秋千，她就带他荡秋千，要不就抱着他转圈，他高兴极了。她叫他西班诺尔[①]，因为他的脸是褐色的，头发是全黑的。她说，在莱茵河畔这可是少有的，他应当为此感到骄傲。在家里永远是新烤出的面包香味，一当费舍尔师傅去烤面包，那就泛出一股芳香的味道，这味道从前在波恩巷时只有节日里才能闻到。小路德维希经常看费舍尔怎样工作，师傅告诉他如何做，到后来他可以揉发好的面粉和大吃一通了。不久他打定主意，将来要做一个面包师。

但他的父亲却有另外的打算。不言而喻，他要把他的大儿子培养成一个音乐家。波恩的乐队成员都把他们的职务看成是某种世袭性的。如果他们的孩子不能接替他们，那一定是些无能之辈。直到现在小路德维希对音乐还没有显示出一种引人注目的强烈兴趣；但是每当父亲在研究他扮演的角色时，他就快活地溜到房间里，躲在角落里，听父亲演唱。当约翰休息时，咳嗽起来，走到柜子旁边，取出一口袋话梅，这时小贝多芬的注意力就格外集中；这些话梅是医治嘶哑的最好东西。现在到了关键时刻了！如果爸爸的情绪好，那他也能得到一枚话梅。

路德维希应该学钢琴，可他父亲懂得的也不过是用来伴唱而已。由于他对他的音乐才能有着一种相当高的评价，于是很自信地要自己来教孩子的功课。他找出一些旧的钢琴教材；是他过去曾经练习过的。一天，他把感到莫名其妙的孩子放到钢琴前的一张小凳上——让路德维希坐在琴前，他还太小了——开始给他讲解白键和黑键。孩子觉得这也蛮好玩的，但是要他跟着说出键的名称时，他就什么也搞不清了。忍耐，这可不是他父亲的性格，第一课就以小家伙遭到一顿痛打为收场，孩子被送到床上去。

路德维希躺在那里，咬紧了牙关，把头蒙得紧紧的。父亲竟是这样对待他！为了父亲的健康和幸福他每天晚上都同妈妈一道向亲爱的上帝祈祷！父亲打他，而他是这样小，无法自卫，打他就是因为他唱不出这无聊的“多莱米法”，或是叫不出这些白的黑的家伙的名字！在人类的命运中，对冷酷和不

---

①西班诺尔（Spaniol），意为西班牙的犹太人。——译注

公正的第一次认识就这样闯入了孩子的生活，命运就是把弱者无情地交付给强者摆布。孩子的短粗身体痉挛了片刻。这时一只温柔的手小心地揭开了他脸上的被。孩子委屈地伏在妈妈的胸膛上痛哭流涕，泪水满面。

晚上，约翰从剧院回来，他要立即安睡，这时他的妻子请求他稍待片刻。

“你对路易斯不能这样狠，约翰！他还太小。在上学之前，你不能管得这样严！”

“莲娜，求你别管你不懂的事。若想让孩子成才，那就得从小开始。我不要他再重复我所遭遇的。若是我早年碰到一位严师，那我就会成为一个完全不同的人了。我的父亲他做教师太好心了，太宽厚了。必须得有铁的意志和决心，特别是像路易斯这样一个呆头呆脑的笨孩子，对他更要如此。”

“靠狠那你是达不到的！可以严厉，约翰，但对孩子不能这样狠！至少不能打他！听我的话，约翰！”

“作为父亲和作为教师，我会永远去尽我的义务和我的责任。我听你的，我明天不那么严厉，但是你看好了，这不会有用的。孩子不打是不成材的。”

小家伙第二天胆战心惊地爬上了他的受难凳，可他不久就发现父亲的态度变了。于是他不害怕了，他强迫自己聚精会神去听讲，功课进行得顺利，完全可以忍受。

约翰除了有一副好嗓音之外，在音乐上并没有多大才能。他在儿童时费了很大力气学到的东西，把它教给儿子时显得格外复杂，甚至当成神秘的，认为人们只能用巨大的勤奋和不断的复习才能学会。可是小家伙对这些新的东西却很轻易地掌握了，仿佛他早就知道了，像玩儿一样地轻松自如。做父亲的把这一点作为他教导有方的证明，认为应该加码。他的妻子一看到路德维希童年的最美好日子就这样被剥夺掉，就经常摇头叹气。但是她不敢多嘴多舌，她的丈夫对她可不是言听计从的。

一年的时光过去了。一七七六年十月，玛格达莲娜生了第三个儿子；他被用父名洗礼。路德维希非常喜欢这个新的小弟弟，他整天把他抱在怀里；可他要练琴，除了练琴没有别的。

“听着，约翰，”有一天费舍尔师傅说，“我并不什么都反对，可是要做得有分寸才行。老是把钢琴弹来弹去，唱个没完，这吵闹得也太过分了。我晚上回来，总得要休息一两个钟头，人得睡觉呵，这你得承认哪。”

“很简单，你挪到后面房子去睡，台奥多尔，那你就听不到声音了。”

“我已经试过了，整个房子到处都听得见。你的嗓子那么尖，多么厚的墙都能透过去。”

“我的嗓子尖？你是个傻瓜，台奥多尔！”

“我才不是个傻瓜！你的嗓子是尖的，约翰！”

“是洪亮的，也是了不起的。”

“不，是尖的。”

“台奥多尔，你是一条牛，你不懂得艺术。”

“约翰，我可不许你骂我是牛，你必须收回你的话！”

“你得先收回说我嗓子尖的话！”

“真是莫名其妙！我真不知道，人们去听这乱七八糟的东西，算什么享受，还得花钱！”

“我再说一遍，台奥多尔，你是波恩最大的一头蠢牛。”

“见你的鬼！我要求睡个安稳觉，可你居然这样辱骂我！我现在受到了你的侮辱，你另找个地方住去！”

“也只能这样了，台奥多尔！从你那个鬼地方冒出来的面粉臭味早就使我头痛了。”

靠近宫殿的新巷里，在宫廷乐师布朗特旁边有一所住处正空着，于是贝多芬一家搬了过去。

还不到六岁，在一七七六年万圣节时，贝多芬上学了。有宗教课、合唱、读、写和算，后来还加上初级拉丁语。他的父亲把上学看做是一种没办法的事，是一桩坏事。尽管他在学校里没有学到多少东西，可也成了一个能干的音乐家。他的路易斯也会是这样。于是他让儿子还是不停地练琴，而对孩子的学业很少关心。当时在学校里经常使用体罚，这是严厉的老师克伦格尔的主要教育手段，特别当他足痛风发作情绪不好的时候。那时他足登一双半高腰的皮靴，不戴假发而戴一顶褐色的棉帽，一当他走进教室，他的这群学生都为之心惊肉跳，最小的一点疏忽都会遭到一顿痛打。

路德维希还不到六岁的时候，目睹了一场自然力的肆虐，场面是够壮观的了，可也恐怖得很。

那是一七七七年的一月十五日那天，凌晨三点钟刚过，玻璃窗的劈啪爆裂声就把他从睡眠中惊醒。他跑到父母房间。父亲站在窗前向外望去。“莲娜，着火了！”他喊起来。夜空中浓烟滚滚。邻居们都露身在窗前。“着火了！着火了！火！”各个方向都这样喊叫起来。约翰匆忙地抓起衣服。“去，到你的床上去！”他朝着孩子命令说，随即冲出家门。路德维希可不想听父亲的话，他跑回自己的卧室，急急忙忙地穿上衣服，跑到大街上去。

所有塔楼上的钟声都响了起来，救火的鼓声嘈杂地响成一片。波恩城的半数居民都赤着脚来到街上，多数人只穿着少许衣服，尽管正是严冬季节。所有的人都拥向着火的地点。“宫殿着火了！”有一个人朝另一个人喊，“火药库升天了！”路德维希从人流中向前挤去，突然站在了宫殿的对面，周围是蜂拥的人群。但士兵已把火场围了起来，他们手执高大的枪戟，不许看热闹的人靠前。男人们很快被揪了出来，手上给塞上一个水桶，被驱往宫殿，去帮助救火。路德维希和一大群女人和孩子被赶回到墙边，他挤在一群叹息着的女人之中，观望着大火。

巨大宫殿的整个屋顶在火中通红，天空如一片火海。凄厉的东南风驱赶着火流，刮向邻处的屋顶。大街上乱成一团。大型的水车从近处的小溪中装满了水驶了过来；赶车的人大声咒骂，把鞭子甩得劈啪直响；马匹畏惧地打着响鼻；人们的呼喊声和凄厉的钟声、隆隆的鼓声、火焰的劈啪声交织在一起。几道闪着白光的水柱喷向火中，但这疯狂的大火似乎被刺激得更加暴跳起来，把灼热的火舌夹带着通红的烟云直冲向天空。

路德维希的父亲的一个朋友愁容满面地跑了过来，他是意大利人，低音提琴手。他要进入宫殿去抢救他的乐器，那是昨天开音乐会时留在那里的；但是不准许他进去，他不想返回去。——“O mio povero contrabasso，che ho portato sul dosso mio da Venezia”[①] 他大声地恸哭起来。他像是要使周围的人同情他的不幸，这些人不懂得他说的意大利话，于是他用结结巴巴的德语说：“噢，我可怜的低音提琴！我是从威尼斯把它背来的啊，现在一定烧得不像样子了！”可是只有路德维希一个人同情他，其余人都在笑他。这个意大利疯子！整个宫殿都燃完了，他居然哭他的一件可怜的乐器！

在此期间火已经吞没了第二层楼房；越来越狂暴的火焰冲向天空，越来越稠密的火花倾注到邻近的民房。主教巷的一座房顶上升起了火光。“整个城市都着起来了！”一个人在喊道。一种巨大的恐怖左右了人群。“整个城市都着起来了！”成百上千的人喊叫起来。男人们丢下了他们的水桶，赶车的人扔掉了手中的缰绳；任何命令、咒骂和驱赶都无济于事，人们离开了火场，四下奔散，跑回家中，抢救自己的房屋，让燃烧着的宫殿听天由命去了。

路德维希还不愿意离开这场宏伟壮观的演出，他和一小群人继续在观望。两座高层楼房现在烧成一团大火，火焰熊熊，像塔楼一样高，每一阵风都把万朵火花卷向天空。现在大火已袭击钟楼了，这是他的钟楼呵，他经常和爷爷站在它跟前，谛听《逃兵》中的乐声。刚敲过六点，几乎是刚一敲完，就开始了这场钟楼之戏。透过嘈杂纷乱的喧哗声，他十分清楚地听到了自己熟悉的钟声。“爷爷！”孩子叫了起来，“我们的钟楼着火了！”泪水从孩子的眼中夺眶而出。整个钟楼现在成了一束惟一的巨大的火把。序曲刚一结束，钟楼便坍塌下来，支柱和大钟坠落于地。孩子六神无主，夺路而逃。

家里正陷入一片混乱。这座房子的住户都把盛满水的桶和盆弄到房顶上。男人们守在那里，把一桶一桶的水倾倒在房上，扑灭那些被风刮来的火花和燃烧着的碎片。在卧室里，小卡尔坐在沙发上，同摇篮里的小弟弟一道哭喊起来，像是比赛似的。房间的正中放着一个大篮子，里面塞满了有用和没用

①意大利语：我可怜的低音提琴，我是从威尼斯把它背来的呵！——译注

的物件，惊慌失措的母亲把这些当作是最宝贵的财富，准备一旦大火烧到了家门就把它们抢救出去。虽然正是严冬季节，可这里却像夏天一样炎热。

路德维希抓起了一只烧锅，跑到街上去，排在拎水的人中间。当他返回来往房顶上爬时，他正挡住父亲的道。——“放下这没用的家伙，路易斯，不要在这里碍事！”他从孩子手中拿下烧锅，喝了一大口水。——“啊，莲娜，我们要是留在莱茵巷不搬就好了！到晚上，这座房子就会变成一片大火！”他疲惫地倒在一把椅子上，闭起了两眼。

“水！水！”从房顶传来了叫声。路德维希抓起他的锅就爬了上去。——“谢谢，路易斯。”宫廷乐师布朗特说道，他把锅里的水泼到房上。路德维希紧挨着他，向远处望去。一片热浪扑面而来。那座巨大的宫殿，有如云端正在燃烧着的一片汪洋火海。从莱米古斯教堂的房顶上也升起了火焰，紧挨着它的一所房屋在燃烧。

“路易斯，好好看看吧，”布朗特先生说，“在你一生中，这样的场面大概你不希望看到第二次吧。水！水！”他又向楼梯下面喊道。他的妻子拎着一桶水出来。

“都收拾好了吗？”布朗特先生问，“没忘了银器吧？”——他的妻子点了点头；她差一点摔倒。“往前走，往前走！”她的丈夫在提醒她。“这火总不能老着下去的，或许我们能保住我们的房子。”

这期间太阳升起来了，人们对此毫无察觉，燃烧的宫殿比它还要明亮。可怕的一天就这样过去了。每一个人都拎水拎得精疲力竭。此时传来了火情进一步扩大的消息。近午时分发出了一种骇人的响声：宫殿中的大理石楼梯坍塌了。宫廷礼拜堂烧了起来。在邻近又起了新的火情，现在有十三处在燃烧。火焰依然在冲向天空，人们依然在保护自家的房屋。没有人想到去睡一觉。午夜时，又响起了一种巨大的轰鸣声，一个钟点之后，人们才知道这件可怕的事情：一段墙壁倒塌压死了十四个正在救火的人，是才华出众的宫廷参事冯·布洛宁和另外十三个勇敢的人。

大火肆虐了漫长可怖的五天，在这漫长的五天里，告急的钟声隆隆作响，救火的鼓声轰鸣不已。到第六天，太阳从一片冒着黑烟的废墟上升了起来。宫殿的大部分和最堂皇富丽的建筑以及宫廷礼堂都不存在了，不可复得的艺术珍宝都毁坏殆尽。

这大火是怎么烧起来的？第一批火焰同时在许多地方喷吐而出。整个波恩都悄声然而一致地把冯·贝尔德布施男爵当作是纵火犯。必须把宫殿烧掉，这样就能毁掉他的罪恶统治的所有痕迹。人们都这样去想这位权势显赫的大臣，这个国家的实际统治者。但是没有一个人敢于大声说出来，这是要惹麻烦的呀。人们像从前一样，看到这位大臣伴着他的殿下在宫廷花园中愉快地漫步，带着一副大人物的表情，而他除了冶游享乐之外没有任何作为。在公墓里隆起了十四座新坟。直延续好长时间，玛格达莲娜才从这五天的惊骇之中恢复过来，能够外出。她的第一个去处是莱茵巷的老住处。她不愿在这所经历恐怖的房间里再呆下去。费舍尔旁边的那所房屋还空着，这位师傅很高兴她们一家重新搬回来。

“我们回到这里，这很好，”路德维希说，“若是再着一次大火，莱茵河里有足够的水用来灭火。”

第四章

路德维希坐在钢琴旁练习。母亲外出，把两个小家伙留给他照顾。最小的饿了，于是开始不要命地叫喊起来。路德维希中断了一小会儿弹琴，把摇篮拖到跟前，继续练习下去，并不时用脚触动一下摇篮，好让它摇晃起来。小卡尔在地板上玩耍，玩得腻味了，现在不知道该干什么。他不断地要哥哥跟他一起玩，可是路德维希没有时间。他得在明天之前练会一个快速乐章。他不去听最小的弟弟的喊叫，不去搭理大弟弟的要求，一再地在琴键上弹奏一个他还没有掌握好的华彩乐句。

有人敲门。乐队指挥玛蒂奥里进了来。路德维希没有注意到他。意大利人摇了摇头，站了片刻，随后他坐了下来。现在路德维希终于从头开始弹奏这支乐曲，那个最困难的部分从头到尾弹得没有一点错误。——“好！好极了！”玛蒂奥里喊了起来，热烈鼓掌。路德维希一怔，他转过身来，说了声您好。这时他的父亲走进了房间。

“贝多芬！”这个意大利人冲着他喊了起来，“您有一个什么样的儿子呵！一个神童！一个直到手指尖都显示出是音乐家的孩子！啊，我的天使！你会成为著名的大师！您，我的朋友，您家里有这样一件宝贝，而居然没有人知道！——我的天使，你不想成为一个提琴家？钢琴是一种可悲的乐器！我来教你，我会使你成名、伟大！”他拥抱住发怔的孩子，孩子虽然挣扎，他还是不断地吻他，直到路德维希挣脱开他。

“是的，”约翰得意地说，“他有一种罕见的才能，可是我在他身上也花费不少气力。”

玛蒂奥里根本没听见约翰的插话。他激动地在房间里走来走去，站在路德维希的面前，从上到下地观察，然后又不停地疾走。“他能弹钢琴协奏曲吗？”他径直地问道。约翰说了路德维希练习过的三部钢琴协奏曲。

“朋友，我有个想法！”玛蒂奥里突然喊了起来。“您有没有时间和我喝点酒去？到时我把我的想法告诉您。”

不久这两个人就坐在一家酒馆里，面前是一瓶酒，乐队指挥把他的想法说了出来：“贝多芬！您的儿子得——举行一次宫廷音乐会！定会获得光辉的成功！选帝侯会兴高采烈的！他不懂音乐，但会兴高采烈的！所有人都会兴高采烈的！光辉灿烂的成功！我一生中最美好的日子！您让他弹罗采梯！非常辉煌，一定满意！同意吗？好！当然得下工夫练习，勇敢的孩子！在两个月之内！两个月的时间他能吗？”

“如果您需要，一个月就行。”约翰回答说。

“太早了。节目都已定了下来。在两个月内，圣诞节前。——还有您告诉我，谁是他的教师？”

“我！”约翰骄傲地说。

“您？您是一个歌手啊！”

“我也学过钢琴。”

玛蒂奥里不相信他听到的，问道：“除了您，您的儿子没有别的教师？”约翰微微一笑，骄傲地摇摇头。“这样，可是，贝多芬——这是，这是不可思议的！教多久了？”

“两年。”

玛蒂奥里把头往脖颈里一缩，用意大利语表示他的惊奇。——“可是，朋友，要尽快找一个真正的钢琴教师！”

“为什么呢？”约翰反问，“我相信我自己能单独教好我的儿子。”

玛蒂奥里幽默地斜乜他一眼。“贝多芬！您是要您的儿子像他祖父一样？难道您不明白？尊敬的朋友，您的父亲有着了不起的音乐才能，一个最有音乐感的人，这我看出来了。可是他成了什么？糟糕的乐队指挥！您不要生气！我知道，他原是一个歌手。遗憾的是我再没有那份幸福去听他的演唱了。我可以肯定地说，他唱得好极了。他那用之不尽的天赋，有什么不能呵？但是，缺少足够的训练。他成了乐队指挥，这可怜的人！我经常为他感到惋惜。可您的儿子！一个天才！若是他能受到真正的指教，他会成为第二个莫扎特的！您知道莫扎特吧？噢！prodigioso![①] 我在意大利听到过他的演奏。您的儿子——第二个莫扎特！但是得找一个最好的教师，要尽快！在音乐会后，以上帝的名义！我祝贺您的成就，是父亲又是教师！但是音乐会一结束，就得找另一个教师，一个钢琴教师！您是不能胜任的！”

约翰在那个夜里很晚才回家。他躺在床上，但是不能入睡。他的儿子是一个神童，是第二个莫扎特！他看到展现在眼前的一个光辉的未来。一当宫廷音乐会结束，他就要和儿子去旅行演出，让唱歌的那点微薄收入见鬼去吧。他要对选帝侯说，殿下，请求您恩准我离职，我不再需要殿下的面包了！他要同他的儿子去周游世界，去给国王和皇帝演奏。赢得声誉和光荣，还有钱，很多很多的钱！他和他的一家会生活在荣华富贵之中；当然不是住在渺小穷酸样的波恩，而是某一个大的都城，也许是维也纳或者巴黎。玛格达莲娜自然不习惯到大地方去。

但是，亲爱的上帝，他会使她什么都学会的，这是小事一桩；他知道该怎样应付台面。那个意大利人眼他讲的一切都是蠢话。他不是一个钢琴教师？这个家伙还从来没听到过他的演奏，自己不懂却谈个不休。莫扎特的父亲也不是一个钢琴家，而是一个小提琴手。哈哈，莫扎特的父亲在莫扎特身

①意大利语：了不起呵！——译注

上所做到的，那贝多芬的父亲也会在贝多芬身上做得到！——第二天，约翰找出罗采梯协奏曲，就是玛蒂奥里跟他说的那份。以后几个星期路德维希全都用来练习这部乐曲。

在路德维希七周岁的头天晚上，约翰兴致极好地回到家里。——“路易斯，不要练了，今天够了。到院子玩一会儿去，”他说。孩子喜出望外，不容他说第二遍就跑了出去。他的妻子玛格达莲娜惊奇而期待地望着他。约翰对妻子的紧张感到一阵得意。他终于说道：“注意，莲娜，我有一个妙极了的想法。路易斯明天六岁了。”

他的妻子没法理解。——“六岁？他七岁了！”

“他六岁，莲娜。在我看来最好是五岁，可那没有人会相信我们的。”

玛格达莲娜终于明白过来：“你要给孩子少算一岁？约翰，这样做是不对的！”

“我们这样做伤害谁了？谁也没有伤害！莫扎特也是六岁时公开登台演出的。”

他的妻子还试图反驳，但是约翰坚持已见，于是路德维希在次日知道他今天才六岁。他感到怀疑，但是被说服了，他终于相信他真的是六岁。

宫廷音乐会前的日子很快就在勤奋的练习之中过去了。伟大的夜晚到来了。尽管约翰对这次演出信心十足，可当玛格达莲娜给路德维希穿戴时，他由于激动而不住地在房间里走来走去。他身穿宫廷乐师的服装：海绿色的燕尾服，白绸子马甲，白绸袜子；他那卷起来的头发，在尾端结成一个小的辫子；腰间悬挂一把带银鞘的短剑。修长的体型身着这样的行头显得十分英俊，每次从镜子旁走过时，他都不会忘记投去一瞥非常得意的目光。他的儿子也应当为他的装束感到高兴才对！但是，甚至这身由最高贵的巴黎缝纫师缝制的服装也无法使孩子对父亲的华丽感到兴趣。路德维希坐在那儿，结实的身躯显得稍许笨重，颈部矮短，头显得有些过大。一双灰色的眼睛在褐色的点缀着痘痕的脸上闪烁着，但它们今天由于近日来的紧张而缺少往日的光泽。深黑色的头发修饰成发鬈，与这副面孔很不相称。母亲勤劳的双手给孩子缝了一套黑色的天鹅绒衣服，费舍尔太太给她当参谋，两个女人觉得这身衣服美极了。

终于一切准备停当。约翰利用等车的时间，还再次叮咛孩子，不要在问他时答错了岁数，告诉他如何称呼选帝侯，让他再次练习鞠躬，孩子已累得疲惫不堪。这时宫廷的马车来了。在母亲的祝愿和费舍尔一家的孩子欢呼以及邻居们的惊愕声中，父亲和儿子从手擎火把的仆役身边进入车内，车动了，向着宫殿驶去。

路德维希累得像死了一样，约翰责骂自己没有让孩子睡一会儿，而是临了还叫他演习一遍。马车停在宫殿的门前。通过一座高大的侧门，他们登上铺着厚厚地毯的台阶，来到给艺术家准备的客厅。由二三十人组成的宫廷乐队业已到齐，他们在调弦。约翰把儿子放到角落里的一把椅子上，随后就走到乐师们中间。他觉得自己是今晚的主角，因为他毕竟是父亲呵，不仅孩子本身而且孩子的音乐才能都得归功于他啊。除此，他本人有一个独唱节目，他选择了一首意大利咏叹调，这可以显一显他那美好的嗓音和歌唱的技巧。

由于灯光的灼亮，路德维希闭上了疲倦的眼睛。各种不同乐器声混杂在一起使他感到十分惬意。小提琴的颤声、法国号的低沉而柔和的声音、长笛的华丽而嘹亮的滑音混合成一个整体，它们像是从四面八方进入他的皮肤，犹如温煦的潮水在浇灌他的神经。乐师们都走到他的身边，小心地抚摸他那梳得工整的头发，给他鼓气。当第一个节目——交响曲就要开始时，客厅里只剩下父亲和儿子，孩子呼呼入睡了。

在由二百只冠形灯照得通明的音乐厅里，此刻已聚集了一群显赫的听众：选帝侯的整个宫廷人士，几乎所有的宗教和世俗的上层人物，全体波恩的贵族都到场了。现在乐队响起了致敬的乐曲，选帝侯出现在宫廷专用包厢，他的侄女哈茨费尔德伯爵夫人挽着他的胳膊。在他后面是贝尔德布施男爵，他伴着选帝侯的第二个侄女塔西斯伯爵夫人。他们就坐之后，乐队立即演奏起海顿早期的一部交响曲。选帝侯对音乐并不热衷，演奏当中，他毫不在意地同贝尔德布施说话，这使后者感到极为惋惜，他爱音乐可是胜过一切啊。

在交响曲之后就是约翰的咏叹调，它博得了热烈的掌声。随之是一片引人好奇的寂静。

约翰以一个驯狮人的姿态，把他的小儿子领上台，孩子由于睡了一觉而精神起来，他无所谓地望着成千只灯光和眼睛。——“停下！”他的父亲悄声说，“现在开始！”——于是小家伙先朝着选帝侯的包厢，然后朝着其余听众深深地鞠了一躬，这使所有人的脸上都泛起一丝快意的微笑。选帝侯鼓了鼓掌，随即引起一阵亲切的欢迎。孩子对此毫无准备。他们要我做什么？他还根本没有演奏呢！他无助地用目光去寻找父亲，可是他已不见了。小家伙站在那里，手足无措，不知该怎么办。这招致一部分听众高兴得笑了起来。路德维希满脸通红，泪水在眼眶里打转。他跑到钢琴前的椅子旁，紧挨在乐队指挥玛蒂奥里的身边。玛蒂奥里俯下身来，对着他的耳朵悄声地说：“勇敢些，路易斯！记住，这儿不是我，是你的爷爷！”

乐队演奏了，孩子一下子就忘记了周围的一切。贝尔德布施听得着了迷。技巧上有失误，这他在开始后不久就觉察到了，但是对乐曲的理解却是一个艺术家的理解。一个奇迹！一个奇迹！

“一个可爱的小家伙！”选帝侯的声音在他的耳边响道。“卡斯帕尔，在一两年之前我们曾遇到过他，他跟他的爷爷在一起，你还记得吗？”这种打搅使贝尔德布施感到不悦，可尽管如此，他还是得做出反应。但是这个孩子却也对此做出了回答。这位最尊贵的殿下的声音也传进路德维希的耳朵里，孩子一面继续演奏，一面用严峻的目光长长地瞅了他一眼，这使得这位统治者面色羞赧得红了起来；幸好音乐厅里没有其他人觉察到这一段小小的插曲。哈茨费尔德伯爵夫人是一位出色的钢琴演奏家，她由于憋住欢呼而身体抖动起来；这感染了其他人，大厅里出现了片刻的无声的喜悦。孩子的精灵又把所有的人带入了另一个世界。

当路德维希弹奏完了时，响起了暴风雨似的掌声。小家伙不得一而再、再而三地鞠躬，每次鞠躬他都在想：我弹的是不是都对了？爸爸该怎么说呢？——乐师们情不自禁，忘了礼仪，用琴弓敲打他们的乐器。玛蒂奥里像个疯子似地鼓掌。一个仆从出场了，他召唤约翰和他的儿子到宫廷包厢去。选帝侯站起身来，走向路德维希，但是哈茨费尔德伯爵夫人却抢在头里。她抓住小家伙的双肩，吻着他的额头、面颊和嘴巴。——“我的头发！”路德维希说。——“什么，你的头发？你这小鬼头！来，给我一个吻！”——路德维希小心地吻了一下。

选帝侯摸着他的面腮，对他的演奏说了许多赞美的话。他的兴致很好，想开个玩笑，于是他问小家伙，他为什么在演奏时那么样看他？

“因为殿下说话了。在演奏音乐的时候，是不可以这样的。”

选帝侯觉得这是最聪明的回答，他高兴地笑了起来。随后他转向孩子的父亲，约翰正窘迫得发抖，他不知道眼睛该望向何处。“贝多芬，我对您很满意！您这样很好！为了今天的艺术享受您将得到一笔小小的赏金。”——随之他把手递给他吻一下；父亲和儿子走开了。

音乐会后，宫廷乐师的酒馆里热闹非凡。约翰受到了理所应当的祝贺。他得同向他祝贺的所有同事干杯。终了他敲了敲他的酒杯，站起身来，开始说：

“尊敬的朋友们！世上的欢乐很少是那么纯粹和不被蒙上阴影！在最高贵的美酒之中总是混杂有一滴哀愁！今天晚上，它是我生平中最幸福的时刻，但它却因不久后的离别而显得黯淡无光！”

“离别？”在座的人都惊奇地喊了起来。

“是的，因为我想到不久我就要和我的儿子去旅行。”

“去旅行？”

“就同莫扎特的父亲和他的儿子所做的旅行一样，我也是想——”

一阵活跃的喧哗声打断了他的话。“约翰，你是发疯了吧？”——“他是喝醉了！”人们七嘴八舌地说道。约翰失神地望着周围。——“是啊，你以为——上帝保佑，这个家伙是发疯了！你以为你的路易斯已经学成了？能够去见大世面了？”

约翰坐了下来，呆呆地望着前面。乐队指挥卢切西敲敲他的酒杯，于是寂静了下来。

“我亲爱的贝多芬，您的儿子是一个伟大的天才，也许是我们中间最伟大的。但是他还没有学成！您把他教成这样，大家都佩服您，但是他应该由一个钢琴家去指导，而不是由一个歌唱家。说完了。”

第五章

约翰·范·贝多芬第二天清晨醒来，情绪极坏，他恨不能把所有的水井都投放上毒药。再次看出来了，这些所谓同事都是最坏的人！他的儿子在波恩的选帝侯宫廷能取得成功，那为什么在其他地方就不能得到同样的成功？见鬼吧，这群败兴的家伙，这整个的宫廷乐队！这个波恩沿着莱茵河铺的都是嫉妒的石头！可他要做给他们看看，他是一个什么样的人！他要同他的儿子去旅行演出。

这样，在一七七八年三月二十六日，路德维希在科隆举行了他的第一场公开的音乐会。约翰要让科隆人知道，他的六岁儿子已经震动了波恩宫廷，得到了褒奖，他也会博得科隆的上层人士的赞赏。然而这次成功却是微不足道的。

难道他的同事们是对的？难道他不是一个真正的教师？他确实并不缺乏勤奋和责任心。问题一定出在路易斯身上。这个混孩子一定练习得不够，把许许多多的时间都用在学校的乱七八糟的功课上了，这些东西，他将来作为一个音乐家是用不着的；再就是把许许多多的时间都用于到外边淘气去了。今后决不能这样下去。

可怜的路德维希！他的一段糟糕的时期开始了。他被严格地禁止和费舍尔家以及邻居的孩子到巷子里、到莱茵河边、到宫殿花园里去玩耍。用于家庭作业上的时间大部分都被扣掉了，这样一来，他在学校的成绩很快就降了下来。白天和直到深夜他都必须坐在钢琴前面练习，机械地、毫无生气地、不停地弹奏着。

而约翰则有了一个坚定不移的念头：莫扎特的父亲和他的儿子所取得的成功，那他和他的儿子也一定能取得。他一定要把他造就成一个神童，与他一道旅行演出，到处得到喝彩。只要他的儿子还是一个小孩，那就还能成为一个神童，很快就会实现的。

但是遗憾的是约翰同莫扎特的父亲比较起来，在通过自我陶冶和义务感形成的坚强性格上，在对艺术的严肃和高度的理解力上，在广阔的精神视野上都远为逊色。他的儿子是一件了不起的宝贝，可他对此却缺乏真正的了解。在音乐中，有比令人目眩眼花的熟练技巧更高的东西，而这是他所无法想象的。时间用得越多，他梦寐以求想得发狂的目的还没有达到，于是他就变得越发焦躁。他开始折磨和虐待起孩子。每当下午他从乐队晚回来并且心里有什么不满意的事情时，路德维希就得给他弹奏白天的功课，还得大吃苦头。父亲已无法理喻了，任何一点无足轻重的疏忽，附带触动了别的音，孩子就会遭到一顿痛打，或者被关到潮湿阴暗的地下室里。路德维希变得愤愤不平、执拗、羞于见人。他觉察到妈妈对他的同情，她劝说父亲并经常因此受到粗暴的顶撞，于是在他心中尽管由于父亲的粗暴还保留有的信赖现在就逐渐变成为厌恶了。是啊，他开始蔑视他了。这样他对母亲的爱就变得更加热烈。温柔娴静的母亲对他说来就成了世上值得敬重的一切的化身。他看到，她在受苦，在为他受苦，他为此而感激她，像敬神那样感谢她。

弹琴逐渐地就成了对他的一种折磨，他开始仇恨他的钢琴和音乐，这就不足怪了。每当父亲不在家，母亲又领着两个小弟弟去外面散步，他便从钢琴那儿跑开，把身子从窗户里探出，望着天空，沉入梦想；或者他爬上阁楼，从那儿的窗户远眺莱茵河，直望到远处的七峰山谷。若是能同船夫一道顺流而下，远远地离开波恩，离开莱茵巷，离开那架该死的钢琴，该有多美呵。或者同那些鸟儿一道飞离这里，越过蓝色的七峰山，永远不再回来！——永远不再回来？现在他根本没有想到母亲。不，他当然不能离开她。可除此，其他的一切呢？这是一个什么样的念头呵？他为什么不能像其他的孩子一样去玩？为什么偏偏要他每天都练琴？——他脑子里轻轻地出现了一个旋律，这是他自己想出来的，并且偷偷地写了下来，配上和声。可是，如果所有美好的音乐创作出来只是用于来折磨孩子，那生活该是多么悲惨呵。

路德维希的母亲尤为烦恼痛苦。她懂得，她的丈夫尽管在孩子身上花费了那么多的力气，可方法是错误的，不能那样对待孩子。但是她不理解音乐，因此她不敢来规劝他。她希望他白天至少能让孩子在外边玩一两个小时，去舒展一下他正在发育的身体！可他根本听不进去。他是父亲，他负责，要使儿子成为一个人材，他请求她不要干预。

玛格达莲娜还有两个年幼的孩子要照顾，一个四岁，一个只有两岁，他们一刻也离不开她的照看。是呵，她不得不承受自己的痛苦。但是她咬紧牙关，每当他的丈夫情绪坏的时候，就设法使他高兴起来，而每当路德维希趁父亲不在，不去弹琴而做其他事时，她也乐得闭眼不管。

约翰外出不在，路德维希离开钢琴，躺在窗台上，用手拨弄铁窗栅，让它发出响声。这声音低沉优美，他沉醉其中，根本没有发现赛茜莉·费舍尔在院子里向他招手。

“路易斯！”她半高声喊道，“快去弹琴去！你爸爸回来了！”

但是小家伙光看到而没有听到。

他的父亲进入院子，看到了他的儿子。他注视了他一会儿，然后轻悄地登上楼梯，随之站在一无所知的孩子身后。这时正巧一个美妙的旋律在小家伙的脑子里浮现，他专注地谛听着。突然间他觉得自己被抓了起来，头被撞向窗框，他什么也听不到什么也看不到了。

“你这就是在练琴，你这个该死的浑蛋！”约翰叫了起来，连续不断地打孩子的耳光，孩子抬起胳膊想保护自己，但毫无用处。玛格达莲娜闻声跑了过来。赛茜莉站在庭院里唉声叹气。约翰手拎着孩子，把他扯到前房，把他的妻子从面前推开。“你，莲娜，我一不在，你不是督促他去练琴而是任他偷懒！你们合伙起来反对我呀！我拼死拼活去工作，你们就这样报答我！你们还不如用药毒死我，好围着我的尸体跳舞！——过来，你这个懒虫！坐到钢琴那儿去！我要看看你今天学会了什么。”

路德维希一声不响，面色苍白，他咬紧牙关随父亲去说什么。

“去！到钢琴那儿去！”父亲喊叫起来。路德维希一动不动。“到钢琴那儿去！”约翰一连喊了三次。路德维希纹丝不动。约翰怒火满腔，他要冲向孩子，这时母亲抢身到他们中间。

“停下！约翰！行行好事！现在不要打孩子！约翰！我求求你！先让我跟他说说！”——她抓起孩子的两只手。

“路易斯！听爸爸的话！坐到钢琴那儿去！”

“不！”孩子坚决地说。

“什么？”约翰叫了起来，“你说什么？”

“不！”

约翰把他的妻子推到一边，狠狠地打起孩子，还从来没有这样狠过，把他拽到地下室，关了起来。他面色苍白地重新回到房间，倒在沙发上大口喘气。他的妻子胆怯地走到跟前，把她冰冷的手放到他的额头。约翰没做任何反应，闭起了双眼。

“约翰，”她轻轻地说，“你是喜欢路易斯的呀！不要对他这样严厉！”

“我喜欢他，我和你一样地爱他！啊，玛格达莲娜，你不知道，我为孩子心都操碎了！我所做的一切都是为了他，我还要更多地为他，只要他成名、伟大，我要把所有的都用在他身上！”

“不要这样不高兴，约翰！路易斯是个好孩子，聪明、勤奋！他肯定会成名的、伟大的！所有的人都是这样说的！”

“他若是这样下去，那什么也成不了。他现在站在一道高高的门槛上，再也迈不过去了。刚才他用这种倔强的态度来反抗他的父亲；他的一切，他的所有都该感谢我才对！莲娜，他居然对父亲连说两个不字！这难道不可怕吗？”

玛格达莲娜思考了片刻。“约翰，让我把路易斯领上来！他会自己说的！”

她迅速站了起来走到地下室去，随之把孩子带了上来，小家伙的整个身子在抖动。

“路易斯！”母亲温柔地说，“你的爸爸叫你坐到钢琴那儿去。你两次都回答了不。跟我讲讲，你为什么要这样？”

“我再不去摸琴键了，我恨钢琴。”

“路易斯！这不是真的！你根本不恨钢琴！你是喜欢它的呀！”

路德维希一下子控制不住了，他投身到妈妈的怀抱，委屈地恸哭起来，仿佛要把心哭出来似的。

“路易斯，”她终于说道，“你知道，我们是多么喜欢你呵！跟我们讲，你是怎么想的！”

“我—我—我不要再弹了！”孩子抽泣地说。“我—我—我要做个面包师！”

“这就是我花费千辛万苦所得到的！”约翰叫了起来。“我的儿子要做个面包师！为什么不去做个厨子！”

玛格达莲娜面色苍白。“莲娜，亲爱的好莲娜！原谅我，我不该这样说，你知道得很清楚，我说的不是这个意思。莲娜！不要这样，我爱你，我的爷爷也不过是一个成衣匠，莲娜，亲爱的好莲娜，原谅我！”

玛格达莲娜，抚摸着他的脸。“算了，约翰，我不生你的气。你太激动了，这会损害身体的！”

约翰迅急地点头。“路易斯，”她接着说，“去洗把脸，把衣服弄平，到院子里去，打秋千或者玩别的什么。”孩子感激地望着母亲，然后走了出去。

“啾，约翰，”她的兴致高了起来，继续说道，“我们不要把事情搞得更糟了。路易斯肯定不会成个面包师，”她微笑着补充说，“而是成个音乐家，这我们两个人都知道得很清楚的！”

约翰疲惫地摇摇头。“我一点都没把握了，”他回答说。“唉，莲娜！对孩子该怎么办？”他用手扶住额头，陷入抑郁的沉思。

玛格达莲娜的目光落在她的公爹的遗像上，他严肃而善意地俯视着她。噢，他为什么这么早就死去！若是他在世一定会给她出主意，帮助她。

“约翰，”片刻之后她说道，“你去问问老埃顿该怎么办！他是爸爸的最好朋友，总是对我们很好。”

“他能给我们什么帮助！那好吧，只要你能安下心来，那我就上他那儿去一次。”

“马上就去，约翰！为了我！现在你一定能在家里碰上他。”——

随后不久，约翰就坐在白发皓首的宫廷管风琴师面前，对他诉说自己的忧愁。老人很注意地听着。

“我亲爱的好孩子，”他终于说道，“我觉得过错在于你。我现在已经七十五岁了，但是在我还能思考时，我就认为，一个钢琴家只能是一个钢琴家的学生，你不是钢琴家，我的好孩子。你所会的，也许你的儿子早就会了，你没有什么可教他的了，于是你感到奇怪，你使他厌倦和烦恼。现在你给我把他带来，我好久没有见到他了。若是你觉得合适的话，我愿意自己来开导他，我这个快入土的人若能为我尊敬的路易斯[1]做点事情，那我是感到快乐的。”——他沉默了一会儿，陷入对往昔的回忆。——“我还清楚地记得，我第一次看到他的情形。那是一七三二年，在宫廷教堂里，在我的那座老教堂里，它现在被大火烧成一片废墟。”他的声音颤抖了瞬间。“我坐在我的管风琴前，在演奏尼德兰的圣者奥拉多·狄·拉素[2]的一个乐章。我演奏完了，刚站起身来，一个年轻人站在我的面前，用我的故乡的语言同我打招呼。——约翰！我要用同样的口吻欢迎你的儿子，当年我就这样欢迎过他的祖父的；

①此系指路德维希·贝多芬的爷爷。——译注

②奥拉多·狄·拉素（Orlando di Lasso，1532—1594）：作曲家，尼德兰乐派的代表人物，写有宗教与世俗音乐二千余首。——译注

这该是一个好的兆头！明天晚祷一过，你就把他给我带到明斯特教堂去，我要在那儿见他。”

翌日，约翰手领着小路德维希到明斯特教堂去，路上没讲一句话。早晨时父子之间再次发生了激烈的争吵，因为小家伙再度坚定地拒绝去练琴。所有的劝说、请求和斥责都没有任何一点效果。约翰宁愿跟石头讲话，他更想把他这个倔强的儿子打翻在地；可是妻子眼中的恐惧和祈求暂时使他让步了。——

穿过教堂的一扇靠近合唱队的侧门，他俩走了进去。寂静和昏暗笼罩着他们，圣香和百合花在散发芬芳。约翰领着他的儿子登上通向合唱队的台阶。他们在那儿坐了下来。永远点燃的坛灯，红光在静静地发亮。在神秘的暮色之中，这巨大的空间在延伸。只有从管风琴后面高处的窗户透进亮光。那儿通向天堂，路德维希在想。在昏暗的金色光辉里，一个圣者的身躯在闪闪发光，他手中抱着一个婴儿，这婴儿躺在他的怀中，受到保护，不被外面的世界侵扰。路德维希希望自己也能这样。他一声不响，动也不动地坐在那里，原先的畏葸羞怯都消失了，他感到一种轻柔的恬静。

一个轻轻的声音在颤动。这声音是从哪来的？另一个也加入了进来，第三个，越来越多，越来越强，成为呼啸，成为轰鸣；一曲古老的赞歌在强而有力的伴奏下响了起来。

路德维希发呆地坐在那儿，他几乎不敢呼吸。这就是音乐！对，这就是音乐！

最后的声音消逝了，随之是一种肃穆的寂静。“父亲，”路德维希悄悄地问，“谁奏的音乐？”约翰指了指上面的管风琴，在栏杆旁站着一位老人。夕阳的光辉照着他那白发苍苍的头部。他举起手招呼他们。

“我们上去，路易斯。”

路德维希在父亲身后步下了合唱队的台阶，经过高大的柱廊，直登上通向管风琴的阶梯。老人站在那里，伸出手来。他长时间地观察着他的好朋友的孙子。刚才在孩子的灵魂中呼啸的声音，其最后的声浪还没有从老人的脑海中消失。他用细腻的神奇的手慈祥地抚摸着路德维希的头发。

“完全和他爷爷一样！这额头、眼睛、嘴，完全和我那亲爱的老路易斯一模一样！——约翰！”他放轻了声音继续说，“这孩子使你担心？傻笑什么，你这蠢家伙！——路易斯，告诉我，你愿不愿意也能演奏出这样好听的音乐？”

“我？我怎么能呢？”

“你得学习，路易斯。”

“我能学会？”

“当然了！我也是学会的！”

“那我也要学！这比弹钢琴要好多了。”

“你的手还不够有力量，这女王的乐器得一个真正的钢琴家才能演奏它。要我继续教你钢琴吗？”

“那我以后就可以学管风琴了？”

“我答应你，路易斯。”

“那我要继续学钢琴。”

第六章

一七七八年给波恩艺术生活带来一件有极大意义的事情，这就是民族剧院的揭幕。在此之前，宫廷舞台上演的完全是意大利和法国的歌剧，现在也要上演德国的戏剧了，莱辛使德国戏剧得到了新生，把舞台形成为对民众进行教育的一个场地。剧院总监，贝尔德布施男爵向波恩人宣布，这是一个道德教育的场所，一座伦理学校。弗里德利希·格罗斯曼从柏林来这里负责艺术上的领导，他是这个时代最伟大最著名的演员之一，由于他与莱辛和歌德的关系而成为德国精神生活的一个中心人物。

对于约翰·范·贝多芬和其他的波恩歌唱家们说来，这新的剧院的活动意味着他们在艺术上受到损害。因为格罗斯曼带来了他的整个班底，而本地的歌唱家们只限于在教堂和音乐厅进行演出；他们被排挤出舞台。开头他们感到安慰，因为戏剧还完全不大为人注意，而歌剧又很少上演。可这情况在下一年就变了，因为就是德国的歌剧也在百年沉睡之后被唤醒了，它引起关注和看重。

这样从外地聘来了新的歌唱家，而格罗斯曼把他的朋友，多年来的艺术上志同道合的伙伴克里斯蒂安·戈特洛勃·内弗[1] 邀来担任乐队指挥。内弗才三十一岁，但作为一个歌剧作曲家已享有很大的名声了。

“现在我们真幸运，居然有了三个指挥，”约翰·范·贝多芬讥讽地说，“卢切西指挥合唱队，玛蒂奥里指挥宫廷音乐会，而这位内弗先生指挥歌剧。当年我父亲一个人指挥的，现在他们三个人却要合起来才行。波恩真的变得越来越美了！”

在约翰的邻居家，有几个格罗斯曼的人租了房子住在那里。一七七九年的秋天，第二个演出季节开始了，一些新的演员来到波恩。约翰觉得，如果有人也住在他那里，并不是一件坏事。这不会少了什么的，而他依然是一个穷困的一家之主呵。

当他跟妻子提到这件事时，她多少有些感到吃惊。不久前她刚刚分娩，是一个女儿，可几天之后就死了。这是她的第五胎，从那以后她还一直没有复原，特别是两个小的还整天要她照顾。但是能增加少量的收入毕竟不无小补，对此她不能反对。

“昨天我认识了一个挺好的人，”他对她说，“一个真正的辣椒（普法费尔）[2]，他还没有找到住处，我跟他讲了，回来同你商量一下。”玛格达莲娜表示同意。

下午约翰与他的新朋友一齐来了。这是一个身材颀长的年轻人，快三十岁了，面孔英俊，聪明，但多少显得懒散。玛格达莲娜向他表示欢迎，对他穿的巨大马靴感到惊奇，问他的行装在哪。

“Omnia mea mecum porto[3]。我所有的全都在这，”普法费尔说，指了指他的一个小手提包和一个黑色的纸箱。“约翰，告诉我，哪个地方供我疲倦的身体放倒之用？”

玛格达莲娜越来越感到惊奇。他和她的丈夫已经这样随便了！——在过道

①克里斯蒂安·戈特洛勃·内弗（Christian Gottlob Neefe，1748—1798），德国音乐家。——译注

②普法赞尔（Pfeiffer）：字义为辣椒。——译注

③拉丁语：这便是我的所有。——译注

上他们碰上赛茜莉，房主的女儿，十六岁了，已经长成一个漂亮的大姑娘了。“这是赛茜莉，我们的音乐庇护人。”约翰介绍说。普法费尔热情地瞟了她一眼，这使她满脸通红。

“路易斯藏到什么地方去了？”他问。这家里的人他完全都熟悉。

路德维希在这个陌生人一进来时就躲到阁楼里，心中有着一种模糊不定的希望，这个客人快点走吧。他把身子探出窗外，梦幻般地眺望着田野。莱茵河在流向远方。七峰山上的百合花从远方在向他表示欢迎。成团的蚊子在阳光中跳舞。一记钟声从远处飘进耳际，它轻轻地在他的灵魂的底层激荡。它升起来，又沉了下去，归于寂静，又重新升了起来，最终在安静的、和平的节奏中飘动，伴随着有规律的一响又一响的钟声。一只甲虫飞了过来，放肆地落在孩子的额头。这使他从梦中醒了过来，清醒地谛听着在他脑际响起来的旋律。

“这多么美呵！”小家伙轻轻地叹了口气。“我一定要把它记下来，别忘了。”他又想到了那个陌生人，但现在他觉得无所谓了。他疾步跑下楼梯。父母亲正在同客人一道吃晚饭。

“你又藏到哪儿去了，路易斯？”他的父亲气恼地喊道。“过来，向这位先生问好！”

孩子羞怯而匆忙地问候了客人，随即跑到隔壁的房间，找出一张纸，开始写。

“路易斯，来吃饭！”父亲在喊他。小家伙对周围的一切业已什么都听不见了。当他终于舒了一口气，把笔放下来时，他看到那位陌生人正站在他的身后。他惊慌而畏葸地想把纸藏起来。

“可以看看你写的什么吗？路易斯？”

“没有什么。”孩子回答说，想从房间里跑出去。

“这是你写的？”

“我？不，是我想到的。”说着他冲出了房间。

一两天以后，普法费尔和路德维希成了极好的朋友。可普法费尔对约翰的教育方式却感到吃惊。

“我的上帝呵，约翰，你这是要把孩子怎样呀？也许是你要把他弄成个小老头？你这个路子完全错了！你的眼睛是干吗用的？你看一看你的路易斯！这难道还像一个孩子，这个可怜的、愁苦的、忧郁的小家伙？难道你没有看到，你是在用这种方法使他去仇恨音乐吗？一个孩子可不能只是去学去练，得让他到外面和他的伙伴去玩耍，他的手除了弹钢琴还需要去干点别的什么！现在你为我做点好事，让他每天有一两个小时的自由！你马上答应我，要不我就搬出去！目睹这种虐待我忍受不了。”

“可是不用功——”

“啊，别说这废话了！伸过你的手来！就这样，说定了！——现在谈另外的事。老范·埃顿是他的老师。约翰，我尊敬的朋友，我觉得这件事不大对头！学哲理还可以，可对学钢琴却用处不大！看在上帝的份上，可别让一个孩子的灵魂溺死在一个聪睿的老人的智慧里！孩子得是个孩子，有孩子的感情，能哭能笑，能喊能叫，而不是每走一步都感到有条带子在接着他！”——他打开通向邻室的门，路德维希正坐在那里练习。——“路易斯，把你新写的拿出来看看，就是我来的时候写的。”——孩子把那张纸带了来。

“看这儿，路易斯！你为什么把这儿改了？”

“我的老师说，禁止这样做。”

“谁禁止这样做？”

“书上说的。”

“为什么呢？”

“这我不知道。”

“是呵，我也不知道，如果你去问你的宫廷管风琴师，那他肯定也不知道。禁止这样做，这是因为从前就禁止这样去做。但是如果你觉得你原来这样写下的是对的，那你为什么一定要改它呢？为什么你一定要掩饰你的感情，弄虚作假呢？他们总是说那种千篇一律的废话，什么美是至高无上的法律。不要相信他们！不是美，真才是至高无上的法律！如果你把音阶中的所有音都堆在一个和弦里，那是一种可怕的不协和，一种受折磨的生物的叫喊，只要它是感受到的，是真实的，那它也是美的！——路易斯，当你长大了时，就会想到我说的！你心里是怎么感受的，那你就把它写下来，那种完全令人无聊的所谓音乐该叫它变个样了！——约翰，说说，”当小家伙离开了房间后，他继续说道，“你不能摆脱掉这个管风琴老头？”——约翰思考了片刻。

“我不能得罪他，他是我死去的父亲的最好朋友。再说，眼下他正在生病，功课已经停下来了。”

“这太好了，”普法费尔喊了起来，“希望功课停得越长越好。听我说，约翰！现在暂时把路易斯交给我！我能教他钢琴，和其他人一样，数字低音我也懂。”

约翰业已被他的年轻的朋友所感染，他完全相信他所说的。没有什么犹豫他就同意了普法费尔的建议。

这样，还不到九岁的路德维希就又有了一个新的老师，这是第三个！他是一个歌唱家和演员。但至少他是有音乐气质的，如果说约翰只把他的儿子看做是训练出来的神童，那普法费尔却不久把小家伙看成是一个音乐天才了。

现在很少整天地坐在钢琴前或者一道探索数字低音的秘密了，在数字低音上普法费尔还需要其他懂行的同事大力帮忙。——但他至少有一种使他的小徒弟不生厌的才能；每当他发觉孩子的注意力不集中时，就中断了功课，突然给他来一段滑稽的音乐表演，或者摹仿一支粗俗的乐曲，像一个音乐老师给一个完全没有音乐气质的学生讲课那样，弄些逗乐的事，这使小家伙经常笑得前仰后合。

“这是给你的孩子用的最好的药，”普法费尔对路德维希的母亲说，“你的丈夫把他弄得太死板。在世界上没有比笑更好的了！”——玛格达莲娜感激地望着他。

有一次他带来一支双簧管，他是这方面的行家。他给小家伙指定一个主题的变奏，随后自己快活地同孩子一同演奏起来。大街上的人都停住脚步，称赞这动听的音乐。

普法费尔把一种新的精神带进贝多芬的家中，玛格达莲娜起先对这种变化十分高兴。约翰在最近一段时间多半是喃喃低语，沉默寡言。普法费尔完全相反，是一个出色活跃的人，不停地引人发笑，满脑子恶作剧的鬼点子，这使玛格达莲娜感到惊愕，也使那些正人君子和上流社会人物不敢领教。但有些日子里他也满脸愁容，闷闷不乐。他是一个牧师的儿子，学习过神学，当他该去任一个神职时，他逃跑了，进了剧院。

遗憾的是普法费尔嗜好杯中物。他喜欢在家喝酒，更喜欢和朋友们在一起豪饮。这样他就不能经常在家，连约翰也重新返回到他长期以来竭力避免照面的酒肉朋友中间。真活见鬼，这就那么惬意！格罗斯曼班子里的这些人啊，他们有什么场面没有见识到！他们有什么不敢说的！不久他们就感觉到了，这个被上帝所遗弃的波恩从根本上看是一个思想呆钝的小巢。首先指挥本人就是一个十分狡黠的家伙！只要他一张嘴，大家就笑起来。——可有一个人，那约翰是不喜欢的，他就是新任的音乐指挥内弗。他会是一个著名的作曲家？这么一个矮小的，有些驼背的神情忧郁的小伙子，长着个长长的鼻子和一双安详而悲哀的眼睛；他在莱茵河畔可太不合适了！——但是，当这位著名的作曲家——若是大家都这样说，那他一定是的——向约翰问起他的儿子，并请求去拜访他，以便听路易斯的演奏时，他感到得意起来。他也真的来了，十分注意地观察孩子，专心致志地听孩子的弹奏，聚精会神地注视孩子的那双小手。完后他向约翰说了些恭维的话，但是在言谈话语之间，他有些怀疑歌唱家普法费尔能否成为孩子的真正老师。——真是一个傲慢的人！竟怀疑他的朋友普法费尔！他大概自己也来抓这个学生吧！他会是一个著名的作曲家？一个令人不快的家伙！——幸好，他不久就要离这群人而去了。他同格罗斯曼发生了一次严重的争吵。内弗声称，他不愿意签订合同，现在德累斯顿宫廷歌剧院正提出要他去担任要职，他要离开此地。可格罗斯曼怎么对待他呢？他不声不响地去运动警察，把他的朋友内弗的全部家当都加以没收。等到法庭作出判决，去德累斯顿任职的日期已经错过了。内弗不管是高兴还是恼火，只得留在波恩，同格罗斯曼签订了合同。格罗斯曼，这个狡诈的家伙！他真的成了一个滑头，竟然对内弗来了这么一手！

这个矮小的音乐指挥，每当晚上没有指挥任务时就一声不响地坐在家里，为人心不古而苦恼，再不就是读他喜爱的格勒特[①]，从中寻求安慰。

有些约翰带到家中的新相识也使玛格达莲娜感到高兴；约翰的新友带来了他们的妻子，特别是格罗斯曼的出色的妻子，使她很快就产生由衷的仰慕之情。尽管如此，如果她能把她的丈夫从酒馆中拉回家，她宁愿放弃这一切乐趣。是呀，当普法费尔首次踏进她的家中时，她觉得那一天多美啊，她注意到，她的大儿子在一两个星期之内变得活泼起来。她有好长时间没有听到路易斯从心里发出来的笑声了！孩子再不必整天坐在钢琴旁弹奏，这使她感到多么喜悦啊！——

上帝呀，孩子已到了顽皮的年纪！普法费尔想。有次路德维希在恶作剧时，他看到了，但他却极力避免去张扬这件事。

那是一个星期天的大早。普法费尔也正要像三个孩子一样到庭院里去。这时他被一种声音惊动。他看到了什么啊？一只别家的公鸡飞落在费舍尔家的房顶上，在那儿啼鸣。突然路德维希的脑袋从窗户里探了出来，随之他的弟弟卡尔也出来了；他俩吃吃地笑了起来，相互耳语了一会。

"你看，卡尔！"路德维希说，"这只公鸡看起来可真肥呀，是那么嫩。你看，你看，它对我们是那么友好！若是我能抓住它，那我就给它打拍子让它唱歌。"

随即两个孩子穿着睡衣就来到院子里，路德维希手里拿着一小块面包。他把一些面包碎屑抛到地上，逗引着，那只公鸡经不住诱惑终于飞了下来。猛地一扑，路德维希就抓住了鸡脖子，两个孩子轻声地发出咯咯的笑声，然后就消失在房子里。下午，孩子的双亲外出散步，这时从房屋里飘出令人怀疑的香味。当普法费尔到厨房里时，路德维希不得不把一切告诉了他。但是他为自己辩解说，"一清早飞到院子里的，那就可以把它抓住。人们该好好地

①格勒特（Gellert，1715—1769），德国启蒙运动作家，著有寓言和小说。——译注

照看自己的家禽，这家禽也会带来不幸的。”

另一次恶作剧那是玛格达莲娜亲耳听到的。费舍尔太太已向她抱怨了多次，她的鸡好长时间不大乐意下蛋，尽管天气变暖，喂的食又好。有一天，她激动地对路德维希的母亲说：“您看这算怎么回事？我今天一清早到院子里去，您想不到我看到了什么吧？路易斯穿过栅栏爬到鸡棚里去，卡尔在放哨。我问他，路易斯，你在这干么？——他说：卡尔把我的手帕扔进去了，我要把它再弄出来。——好呀，我说，鸡的蛋那么少，就是由于你的手帕的缘故吧？——是啊，他说，也许有的鸡喜欢吃自己下的蛋呢。您若是把它们挑出来，那您会像从前一样捡很多的蛋的。”

“什么？”玛格达莲娜惊叫了起来，“这是我的路易斯说的？”

“您知道他还说了什么？——还有狐狸，它们也吃蛋呢！——好呀，我说，你就是一个狐狸。你还能变成一个什么呵！——对，他说，可这只有亲爱的上帝才知道！现在我只是一个乐谱狐狸。——你也是一个鸡蛋狐狸，我说。——他们俩做了个怪脸就笑着跑掉了。现在我算知道了，偷我鸡蛋的狐狸在哪儿了！”

玛格达莲娜知道这件事后忧心忡忡。她的路易斯偷鸡蛋，还对善良的费舍尔太太说了那么一些不要脸的话！可她吃惊地发现，她从心里对这种偷窃和这种淘气感到高兴。她把路德维希拖到一边，对他的所作所为严加斥责；她头一遭为他感到羞耻。她看到这些话给他造成的可怕印象，看到他嚎啕大哭起来，发誓学好。于是母亲的严厉一下子消逝得无踪无影，她觉得对她的大儿子有的只是爱，她高兴的是他还是一个真正的孩子呵。

在那个时候，路德维希上了第一堂提琴课，他的老师是玛格达莲娜的一个亲戚，年纪不大，双亲过世，现在是宫廷乐队提琴师，名叫弗朗茨·洛瓦梯尼。路德维希把提琴这门功课看做是他教育上所不可缺少的，犹如一种必然的灾难一样；他在提琴上从来就没有表现出特殊的熟练技巧。

约翰·范·贝多芬现在完全被普法费尔迷住了，他羡慕他，嫉妒他。普法费尔的不受拘束的感情，他精神上的完全自由。使他极为叹服，而这位卑微的宫廷乐师却不得不为他那一再添丁进口的家庭苦恼，对王公权力抱着一种盲目的尊敬。普法费尔可不向任何神圣的权威卑躬屈节！他也不把家庭生活的锁链套在自己的身上，并发誓，他永远不这样做。

事情最终自然就发展到了这种地步：两个朋友每晚都在酒馆里喝酒，一直喝到深夜才回家。普法费尔是个海量，多半能完全保持清醒，而约翰则经常酩酊大醉。他现在常在妻子的目光里看到了无言的责备，这使他不快。难道他比普法费尔少了点什么吗？既然普法费尔能享受自己的生活，那为什么他就不能享受他的生活呢？

一天晚上，普法费尔像往常一样在酒馆里高谈阔论，每当他讲他的那些疯狂故事，或者嘲弄宫廷顾问、剧院监督和大臣们时，人们都听得津津有味，而在场的经理格罗斯曼也从不打扰他。他特别喜欢谈论公国的“道德学校”。

“一个多么漂亮的道德学校！”他喊道，“漂亮得和另外那些同他们的情妇们组成的道德学校一样，还有那些在位的王公大臣，还得算上那些神职人员！人民对这一切还居然能够容忍，这些大人先生们是怎样爬上高位的？是谁授予他们权力的？是人民？不，是一两个教士！根本就没有问过人民！他们应当沿着莱茵河看一看！人们过的是怎样的生活？难道有一个地方的人生活得像他们的主人和神父那样吗？他们按照所罗门的教义来宣讲，说什么：我给自己建造房屋，种植葡萄园，修建花园；我给自己搜集金银以及国王和国家的珍宝；我为自己找些男歌手和女歌手——”说到这里爆发出了哄堂大笑。

“人们的快乐，就是用来斟酒的酒杯和酒桶——”

住口！住口！有人打断他，但普法费尔却不容插嘴：“我的眼睛所能看到的一切，我都要向你们讲出来，我的心所向我要求的享乐，我都不加以拒绝！”——他停了下来，猛地把一个酒杯摔到地上。

“普法费尔，您这样胡说八道，那是要丢掉饭碗的！”响起了经理格罗斯曼的声音。

“我的饭碗！好像我普法费尔到处找不到他的面包似的！我是个艺术家，

而不是王公的仆人！没有任何一个人能阻止我自由地说出我的意见！”

“可您把您的矛头指错了地方！”格罗斯曼反驳说，“我们最受尊重的君主是高尚的！我不能容忍您用这种腔调再讲下去！”

普法费尔站了起来，他面色苍白，眼睛里闪出阴沉的光亮；他的手指在抓紧一只空的酒杯。

“他们现在比我们高尚，这些身踞高位的君主王公！但是他们的日子屈指可数了。这个日子不会太远了，这就像我站在这儿是真的一样，到那时他们就得从宝座上滚下来，向那些现在还受到蹂躏的人们乞求宽恕。应当把他们打得粉碎，通通的，就像这只酒杯一样！”说罢他把他的酒杯摔到墙上，酒杯摔成碎片，发着响声，四下飞去。

“走，约翰！今天够了！”

他身体笔直，脚步坚定地走了出去，拉着摇摇晃晃的朋友。在半路上，约翰突然兴致大发，为普法费尔的勇气所感染。到家之后，他声称，他毫无睡意，他要把他的大儿子找来，让他看一下，怎样才算是一个真正的男子汉。当他蹒跚地往孩子们的卧室走去的时候，普法费尔拿上来一瓶酒。他知道，他今天晚上所做的在波恩也许是惊人之举。但这没什么了不起！在他身上涌上来一股狂暴的乐趣，当约翰把睡眼惺忪的路德维希拖进来时，他叫起来：

“来，路易斯！我是巴库斯，酒神，他也是音乐之神，不是阿波罗，阿波罗是个无聊的懒蛋。现在显示一下你从我这儿学的。但是首先你把我这份神的礼物收下！”他把一杯酒放到孩子的嘴上，逼他喝下去。——“喝了好弹！”

酒离孩子很近。——“我不能，普法费尔先生，我太困了。”

“可是我要你弹！”父亲吼了起来，“马上开始，你这个犟家伙！”

路德维希弹起来，但是一个错误接着一个错误。醉了的父亲越来越发火地骂了起来，最后他打他一记耳光，孩子大声地哭了起来。

“什么！你还嚎，你这个废物！”他左右开弓地狠揍起可怜的孩子。这时玛格达莲娜出现在门槛上，一眼就看到了这个场面。她猛地冲到儿子和父亲中间。

“你打我吧，若是你想打就打我好了，但不许你打孩子，你不配有这样一个孩子！”

约翰瞪着眼呆呆发怔。难道这就是他的妻子，一向温顺、文静的玛格达莲娜？他用目光去搜寻普法费尔，可他业已一声不响地溜了出去。当他还想鼓起勇气发作一番时，他的妻子领着孩子已经离开了房间。

第二天，普法费尔手拎着他的提包和黑纸箱站在玛格达莲娜面前，向她告别。他的经理已立即把他解雇了。他感激她的好客和款待，说这番话时，他的面色苍白，声音发颤。

“您不想和路易斯说声再见？”

“我不想了。再见吧，贝多芬夫人！”——他对她躬身致意，然后转身走去。这时她看到泪水从他的眼睛里夺眶而出。

“普法费尔！”她喊道，“不要这样！”他停住脚步；她向他伸出手来，这是一只粗糙、僵硬、劳动的手。他抓住它，敬畏地吻了一下。

“请您原谅我！噢，请您原谅我！”他讷讷地说。“我原谅您，普法费尔，从心里原谅您！您在孩子身上费了不少心，我感谢您。让我去把孩子喊来！”

“请不要了！噢，不要了！您代我向他问好，谢谢您！”说完他就疾步走了出去。

第七章

普法费尔走后贝多芬家里的气氛开头时一直是不愉快的。在头两天，约翰想在他的妻子身上出气，但却被她噎得说不出话来，她说他该感到害臊。路德维希对他崇拜的朋友的突然消逝无法理解，陷入深切的忧郁之中，拒绝去接触琴键，经常是找个角落动也不动地坐在那里，一坐就是几小时。吃饭时大家都一声不响，离开时大家都感到像是松了口气。

玛格达莲娜向她的侄子洛瓦梯尼诉苦说："我为路易斯担心！他完全变了。我有时真怕他得了忧郁症死掉。弗朗茨，你搬到我们这儿来住好吗？路易斯喜欢你，你能和他一起学音乐，弹琴，使他脑子想点别的什么。还有赛茜莉·费舍尔，"她微微一笑，补充说，"如果你能和她同住在一所房子里，那也不是一件坏事。"

洛瓦梯尼满脸通红。"您怎么知道的，亲爱的姑妈？"他结结巴巴地说。——她笑了起来。"你不要再瞒我了，弗朗茨，那赛茜莉——"。她住嘴不说了，"这你自己知道得最清楚了。好了，你乐意不乐意住到我们这儿？"

弗朗茨·洛瓦梯尼当然乐意，随即搬到了普法费尔走后空出来的那个房间。

这个人和普法费尔差不多完全相反。他远比不上普法费尔的智力和音乐上的才能，但却心地善良，为人宽厚，是一个温和、文静、笃信宗教的人，他对他的表弟的灵魂十分理解。他立即就看出来了，路德维希的痛苦不是能用音乐缓和得了的，因为每个音符都使他忆起了他所喜欢的普法费尔。为此他采用另一种药方。春天已经来到了大地，乐队放了复活节假。于是，只要天气允许，他就整天带着小家伙外出，去到风光绮丽的波恩郊外。路德维希长这么大，除了在星期天的下午同双亲和兄弟一道在短暂和呆板的散步之后，到附近的某家酒馆一坐外，几乎还从来没有跨出过他的故乡城市。现在，一个新的世界在他的眼前展现出来了。

他们在莱茵河畔的春天里到处漫游，他们卧在山坡的草丛中，在森林的边缘，眺望着河水和无垠的田野。太阳发出和煦的光辉，温柔的春天的空气带着一种甜蜜的倦意，使路德维希昏昏欲睡；他睡着了。当他醒来时，他的目光首先便落在弗朗茨·洛瓦梯尼身上。他坐在那儿，望着远处，嘴角泛出一丝幸福的微笑。孩子长时间地观察着他，弗朗茨在想什么，他是这样快乐！可他自己的心境却是那样的悲哀。

“弗朗茨！你在想什么？”

洛瓦梯尼一怔。“你睡得好香呀，是吧，路易斯？”

“是的，可你在想什么，说啊。你怎那么快乐？”

“路易斯，看到上帝把这个世界造得这么美，怎么能不快乐？”

“我就一点也不快乐。”孩子说，他的嘴角轻轻地抽搐了起来。

“可上帝却要人们都快乐呵；为此他把一切都安排得这么美。”

“那为什么他把普法费尔先生给弄走了？”

“这我无法告诉你。我们不知道上帝为什么这样做或那样做。”

“那我也不要知道他。普法费尔先生应当回来！”

“路易斯！难道你这个小孩子要给上帝来个规定，要他做什么和不做什么？也许普法费尔先生在另一个地方找到了一个职位，在那儿比在波恩要好，上帝把他从这儿带走，他为此在感谢上帝呢。”

"这能是真的吗？"

"是的，为什么不是呢？"

"如果真是这样，那我就满意了。但他应当回来一次，看看我。"

"我们给他写信，路易斯。"

"你认为他会来的吗？"

"如果离的不远，那肯定会来的。"

"我们什么时候给他写信？"

"你看什么时候？我说就今天晚上。"

小家伙满意地一声不响了，又重新躺在草丛中。——一只云雀从下面的田野上飞到高空，笔直地，越飞越高，在他们的上空盘旋，发出悦耳的颤鸣。

"它为什么唱？"

"它在赞美它们的造物主，"洛瓦梯尼说，"它高兴春天又来临了，太阳是那样的温暖，天空是那样的澄蓝，它又有了食物去喂养它的孩子。你看！它叫起来，这个世界多美，上帝多么善良！"

路德维希睁大了眼睛。"你懂得鸟语？"

"懂一点儿，如果你注意地听，那你也能听懂。听，现在它在唱：莱茵河多美呵，那艘张着白帆的大船驶行得多么快活！田野闪烁的光华是那样的碧绿，油菜籽的花黄得那样可爱，使整个大地都发亮。明斯特教堂上的风信旗像黄金一样耀眼！"

路德维希的眼睛在闪闪发光。"这些它都看到了！"他惊奇地说道，"噢，现在它飞走了！"云雀笔直地俯冲下去。

"呶，现在它再不给我们讲什么了。"

"我们不需要它，路易斯。你只要睁开你的眼睛，那你就会自己去发现这美好的一切。你看你头上的松树！它的黝黑的树枝直冲上晴空，是多么英俊呵！"

"它身上有那么多的小蜡烛，"孩子说，"像圣诞树上的小灯。这树也高兴，所以把所有的蜡烛都点燃起来。"现在路德维希欢快地叫了起来。——"你看，弗朗茨，多可爱呀！”他指着身旁一根草茎上的小甲虫，它在上面来回地摇晃着。——“它发的光多漂亮呵，蓝的和绿的！”他把手指伸了过去，小甲虫沿着手指爬了过来，转来转去，像是在寻路似的，它爬到指尖，张开了翅膀，飞走了。

“真可惜！它飞走了。”路德维希说。他折下一根草茎，在手指中间转动，随后他更仔细地观察起来。

“它也这么美，”他沉思地说，“你看，它长得多么精致，多么柔软！”

“上帝是位大师，无论是在巨细大小方面都是如此，”洛瓦梯尼回答说，“一根草茎是一个同样的奇迹，像一株树或者一只动物还是一个人。世界到处都是美好的，但在德国没有一个地方像波恩这一带这么美。路易斯，你是一个波恩人，你应当为此骄傲。”

路德维希对这段话深信不疑。弗朗茨当然知道这些，他见多识广。“你看，路易斯，莱茵河多么美，它穿过大地，绕过昏暗的七峰山，流经葡萄园和绿色的田野，从波恩旁流去，越流越远，越流越远，直流向大海！看，龙崖上的废墟直耸向天空！从前一些骄傲的骑士就住在那里。他们所建造的，现在都成了断壁残垣。但崖石，上帝创造的崖石仍坚固地巍然屹立，它还将永恒地屹立在那里。由此你就能衡量出上帝的造物和人的造物之间的区别。”

“可是树木、动物和人也是要死的呀！”

“但是它们都会再生的。——若是你休息好了，那我们就继续走吧。”

有时，当天还没有亮，天上的星星还在闪耀时，他们就很早动身外出。洛瓦梯尼有一个渔夫朋友，他把他们接到船上，在莱茵河上出游。在河流中间他抛下锚，船停了下来，河浪以它轻松的旋律叩打着船壁。路德维希躺在船上，四肢摊伸开来，望着远方，布满繁星的天空在向他闪烁着光亮。孩子动也不动地躺在那里。他觉得自己轻松之极，仿佛成为无形的了。他所有那些小小的痛苦和忧愁都从他的精神旁一滑而过，像一出他在观看着的戏剧，与他毫不相干。创造了群星的上帝，他也定会把他的朋友重新还给他的，他相信他有这样的力量。

星星变得黯淡无光，东方的天际涂上了一缕微红。从河畔传来了小船的划动声。渔夫从假眠中醒了过来，抛出了鱼网。路德维希看到了水中的鱼群，它们在船的四周游动。天色越来越亮了，玫瑰色的亮光挥洒在莱茵河银色的水面上。河畔草丛中的鸟儿醒了，它们还半在梦中就啁啾起来。东方的整个天空一片金红，它把莱茵河映得如一条火流。太阳升了起来；鱼网滴下的水花像成百颗金刚石一样。阳光的灼热在天空中和水面上慢慢地消失掉了。

或者他们坐在梅莱姆，俯瞰着莱茵河，登上龙崖，眺望着高处，那儿是从一片葱茏中显现出的罗兰角古堡的废墟。莱茵河用它的手臂环抱着两个小岛；在河水中映现出一片古老的丛林，那样端庄；一座修道院的白色墙壁透过绿色的树冠在闪闪发光；从那儿飘来了轻柔的钟声。

他俩登上了罗兰角的高处，在长满常青藤的古堡废墟中间攀登，为七峰山脉的景色所陶醉，彼岸山峦的链条在这儿成了一个终点，犹如一部交响曲结束在一个雄浑有力的末乐章一样。

静谧与和平又逐渐地回到了路德维希身上。当他夜晚躺下时，那山峦、丘阜、陡峭的崖石、草地和昏暗的森林都从他的心灵中闪过，莱茵河的波涛摇动着为他催眠。

遗憾的是这美好的日子结束了。他的父亲有一天宣布说："他该走动走动，累一点对他没什么坏处，他该参加些活动。约翰在这附近有许多熟人，他到处去访问。他带着他的神童去表演，自己因此受到一番款待。在自然的母亲怀抱之中享受的幸福安谧，现在成了到处奔波的音乐旅行了。

玛格达莲娜看到她的丈夫有时不在家，也感到满意。这时赛茜莉·费舍尔就拿着手工活到她这儿，倾诉她对弗朗茨·洛瓦梯尼的满腔爱情。

"是啊，我能说什么呢，"玛格达莲娜说，"弗朗茨是个善良能干的人，恐怕你找不到一个更好的了，孩子。但是要我给你劝告吗？什么是婚姻？开始时是那么一点快乐，而随之是一连串的痛苦。"

随着一年中最美好季节的复归，老埃顿的身体得到了康复，他已能重新给路德维希上课了。但是小家伙却失去了兴致，他经常在莱茵河畔流连忘返，一玩就是好几个钟头。是啊，若是老人能开始教他演奏管风琴就好了！但是愿望只是愿望。路德维希经常想起老人所许诺的，可每次他都安慰自己，以后会教他的。到最后他决定自己去想办法。

在弗兰西斯卡修道院住着一个名叫维利巴尔德·柯赫的修道士，是一个非常著名的管风琴师，对管风琴的构造十分内行。有一天，这个九岁的孩子到了他那儿，请他授课。修道士维利巴尔德对孩子的才能早就有所耳闻，很愿意收他做学生。逐渐地他使孩子也熟悉了宗教仪式，甚至在祈祷时路易斯已能做他的助手了。

路德维希很想去演奏一架更大的管风琴，于是他同弗兰西斯卡修道院的管风琴师交上了朋友，并承担了每天清晨六点的早弥撒时的演奏义务。

从那时起路德维希成了一个早起的人；他觉得一点也没什么，就是在冬天，早晨天还很黑，寒气砭骨，他也五点钟时就从床上爬了起来。提着一盏兼作取暖用的小灯，他穿过昏黑的街道，在敲响六点钟之前就坐在他的管风琴前面。早祷一向很快就结束了，来做祈祷的只有很少的信徒，多半是来自民间的几个妇女，完后她们就走了。但是路德维希却留在他的管风琴前面。教堂里的蜡烛都熄灭了。只有一支蜡烛还在管风琴边的谱架旁燃烧着。孩子让乐音在教堂的充满神秘的晦暝中回荡起来。这是他一天中最最美好的时光；所有沉重和困苦的一切都化解了：责骂他的父亲，也同样申斥他的学校里的老师，他的那些捉弄他的同学，这是因为他和他们不一样——这一切都被忘却了，都消失了。只是在演奏期间他有时想到母亲，他对她的爱随着乐音的颤动扩展成为一种拥抱万有、充满思念、舍己献身之爱。这爱赋予谁呢？他自己也不知道。是所有的人，也包括他不认识的人，而这些不认识的也许比某些他认识的人要好得多，是他们？是上帝创造的所有生物：人、动物和植物？是所有的造物、所有的生命、莱茵河、遥远的群山？还是上帝本身？

路德维希的这种清晨演奏却不像他所想的那样一直没有被人偷听。在修道士中间，这个罕见的小管风琴师的听众越来越多了，有时间的人，经常站在一扇半开的门后，谛听着，不让孩子看见。对某些修道士说来，这样的清晨可是他们祈祷时的最美好的一部分。随着时光的流逝，路德维希就这样成长为一个真正出色的管风琴师了，而在老埃顿那里学的钢琴课却经常中断，进展缓慢。现在路德维希在洛瓦梯尼的指导下不学小提琴而拉起中提琴；中提琴昏暗的音色使他感到比小提琴明亮的音色更为悦耳。

一七八一年的九月，他和全家遭到了一次沉重的打击。那时在波恩发生了一场瘟疫，人们称之为白痢，年轻的洛瓦梯尼感染上了。玛格达莲娜慈爱地看护他，但所有的照料和医治都无济于事。经过短暂的痛苦之后，他那纯洁天真的灵魂飞逝而去。

洛瓦梯尼的一个姊姊住在鹿特丹，她是一个家庭教师。她要省视弟弟的坟墓，于是劝说自己学生的母亲，让她同孩子一道前来波恩。

路德维希为自己死去的朋友感到极度悲痛，这给女人们留下很深的印象；一连几个星期过去了，归期不能再推迟了，可小家伙还什么也不想，只是想念他亲爱的弗朗茨。这时这个荷兰女人请求路德维希的母亲，让她和孩子到自己的故土去作一段时间的旅行，这样就会使孩子的心境好些；他也能在富庶的鹿特丹用自己的艺术去赚钱。孩子的父亲同意了这个建议。在万圣节时，贝多芬的小学学业结束了。他的大多数家境好的同学都上了中学。但约翰却认为他的大儿子作为一个音乐家学的已经足足有余。这样，学习刚一结束，母亲和儿子同荷兰来的客人一道乘船前往鹿特丹。

在鹿特丹，孩子给一系列的高贵人家进行了演奏，他的熟练技巧使那些商人目瞪口呆，他也得到了一些赏品，但却始终没有能够举行一次音乐会。鹿特丹的艺术专家们虽然对孩子的才能感到惊奇，但却觉得还需进一步造就才行。

一七八二年年初，母亲和儿子返回波恩，约翰为这次旅行没有带来更多的物质上的收益而不满，他逢人便说，荷兰人都是些吝啬鬼。业已开始觉得自己是一个熟练的旅行演奏家的路德维希，认为这话不错，并傲慢地补充说：他永远也不再到荷兰去了。

但这次旅行所留下的新鲜印象冲淡了他因朋友的死去而郁结于心的痛苦，他重新以清新的勇气拾起了他的音乐课程。暂时他只能依靠自己，因为不断的衰老使老管风琴师又卧病在床。人们看出，恐怕他这次会一病不起了。

第八章

路德维希站在窗旁，拉着中提琴。他练完了练习曲，于是就拉起了他刚巧想到的旋律，他觉得这旋律美极了。这时父亲走了进来。——“你在拉些什么乱七八糟的东西！你知道，我是无法忍受这种声音的。按着谱子拉，否则对你的练琴没有任何益处。”

路德维希回答说，他已练会了他的练习曲。

“那你不要在这儿打搅我，出去玩去。”路德维希睥睨了父亲一眼，幸好他没有发现，于是把中提琴挂到原处，走了出去。

约翰从衣袋里掏出一瓶酒，这是他从地下室拿来的。他从墙柜里拿出一只玻璃杯，叹着气倒在一张沙发上。这沙发硬得很，一点也不柔软。这个苦日子！随之他把斟满的第一杯酒一饮而尽。

他真的成了一个贫穷的、苦恼的人了！忧愁，所见之处，除了忧愁还是忧愁。去年他的妻子又生了一个儿子，他眼下得养活四个孩子，若是亲爱的上帝不把小安娜在出生时就领了回去，那现在就是五个了。啊，人们不应该对至高的主的意志发出怨言，上帝所做的，都是善举。可怜的收入，养活四个孩子，这就是一种成绩！其他人能做得到吗！干杯，约翰！

路易斯这个孩子越长越大了，琴弹得确实不错，可却不是一个神童，能带着他到各处旅行，这在鹿特丹已经看出来了。上帝可以作证，他在孩子身上花费了多大的气力，普法费尔也没少下工夫——普法费尔，因为他是一个正直的人，人们就用辱骂和伤害把他从这里赶走——干一杯，老朋友！——还有洛瓦梯尼，他现在死了！高贵的弗朗茨！应当为你斟满酒杯！你现在安息在冰冷的地下，像这酒一样的冰冷。是这样吧？——他又把一杯酒慢慢地从舌头上倾倒下去。——是的，真凉，真正的地下室的温度。可怜的弗朗茨！就是一个贫穷的、苦恼的四个孩子的父亲，那大地的上面还是远比下面要舒服得多呵。——

现在老埃顿也已不能再教下去了。路易斯一定得找一个新的老师，否则这个神童的念头就得打消。

除了把孩子领到音乐指导内弗那儿，没有别的出路了，只要他不把孩子折磨死就行。这个家伙现在还会向他说些什么呢？老调调，什么他不应当喝这么多酒！——有时他的嗓音含糊不清，那过错不在于酒，而是因为这该死的面包房里的面粉啊。得同这个新教徒搞好关系！他会成为宫廷管风琴师，一个大主教的管风琴师！若是路易斯成不了钢琴上的神童的话，那今后他可以接替这个位置，遗憾的是这个机会慢慢才会成为现实。他陷入沉思之中。可从前宫廷一直是有两个管风琴师的。若是内弗继续教路易斯管风琴，那孩子至少能成为第二个管风琴师。若是老选帝侯死了的话，那就会来一位继任者，是从维也纳来的道地的天主教的大公爵。那个时候，谁能预料刮的不是另一种风，也许这股风就会把坐在管风琴前面的新教徒刮下来，把路易斯刮上去。一个多么了不起的想法！为了这个再来一瓶酒。

一天，约翰·范·贝多芬出现在内弗的面前，同他谈论起他那有出息的儿子的处境，并以讨好的表情请求音乐指导先生收孩子为学生，继续教他音乐。

内弗听约翰仔细地描述了孩子迄今为止的受业情况。

“您看，音乐指导先生，”贝多芬的父亲最后说，“他今后所需要的，现在他已都能做了，问题就在于您给他最后点一点就行了。只是在和声上还弱一些，但我却并不怎么担心。因为他一生下来就带有几分和声感觉，它就存在于我们贝多芬一家的血液里。您笑，音乐指导先生？您让路易斯给您演奏他的第一支曲子，这是一首进行曲的变奏曲。是他在听到和声学这个字之前写的，我可以告诉您，它非常出色！不，我这决不是自吹自擂！您仅仅只能把他造就成为一个杰出的钢琴师和管风琴师，至于其他的，那我的路易斯自己会的。”

“好的，范·贝多芬先生。明早把您的儿子带到我这儿来！您有菲力普·埃玛努埃尔·巴赫[①]的《钢琴演奏法研究》？

约翰从没有听到过这个名字。

“我感到遗憾，”内弗说，“菲力普·埃玛努埃尔·巴赫的《钢琴演奏法研究》一直是人们想学好这种乐器的最好教材，可有一个不知羞耻的家伙，前不久居然写些胡编乱造的东西反对这位受人尊敬的人。这本东西很难，自然不是有味道的。难吗？当然难，但只是相对而言。有些人，就是最容易的小步舞曲也觉得难。不是有味道的？当然啦，那种吃糖面包把胃都吃坏的人对这种营养丰富的饭菜是没有胃口的。有些人宁愿用香槟和冒牌的塞浦路斯葡萄酒来刺激口腔，而却品享不了能振奋神经、活跃精神的优质莱茵佳酿。”

“我不是这样！”约翰欢快地叫了起来，“我真的不是这样！您说的好极了，音乐指导先生！您是一个了不起的人，我把路易斯托付给您，放心极了！”

内弗一直是怀着一定程度的忧虑从旁注视着路德维希的发展，这个令他十分反感的父亲给予他的儿子的教育不会带来好处。到现在为止，孩子所学到的，都是些只鳞片爪的东西，而普法费尔这个有才气的混人给他的影响都是灾难性的。约翰的请求使他感到十分高兴，孩子应该变个样，这就是他要做的。

---

①菲力普·埃玛努埃尔·巴赫（Philipp Emanuel Bach，1714—1788），J.S. 巴赫之子，钢琴家，作曲家。——译注

内弗是一个各方面很有造诣的人，在那个时代是音乐家中的一个奇才。他生于开姆尼兹，是一个穷苦裁缝的儿子，他完全是靠自己的力量，奋斗出来的，在莱比锡他攻读法律和哲学，通过了法学考试，但却献身于音乐。约翰·亚当·希勒[①]，歌剧作曲家，后来的托马斯合唱队队长成了他父亲一样的朋友。他对他的学习、创作和发展给予积极的支持和鼓励，并也为他谋取了第一个职位：著名的赛莱尔剧团的音乐指导。作为歌剧方面的领导，他在波恩表现得十分出色，以自己的卓越和多方面的才能为这古老的都城的音乐生活带来了一股清新之风。贝尔德布施为了牢固地把他留在波恩，除了任他为乐队指导之外，还指定他为老埃顿的继任人，做宫廷管风琴师。

上完了第一堂课，孩子走掉了。内弗的妻子一直坐在邻间的房屋里，门打开着，现在她带着刺绣活走了进来，坐在丈夫的身边。“呶，怎么样，戈特洛勃？”她说。

身材短小的戈特洛勃·内弗恼火地望了她手中的刺绣一眼。“呶，怎么样，戈特洛勃？”他嘲弄地重复了一遍。“难道你就不能搂住我的脖子转个圈儿，而不说：呶，怎么样，戈特洛勃？你去绣去吧！告诉我，苏茜：你是不是在格奥尔格·奔达家长大的？你对音乐一窍不通吗？你还是不是我的妻子？”

音乐指导的这位端庄娴静的妻子毫不为之所动。

“呐，戈特洛勃，说嘛！”

“他是一个天才，我的夫人！一个天才，几百年世界上才会出现一个呵。”

内弗的妻子业已习惯于丈夫某些时候的过甚其词。她怀疑地望着他，轻轻地摇摇头，继续做她的手工活。现在内弗可光火起来。

“苏茜，现在把该死的刺绣扔到一边去！当我说——说这样的话时，请你就不要绣了！啊，这真叫人发疯！我会气得跳起来的！”他跳了一下，随即在房间里疾步走来走去。“这是一个天才！”他吼了起来，停在他的妻子面

①约翰·亚当·希勒（Johann Adam Hiller，1728—1804），德国作曲家。——译注

前。“他们把他弄成了什么呀？不是去培养他，教育他，要精心的、细致的、尽一切所能这样去做才成，而他们却用最最糟糕的方法去摆弄他！他的父亲，这个歌手，居然厚着脸皮去教他钢琴！随后又把他的酒友弄来替他，这个家伙会唱点歌，会吹点双簧管，会弹点钢琴！如果孩子得到名师指教，那至少从技巧上说，他早就成为一个高手了。可是孩子什么也不能！不，比这还糟糕！他所能的，全都是错误的！他缺乏，缺乏任何一种基础！被毁掉了，被糟蹋了！”

“戈特洛勃，你说得过分了！我很细心听了。孩子弹的，我还很少听到过呢。”

“这正是可悲之处！难道你真的不懂吗，我的夫人？这种神奇的禀赋竟这样不加节制的挥霍，就是这一点使我痛心疾首啊！”

“戈特洛勃，不要把事情看得这样可悲！孩子才刚刚十岁！我认为：如果说有些被耽误了，被糟蹋了，那你正好有理由把这一切弄好。如果孩子真的是一个天才，那感谢上帝，你成了孩子的老师，不要骂了。”

内弗有些惊愕地望着他的妻子，随后吻了她一下，脸上泛出幸福的微笑，走了出去。内弗太太继续绣她的活。——“了不起的孩子！”她轻轻地自言自语。

内弗用菲力普·埃玛努埃尔的钢琴学派做他的课程的基础，《钢琴演奏法研究》这个标题令人感到有些别扭，同样，这位大师的钢琴奏鸣曲也有些困难。

“我亲爱的路易斯，你直到现在所弹的这些现代玩艺儿都算不了什么。用这些贫乏的琶音，是练不出左手的。而巴赫的快板却需要两只手的手指都非常熟练才行。他的慢板要求对克拉维卡的触键变化十分熟悉，得从灵魂深处来弹奏。去体会他的作品的结构，去理解他表达的各种不同的思想，这得下一番工夫。但花这种气力是值得的，巴赫的作品所带给人的愉快要比许多其他人的作品持久得多。人们喜欢演奏它，只要人们想，那总是能发现新的美。

谁若是能正确地演奏巴赫，那一定也能演奏大多数其他的作曲家。

内弗用菲力普·埃玛努埃尔·巴赫的作品可说是十分正确。虽说他首先选用它只是为路德维希的技巧打下基础，但却同时有些担心，怕这种严肃的成人的艺术对孩子太难于理解了，可他不久就发觉他错了。在孩子身上一定存在着某种与塞巴斯蒂安·巴赫的儿子共同的东西，除此无法解释。这个孩子以一种真正的激情把身心扑在这种音乐上，并以一种自己的方式演奏，这甚至使他的教师能发现一些新的，迄今一直没有觉察到的美来。菲力普·埃玛努埃尔丰富的转调，远远高出他的同时代人；他的强烈的对比；他对休止的独一无二的运用，把这种休止当作是活跃的、上升的、紧张的因素；他把不谐和音作为痛苦的表现和对比的偏爱；他的质朴、内在、动人心弦的旋律；所有这一切内弗早已熟知。但直到现在仿佛他才深入到所有这一切的灵魂最深处，深入到一个强有力的，被热情所灼烧的伟人的内心，一个在继续进行一场热烈斗争的艺术家的内心，所有他感受到的这些最内在的一切，他都用新这个字来表达。内弗在菲力普·埃玛努埃尔作品中看到的这种革命的东西，对路德维希说来却是自然而然的，是十分熟悉的。使孩子不受束缚，使他欣然地去理解规则，这是内弗的第一项真正的任务。

为此，理论课教授通奏低音，这可以懂得数字与和声的关系。在和声学上，内弗使用一些教科书，它们叙述的是“纯”声部处理的艺术，它基于拉摩的基础低音和声体系[①]。

内弗每想到约翰说到他儿子理论知识时的那些夸夸其谈，常是感到啼笑皆非。只是有一点是正确的：这个孩子懂得低音记号，但对和声学却一窍不通，可是他很快地就掌握了。内弗经常觉得，似乎这个孩子从前在这个领域里生活过，而他现在所学的，过去一定都早已知道了；就像忘却的面纱一下子被扯掉了一样，在他眼前展现的是早就熟悉了的大地。——随后学简单的对位、摹仿和赋格。除此，还上管风琴演奏课。

①即指功能和声体系。——译注

由于内弗的多次催促，路德维希有一天带来了他的第一部作品，他的父亲对此夸耀地不知说了多少遍。这是根据一个名叫德莱斯勒的人的一首进行曲写的变奏曲。内弗打开了乐谱手稿。——“呐，写得满好，的确不错，”他说，看了标题，“一首非常可爱的进行曲。”

“C 小调，”路德维希回答说，“一种优美的调。”内弗投去惊奇的一瞥。“你这话是什么意思呢？”——孩子一声不响。——“为什么 C 小调就是一种优美的调？”

“在所有的调里我喜欢 C 小调。”

“是这样！那为什么呢？”

“我不知道。”

“呐，给我弹弹你的变奏曲。”他仰靠在他的扶手椅上，听孩子的演奏，他用一个手指摸着鼻子，眉毛沉思地耸向高处。

“路易斯，说一说，”当他的学生弹完了时，他说，“你写它的时候，你究竟是怎样想的？”

“怎样想的？——这是变奏曲，和其他的变奏曲一样嘛。”

“这么说吧，你当时有什么样的感觉？”

“感觉？”他思考了一会儿。“它听起来很美。”

“你看，路易斯，我立刻就知道了，你当时什么也没想，什么感觉也没有。你知道，整个作品最好的是什么吗？主题！但这不是你的，而是德莱斯勒先生的。在这个主题里藏有某种东西，它有活力，它有热情，甚至有激情。但是你的变奏曲呢，只是些空洞的玩物。——呐，不要垂头丧气，我的孩子！你还是一个孩子。从前我自己写了一大堆东西，它们也都是没有什么价值的，一部分听起来还没有你的好呢。”

路德维希脸变得灰白。他站了起来，用颤抖的手指抓起他的乐谱。

“呐，路易斯？”内弗惊讶地说，“你这是要做什么？”

“我要回家。”

“你这是怎么了，我亲爱的朋友，我们现在还是在上课呢！”

“我不要上您的课了。我要回家。”

他向房门走去，可内弗抢在他的前面，把门锁上，把钥匙放进口袋里。现在孩子把乐谱扔在地下，冲到房门抓住门把手发火地摇动起来。

“这么一个爱发脾气的人！”内弗喊起来，“路易斯！你要把我的门弄坏吗？路易斯！住手！等等，你这个混孩子！”他狠狠打了路德维希一记耳光。孩子倒在地上嚎叫起来，他在地上不停地滚动、撕扯。

“戈特洛勃，这是怎么啦？”内弗太太在门外喊了起来。

“这里有人在发浑呢。不要管，他一会儿就会重新明白过来。”他那强壮的身体，用不着费力就把孩子扯起来，拉到镜子面前。

“你看看你是一副什么样子！你还要成为一个作曲家，这样一个令人做呕，又哭又闹的浑人？”

这话起了作用。路德维希一下子静了下来，他擦了擦鼻子。

“我亲爱的朋友，下次你千万不要忘了带一块干净的手帕！”

孩子脸羞得通红，他急急忙忙地把手帕塞进兜里。

“就这样吧！坐到椅子上，听我说！路易斯，你相信我这样做是为你好吧？”

“不相信。”

“为什么不相信？”

“所有人都认为这首变奏曲好，只有你说不好。”

“如果我认为不好，那我撒谎说好？——回答我！你知道有什么比撒谎更可耻的吗？我说的对吗？”

“对。”

“作为你的老师我可以不可以说出自己的意见？”

“可以。”

“那你为什么这样发脾气？现在你该懂得你这样发浑是毫无道理的吧？”

孩子羞愧地垂下头一言不发。“那么说，是错了吧，”内弗说，“呐，路易斯，让我们还是成为朋友，但是下次决不允许这样，否则我们就分道扬镳！你答应我吗？那把你的手伸给我！——你这手也该擦干净些。好了，听我说，我的孩子！我这确实是为你好！没有人能对你这样好。如果所有的人都认为你的变奏曲好，那说明他们什么也不懂。路易斯！你要成为一个真正的音乐家，不是吗？好的！那相信我；如果你就像直到现在这样继续下去，那你会一事无成。高兴些，我为你花这样大的力气，该感谢我才对！——好了，听我说，路易斯！每一部艺术作品总要表达某些真正感受到的，否则它不是艺术作品；如果有谁有所感受，在内心形成为某种完整的东西，那就应该把它谱出来，写下来，不管是一支曲子还是一首诗，或者你愿意用什么形式都成。他如果喜欢音响，那就去作曲，这差不多就如一个诗人写一首诗一样，因为他喜欢美丽的词儿。你懂我说的意思吗？”

路德维希满脸不悦的表情，他一声不响。

“路易斯，注意听！你要成为一个音乐家，但你真的懂得什么是音乐吗？它在世界上有什么意义？”

路德维希发怔地望着他，“它有什么意义？”

“对！它究竟有什么用！亲爱的上帝创造出它有什么用！”

“有用！我们听了高兴！可爸爸有时骂它，说音乐是一种可悲的手艺。”

“那你是怎么说的？”

“自从我到你这儿，我觉得音乐根本就不是一种手艺。”

“这样！”内弗说，并情不自禁地吻了一下孩子，“那它是什么？”

“这我也不知道，内弗先生。有人把音乐写出来，这使人们高兴和快乐。有时也许使人心情更加轻松，或者更加明朗——”

“我要给你说得更准确些，路易斯，尽管你现在还小。即使你现在还不懂我说的，在一两年之后你就会知道我说的是什么意思。音乐表达了文字所不能表达的，因为文字只是一种可怜而贫乏的工具，它是出于人们相互理解的共同需要才产生出来的。但是音乐呢——我指的是真正的音乐——，它能用单单的一个音就使你惊恐，头发竖立；它能用单单的一个轻轻的和弦移位就使你震动，心欲迸出。那些最温柔的情感，那些最狂暴的激情，人类内心的每一种特性，所有把我们同世界联结在一起的一切，音乐都能把它们表达出来，而且不仅仅是一种表达，不，而是成百成千种的表达。谁若自身感受到这种内在的语言力量并懂得去熟练地运用它，那他就是神的宠儿，比最伟大的诗人更有力，他高高地翱翔在语言的陋径废路之上。——啊，孩子，我竟讲了这样的话！你根本不能理解呵！但是我必须对你说，因为我不仅给你上音乐课，要比这更多。路易斯，以后要想到我！如果上帝给你一种用音乐来说话的力量，那就表达出你自己，像我所说的，这就是一个人所能做的最伟大的了！”

当路德维希走了之后，内弗太太端着咖啡走了进来，听他讲了上面这段经过。

“呐，戈特洛勃，你是知道的，”她一边倒咖啡一边说，“孩子并不是完全不对的。我喜欢他的变奏曲。天啊，你告诉我，这样一个孩子怎么能感受到灵魂中那样一些自己的东西呢？”

“他？”她的丈夫回答说，“他感受的比整个选帝侯的乐队加起来的还多。不，苏茜，他不缺少内心的生活。尽管如此，我承担的是一种艰苦的工作。这个小家伙根本没有受过训练。”

“那你是要把他带出来，戈特洛勃？”

“当然，还能是谁呢？他父亲所不能做的，必须得我来做。”

“那你可要注意，当他长大了，有一天他会把你打翻在地的。”

“我亲爱的苏珊娜，这他是绝对不会的。我们相互之间几乎不会在体力上进行较量的；但是在另一种形式上却不会少的。在艺术上他有着极高的禀赋。在他的身上藏有非常多的人性的东西。他极力在发展这种杰出的特性，一个真正的艺术家，如果没有这种特性，那我是无法想象的。他有激情，他用内在的东西去感受，他的意志有着一种不受拘束的力量——”

“有点过于不受拘束了，戈特洛勃！”

“没有什么会受到伤害的，没有什么，那也不可能会成为什么和长出什么的。——从他的意志中会涌出一种钢铁般的勤奋。但是，但是！这种火山般的感情爆发不久就会出现的！上帝！我难以相信会容许自己这样去反对自己的老师！显然，这深深地藏匿在他的血液里；上帝知道，他的什么样的先人会在他身上显现出来。除了自我克制那任何帮助都无能为力，而他对此是一窍不通。——他们在孩子身上犯下了那么多罪过！为了毁掉他身上的善，人们恐吓他，也许还用棍棒，于是他变得拘谨、羞怯，几乎把每一个人都看作敌人，而同时暴躁易怒，矜持自信！从根本上说，我喜欢他，一个真正的艺术家是应矜持自信的——但却是这样一个混孩子！——是啊，我的夫人，从这样一个倔强、执拗的性格中造就出一个人，一个在生活和艺术中有出息的人，这是一项艰苦的工作。但如果成功了，那他就会成为一个伟大的人。我要在上帝的帮助下试试看。"

内弗太太从地上捡起路德维希的乐谱本翻阅起来，随后她坐到钢琴旁从头开始弹奏这首乐曲。

"你看，戈特洛勃，"她喊了起来，"这段旋律多么美呵！"她重复弹了这个乐句。——"虽然在对位的声部处理上还一无所知，这看得出来，可是他根本就没有学过嘛！"——她继续弹奏。——"现在这个变奏！辉煌然而质朴！毫不做作，但也不入俗套！——现在这儿有些软弱无力，这个小家伙。——可现在他又振作起来了！——现在这最后的D大调变奏，好极了！这呼啸而过的快速级进！这像是在欢呼！阴沉的一切都变得明朗起来，松弛下来了！他写下这些时，当然有所感有所想，只是他自己还不知道而已，这小家伙！戈特洛勃，你对他是不公平的！你一下子向他要求这么多！"

"呐，"内弗吼了起来，"这当作一次技术才能考核好了。难道我对他的要求过分了？这没有坏处，这比要求低要好得多！"——

内弗的严苛的批评在孩子那儿引起了意想不到的作用。他越考虑越觉得他的老师说得对。这个变奏曲原先根本就不是这样的！他自己写的第一稿完全与此不同，父亲在上面做了改动，老埃顿逼他把整个作品从头到尾加以改写。所有他自己的、他独立创作的都被划掉了。当然没有什么真实的、真正的和出自内心的东西可剩下的了！他感到一种极大的喜悦。现在他终于看到展现在自己面前的自由的国度，现在他终于可以写他要写的了。

他找出另外一首习作，这是他先前自己偷偷写下来的：类似一种狂暴的、充满激情的口吃，每一拍子都是捶向作曲规则脸上的一记拳头。他兴高采烈地到了内弗这儿，把握十足地等待老师的称赞。

还刚弹了头几个小节内弗就惊愕地为之一怔；他觉得这个世界要毁灭了似的。就是一只金丝雀也会吓得发傻，逃进一个黑暗的角落躲起来。可怕，从没有听到过的这样不和谐——没有固定的调——两个或更多个音乱七八糟地混在一起，这些音似乎对它们彼此的存在毫无所知。

如果内弗是一个平庸的人，那他一定会笑他的学生，但他远远不是这样。他猜想到它们之间的联系，理解到是他在路德维希的头脑中造成的混乱，感觉到他对此的责任。

小家伙弹完了他的地狱般的协奏曲，期待地望着他的老师。长时间的沉默。

“不，不是这样！”内弗终于说道。更多地他暂时什么也说不出来。

“这是我当时——感受到的！”路德维希说。

“不，不是这样！”内弗重复道。他心情十分沮丧。这是他感受到的！他对此从没有怀疑过。但是在这样的方式下能被激动的该是一个什么样的灵魂！在它里面定有着相对立的东西和各种黑暗的力量！

“我的好路易斯，”他终于开始说，“你觉得这美吗？”

“不，它不美。它也根本不应当美！”

“呐，感谢上帝！那我们俩是一致了。这么说吧，路易斯，它是丑恶的！”

孩子脸变得灰白，完全和内弗批评他的德莱斯勒变奏曲时一样。

“路易斯！这次不会又哭又闹，不会又喊又叫，这次我的路易斯平静得很！你要老是想到，我这是为你好！你刚才说，它不应当是美的，那它应当是什么？”

“是真！”孩子回答说。“我怎么感觉的，我就怎么写的。您说过，我应当写我感觉到的。”

“你把我的话理解错了，路易斯。我说过，如果你内心里没有要求，那你就不应该写。但是写可怖的东西，那只是因为人们是处于一种可怖的情绪之中，这是不可以的！对作曲的规则，你不可以那么简单地抛开了事！”

“是谁制定的这些规则？它们只是写在课本上的！”路德维希说，他想到他喜欢的普法费尔。

“路易斯，你怎么说这样的蠢话！难道规则是从书本上产生出来的？它们是从艺术作品中产生的！从这些作品中，随着时间的推移，能够知道如何谱曲，这些规则你是应当好好遵守的。它们终归表明了：人的灵魂的本性需要它；我们的感受这样才能正确地表达出来；人们清楚了这一点，就把它定为规则，这样就使每一个创作者不必再从头开始。若他是天才的话，即使有规则那他也能在每一个小节中把它表现出来的！在他的乐思的新奇和自由之中，在他把它们如何安排和如何演奏出他的旋律及其和声上，在音乐形象的整体结构上，把这一切表现出来。这应当是向听众倾述，但是任何一句话都不可以是混乱不清和语无伦次的！也许你对‘规则’这个词反感，听起来像是对小学生说的。但不是这样。以上帝的名义，不要用规则这个词，要用‘规律’这个词。这样它就有更深和更高的意义。路易斯，围绕着规律有某种神圣的东西！把所有古老的一切搅在一起加以抛掉，没有比这更容易的了！新的，没有存在过的，在很长时间内不是真的，不是好的。人们一丝不苟地遵循屡试有效的规则，那甚至也能成为一个天才。为了证明这点，我今天给你看点东西，如果你是一个有才干的人，那它就会伴你终身。”

他庄重地从柜子里拿出一本乐谱，把它放在路德维希的面前。在第一页上写着：十二平均律钢琴曲集。约翰·塞巴斯蒂安·巴赫作。

“这是我们老朋友菲力普·埃玛努埃尔·巴赫的父亲，”内弗说，“在莱比锡人们认为他比他的儿子更伟大。根据这部十二平均律钢琴曲集来看，几乎我自己也相信这是真的。这些前奏曲与赋格曲我确实认为是 Non plus ultra。

啊！这是拉丁语，路易斯，意思是：无出其上。你注意！Non plus ultra! 好了，开始吧！”

路德维希弹第一首前奏曲。竖琴般的和弦肃穆庄严地响了起来，乐句是那样纯净和明朗。

路德维希动也不动地坐在那里。随之他急忙抓起他的曲谱，把它从中间一撕两半。

内弗一下子大笑起来。“呐，我的好孩子，不是这样！现在有一个人在看路易斯！是啊，是啊，是老塞巴斯蒂安！我说是啊，是啊。”路德维希没有听到他说什么，他已经开始弹起赋格曲。他一支一支地演奏下去，直到黄昏迫使他停下为止，在他弹奏的期间，矮小的内弗躺在他的安乐椅上，越来越低，到最后只看到他的两个耳朵了。

“行了，今天够长的了。”内弗干巴巴地说。孩子从德国音乐的源泉中所感受到的出奇的印象，使他深为感动；但是不让孩子觉察到这一点，那是他的义务。

“暂时我再不作曲了。”路德维希说。他欲走出，但内弗把他拦了回来。

“我说是啊，”他讷讷说，“是啊，老塞巴斯蒂安！如果有人听了他的音乐，那他不可以去想他自己所犯的过失，否则他就会突然用一条绳子套在脖子上把自己吊在窗户架上而不知道是怎么回事。路易斯，你知道这个巴赫在莱比锡是一个非常谦逊的管风琴师吗？你知道我曾经用我自己可怜的手指演奏过那同一架管风琴吗？你看，路易斯，我们又谈到了，凡是人们写的一切都必须是感受到的，是自己真正经历过的。在巴赫那里，一切都是经历过的，每一个音符都表达了出来。难道你感觉不到吗？”路德维希沉默不语。

“难道你感觉不到吗？”内弗重复了一句，并盯住路德维希的两眼。孩子依旧沉默不语。内弗费了很大的气力才没有使眼泪流下来。他从孩子的这双眼睛里看得出来，他的思潮起伏不止，他的感情动荡不已，但是它们无法用语言表达出来。终于他的嘴唇抖动起来，最后说出来一个羞答答的不字。“不？没有感受到？”内弗叫了起来。“好的，路易斯，看在上帝的份上，跟我讲真话。你怎么想的就怎么说，我诚实的孩子！那么说吧！为什么这种音乐是感受不到的？”路德维希涨得满脸通红。

“感受到了，”孩子终于胆怯地说道，“人感受得到，但是这种音乐，我不知道，我总是在想，那是没有人写得出来的。但它就是存在在那儿，是那样独特，那样与众不同，仿佛它早就存在在这儿似的，像七峰山一样；它同时也在奔流不息，平静而有力，像莱茵河一样。”

他垂下头，羞怯地一声不响了。内弗长时间地望着他。“路易斯，我懂得你说的了，”他终于说道，“你根本不需要这样害羞嘛。像一座山！说得好极了！像莱茵河！这样平静和庄严！可是无论怎么说，我亲爱的孩子，归终这音乐是由一个人写出来的，是由这个巴赫写的。它给你留下的印象是出之于巴赫的精神世界。他的音乐描述的不是个别的经历，他描绘的不是一个人的奋斗和斗争，也不是一个人的喜悦、绝望或者受他个人情绪所支配的东西。巴赫超越在这一切之上！他以沉思的宁静，澄明地俯瞰着大千世界，安排一切，用永恒的、神性的东西来编织一切。这是超凡的，是呵，人们可以心安理得地说，这些作品是超人的；你感觉的完全正确。巴赫就是在朝霞中也一直闪闪发光，人们不能不经常听他的东西。一个人，如果他不是疯子的话，决不会说：现在我上千次看到太阳这样落山了，我觉得这单调乏味，它现在应当变个样子才对；在此完全一样，人们能成百上千次听巴赫的一部作品，而觉得它美好，无与伦比，犹如在头一天听到一样。例如大提琴组曲中的那段短小的路尔舞曲。”[①] 说到这里他吹起了这段音乐的开头：

“我在七岁时第一次演奏它。现在我三十二岁了，在二十五年内我演奏它，我吹口哨，我唱，我引吭高歌，甚至我仅是想到它，上帝才知道

①原文如此，按下面的谱例系巴赫 C 大调第三大提琴组曲中布列舞曲的主题。——译注

有几千遍了。可对我说来，它依旧是那样清新、欢快、纯净、富有朝气，并且雄壮、庄严和气势磅礴，就如同我第一次演奏它时一样。每当我心绪恶劣时——路易斯，我可以告诉你，我经常心情不快——，每当我穷困无奈或者一些邪恶令我反感时，我就用口哨吹起这支短小的路尔舞曲，于是世界立即就显得不同了，一切又都变得明亮起来，并且充满了希望。每当我情绪好起来，世界又显得明亮和欢愉，我还用口哨吹起我的小路尔舞曲时，一切立即变得更明亮和更欢愉。当我死时，应当在我的棺材前演奏音乐，看在上帝的份上，他们不应当吹奏葬礼进行曲，除了我的小路尔舞曲，我什么也不要。”——

以后的几个月完全练十二平均律钢琴曲。路德维希直到从技术上掌握了它才放手。但每到这种时候他却经常产生这样的感觉，仿佛他又完全回到了起点似的，就像是这部作品深不可测，通向那儿的路总是一再地被封闭起来。他向老师诉说他的苦恼。

“我弹的完全都对，可是我经常觉得，巴赫根本不是这个意思，仿佛他写的这部作品不是为克拉维卡用的，而是为一种别样的乐器。”

“你说的对，路易斯。克拉维卡在声音上对它说来太弱了。而大键琴[①] 又太硬和太干巴巴了。你看，这也是巴赫的伟大之处：他那巨大的精神跨越了乐器的界限。”——他翻阅乐谱。“你看，例如这儿，我觉得他想到了弦乐队的呼啸声；这儿又是一段，人们相信只有一个一流的唱诗班的合唱队才能表达出他在这儿要表达的东西。有时我敢肯定说，只有合唱队与管弦乐队一起才能做到这一点。也许对巴赫说来钢琴是合适的乐器。我还没有演奏过，若是听到过用这种乐器弹奏，那一定很美。但就是钢琴也不能够完全表达出来。巴赫是超人的；就人的才能所能达到的，不管使我们的乐器多么臻于完美，那演奏起来，同巴赫的天才相比较，也永远只能是一部分而已。”

---

①大键琴（Cembalo），十八世纪流行的一种拨弦古钢琴。——译注

第九章

当内弗看到，他已用塞巴斯蒂安和菲力普·埃玛努埃尔·巴赫给他的学生打下了坚实的基础时，他开始让他熟悉同时代人的钢琴音乐。

“路易斯，把这个带回家，它会使你高兴的！克里斯蒂安·巴赫！最年轻的一个，但绝不是这个令人尊敬的天才之家中的最坏一个！我最崇拜的是父亲和菲力普·埃玛努埃尔，但是克里斯蒂安我也衷心喜爱。虽然他完全跳出了巴赫家的传统，对他的家系表示拒绝。但他是迷人的！温柔的！深沉的！他是那样耽入梦幻和奇想！那样高尚和华丽而从不流入习俗！塞巴斯蒂安和菲力普·埃玛努埃尔，这是两个地地道道的男子汉大丈夫！克里斯蒂安·巴赫，他经常有着女性的温柔。呐，这一点你还不懂。不过没有关系！弹弹他，你会喜欢的！”

随后是斯台克尔，他是精美的消遣音乐的一个时髦的作曲家，虽然没有深度，但他的音乐受到女人们的宠爱。到后来内弗也把他自己的钢琴作品拿出来。在创作上，他虽然师法菲力普·埃玛努埃尔·巴赫，但是却以一种热情和情感更多地倾向于克里斯蒂安·巴赫和南德乐派的音乐风格。从内弗的作品中路德维希学不到作曲方面的严谨技巧，但它们是优雅的、深沉的，而同时它们亦不畏怯采用新奇的和独出心裁的东西，它们之中一小部分就这样为新的钢琴奏鸣曲的发展做出了贡献。

路德维希用他全部的感官来接受这所有新的一切，凡是能学的他都去学，这使他快乐。但是，每当他重新弹起《十二平均律钢琴曲集》中的一个乐句时，那所有的一切都隐没不见了。对他说来，塞巴斯蒂安 · 巴赫暂时还是钢琴音乐的头和尾，莫扎特之星还没有从他面前升起。

内弗觉得到时候了，也该让他的学生开始熟悉管弦乐。于是他带着小家伙参加宫廷音乐会，这是由玛蒂奥里出色指挥的。他向孩子讲解管弦乐队的组成，各种单一乐器的声音和效果，这种效果是由每一种乐器的声音特性或者通过与其他乐器的结合引起的，使他对配器艺术的基本法有个概念。

乐队音乐那时还完全处于天才的约翰 · 斯塔密茨[①] 的影响之下，他是曼海姆乐派的创始人。内弗早在莱比锡时就熟悉了斯塔密茨的作品，完全有理由把他的作品第一号标志为乐队作品的一个彻底的转变。他称他是现代交响曲之父。在这一种音乐形式上，路德维希第一次经历的是斯塔密茨的交响曲。

这当然是完全新奇的！在巴赫那里，他感觉他的音乐根本不可能是由一个人来创作的。而在斯塔密茨的作品里，一个人，一个感受深沉而充满激情的人敞开了心扉，他在他的音乐里径直地表达了令他心灵震动的一切。欢乐和痛苦、恐惧和希望、欢呼和沮丧；以急迫的增强和永远是新奇和令人诧异的转折表现出来，但效果却不是生硬的和挤出来的；感觉到大胆和自由，但一直是自然的，安排得妥当必然。“内弗先生，”路易斯说，“我也想这样写。不受任何拘束，心里怎么想的就怎么写，不管是快乐还是忧愁，不管那些学究气的乱七八糟东西。”

“听我说，路易斯，你这是指巴赫说的？指老塞巴斯蒂安？如果这个波希米亚人使你厌恶起我的老塞巴斯蒂安，这倒成了一件怪事！事情可不是这样啊！”

---

①约翰 · 斯塔密茨（Johann Stamitz，1717—1757），生于波希米亚，卒于曼海姆；作曲家，小提琴家，指挥；交响曲形式的先驱。——译注

“不，内弗先生，我也不是这样认为的。巴赫是——他像神，如果人们演奏他，那人们就要祈祷。但是——”

“但是人们不能整天都祈祷！不，这点你说得对，如果你是这样去理解斯塔密茨，那我感到满意。但是你不可以因此而忽视老塞巴斯蒂安，这正如你每天早晚要念祷告一样，希望你这样去做，我的孩子。”路德维希点头。“呐，这使我高兴，本该也是这样嘛。我不是那许多跑教堂的人的朋友，但是每天去祷告上帝，这对一个感情内藏的人是好的。——你真的没有读过格勒特的作品吗？”

“我还什么都没有读过。”

“呶，你们在学校也没有读过一首诗？”路德维希说没有。“那么在家里呢？”

“我没有时间。”内弗摇摇头，沉思片刻。随后他从书架上取下一本书。“好吧，路易斯，现在我给你念点格勒特的东西，一首短诗，《自然中神的荣耀》：

‘天穹在赞颂上帝的光荣，
它的声音传播着他的圣名！
陆地在把他赞美，海洋在把他歌颂，
噢，人啊，听取神圣的语言！

谁使天空负载着无数的星星？
谁引导太阳走出它的帐篷？
它走出，从远处向我们照耀、微笑，
迈开它的脚步，像一个英雄！’”

他阖上书，走到窗前。随后他擤了擤鼻子，转向路德维希。

“这是一首诗？”孩子问道。

“这是一首诗。这不是因为它押韵，而是因为它用一种欢快的节奏恰如其分地表达了一种美好的思想。”

“您能为我再朗诵一遍吗？”

“太愿意了，我的好孩子！”

路德维希聚精会神地倾听。“这么美的东西，我还从没有听到过，”他说，“我说的是文字。我要把它谱成曲子！”

“路易斯，这是以后的事，你现在还太小。”

“用 C 大调。”路德维希补充说。

“为什么用 C 大调？”

“C 大调是最纯的调。——我可以把这本书带回家吗？”

“当然可以啦，我的好孩子！格勒特！我对这个人充满感激之情！我的心对他永志不忘！——听我说，路易斯！格勒特的名言：‘你要努力，对你的义务有一个明确的、彻底的和完全的认识！’如果一个人对别的一无所知，仅熟悉这一句话，并且按着去做，那他就能成为一个正直的人！路易斯，你要注意，遵照这句话去做！如果你要问你的义务是什么，那让我暂且来带领你，我将把它们指点给你。而现在你的首要任务就是：你好好地去读。”

一天，路德维希在内弗那里翻阅一份音乐杂志。

“内弗先生，这儿有谈到您的文章！”他喊了起来，可随即住嘴了，脸涨红起来。

“念一念，路易斯！”

“啊，没什么，”孩子结结巴巴地说，“我自己看错了。”

内弗从他手里拿过杂志。这是一篇谈几首奇怪的小步舞曲的文章，这些舞曲遭到了恶毒的批评。

“不，不是这样！”内弗极为愤怒地说，“太卑鄙了！你看，路易斯，这是不能容忍的！当然这是挑衅。他们为什么这样恼火呢？因为我习惯于在我的轻歌剧中用歌唱的风格，并把咏叹调和民歌移植进钢琴音乐中。于是就有这样一个混蛋把粪便抛到我身上！但我一点也不恼火！”他愤恨地咆哮起来，“一点也不！正好相反，我高兴的是，他，这个忌妒成性的流氓，用自己的粪便弄脏了他自己的手！”

他用颤抖的手翻阅杂志。

“现在打击临到我的头上了！”他喊叫起来，并用嘲弄的目光望了小家伙一眼，“难道这上面不也应当有谈路易斯的地方吗！噢，上帝啊，这真的有呀！这儿，现在你念一念吧。”他把杂志递给孩子。当路易斯真的在上面看到了自己的名字，他几乎不相信自己的眼睛，他念道：

“路易斯 · 范 · 贝多芬，男高音歌唱家的儿子，一个十一岁的孩子，有着出色的才华，前途无量。他的钢琴演奏得非常娴熟，有力度，对乐谱十分熟悉，一句话：他能演奏塞巴斯蒂安 · 巴赫的《十二平均律钢琴曲集》中的绝大部分，这是内弗先生亲手教授的。谁能用所有调弹奏这部前奏曲和赋格曲集（人们称它们几乎是不可逾越的），那就会知道，这意味着什么。内弗先生有时间也教授他一些数字低音方面的知识。现在他教他练习作曲，为了鼓励他，内弗先生把他根据一首进行曲写的钢琴变奏曲在曼海姆付印。这个年轻的天才应得到扶植，他能进行旅行演出。如果他像开始时那样一直努力下去，他定会成为第二个莫扎特。”

他面色苍白地放下了这份杂志。

“愚蠢的玩笑。”他咕哝着。

“呶，为什么，路易斯？”

“我没有什么东西印出来的！”

内弗从他的书柜中抽出一本乐谱，把它递给了孩子。路德维希打开谱子：题目用的是法文；内弗用柔和的萨克森腔念道：

“Variations Pourle Clavecin sur une Marche de Mr. Dressler，composées et dédiées à Son Excellence Madame la Comtessede Wolf-Metternich，née Baronne d’

Assebourg，par un jeuneamateur Louis van Beethoven，gé de10 ans.”[①]——随后他给他翻译成德文。

路德维希不知所措。他翻开了头几页。他的乐谱，他自己的乐谱，印在雪白的纸上，十分整洁。他快乐地望着内弗，随即搂住他的脖子，吻他。内弗把他搂到自己怀里。

“我的路易斯，我的小家伙，好孩子！感到有些高兴吧？你看，路易斯给了我那么多快乐，所以我也要使他快乐一次。”

“我的第一部印出来的作品！”路德维希说，“现在我要知道杂志里谈到我的是谁写的。”

“呶，只要它说得对，谁写的都一样。我认为，写的丝毫不差。”路德维希笑了。“第二个莫扎特！我是第二个莫扎特！”

内弗把孩子的头发从额前捋到后面，长时间地看着他。但他什么也没有说，随之就打发走满怀欣喜的孩子，孩子正急于要把自己的乐谱拿回去给母亲看。内弗又坐在他的安乐椅上，燃起了烟斗，梦幻般地向空中喷吐出蓝色的烟雾。他的妻子走了进来，坐在他跟前。

“我把它给他了，”他说，“他很高兴。”随之他又喷吐出烟雾，把自己埋在其中。

“是啊，是啊，”稍顷之后他说，“就是这样一件事，付出心血，也会带来收益，在百年之后，人们会说：内弗？内弗？对呀，贝多芬的老师。”

他的妻子正要反驳他，但内弗制止住了，“苏茜，别说了。我知道，我知道我所知道的。”

一七八二年六月，死亡终于解脱了高龄的宫廷管风琴师老埃顿的痛苦；内弗成了他的后继者。如果没有路德维希，那内弗一定会陷入窘境，无法承担宫廷管风琴师和剧院乐队指挥这两个职务，因为就在几天之后，格罗斯曼

---

①意为：根据德莱斯勒先生的进行曲改编的一首钢琴变奏曲，为沃尔夫－梅特涅夫人（娘家姓阿瑟堡，男爵夫人）而作并敬献给她，年轻的音乐爱好者路易斯·范·贝多芬，时年十岁。——译注

同他的剧团前往明斯特，整个夏天在那儿演出。现在内弗可以放心地让他的学生做他的代理人坐在管风琴前了。就是当剧团在秋天返回，重新在波恩演出时，内弗若是没有他的小替身，也是无法脱身的。整年里，每天都在教堂里做早晚两次弥撒，除此还有星期天和节日的祈祷。上午还要排练；内弗分身乏术，于是每当排演歌剧时，他就把路德维希打发到教堂去；如果没有别的人选，就是由路德维希来接替他在教堂里的工作，他也没有异议，这单调的工作早就成为性格活跃的内弗的一种负担。他生性喜欢剧院。在这里他能在歌剧的音乐领导方面大施身手。他把外国的歌剧本子翻译成德文，也时而自己写歌剧脚本，帮助他的妻子研究她扮演的角色，还是格罗斯曼在剧本的选择、改编和排演方面的顾问。自从他担任音乐指导以来，演出的歌剧一年比一年多；开始时，为了不至于使老选帝侯不满，只上演些轻松的小歌剧，逐渐地也演出一些严肃的大型歌剧，这就需要对总谱进行深入的研究和多次地排练。

内弗的工作可不是轻松的。一七八三年的春天，两位音乐指导卢切西和玛蒂奥里又都休假，为期一年，这样，除了内弗没有别人能接替他俩在乐队和音乐厅中留下的工作。让他的学生完全顶替他的管风琴师位置，这确实是一件好事。

一七八三年夏天，路德维希利用老师不在的机会要创作一首钢琴奏鸣曲。他所弹过的许多好的作品强烈地激起了他创作的欲望。他勇敢地开始进行这项工作。可当他要把他构思的动机和主题都纳入一首奏鸣曲时，自己的丰富乐思使他感到窒息。这样，他不是写了一首奏鸣曲，而是三首。内弗虽然按着他的原则，不去大加称赞，但却极为满意。比起德莱斯勒变奏曲，显然这是一个巨大的进步。清晰而有力的旋律和强烈的节奏赋予孩子的这部作品以一种特有的风格，即使看得出来在形式和内容上有依赖于前人之处。内弗越来越肯定，路德维希很好地研究过他自己的作品，他对此感到满意。还有斯泰克尔[①]，从孩子的清新的、混杂着快乐精神和多情善感的旋律中，从那丰富多彩的、生动活泼的、演奏起来颇为不易的钢琴乐句中，时常看到他的影子；而从孩子这部作品中的严肃乐句上看到菲力普·埃玛努埃尔·巴赫的影响，这些乐句有着疾如暴风的主题、强烈有力的对比、强制性的突出和中断，而主要还是从它们旋律的朴实和热忱上觉察出来的。

不久内弗也把这三首钢琴奏鸣曲付印。现在他的年幼学生已有两部作品与音乐界的朋友见面了。

当路德维希下次到内弗这里时，他看到他的老师正俯身在写字台上欣喜地翻阅他写的东西。

“路易斯，现在注意！这奏鸣曲是献给选帝侯的。现在你听：

最尊敬的大人！从我四岁时起，音乐就开始成为我童年的事业。这样早我就熟悉了可亲的缪斯女神，她把我的灵魂变为和声，我捕捉住了它，正如我经常感觉到那样，它也喜欢我。——行吗？你感到吃惊？”他停下来，瞅了路德维希一眼，孩子满脸愕然的表情。——“我现在业已十一岁；从那时起，我的缪斯女神经常在祭祀的时刻与我耳语：试试看，把你的灵魂的和声写下来！——十一岁，我想是吧，——我会成为一个作曲家？那些艺术界的大人该怎么说呢？我几乎感到畏惧。但是我的缪斯女神要我这样做，我服从了，于是写了下来。

最尊贵的大人，可以允许我斗胆把我少年作品中的第一部置放于您的宝座之下吗？我可以希望得到您父亲般鼓励的目光的垂顾吗？——噢，会的！科学和艺术都在您那里找到了睿智的庇护人，慷慨的赞助者，在您的慈爱的父亲般庇荫之下，才能的幼芽都将繁荣。——

出于这种确信，允许我把这部少年时代的习作奉献。愿您把它看作对您的敬畏的一个纯洁的祭品而加以垂青。最最尊贵的大人！年幼的作者。”

内弗庄重地把乐谱递了过去。

---

①斯泰克尔（Sterkel，1750—1817），作曲家和钢琴演奏家。——译注

“如果他读到它，”他梦幻般的微然一笑，“那他就会乐不可支。路易斯，你看，写出这样的东西不错吧！你也要学一学呢。以后，经过一段休息之后，我要为你谋取第二管风琴师的位置。现在你一直是白干活，还连一个铜板都没有得到。这一切，尊贵的大人定会看到的。”

内弗说话算话，这个请求经过一段时间递了上去，但却被选帝侯暂时搁到了一边。

一七八三年秋天，格罗斯曼把他在波恩的剧院领导工作交给他的妻子，随后他接任了法兰克福和美因茨的剧院领导职务。他的妻子对导演的工作所懂甚少，除此，她等到十二月时由此迁走。内弗看出来了，导演的事情必然要落到他的肩上，为此，他决定培养路德维希成为代理指挥。当然这首先得设法找一个人代他演奏管风琴。

“噢，如果没其他事时，”路德维希说，“弗兰西斯卡修道院的汉斯曼长老一定会乐于帮忙的，至少每天一次，九点钟的或十一点的，他会答应的。”

“这成了代理人的代理人！好的，那你明天早晨去排练场，站在我身旁，注意我的动作。你自己用这种方法学会演奏总谱。”——那个时候在乐队中间有一架大键琴，由指挥者弹奏。

“这也是一所道德学校呢，”他补充说，“你至少又可以上学了。”

路德维希无需叮咛。在第一次排练开始前半小时，他就站在神秘的只准演员出入的剧院大门旁边，等着自己的老师，心怦怦跳个不停。男女歌唱演员，乐队的演奏员，都从路德维希身旁走过，他们大半都是老熟人，但也有几个生疏的人在内。终于在最后一刻内弗匆匆忙忙地赶来，他用手抓住小家伙，带着他穿过狭窄昏暗、弯弯曲曲的甬道。突然间他们站在乐队中间，乐师们都在定弦。剧场空无一人。在舞台前端，指导格罗斯曼太太站在那儿。路德维希好长时间没有见到她了，他觉得她面色苍白，显得疲惫。她看到小家伙，友好地点了点头。啊，她的女儿弗莉茨来了，脚步轻盈，惹人喜爱，路德维希早就暗地里对她怀有好感。她长得多美，长得多高呵！但她没有注意到他，直走到她母亲身边，激动地说着什么。舞台监督卡西尼先生走了过来，他手里拿着一张纸柬。

“勃兰特先生还一直没来？”他喊着，用目光四下里搜寻。勃兰特先生没来。卡西尼先生发现了钢琴旁的路德维希，于是走到台前，说道：“这个孩子在这儿干吗？”路德维希结结巴巴地说了一两句模糊不清的话。

“这个孩子是从外边来的？”

现在内弗看到了，于是就朝卡西尼先生打招呼。

“格罗斯曼太太可是变得胖了！”路德维希轻轻向他的老师耳语。

“嘘！可不能这样讲。”

“勃兰特先生！勃兰特先生！”卡西尼朝远处喊叫。指导格罗斯曼夫人发作起来。“不像话，竟然这样！若是我的丈夫在这里，勃兰特先生就知道什么叫准时了！可格罗斯曼却在这种情况下叫我成了个寡妇！”

“她这是什么意思？”路德维希悄声地说，“是什么样的情况？”

“另外的情况，”内弗悻悻地说，随即加了一句，“住嘴，我再给你讲一次。”

终于勃兰特先生来了，他请求原谅。“呐，现在开始！”内弗说，“路易斯，你翻乐谱。”

路易斯迅速地看了一眼乐谱的标题：《丰收的节日》，轻歌剧，约翰·亚当·希勒作曲。

内弗像个元帅一样环视了一下。他抬起手，但又犹豫了瞬间，随即把手落到琴键上，音乐插了进来。当迷人的弗莉茨开始唱起一支咏叹调时，路德维希目不转睛地望着她，连翻谱都忘了。

“怎么搞的！”内弗吼了起来，“要专心，孩子！别忘了你在这要干什么！”

不，这简直太过分了！现在勃兰特先生搂住了弗莉茨的脖子！——

“你见鬼了，路易斯，你要看乐谱，不是看舞台！”

路易斯在倾听。她唱得多好呵！夜莺也无法和她相比。——内弗敲了敲，停了下来。

“呐，弗莉茨，今天这是怎么啦？你刚才要睡着了！”

路德维希愤愤地望着他的老师，弗莉茨在哭泣。

“振作起来，弗莉茨！”格罗斯曼夫人说。“孩子练了整个晚上，”她向内弗解释说。“今天是歌剧的主要角色，明天又是一部话剧的主要演员——，当然她要疲倦的。”

“好吧，那我们就休息一小会儿，”内弗说。“而你，我亲爱的路易斯，如果你的眼睛老是盯着舞台，那你是学不会怎么弹总谱的。”

“我能弹总谱。”路德维希回答说。

“怎么？你能弹总谱？那请吧，坐到我的位置上！”

路德维希高兴地坐在乐队指挥的座位上。

“呐，路易斯，你坐在这干什么？”格罗斯曼夫人问。——内弗向她做了解释。

“您应该知道，内弗，现在继续吧，否则我们今天一晚上都得待在这里。”

路德维希抬起他的手，像刚才他看到内弗做的那样，犹豫了瞬间，然后手落到键盘上。弹得漂亮极了。内弗站在一旁，望着路德维希。孩子是从哪儿学来的！他像个老手一样坐在那里，连一个音符也没有弹错。与歌手和演员配合得十分出色，仿佛他生下来就是为此安排的。排练进行得很快，很顺利。大家都十分满意。

“你是一个魔鬼。”弗莉茨喊道，让他吻自己的手。

“到这儿来，小家伙！”格罗斯曼夫人说，用手招他到台前。当他站在她的下面时，她把双手递给他，把他拉了上来。

“你是一个真正的音乐家，我的孩子！”她说。他还没有弄清怎么回事，她已经吻了他一下，若是弗莉茨给他一个吻就更好了！但她只是嘲弄地望着他。他的脸变得通红。他只说了一句话就返回到下面的乐队中去。

“我得到教堂里去，”他羞赧地说，“快到十一点了。”——于是他走掉了。

下午，当内弗给他的学生上课时，他说：“呐，路易斯，今天早晨的那部轻歌剧你喜欢吗？”

“蛮好，”路德维希说，“但也不过如此。”

内弗要说点什么，表示异议，但他头一次把他的不快忍了下去。

“也不过如此？”一段时间之后他说，“它是我的老师希勒写的。”

路德维希满脸绯红。他真愿意对这部《丰收的节日》说点什么好感的话，但是他想不到有什么好说的。

“呐，不要做出这样一种表情，我亲爱的朋友。你对约翰·亚当·希勒的意义还一无所知，对此我不生你的气。你怎么会理解这点呢！——这样，路易斯，我们重新又有一种德意志的歌剧，这就是希勒的功绩。在他之前是没有的，因为在谈到歌剧时，德意志只是意大利的一个行省而已。德国的作曲家写的不是德国的歌剧，而是意大利的。于是希勒写出了他的德国歌剧。你说：也不过如此。也许是这样。他写得尽可能的轻松一些，也必须这样写，因为还没有德意志派的歌唱家，根本谈不到伟大的表演艺术家，如像意大利所拥有的那样。他要影响民众，他做到了这点。凡是在舞台上演唱的，那不久就要变得家喻户晓，所有的人都跟着唱，在街巷里，在酒馆里，在城市和在乡村。这样民众又有兴趣唱歌了。德国音乐在德意志舞台上又赢得了一席之地。你看，路易斯，这一点我们就要感谢希勒！随之有了他的后继者：施威采尔·霍茨鲍尔，我的岳父本达，我自己的东西，我们所有的人都沿着希勒的路继续前进。终于德意志歌剧救世主的年幼而伟大的先知来到了我们这里，他就是沃尔夫冈·莫扎特。他能够到来，为他开辟了道路，这就是希勒的功绩。”

翌日清晨，当内弗来到排练场时，他看到路德维希十分惬意地坐在钢琴前面，以一种老练的乐队指挥的表情在翻阅总谱。

“路易斯，告诉我，你像是在想继续下去吧？”

“是的，我想——”他脸红了，一声不响了。随后准备从他的座位上下来。

“呐，我们两人想到一块去了。不要下来，坐在上面，你搞得蛮不错。如果我可以给你一个好的劝告的话，那就是你把总谱带回家去，事先把它弹一遍。你对故事也能真正地有个轮廓了。”

就这样，还不满十三岁的路德维希成了剧院的乐队指挥，不过只是排练场上的，因为演出时当然由内弗自己指挥。内弗自然有时也在思忖，他把孩子引进剧院的环境里是否做得对。他的年幼和纯洁保护了他。这种“道德学校”所不能避免的那些暧昧不明，轻浮佻挞之举都从孩子身边一滑而过，因为他对自己所闻所见都毫无所谓。

“若是现在他坐在学校的教室里，背诵他的科内留斯 · 内波斯[①]，当然更好了，”矮小的内弗暗中思忖，“但在这儿也没有什么不好的。”

路德维希逐渐地熟悉了歌剧文学中的一些最受喜爱的作品：意大利喜歌剧中温柔可爱的皮契尼，率直而有胆量的帕埃西埃罗，直到放荡的阿弗西——他以他高贵的、缜密的旋律令听众倾慕；法兰西喜歌剧中热情、伤感而沉于梦想的格莱特里，完全现实主义的菲利托 · 蒙西尼——他的《逃兵》在他幼小的心灵中早就留下了印象，还有他的祖父——他对他一直怀念。也有德国的轻歌剧：希勒的令人喜爱惬意的小型作品，内弗的诙谐的《药材铺》，它们使路德维希笑得流出了眼泪，机智的本达的音乐剧《阿连达在纳可索斯》，莫扎特的《后宫诱逃》，可这部歌剧由内弗亲自指挥。

“这对你还太困难了，路易斯。”

“是吗，内弗先生？”

“是真的，路易斯！如果它不是太困难的话，我倒是愿意的！《诱逃》是我的一切呵！”

确实，《诱逃》的确与路德维希迄今所熟悉的完全不一样。去评价莫扎特的音乐化的性格塑造的艺术，他显然是过于年幼；为此，他孜孜不倦地研究总谱中旋律的激情和华贵。他也想亲自来体验一下莫扎特呵。

“我认识他，”内弗说，“在五年以前，我们和舍勒剧团从法兰克福前去曼海姆演出，那是一个星期天。他当时从巴黎来，在曼海姆要停留一两个星期。

---

①科 · 内波斯（Cornelius Nepos，生年不详——公元前 32 年），罗马历史学家。——译注

那时他是一个血气方刚的二十几岁的年轻人。身材短小，不引人注目，长得丑陋，可却是一个天才。”他得意地微然一笑，“也许这是他的南德人的可亲之处。当他听了我的《索弗尼斯伯》之后，对我说了许多关于我的作品的好话。”

“莫扎特没有写过什么钢琴作品吗？”

“当然写过！在曼海姆他演奏了一首奏鸣曲，这是他从巴黎带来的，好极了。《最洁美的春天》。是 A 大调的，第一乐章就出现一个带变奏的主题。我以后一定要把它写下来，在波恩这里还找不到他的东西。”

不久，路德维希的乐队指挥活动就宣告结束，命运的打击一个接一个地临到剧院的头上，一直到它垮台。

一七八四年一月，贝尔德布施去世，这样一来，所有宫廷机构先是陷入瘫痪状态，剧院的活动一段时期完全停止了。一月和二月，这片土地上降下了少有的大雪。突然，天气又变得温暖，莱茵河水上涨，溢出了河岸，洪水不断地泛滥，它冲进莱茵巷，也涌入了费舍尔的楼房，流进地下室，流进一层，水越来越高，最后逼使贝多芬一家逃到朋友家去。整个莱茵山谷是一片汪洋，到处漂着冰块。城乡遭受到巨大的损失。剧院不得不又一次关上了它的大门。

三月份，格罗斯曼夫人卧病在床，一个星期之后身故。几天之后，老选帝侯也辞世而去，剧院立即关闭，演员发了一个月的薪水均被遣散。

第十章

作为德意志教团最高领袖的年轻的奥地利大公爵马克西米连·弗朗茨驻跸在陶伯河畔的麦根塔姆，已经有四年之久了。他的母亲玛莉亚·特莱西娅在死前不久挑选了她的最小的儿子作为科隆选帝侯的助手，以便成为他的后继者。对科隆选帝侯公国的统治会给他带来一笔巨大的收入，远比他担任德意志最高领袖的职务得到的更多。而同时他作为下莱茵诸国的统治者对奥地利家族有益，对普鲁士在西部德意志的势力能加以遏止。由于大公爵与教士还根本没有交往，因此发挥不了什么作用，不过这会轻易加以弥补的。

一七八四年四月，新的选帝侯迁入波恩。他的第一个忧虑便是财政上的困难。他让人做了一份关于管理机构的所有部门的详细报告，凡是全部或部分可有可无的，都被撤销或加以控制。至于宫廷乐队当然无法再精简了，因为对音乐外行的马克斯·弗里德利希觉得乐队还说得过去的话，那对于爱好音乐的马克斯·弗朗茨说来，这支乐队太小了。即使这样他也要设法节省。玛蒂奥里要走，他受到教会人士的排挤，不能再留在这里。他的位置暂时空了起来。

“管风琴师克里斯蒂安·内弗”，选帝侯在阅看他的总管递来的报告，“可以裁减掉，因为他在管风琴方面没有特别的才能，只是由于有人庇护才得以任用；除此，他是一个外地人，是一个加尔文教徒。这四百古尔登可以省掉。如果内弗被裁减的话，那必须有另一个管风琴师来任职，此人一百五十古尔登足矣。这个人同样矮小，年轻，是一个宫廷乐师之子，在管风琴师不在时业已演奏过管风琴，才能不错，技巧成熟，并且家境贫穷。”

选帝侯总的说来是同意的，因为内弗这个名字他并不熟悉。但他不愿意一下子就把他前任的宫廷管风琴师抛到门外。他选择了这样一个办法，把内弗的薪金从四百古尔登减至二百古尔登，而“贝多芬之子”被任命为第二管风琴师，年薪一百五十古尔登，并给予他一份官方的聘书。

这样的措施对于穷困的内弗不啻是一场灾难。由于剧院的解散他一年已经失去一千古尔登。而现在他的年收入又减到二百古尔登。他无法用这笔收入维持他的家庭。很清楚，这里有人暗地里在整治他，究竟是谁，他当然不甚了了。他首先怀疑的是路德维希的父亲。当孩子来到这里把一张新的、漂亮的聘书拿给他看时，孩子得到的不是他期待的快乐，而是冰冷的一言不发。内弗长时间地看着他，带着一种表情，如同扮演李尔王的老努特先生在弗莉茨·弗里特内尔对他说，她爱他，那是在尽她的义务，他望着她的表情就是这样。

“我祝贺你。”内弗终于说道，并踱到窗前。

“可是内弗先生，”路德维希惊愕地说，“发生了什么事？”

内弗慢慢地转过头来。

“路易斯，路易斯！”他终于开口了，声音悲哀凄凉，“我几乎相信，我是在自己胸脯上喂养一条蝮蛇。”

路德维希脸上是一副不知所措和不快的表情。

“你不懂我说的？”

“不懂，内弗先生！”

“这样！现在你是年薪一百五十古尔登的宫廷管风琴师！这对一个十二岁的孩子说来是好事！得到大家的尊敬！而我，内弗，三十六岁了，可以做你的父亲，在整个德国享有名望，人所熟知，可他们才给我二百古尔登！今后，我一年的薪金比路易斯先生多了整整五十古尔登！”

路易斯惊讶地连一句话也讲不出来。内弗观察他好一会儿。

“路易斯，原谅我！”他终于换了另一种口气说，“我对你太不公正了！我看出来了，在这件肮脏勾当上你是无辜的，我根本不应当想到这上面去，我了解我的路易斯！但是人们受到了糟蹋，被一脚踢了出去，那——算了。路易斯，把你的聘书拿来看看！你看，写得多么工整！路易斯·范·贝多芬，科隆选帝侯宫廷乐队管风琴师！年薪一百五十古尔登！这是你父亲所赚到的一半！你应该骄傲，我的孩子！你现在也是一个大人了！你母亲说什么了呢？我可以想象得出，我为她高兴。一百五十古尔登，这可以派用场了，现在你供养了你们一家的三分之一！如果过了一年，选帝侯更好地了解你，那你就谦卑而谨慎地递一份申请，请求增加少许薪金，就说五十古尔登吧，那就是二百古尔登了。”他爆发出一阵狂笑。

门开了，他的妻子走了进来。路德维希看到她满脸泪痕。她瞥了丈夫一眼，随后又退了出去。

“二百古尔登！”内弗重复道，但这次语调里充满着愤怒和复仇的欲望。“搞我，好嘛！现在我可知道了，他藏在哪儿，这个敌人，他从暗处向我射了一箭，带毒药的箭。但是，等着瞧吧，你这流氓！得让你认识认识戈特洛勃·内弗是何许人！我到选帝侯那去！国王陛下，我要说，在艺术中是不分天主教还是新教的！它只有惟一的一种神圣的精神，而这是我所信仰的。如果我们最仁慈的统治者不信仰它，那我只能感到遗憾！”

翌日，在觐见的时间，内弗站在选帝侯办公室的前厅等候，他满腹火气。终于轮到了他，叫到了他的名字。随即他站在他的统治者面前，深深地鞠了一躬。

选帝侯用他那双显得突出的大眼友好地望着他，这使得内弗必须镇定下来，以便保持他悲愤的情绪。

“请坐，宫廷管风琴师先生。”

内弗坐了下来。

“我听说，您来自萨克森，”选帝侯开始说，“是美丽的易北河畔的佛罗伦萨？”

“是来自克姆尼兹，国王陛下。”

“这样，是这样！来自克姆尼兹！——是呀，萨克森人周游世界呵，都是喜欢经商，可中间也有许多音乐家。您在美丽的莱茵河畔感到满意吗？我亲爱的乃弗？”

“谢谢国王陛下的关怀。到现在为止觉得满意。”

“到现在为止？现在您不再感到满意了？呶，您有什么心事呵，说出来好了，我亲爱的乃弗！”

“我的名字是内弗，我卑恭地请陛下注意。”

选帝侯笑了。“你们萨克森人都是些怪人！我们说短的，你们说长，而我们说长的，你们说短[①]。得请您允许我称您内弗。”

满布在内弗情感上的阴云被选帝侯这种友好的表示驱散了少许。他知道，国王陛下开玩笑这不是坏的兆头，于是他定下心来，说道：

“如果我是您国王陛下的乃弗，我非常满意，因为那样我就不会成为一个穷苦的音乐家了。但我叫内弗，戈特洛勃[②]·内弗。”

选帝侯笑了，内弗结结巴巴地补充说：“我不是说上帝保佑，我叫内弗，而是我的名字叫戈特洛勃，姓内弗，全名是克里斯蒂安·戈特洛勃·内弗。”

选帝侯吃惊地望着他：“您是那个内弗？那个著名的作曲家内弗？啊，这我太高兴了！我根本不知道您是宫廷管风琴师！他们告诉我的完全错了！是啊，这确实使我喜出望外，有您这样的一个有声望有地位的音乐家在我的宫廷里服务！虽然在维也纳我们没有演出很多北德乐派的东西，但是您的一些作品我却是熟悉的，并十分喜欢。我亲爱的内弗，您有什么心事？我能够帮

①内弗的德文为 Neefe，两个 e 在一起读长音，而选帝侯呼他为 Neffe，在两个辅音 f 之前 e 读短音。——译注

②戈特洛勃（Gottlob），字义为上帝保佑。——译注

您点忙吗？”

“国王陛下是如此仁慈！”

“您不要说这些客套话了，我亲爱的内弗，我对此不感兴趣。直说吧。”

“国王陛下！前任陛下任我为剧院音乐指导，在这个职位上我每年得到一千古尔登的薪金，与此同时我是宫廷管风琴师，年薪四百古尔登。总共为一千四百古尔登。由于剧院的解散我失去一千古尔登，而从管风琴师的四百古尔登的收入中，现在人们又给我减去了一半。”

选帝侯不安地咳嗽了一两声，随后他站了起来，走到写字台前，从抽屉中抽出了一份公文，阅看了好一会儿。

内弗在此期间从近旁观察他一向只是从远处看到的选帝侯——真是大腹便便，他有一瞬间这样想，可随之立即在思想里改正过来：心广体胖呵！高耸的额头，不久定会变成秃头。友好的表情，友好的眼睛，肥厚的面颊，肥厚的嘴唇，肥厚的脖颈。若是拉中提琴嘛，可这对我还是一个谜。不管怎么说：一个可亲的人！

选帝侯还一直在阅看文件。“蠢驴！”他自己咕哝了一句。“都是些空话！哈，信仰加尔文教，这大概是关键。”他恼火地把文件往写字台上一抛，拉了拉铃。一个侍从走了进来。

“请瓦尔德史泰因伯爵来见我。”

随即走进来一个血气方刚相貌英俊的年轻人，人们从远处就看得出是一个贵族。

“亲爱的斐德尔，”选帝侯说，“我很高兴介绍您认识这位著名的受人尊敬的作曲家内弗先生——瓦尔德史泰因伯爵——谢谢你，斐德尔，内弗先生是我们的宫廷管风琴师，而我们却对此毫无所知！是啊，我们甚至干了一件大蠢事，减少这位有贡献的人的薪金！你看看好了！”他朝瓦尔德史泰因指了指公文。

“名字都写错了！”瓦尔德史泰因笑了。“看起来问题不在于此，而是另有原因。”

“亲爱的斐德尔，考虑一下该怎么做。最简单的做法是把我们的新的第二管风琴师重新撤掉。”

“一桩蠢事，”瓦尔德史泰因说，并重又一瞥文件。“幼小、年轻、技巧熟练并且穷困。他已经手上有了聘书，会高兴得发疯的。”

“若是给孩子一个像样的甜头作为安慰的话—— 一半年薪吧——，你觉得如何，斐德尔？”瓦尔德史泰因在沉思。

“国王陛下请原谅，”内弗轻声地说，然而语气坚定，“与其这样，我宁愿放弃我那一半的年薪。这个孩子是我的学生，是一个卓越的人材，是一个天才，我十分佩服，当然要培养；千万不能那样做。”

“一个天才！”选帝侯喊了起来，“内弗先生这样说，那定然是不错的！首要的，这个孩子当然不要失去他的职位和薪金了；就这样，斐德尔，你也这样认为吧？”——瓦尔德史泰因点了点头。——“还有，斐德尔，你去观察一下这个孩子。如果确实像内弗先生说的那样——我当然不怀疑了——那我特别关心的就是要继续帮助这个孩子。斐德尔，做点好事！瓦尔德史泰因伯爵反正是一个音乐迷，”他转向内弗，“我不会用什么不愉快的事来打搅他了。——是啊，您，我亲爱的内弗——，我们把您捉弄了一番，我完全看得出，用一年二百古尔登我们是留不住您的。现在您稍做忍耐！我在这儿已经陷入债务之海了，这已不是什么秘密。每一个小钱都得派上用场。说心里话，我愿意立即同意给您四百古尔登；但钱都分配好了，每一个小钱都算上了。现在您再等个把星期，等我们喘过气来。一旦可能，您就会得到您应得的，您的问题是第一位！您相信我好了！——还有，斐德尔，你看，内弗先生赞美上帝，说我不是他的叔叔[1]。你怎么想的？这是对他的国王的极大的尊敬，是吧？——是啊，可我现在得遗憾地说再见了。您信任我并亲自见我，我感谢您，如果您还有什么不满意的，再来好了。祝您诸事如意！”

①此系选帝侯开玩笑，内弗（Neefe）一字与侄子（Neffe）同音，前文内弗说，他不是国王陛下的乃弗，即不是国王的侄子之意。——译注

他把白皙而多肉的手递给内弗，手上戴着好几枚贵重的指环；内弗谦卑地用嘴唇轻轻地吻了一下。

“内弗先生，您能等我片刻吗？”瓦尔德史泰因说，“立刻同您去看看您的那位神童。请进，如果可以的话。”他把他领入一间布置得富丽堂皇的侧室，请他入坐，让他单独留在那里。

内弗在厚厚的土耳其地毯上无声地走了几步，随后小心翼翼地坐到用厚厚的绸缎包缝起的扶手椅上。他所得到的是一项诺言，这就是一切。他想到国王手指上的指环，每一枚都值二百多古尔登。他观看墙上的织花壁毯，每一张都是一小笔财富；巨大的镶有金框的水晶镜子，用贵重的饰有玳瑁的木料制成的包锡家具，威尼斯的吊灯。一阵痛楚的感情涌上心头。难道这一年二百古尔登就使王国的预算真的陷入窘境吗？

几分钟以后，内弗和瓦尔德史泰因伯爵并排穿越马路；矮小和显得佝偻的音乐家走在高大颀长的贵族旁边，后者亲昵地把胳膊让内弗挽着，像同与他地位一样的人那样不停地说着话。

“现在您不要一副垂头丧气的样子，我亲爱的内弗先生！选帝侯是说话算数的，这波恩人会了解的。我会想着您的问题，直到您重新得到您从前的薪金为止，决不会不管的；您相信我好了！”

内弗听他讲述，瓦尔德史泰因想进入德意志骑士教团，为此必须在最高领袖而同时又是选帝侯的宫廷里见习一段时期。

“亲爱的上帝呀，”伯爵说，“但愿一年就够了！若是不那样匆忙，我的见习年还不会这样快就开始了。不是的，我暂时留在这里，只是因为选帝侯喜欢我。我不希望死在这个荒凉地方。我亲爱的内弗先生，我是来自维也纳！维也纳和波恩，这像是黄油和脱脂牛奶！苦差事呵，这是一个无聊单调的小巢！现在我高兴的是，我看到您是一位真正的音乐家，您知道，对我说来，只有音乐才使得生活变得有价值。如果我们之间能有更好的了解，并且我对您敏锐的耳朵不怀有恐惧之心的话，那我将会大着胆子，找个机会，也从我写的那些不怎么高明的歌剧中找一部给您看看，我是把这些作品献给我们神圣的艺术的。可现在您最好告诉我一些有关您的宠儿的一些情况。”

于是内弗便向他的同路人讲述了他所知道的路德维希的家庭，他的性格和他的成长情况。

“可尊敬的孩子！”当内弗讲完了之后，瓦尔德史泰因说。“这一定是一个人材！可您现在把我领到哪儿来了，我亲爱的朋友？”

“到寒舍，伯爵先生。现在正是孩子上课的时候。”在房门口他拉住了伯爵。“他在弹琴！是巴赫的一首赋格曲！”他悄声地对瓦尔德史泰因说。

琴声透过关闭的房门显得低沉，但穿越出矮小的房间却清澈而庄严。两个男人就站在那里，怀着敬畏谛听着，直到钢琴声停了下来。

从这一天起，路德维希·范·贝多芬赢得了一个朋友，此人在选帝侯身边的影响对他未来的命运起了决定性的作用。

随后的一段时间，内弗和路德维希过得十分平静。剧院关闭了，宫廷音乐会同样也停止了，因为新的选帝侯无暇顾及。在他对世俗的政府事务忙了一阵之后，就开始了他的宗教上的活动。虽然玛莉亚·特莱西娅给他在教皇那里谋得一项特权，据此他可以把教士宣誓推迟十年举行，但马克斯·弗朗茨可是个干什么都要彻底的人。作为两个宗教国家的统治者，他也要成为宗教上的统治者，因为从半个世纪以来，明斯特公国一直同科隆大主教区密切相连。于是他在教士生涯上进行了奔波。十一月底他进入了科隆的神学院，为被授予神职做好准备。他严格地服从指导，历时八天之久。两周之后他已是一个教士了。下一年的五月八日，举行了盛大隆重的授予神职仪式，他成了大主教。随后他远离开自己的都城，进行了一次长距离的为教徒举行坚信礼的旅行。《波恩知识报》报道说，他仅在威斯特华伦就为二万七千人举行了坚信礼。“由于主教大人的辛苦和劳顿，他的右手都长了肿瘤。”

一七八四年秋，卢切西假满返归。可怜的内弗暗中希望成为离职的玛蒂奥里的继任，但是这个希望落空了。选帝侯要一个人成为他的管弦乐队的领导，这个人不仅是剧院乐队的指挥，而且也是音乐会的指挥和管弦乐队的作曲家。他选择了瓦莱尔史泰因乐队的音乐指导约瑟夫·莱恰，他除了具有所要求的那些长处之外，还是一位出色的大提琴演奏家。在一七八五年四月，莱恰接受了这个职位。

这样一来内弗的职务就只是演奏管风琴，而这份工作那是路德维希立刻就能接过去的。他为许多人家的学生辅导音乐课，以解救经济上的窘境，不久，他的钢琴课在波恩的贵族阶层赢得了好名声。经过长期的等待之后，他又得到了他原先数额的薪金；当然这是他以辞职要挟的结果。

路德维希在此期间创作了一部钢琴协奏曲，现在他把它带到老师这儿。

“E 大调，”孩子说，“有些困难。”

内弗把乐谱放在谱架上翻阅。他越看，脸上就出现越多的沉思的皱纹。

“听我说，路易斯，这看来是一部极为草率的东西，有谁能弹？”

“我。可今天不行了，我把手指划破了。”

“这样！那先放我这儿，我先看看，要不在你面前我也要出丑了，这可是有伤体面的罗。”

路德维希走后，内弗坐到钢琴前。我的上帝啊，这个路易斯简直让魔鬼给骑上了！一个人能弹得出来？他最后总是停顿在双音演奏的经过句上，而这里还是要原速进行。孩子能用他的小手掌握它？呶，他自己用他的大手掌才能演奏得了的！他固执地在这样的地方，反复弹奏，可是老不成功，他一面咒骂一面继续练习。终于越来越顺利了。华丽的级进经过句，分解和弦，双音演奏交替出现。这真该死！速度慢了下来，结尾的回旋曲又变得无法应付了。

“等着吧，你这个捣蛋鬼！”内弗把乐谱推到一旁，悻悻地说，“我想，你是要把你的老师累死呵！”

翌日，路德维希坐在内弗的钢琴前演奏这部作品，完美无缺地从头弹到尾，连眉毛都没有一皱。内弗把他搂到怀中，吻了他一下。

“是呀，”他稍带忧郁地说，“在钢琴技术上你再没有什么可向我学的了，你成了你自己的老师了。可现在我要在作曲上加倍地折磨你了，因为在这上面你还有好多可学的。协奏曲中纯音乐的东西并不是太多。”

“我写它，”路德维希回答说，“只是因为我想，我能有机会在宫廷演奏时弹它，好使选帝侯看看，他让我做他的宫廷管风琴师可没有看错了人。”

“路易斯，这个念头可不是你想出来的！说真话！这是你父亲告诉你的！”路德维希轻声地承认了。

“呐，这部作品用于这个目的是满好的。但是，如果你下次再带来什么的话，那它也应当标明音乐上的一个进步才对，这是你给自己欠下的，也是给我欠下的——再有，我听到关于你干的一件好事！最近在教堂里当海勒先生唱耶利米哀歌时，你搞了什么鬼？你在你的管风琴上弄出个那么复杂的伴奏，使得熟练稳健的海勒蒙头转向不知怎么办好！”

路德维希脸涨得通红。——“这太没意思了，”他窘迫地说，“我只是和海勒先生打了赌，我不会难为他的。再说我是按乐谱弹的，用的是右手，他手上有谱子。”

内弗为之语塞。

“呐，路易斯，我看你是一个诚实的人！那个善良的海勒自己不感到羞愧，不闭住自己的嘴巴，反而到处饶舌并到选帝侯那儿诉苦！呐，你不要害怕。选帝侯感到事情很有趣，就这样了，他只是让我告诉你，今后最好别再搞这样的卖弄才能的恶作剧了。”

第十一章

路德维希做了四年内弗的学生。他在音乐发展上的进步，他对作为有薪金的宫廷管风琴师的骄傲，虽然年幼但他所表现出的意识，这一切，如果不是由于他家境变得越来越悲惨的话，本会使他成为一个快乐的幸福的人。

约翰·范·贝多芬从普法费尔走后就再没有离开过酒瓶。两年来他已失去他的嗓音，从那以后就只有在酒中才找到安慰。每天大半时间他待在家里，等着晚上去酒馆。他还教一些声乐课，但是一些上流社会人家的学生都不跟他学了，有谁知道些自重，那就再不跟他交往。

玛格达莲娜的健康情况很糟。最近几个星期一直卧病在床，并开始慢慢地干咳起来，虽说服药后有所减轻，但却老是复发。她感到疲倦，慢慢地消瘦下去。自从死亡在三年前又夺走了她最小的孩子之后，她就放弃了同生活进行的斗争。她那一向严肃的目光显得无限的哀愁。只有当路易斯进房里来时，她那疲倦和深陷的眼睛里才时而闪出轻微的光泽。只要还能够的话，她就不停地劳作，可近两天来她不得不躺在床上；她在发烧，每次呼吸都使她的胸部如针刺一样。

“父亲，”路德维希说，“我们必须去叫大夫！”约翰无力地摇摇头，“没有什么大夫能救得了你的母亲。再说，波恩的医生都是些敲竹杠的。”

路德维希拿出他节省下来的小钱，自己去请了一个医生。可是老先生认为这不是什么轻松有利的事，于是看过一两次之后就派他的一个年轻学生代他来为这个生病的女人治病。就这样，二十岁的弗朗茨·威格勒踏入了贝多芬的家门。

时值隆冬。为了节省煤火，贝多芬一家都挤在一间房子里。母亲的病床放在一个没有光亮的角落。父亲坐在沙发的一角上，威格勒不知他是睡了还是醒着。路德维希靠在窗前的一张桌子前，在写一首曲子。孩子们在为一块面包争吵。空气里一股霉味，散发着炉烟和酒的气息。

约翰惊奇而不快地凝视着陌生的来访者。威格勒同他搭了一两句话就觉察出，他已喝得半醉了，跟他谈不出什么来。于是他转向路德维希，被领入一间侧室里，听孩子讲他母亲的病情。开始时很费气力，当他在孩子的眼睛里看到的是不信任和不满时，他不得不克制某种窘迫。但他很快心里踏实了，他问，路德维希回答和述说，时间越长，孩子眼睛里的表情就变得越快。这表情里有信赖、祈求，最后是为了求助而流露的炽烈恳求。

“你叫什么名字，我的孩子？”

路德维希说了自己的名字。

“你多大了？”

“十二岁了。”

“你很爱自己的母亲？”

孩子一下子不知所措地抽泣起来。威格勒温和地把他拉近身旁，他抚摸孩子的双肩安慰他。——随后他对病人进行了检查，做了鼓励，给了些指示。路德维希张开了嘴唇，仿佛要把每一个字吞咽下去似的。告别时他与他一道走出房门。

“母亲会好起来吗？”

“她会好的，我的孩子，会重新有力气，能起床的，可是要按我规定的去做，你可不能马虎大意，这点你会做好的。”

威格勒怀着一种罕见的内心激动的感情离开了。孩子的目光总是不断地浮在面前，在望着他。这目光中有着一种无法解释的魔力。他在设想，若是它们不是由于为疾病在身的母亲而担忧，从而显得黯淡的话，那该是怎么样的啊。它们也会笑吧？一种愿望攫住了他，他要看到这双眼睛因喜悦而放出光彩来。这个孩子一定是一个奇才！我的上帝，一个什么样的悲剧！罹病的母亲，醉鬼般的父亲，几个无人照管的小孩，而就这中间，路德维希竟有这样一双奇异的眼睛！

威格勒拜访了宫廷女枢密官冯·布洛宁，他长期以来经常出入她的府邸。他向她叙述了自己的这段经历。

“你对音乐有些爱好吧，弗朗茨，”布洛宁夫人说，“那你就一定听过路易斯·范·贝多芬的。他是音乐家之中的最大希望啊。我不知道，这是不是地方主义。我能帮忙吗？怎么做？”

“他的母亲急需营养。”这未来的医生说。

“我想给她送午饭，这行吗？”

“当然可以！”

“那钱呢？”

“这大概不行。这个孩子显得骄傲得很。”

“听我说，弗朗茨，洛莱和伦茨需要一个钢琴老师。也许这个孩子能给他们上课！”

“可现在不行！首先得他的母亲病好了。”

威格勒每天到贝多芬家去，他待的时间一次比一次长。他成功地使病人迅速好转，折磨人的咳嗽也不那么厉害了，又有力气能起身了。路德维希怀着炽烈的感激之情，对这个青年人衷心信赖。威格勒暗中为自己是一个新手感到羞愧，可他晚上都得攻读到深夜，阅读一些有关肺病的论文，寻找一些治疗方法。——不久他就觉察到了，路德维希负担着家庭的生活，一切都压在他的身上。他看到这个孩子是如何无微不至和体贴入微地护理母亲，如何照看他的弟弟们。他经常发现，孩子气喘吁吁、两颊涨红地从内弗那儿下课跑回来，好不错过医生来的时间，以便能听到母亲病情又有些见好的消息。当病人真的康复了，并能够起床下地时，孩子对这个青年人的感激就是一种报酬，这报酬就是用再多的金钱他也不愿意交换的，孩子没有许多钱来报答，他穷。而约翰·范·贝多芬依然如同开始时那样，无动于衷，十分冷淡。

一段时间之后，威格勒向他的这位小朋友提出了布洛宁夫人的建议：给她的孩子上钢琴课。

于是路德维希有一天就来到了坐落在明斯特广场旁的这家显贵邸宅之前，这座府第前面有一个宽阔的花园，面临马路。他朝着大门上用沙岩雕刻出来的宗教饰物望了一眼，目光里半是好奇，半是敬畏。他穿过多柱的前厅，随即看到一个年约三十多岁的高贵而美丽的夫人。

这年纪幼小、面貌丑陋、衣着寒伧的孩子一到达，就使布洛宁夫人的母亲般的心为之一酸，她在孩子严峻的脸上看到了苦难和忧愁。他笨拙地恭敬地向她施礼。她把手递给他，让他坐下。

“路易斯，威格勒先生向我们谈了许多你的事情，”她开始说，“你先告诉我，你那善良的母亲好些了吗？”

在孩子畏怯的目光中泛出一丝光辉。“谢谢，好多了。”

“这使我衷心地感到高兴，路易斯。——我的孩子，你知道，我是多么惦记你。可你真的有时间给我的孩子上课吗？我知道，你的事情比某些大人都多。你可千万不能过于劳累，路易斯！”

“我的时间够用。每天我演奏两到三次管风琴，一周里我去内弗先生那里三次。每天练两到三小时琴，还有些时间自己用来工作。我愿意教课。只是我不知道我能不能教好，我还从没有教过课。”

“那我们试试看好了，我的孩子。我希望你同我的孩子处得好，使他们爱上音乐；如果你能成功的话，那你所给予我们的，远不是几个钱所能酬谢的，我将永远记着你。就这样，我把孩子们喊来。”她推开通往侧室的门。

“洛莱！伦茨！进来！——啾，路易斯，这是你的新学生。这是洛莱，她十三岁；这是伦茨，他八岁。孩子们，这是你们的新老师，他叫路易斯。相互认识一下，拉拉手！”

孩子这样做了。洛莱和伦茨十分惊讶，一个孩子来给他们上课。两个孩子那样泰然镇定地和他打招呼，这使路德维希感到拘谨，他俩的华丽的衣着与自己寒伧的装束相比，使他感到窘迫。

路德维希教伦茨的钢琴是从头开始，这对他说来很容易，可是洛莱就使他感到困难了。她跟另一个老师已学过一两年，自己认为自己什么都会了。再说，一开头这个新老师没有给她留下任何印象。可路德维希冷冰冰地对她说，她根本什么也不会，一切都得从头学起，他以简单明了的方式使她理解了这点，逐渐地他就赢得了这个倔强女孩的尊敬。

功课结束了，布洛宁夫人爱抚地摸着他那杂乱的黑发。

“路易斯，你看，连我也亲自上了你的一课！呶，告诉我，你一定得走还是能留下和我们一道吃顿夜餐？”

路德维希接受了邀请，但不是感到坦然，若不是因为音乐的话，他怎么会置身在这样的圈子里。他被带入餐厅，当他又看到一些新的面孔时，感到惶恐。家里还有两个孩子：十四岁的克里斯朵夫和十一岁的斯台凡。又进来两位先生，孩子们称其中的一个是洛伦茨叔叔，他是孩子们死去的父亲的兄弟，另一位是阿伯拉罕舅舅，他是母亲的兄弟。人们都入座了，路德维希坐在布洛宁夫人和洛莱中间。

他坐在那里，可心里却一直在想，不接受这次邀请就好了。一切都使他感到局促：这么多陌生的面孔，他们华丽的衣着，洁白无瑕的白色桌布，精致的餐具，闪光的银器。布洛宁夫人觉察到孩子的心思。

“你看，路易斯，你这是第一次坐在我们中间，今天你对我们大家还不熟悉。希望你能经常坐在我们中间，那你不久就不觉得我们陌生，而是成了老朋友了。”

路德维希怀着感激羞怯地望了她一眼。一个穿着精美的女仆在服侍。路德维希畏惧地观察那些人在女仆端上装着菜肴的盘子时是怎么做的。当送到他面前时，他却把一块鱼掉到盘边的桌布上，上面马上沾上一片油渍。他羞愧地真想立刻走掉；但好像是没有人看到似的，当他再去望那片不幸的油渍时，一个小碟业已盖在了上面。路德维希想到父亲在这种情形下一定会咆哮起来。他想到了自己家里的气氛，无法相比！父亲多半是闷声不响地狼吞虎咽，若是有什么不顺心的，就时而发起火来；母亲尽力使孩子们懂规矩讲礼貌，可是白费气力！他们总是吵闹不止，爬到桌子下面，经常把碟子里和盘子里的东西泼出来，于是父亲也经常给他们一记耳光。而他自己，由于疲惫不堪和精疲力竭，一声不响地望着这混乱的场面，只是想赶快填饱肚子，尽快地避开这没完没了的心烦事情去工作。可这儿，完全相反：干净得一尘不染，愉快而和睦的交谈，没有恶言恶语，没有不快，和谐欢乐！还有这样好吃的饭菜！

饭后，孩子们道了晚安，路德维希还要准备明天的工作，他想表示出来，可他不知道怎么做才得体。布洛宁夫人帮他解脱了窘境。

“路易斯，如你愿意还待一会儿，那你是一个受欢迎的客人。也许你回家有事要做，但不要因为我们而受影响，得工作到深夜。”

路德维希解释说，他晚间还要工作。

“啵，下次再见，我的孩子，祝你晚安！”她慈祥地在他的额头上吻了一下。

“你又到哪儿去鬼混了？”回到家里父亲劈头就是这样一句话。当他听到路德维希是在布洛宁夫人家吃了晚饭，他先是感到非常满意，他的大儿子跨进上层社会了。可随后他很快想到，他自己还从没有在这样高贵的人家做客，因为像往常一样，他已有了醉意，于是便生起气来。

“好啊！你在布洛宁那里！难道你父亲的饭桌上再容不下你了？你以为你有那么点才能就比我们强？你的才能是从哪里来的？是从我这里，你这混蛋！若不是你的父亲吃苦流汗，拼死拼活地把你拉扯长大，用棍棒逼你成材，你会是个什么？你这个刺毛的家伙！没有人邀请我！可却有高贵的人家邀请十二岁的路易斯先生，因为他自以为了不起！我就要改掉你这种臭毛病，这就是我对你要说的话！我这样说了，就要这样去做！你懂吗？”

路德维希望着他父亲由于发怒而通红的脸，望着他那呆滞的双眼；一股轻蔑的感情涌上心头。

“你懂得我说的吗？”

路德维希咬紧了嘴唇。

“等着，我会要你张嘴的！”他叫了起来，往孩子的脸上揍去。孩子一声不响地跑回到自己的房间里。

他跪倒在自己的床前，把脸埋入枕头里。狂暴而无声的抽泣使他颤抖起来。美好的一天竟是这样结束的！他想到布洛宁夫人，她还几乎不认识他，可待他像一个母亲那样。孩子要有这样一个母亲多好呵！——他想到自己的母亲，一股炽热的爱的激流涌自心房。他在想，他要在母亲和布洛宁夫人之间进行选择的话，那是母亲！母亲！他轻声地说，泪水夺眶而出。他就一直这样跪卧着，直到安静下来。

在同一时间，布洛宁夫人还在同兄弟和小叔子坐在一起。她那美丽的面庞十分严肃，沉思地凝望着灯光。

“你在想什么，海伦？”她的兄弟看到她缄默无语，便问道。

“我一直在想那个孩子，那个路易斯。”她回答道。

“我不知道，”她的小叔子说，“我对这个孩子并不寄予厚望。他可能很有音乐天赋，就说是一个神童吧，但我对神童早已不是那么相信了。”

“他不是一个神童，”她说，“他是一个奇异的孩子，一个完全奇异的孩子！你们也许会笑我，”她继续说下去，声音里有些微微颤抖，“但我是这样感觉的，我不会看错的。这个孩子今天迈进我们的家门，这是上帝对我们的赐福，我们应该尽我们所能去做，去帮助他。”

她的眼睛里充满泪水，但却竭力不让它流出来。两个男人惊愕地面面相觑。

“海伦，”她的兄弟说，“我觉得这至少有点——是啊，我必须说，有点太夸张了。我一直把这个孩子同我们的孩子相比较；他不是那么出色。”

布洛宁夫人轻轻笑了起来。

“你，你这个好人哟！我们的孩子是可爱的，聪明的。但是这个孩子是一个天才，他有着某种——某种神圣的东西。——若是你们现在感觉不到这点，”少顷之后她继续说道，“那你们以后会感觉到的。”

“一个令人惊奇的天才！”她的小叔子喊道，“这个丑陋、脸上长有疤痕、衣着褴褛、羞怯的小家伙是个天才！可在我的想象中天才却是另外一副样子！”

“我知道我说的是什么，”她反驳说，“你们男人都是些短视的生物，尽管你们比我们这些愚蠢女人聪明上千倍。想一想吧，孩子才十二岁！他长这么大，几乎没受过学校教育，就是在那样污浊的环境里，他在整个波恩都有了名气。我的上帝，这个孩子遭到多大的磨难呵！生活中最美好的，一个光辉灿烂的童年，都被剥夺掉了！可怜的小路易斯！威格勒说的对：若是这双严峻的眼睛能笑起来的话，那该是多美呵！”——她沉默了片刻。——“但现在还不太迟！我要把他引入我们家里，只要他喜欢，他就来好了。孩子们应当与他玩耍，他应该学习，在生活中除了音乐还有许多要学习的，他应当快乐，应当学会笑，这可怜的小家伙！你们两人应当帮助我，把他造就成一个人材！你们必须设法增加他的知识！除了音乐他还几乎什么都不懂呵！你们愿意帮助我吗？”

“有谁能拒绝你呢，海伦，”她的小叔子说，“完全遵命！当然，这关系到一个不幸孩子的灵魂！我们愿意试试看，是这样吧，阿伯拉罕？”——阿伯拉罕热烈地点头。——“但是否要给予些救济？给这一家？”

“这我来办好了，”布洛宁夫人回答道。“如果在三个月以后你们对我说，我看错了，那我就解除你们所许下的诺言。可现在我们是同盟者！同意吗？”

这两个有才干的男人同她亲热地握手。

第二天清晨，路德维希很早就坐在那里工作。他在写一首钢琴四重奏，写到慢乐章时，他正想到一个美妙的主题。

他的父亲一早醒来就为昨天的行为感到内疚。他要对路德维希说点好话，于是进了孩子的房间。

“呐，路易斯，”他和蔼地说，“开始工作了？这做得对，我要夸奖你！你在写什么呢？”

“写一部钢琴四重奏，父亲。”

“这样？让我看看。”

他俯身下来，看看乐谱，轻轻地唱出主题的旋律。突然间他满脸泪水，把他的头靠在路德维希的肩上。“父亲！你怎么了？——父亲！你这是怎么了？”

“路易斯！”他结结巴巴地说，“路易斯，原谅我，我昨天对你太不好了！噢，你比我好！”

“父亲！你在讲些什么呀！”

“我为你感到骄傲！当我看到，你有这么大的进步，甚至连像布洛宁夫人这样高贵的人都承认你了；当我想到，如果我有一个父亲，就像你有的父亲那样，那我该成为一个什么样的人呵”——他重又抽泣起来。

路德维希知道得很清楚，他的父亲颠三倒四语无伦次，他怎么能和爷爷相比呢；他知道，他的父亲没有成为一个有出息的人，那是由于他那软弱的性格所致。可对他说出这个真理，合适吗？

“好了，父亲！我知道我是要感激你的。”

“你不知道，路易斯！你不知道为了有所成就我进行了怎样的奋斗！但是这四周的环境，它们的力量比我更强大。我得养活那么多的孩子啊——亲爱的上帝重又召回去了两个，可还是不少呀。还要工作，在宫廷里工作，这绞杀灵魂的没完没了的工作！”

“还有酒。”路德维希说。

“是啊，路易斯，你说得对，还有这酒。”他又抽泣起来。“难道你对我的这种安慰不高兴？这是我沉重命运中还留下的惟一的安慰。酒使人的心灵欢乐！这不是上帝说的吗？”

“父亲，别拿上帝搪塞了。在《圣经》中肯定没有写着：人应当醉酒。”

“噢，这是什么话！”约翰痛苦地说，“这难道是一个孩子对他的父亲说的话！你这忘恩负义的路易斯！你之成为你，你的所能，都应该感激我！”路德维希不想回答。“你看，你不说话了，你的沉默就是证明！要感谢你的父亲，要对他好！我知道，上帝会助你成功的！”

“我爱你，父亲！但原谅我现在对你说的话，因为我必须对你说：你不应当成为现在这个样子！你的贪酒使我们全家都陷入不幸！你看看妈妈，她身体衰弱得那么厉害！你想想孩子，你应该给他们一个好的样子才对！家都维持不下去了！我还不能养活整个一家啊！”

约翰深深地感到震动了。——“噢，我太坏了！不，我不坏，而是软弱！我想不再喝酒，可是酒瘾一上来，我克制不了。”

“父亲，我给你出个主意！每到发钱的时候，你把钱交给我！我来管。不会因此让你滴酒不进的，你每天晚上有半升酒，但只能这么多！你愿意吗，父亲？你说同意，好吗？为了母亲，为了你自己，也为了孩子！”

“好的，路易斯！我要这样做！凡是你认为是对的，我都去做，我的好孩子！我要振作起来，我要教更多的课，你的母亲也会重新健康，变得快乐起来！昨天我说的话，谈到布洛宁的，都是些废话！你能踏入这样的家庭，我是高兴的，这对你的前程，对我们大家都只能是有利的！只要你愿意，你就去吧，快活快活！你已经够苦的了，可怜的孩子！”

他又变得完全愉快起来。“我还在睡觉你就已经工作了，上帝知道，你工作了多久，”他感动地说。“我不再打搅你了。好了，路易斯！这是我的手！现在应该开始一个新的生活！”

“他这话已经说过多少次了！”当父亲离开房间时，路易斯叹息说。

他的目光落在钟上，业已很晚了。他匆忙地重又继续中断了的创作。随后吞下了他简单的早点，开始了每一天周而复始的工作。

第十二章

当路德维希第二次在布洛宁家里教完课时，布洛宁夫人又把他叫住了。

“路易斯，你就要走吗？不愿意和孩子们到院子里玩玩吗？”

“我？我不可以玩。父亲不允许我玩。”

“你没有小伙伴玩吗？”

“一个也没有。”

“好的，路易斯，那你现在走吧，我要给你的父亲写封信。”

第二天约翰就对他的儿子说，如果他不仅仅去布洛宁家做钢琴教师，而且也成为孩子们的游戏伙伴，他是不反对的。

如果布洛宁夫人希望，在路德维希和她的孩子之间不久就能结成一种亲密的友谊，那她就看错了她的这位被保护者的性格。他像太阳那样准时在规定好的时刻出现，总是催促立即开始上课，教课时非常卖力气，对学生的功课抓得很紧。一当教课结束，他就留下一道吃顿午后点心，随后和孩子们一道去庭园游戏，这不久就成为一种规律了。但他玩耍时笨得厉害；很容易看得出来，他只是出于义务感才来玩的。布洛宁夫人先要孩子们自己去相互熟悉，认为这样的做法是最正确的。可她的孩子一再对她讲，无法与路易斯一块玩，他与别的孩子不一样，他们不要再跟他在一起玩了，于是在下一次她与他们一道到庭园中去。

她建议玩“换小树”的游戏，自己也参加进去，先担任去抢位置的角色。她像一个年轻的少女一样从一棵“树”跑到另一棵“树”，有意地动作缓慢，以便逐渐使先是情绪有些不佳的孩子们快活起来。最终她占领了一个空位，现在轮到克里斯朵夫来做她的角色。他追逐路德维希，路德维希由于穿得过于紧身的衣服，无法跑得快，很快就失去了他的位置。现在他站在哄笑的伙伴之中，跑来跑去，但总是迟了一步，突然间他有了这样一种想法：他们是在捉弄我。他快速地向一棵“树”冲去，一下子跌了个“大马爬”，衣服上撕了一个口子。他站了起来，听到其他孩子的笑声，突然一种莫名的愤怒攫住了他。他冲向克里斯朵夫，把他从他的“树”旁扯开，然后靠在那里，心想：看能把我怎么办。克里斯朵夫对这种不公正的做法发火了，他扑向路德维希，两个人厮打起来，布洛宁夫人费了很大力气才把两个孩子分开。两人气呼呼地对峙着，克里斯朵夫由于愤怒满脸通红，路德维希面色煞白。

“你们留在庭院里！”布洛宁夫人对她的孩子说，“而你，路易斯，跟我来。”

她用手拉住他的手，带他到房里，路德维希一声不响地跟着。

“路易斯，”她严厉地说，“解释一下你的这种行为！”路德维希沉默不语。

“难道你看不到你这样做是不对的吗？”路德维希仍执拗地一声不响。

“路易斯，你发火，控制不住自己，这样做是不对的。发生这样的事，是可以原谅的。但是像你现在这样，固执、倔强，这不好！”

“我不会再这样了，”孩子冷冰冰地说，“我要回家。我也不想教了。我不要再见他们。”

“路易斯！”布洛宁夫人温和地说。这时孩子终于冷静下来，他扑倒在椅子上，双膝着地，把脸埋了起来。布洛宁夫人让他平静一段时间。随后她把他拉了起来搂进怀中。两个人沉默了一会儿。

“路易斯，难道你没看到我们大家对你多好吗？”

“您，您待我好！”

“那孩子们呢？”

“他们拿我开心！因为我穷，因为我没有那样好看的衣服，因为我不知道那些礼节。”

“可路易斯，你这是自己胡思乱想呀！没有人拿你开心！大家都喜欢你；孩子们都感谢你，你在他们身上费了那么多力气！”

“我根本没有给克里斯朵夫上过课。”

“克里斯朵夫也和其他孩子一样想的，他是我的儿子。”

“他有理，”路德维希顺着他的思路继续说，“我知道，我在这儿不合适。”

布洛宁夫人思考了片刻。“路易斯！”随后她说，“我不要再听你说这种话！我们比你父亲有钱，生活得好，我们是贵族，这是事实，可这有什么呢，我们没有任何理由因此而认为有什么了不起。对我们说来，只有一种贵族，那就是精神和思想的贵族。我不知道你是否懂得我说的话。”路德维希点了点头。“那好，路易斯，记住，脑子里别再胡思乱想了！你是一个能干的好孩子，我不知道除了你还有哪个孩子能更好地做我的孩子的游戏伙伴。好了！吻我一下，一切都没事了！”

从路德维希和克里斯朵夫打架之后，那道分开他们的出身和教育之墙便坍塌了。每个人都知道，他们都是正直的人，十分好强，逐渐地两人成了知心好友。与其他孩子进一步的继续交往也起了同样的作用。有一次，当布洛宁夫人又到庭园中去看孩子们游戏时，她听到从路德维希嘴里迸发出来的一种幸福的孩子笑声。慢慢地孩子在布洛宁家过得非常快活，最后觉得像是家里的一个孩子似的。

布洛宁夫人给路德维希安排了一个小房间，每当他回家太晚的话，就留在这里过夜。这种情况越来越频繁。在晚饭后，整个一家，包括两个最小的孩子，都经常待在一起，弗朗茨·威格勒也常来做客。这种时候弹弹琴，或者有人朗读，朗读的作品虽然要照顾到孩子们的兴趣，但逐渐地他们都熟悉了文学上的有名作品。克洛卜斯托克、莱辛、格莱依穆[①]、格勒特，歌德和席勒的早期作品都受到了听众的喜爱。但给路德维希印象最强烈的是《奥德修记》。他屏住气息谛听着这位神圣的受难者的历险；他所遭受的灾难，他向那些求婚者进行的复仇，使路德维希觉得如像一场狂暴的自然现象。

"这得把它谱成音乐！"他说，"这一切都是音乐。在奥德修拿起弓箭的瞬间，直到在此之前的狂欢作乐和胡喊乱叫。现在他拉开了弓，瞄准了，于是一切都静寂无声。乐队中没有一点声响。他弯弓待发，发出一种像是燕子啁啾的声音，一两声长笛的声音，求婚者心中充满了恐惧，一种单一的低沉的声音，开始是轻轻的，逐渐增强，随之爆发出来。奥德修的箭射透了所有十二柄斧头的小孔，现在在整个乐队中响起了一阵狂暴的骚动——惊骇、恐惧、对抗——战斗开始了，奥德修把他们一个接着一个射杀——当我长大了，我一定要把它谱成音乐。"

他羞怯地不作声了，所有的目光都望着他，所有的人都被他的幻想吸引住了。

当史诗朗诵结束时，所有的人都沉默良久。这时路德维希突然吻起布洛宁夫人的手，他说，"珀涅罗帕[②]一定和您一样！"

布洛宁夫人满脸通红。她的兄弟和小叔子却都暗中微然一笑，因为他俩想到许多"求婚者"，这些人都遭到这位年轻孀居者的拒绝。

"但是爸爸再也不回家了。"克里斯朵夫悲哀地说。

"您为什么不再结婚？"路德维希突然问道。

路德维希这种稚气的不知深浅的问题使布洛宁夫人心中受到刺痛。但是她镇静下来。

"你还不懂啊，路易斯。或许你懂得，我要告诉你。我非常爱我的丈夫，在他死后我不可能再爱别人——你知道他是怎么死的吗？"

---

①克洛卜斯托克（Klopstock，1724—1803），德国启蒙运动时代的著名诗人；格莱依穆（Gleim，1719—1803），德国诗人。——译注

②珀涅罗帕：奥德修的妻子。——译注

“当然知道，”路德维希回答说，“当墙倒塌的时候，我还听到了那可怕的轰隆声。”

“你听到了？”布洛宁夫人的面色煞白。

“那个时候我们住在新巷，紧靠着王宫。”

“他要去抢救公文，那是孤儿寡母的养老金证件，”布洛宁夫人说，“他还活了好几个小时。”

长时间的缄默。随之阿伯拉罕舅舅说：“孩子们，这就是责任感，鞠躬尽瘁，至死方休。”

“我也能这样做。”路德维希简捷地说。

“也能这样？每个人都能这样说！”阿伯拉罕舅舅有些尖刻地说。布洛宁夫人抚摸着路德维希的头。“阿伯拉罕，他会的，我知道，他确实能这样做的。”

路德维希去睡觉了，这时布洛宁夫人对威格勒说：“你给我们带来了路易斯，这是上天的一个真正的馈赠。过去我认为洛尔馨[①] 几乎是不能学音乐的，可现在她在音乐上进步多大呵！我还要承认：我本人通过这个孩子才真正地了解到什么是音乐。过去我认为音乐是精神和心灵的一种高尚的娱乐，而现在我经常感觉到，它是一切生命的中心！”

“遗憾的是我这个对音乐外行的人不大懂得，”威格勒粲然一笑回答说，“但我要对您说：我使路易斯认识了您，您也是上天给他的一个真正的馈赠。在这半年之内，这个羞怯、内向的孩子有了多大的变化啊！完全变了另一个人，是啊，我要说，才成为一个人！一个开朗的、可爱的、活泼的孩子！当我第一次见到他时，我在问自己，这双眼睛能笑吗，我对此几乎是怀疑的。可现在它们能笑了！这个小家伙能经常笑了！”

选帝侯马克斯·弗朗茨是一个酷爱戏剧的人。当然由于这个国家财政上的拮据，目前他还无法维持一座经常演出的剧院。但现在第一个莱茵狂欢节

①洛尔馨：洛莱的昵称。——译注

即将来临，而一个没有剧院演出的狂欢节那在他看来就不能算是一个狂欢节。为此，他把正在下莱茵演出的波希米亚剧团召到波恩，做为期几周的演出。他是格鲁克的一个崇拜者，在维也纳认识这位音乐家本人，于是他亲自选定了演出节目：格鲁克的《奥菲欧》和《阿尔采斯特》。

直到现在，人们在波恩除了格鲁克的轻歌剧《麦加朝圣》之外，还没听到过他的其他作品，而这部轻歌剧还是这位作曲家完全受意大利的影响写出来的。从那以后他的那些伟大的改革歌剧就脱颖而出，并在巴黎压倒皮契尼取得了著名的胜利。毫不奇怪，波恩的整个音乐界十分兴奋，而尤为兴奋的自然是内弗了。他从选帝侯那里借来了这两部歌剧的总谱，整个星期同他的妻子和路德维希进行研究；就连格鲁克为《阿尔采斯特》写的前言他们也读了，在这篇前言里，格鲁克十分清楚地宣告了他改革的目的。

在演出《奥菲欧》的第一个晚上，他们三人早早地坐在艺术家用的包厢里，像是三根管风琴上的管子：先是高大的内弗的妻子，旁边是她的矮一些的丈夫，再旁边是比他还要矮小的路易斯。《奥菲欧》是路德维希看到过的具有伟大风格的第一部歌剧。与它相比，那些他迄今为止在舞台上看过的都黯然失色。一个崇高的情节，用很少几幅令人感动的画面展现出来；一种简单的、质朴的、深切感人的音乐，这音乐不是为了自身，而只是为了通过它内在的、神秘的力量去表现剧中人物的感情，这种表现远比文字更为直接、更为强烈和更为纯粹。奥菲欧在犹丽狄西坟旁的哀诉是令人震惊的大调音响，他恳求下界的精灵，他用他的歌唱感动他们，使他们重新把他那可爱的妻子归还给他，这个场面是多么悲壮有力！那些欢乐人迷的精灵唱着美妙动听的歌曲，跳起圆圈舞——这都是无法泯灭的感受，使这个年幼的作曲家初次有了概念：一部歌剧能是伟大而神圣的。

对孩子说来，这是一次难得的深刻的经历。可这在行家和鉴赏家的内弗那里却用批评的眼光被分解成一系列单个的印象。他经常动动肘部想触动他的学生，以便引起他对这种技巧或那种技巧的注意：代替通常的大键琴伴奏，格鲁克引进了用表现力强的管弦乐队来为宣叙调伴奏；以一种新的方式运用合唱队，以及类似的更多的东西。但他觉得他不应该打搅孩子，只待以后再做说明好了。

上演《阿尔采斯特》了！它的印象也许还更感人。民众在困苦之中纷纷拥到阿波罗神庙，为的是从神那里知道垂死的国王的命运。这时响起了预言，它的语调有力、庄严：如果有另一个人为国王去死，那他就会活下来。恐怖攫住了群众，他们四下奔逃。王后阿尔采斯特留了下来，自觉自愿，准备为她的丈夫献身。

路德维希的目光落到布洛宁夫人坐的包厢，她的埃莱诺蕾坐在身旁。两个人入迷地看着舞台。路德维希有那么瞬间忘掉看剧。母亲和女儿长的多么相似啊！王宫失火的记忆闪电似地浮上脑际。那时，当人们把垂死的父亲抬回家时——上帝的声音也许对他的妻子说过：你死——那他会活着！——噢，她会献出她的生命！她肯定会献出生命！

帷幕落了下来。三个人默默地离开了剧院，在外面突然看到蜂拥而来的狂欢节的队伍。几个年轻人戴着丑恶不雅的面具围着一两个少女怪声怪气地跳来跳去，姑娘们在尖锐的笑声中试图避开他们。

“呸，活见鬼！”内弗说，“搞得越来越不像话了。”

“内弗先生，”路德维希说，“布洛宁夫人和洛尔馨还在剧院里。我们不要陪她们回家吗？”

“那当然了！”内弗喊道。“她们来了！”

他们相互致意，她们感激地接受了他们的陪同。当到达布洛宁家门前时，不言而喻，他们接受了入内做客的邀请。随后大家都坐在舒适的圆形餐桌周围吃点心。

“奇怪极了，”内弗说，“每当我受到了真正的感动时，我总是饿得厉害。上帝保佑，我不是格鲁克，苏茜，否则的话我会因为极度的感动而吃得一贫如洗的。”

“格鲁克可不是穷苦的，戈特洛勃。”

“不，正相反！他变得富有了，但不是在德国！如果他不是到了巴黎，在维也纳也许他就要挨饿的。在德国，人们在天才死后的二十五周年才会纪念他。你注意，路易斯，千万别成为天才。现在在维也纳又有了这样一个天才，但是他不愿离开德国，为此有那么一天他也会精疲力竭地死去的——就像我这样，若是我还就这样混下去的话。”于是他埋下头去撕开一只冷鸡。

“您是指谁，音乐指导先生？”布洛宁夫人问道。

“当然是莫扎特了。”

“莫扎特真的是一个像格鲁克一样的天才？”

“从音乐上讲还更伟大。至于从戏剧上，这还得看一看。您一定听过《后宫诱逃》吧。这是他最新的一部舞台作品。”

“我看决不能和格鲁克相提并论。”布洛宁夫人回答说。

“我也是这样认为！”路德维希插嘴了，并变得十分窘迫，因为大家都朝他看去。

“这样！你也是这样认为！”内弗说，“啵，路易斯，把你的聪明都说出来吧。”

“我认为，”路德维希结巴地说，但在寻找词句，“格鲁克是——格鲁克是——”

“格鲁克是格鲁克，而莫扎特是莫扎特！”内弗叫了起来。“太对了！好极了！继续说下去！”

“格鲁克是——伟大得多，”路德维希不受干扰地继续说。“《奥菲欧》和《阿尔采斯特》都是神圣的。而《后宫诱逃》——当然这很美，十分奇妙悦耳的旋律，一切都写得非常机智聪明——但毕竟——”

“但毕竟——”内弗在催促。

“——但毕竟只是有趣而已。”

“路易斯！”内弗吼了起来，“我的上帝！你知道这是在亵渎上帝，你这是有眼无珠啊！”

“如果我以后写一部歌剧，那我要找一个剧本，可不是像《后宫诱逃》那样的，而是像格鲁克那样的。”

内弗迸发出揶揄的笑声。

“戈特洛勃！不要这样放肆！”他的妻子轻声地提醒他。

“这样，我亲爱的朋友，”内弗喊道，“如果人们老是要比较的话，那就会这样。悲剧——喜剧——两个都好。不能说这个比那个好。我们要在剧院里欢笑，也要受感动。当然格鲁克是出色的。可我是个音乐家，因此我认为我的莫扎特更伟大。正如我已说过的：从纯音乐上看格鲁克不能和他相比。你觉察他的对位了吗？我觉察不到！他的旋律总是高尚的，这我承认，但唱起来却不像莫扎特的那么热情。当他要表现一种真正激情的爆发时，他经常是失败的。想想《奥菲欧》中犹丽狄西第二次死去的那一段。过错就是由于奥菲欧的该诅咒的好奇心。我们该期待什么样的场面呢？——呐，苏茜，如果我也这样地害你致死，那你期待我怎样呢？那我至少该恼恨自己，用头撞墙！你不相信？呐，你等着好了！——在波恩这儿我们还根本不认识莫扎特；而我本人不久前才了解他，在这个无与伦比的人的面前，我对他的尊敬与日俱增。选帝侯从他那儿带来了奏鸣曲和室内乐，我业已都看过了；路易斯，我亲爱的朋友，当你用你的鼻子好好地嗅一嗅它们的话，那你谈莫扎特就该是另一个样子了。”

“可现在我们谈的不是奏鸣曲和室内乐，亲爱的音乐指导先生，”布洛宁夫人说道，“而是歌剧。究竟莫扎特还能给我们些什么，我们还不知道。但格鲁克所给予我们的，我们都已感受到了。他在《阿尔采斯特》之后还写了许多出色的东西，特别是两部《伊菲格尼》[①]。我认为路易斯说的对。您对《诱逃》及其他作品的赞美也是为了您自己的作品，乐队指挥先生——”

“可是，宫廷顾问夫人——”

“——我也不想把一部轻歌剧和一部格鲁克的歌剧相提并论。格鲁克一直有着一个伟大的方向，这在我看来比任何其他的都更有价值。为什么呢？因为我感觉，听过他的作品我本人会变得更美好。”

①系指格鲁克的歌剧《伊菲格尼在奥里德》和《伊菲格尼在陶里德》，两者剧情均根据古希腊悲剧家欧里庇得斯的原作改编。——译注

"您没必要这样说。"路德维希轻轻地自言自语。

"对夫妻之爱的赞颂，"布洛宁夫人继续说道，"这在《奥菲欧》中所表现的，在《阿尔采斯特》中尤为高贵和强烈，正是这样的题材使我感动，使我感到鼓舞和——如我刚才说的，使我变得美好。因此，当路易斯说宁愿选择这样一个题材而不选择《诱逃》的题材时，我认为他不是不对的。当然，人们不能老是互相比较，尤其是涉及到两种完全相反的原则，更不能相比，现在就是这种情况，在莫扎特那里，我是说在轻歌剧里，歌词服务于音乐，而在格鲁克那里是音乐服务于戏剧。这就是他改革的关键所在。"

"完全正确，"内弗回答说，"格鲁克说过：当我在进行创作时，那我首先设法使自己忘记我是一个音乐家。是啊，再说一遍，对于一个作曲家说来，这是一个值得注意的立足点！而我要反过来说：对于我说来，歌词只是在它能提供给我使感情得以发展的情节和环境时，它才具有意义，我作为一个作曲家需要这些，以便赋予它旋律。"

"这是两个相反的原则，"布洛宁夫人说，"至于谁是正确的，这取决于歌剧的进一步发展。"

"戈特洛勃！"内弗的妻子现在喊了起来，"如果现在有某个人听你这样说，那就会想，你根本就不喜欢格鲁克！可就这样一个人两个星期以来除了格鲁克不谈别的，除了格鲁克不演奏别的；他还像格鲁克一样把克洛卜斯托克的颂歌谱成音乐，他这不是在自己拿自己开心，自己嘲笑自己吗，戈特洛勃？"

"这，这怎么说呢，"内弗耸了下肩膀，"可我也必须说：对我说来颂歌几乎高于歌剧！克洛卜斯托克和格鲁克——这两个人在一起可是珠联璧合。伟大之至！崇高之至！庄严之至！"

"D 大调。"路德维希插了一句。

"正确！"内弗笑着喊了起来。"这个路易斯很少张嘴，可他一张嘴，那就会有时说出些非常聪明的话。"

内弗的妻子提醒他不要这样大笑。

"亲爱的音乐指导夫人，如果不冒昧的话，"布洛宁夫人说，"可否请求您用美妙的歌声来结束今天这个美好的夜晚？您能为我们唱一首克洛卜斯托克的颂歌吗？”

“但请不要唱我谱的！”内弗喊道，“您有格鲁克谱的吗？”

布洛宁夫人做了肯定的回答；她进入音乐室。

“路易斯，你来伴奏，”内弗说，然后怡然自得地在一张舒适的软垫椅子上坐了下来。布洛宁夫人和内弗太太轻声地交谈了一两句，然后从乐谱匣子里抽出一份薄薄的本子，把他摊在路德维希的面前，这时他已在钢琴前坐好。这是内弗谱的曲子！

“苏茜，你能背下来吗？”她的丈夫惊奇地问道。她点了点头。

一两小节过门的和弦，随后内弗夫人的轻柔的声音插了进来：

> 欢迎啊，哦，银色的月亮，
> 你这夜的英俊而恬静的伙伴！
> 你要离去？不要这样匆忙，留下吧，可铭记的朋友！
> 看呀，他留了下来，云层已翻滚而去。
>
> 五月业已苏醒，
> 当露珠从它的鬈发中滴下，像阳光一样明亮，
> 升上了山峦，一片艳红，
> 这时它比夏夜更美。
> 你们高贵的人，啊，那庄重的青苔，
> 把你们的标记覆盖！
> 哦，我多么幸运，当我同你们一道，
> 看它染红了白昼，使夜晚放出异彩。

在响起头几个音时，内弗为之一怔；随后他用手遮住眼睛，坐在那里一动不动。一种美妙、深情的旋律神化了一位伟大诗人的高贵诗行。

当最后的乐音消逝时，随之是一段时间的缄默。

“苏茜，苏茜，”终于矮小的内弗讷讷说，“这都是因为你，在看完格鲁克歌剧后唱这个！”

“乐队指挥先生，”布洛宁夫人反驳说，“难道您不知道您是一位伟大的歌曲大师？”

内弗用诙谐而忧郁的目光瞥了她一眼。“亲爱的宫廷顾问夫人，要是感觉和意愿与能力一样就好了！当我在寂静的夜晚，伴着月亮的温柔光华，经常用灵魂去吟咏，去反复吟咏克洛卜斯托克的一首颂歌时，我便觉得一种强烈的冲动，要把它谱成音乐，就像我吟咏它一样，用心灵去歌唱。当然，我想忠实地表达感受，去正确地把语言谱成音乐。我把我谱的颂歌寄给克洛卜斯托克，他给我写信，说谱的音乐使他感动得流泪。呐，是呀，我们相信。但是当我把菲力普·埃玛努埃尔·巴赫和格鲁克谱写的克洛卜斯托克的颂歌和我谱的一比——”

“我比过了，乐队指挥先生，我觉得，您谱的与巴赫和格鲁克谱的怎么说都毫不逊色。”

“该是我们回家的时候了，”内弗说，“否则的话在这儿我会忘乎所以了。”

在归家的路上内弗说，“没有比把一首诗谱成歌曲更美好的了。呐，路易斯，你觉得如何？新近我给过你两首很好的歌词。你还没有动手吧？”

“是啊，但是——我不知道——”

“你不喜欢它们？描绘一个少女——也许你觉得不怎么样。可另一首，那首写婴儿的呢？你对婴儿是有感受的，你可是能做一个真正的小保姆哪！现在要把它放在心上，我的老朋友！好了，夜安！愿你梦见阿尔采斯特！或者最好梦见你的婴儿！”

在以后的几天里，可怜的路德维希用这两首歌曲来折磨自己。这可真是一项艰苦的工作啊。

“你还不知道你是谁的孩子，

是谁赠给你这些襁褓。”

他想到他的小弟弟们，他经常摇晃他们，给他们换干净的尿布。这不是那么富有诗意。随着是这样的诗行：“护理你的人，她在你身边彻夜不眠，她把你温暖，她喂你乳汁。”他想到母亲；但是这个婴儿可真费了他不少力气。——那首《一个少女的描绘》：

“朋友，你要我为你
把埃莉森加以描绘？
但愿在我身上，
能有乌茨一样的才智！

像在冬夜
群星在闪烁，
她眸子中的光华
只有俞赛才能加以描画。”

乌茨[①]？这一定是一个诗人。俞赛[②]是一个画家。上帝，这要一个人来谱曲！只有群星在闪烁使他中意，吸引他把旋律热情地直升到六度音程上。

矮小的内弗，当他读这两首歌曲时，脸上是一副苦相。

“不，路易斯！你这次是一个失败。没有独特的东西，没有令人信服的东西。一切都是干瘪的、无聊的。而歌词确实是很美的呀！”

“我觉得它们可怕，”路易斯说，“乌茨！俞赛！”内弗脸慢慢地但却因而变得格外通红，“你还太年幼！”他有些伤心地说。“当人们知道了他们的作品，那在谈到他们时才会怀有热情。事先我本应该想到这点才对。我很幸运，

①乌茨（Uz，1720—1796），德国诗人。——译注
②俞赛（Oeser，1717—1799），德国画家，雕塑家，歌德曾在他那里学过绘画。——译注

在莱比锡同俞赛本人有过交往。一个杰出的人，一个出色的艺术家！”

“啊，那这诗也许是您写的？”

“不，不，我们不要继续再谈下去了。这歌曲看来对你还不合适。呐，时间长了，就会懂了。目前你还是把心用在钢琴上吧！”

第十三章

新的选帝侯是莫扎特的一个热烈崇拜者，他在波恩也带来了莫扎特的艺术。尽管在国葬期间禁止举行宫廷音乐会，但却在选帝侯的宅邸里经常演奏室内乐，莫扎特的作品在节目单上占有主要地位。这些作品给内弗展现出了一个新的世界，他把这个世界也介绍给他的学生，这使他感到极为幸福。他把莫扎特的几部钢琴奏鸣曲摆在路德维希的面前。它们给孩子的印象是异乎寻常的。内弗观察他脸上的紧张表情，听他弹奏：他是如何把那种不可名状的轻柔的抑郁气息表达出来的，这种气息经常是漂浮在莫扎特甜蜜的旋律之上的；他是如何善于支配这充满精灵的风暴世界，在莫扎特的音乐中这个世界与纯粹的美经常结成一种那样超凡入圣的同盟。

“是啊，路易斯，”内弗说，“我们也能写出旋律，但是这样的旋律，我们是无能为力的，我的好孩子！是的，决写不出来！现在我给你一个劝告：潜进到莫扎特的音乐中去，直到底，你不会淹死的，会重新浮到上面的。不仅仅是去享受，而是要从技巧上抓住他，钻研他的形态语言！他是那么富有新意和伟大，只有塞巴斯蒂安·巴赫在这方面才能和他相比。当你用半年时间孜孜以求的话，那你在我们这种神圣的艺术上就会有一个巨大的进步。然后你就坐在那儿，谱点什么，我可以预先告诉你：这将会比你的钢琴协奏曲要好；这我是做不到的，它也是很难的。”

路德维希听从老师的劝告，潜入激流深处，在莫扎特世界的庭园里如鱼得水。他不久就能背出那些钢琴奏鸣曲；随后他去熟悉那些小提琴奏鸣曲。他让宫廷乐师里斯演奏小提琴，此人曾教过他一段时间的提琴课。但通常他只是弹钢琴，让提琴部分在他的想象中出现，这样，奏鸣曲的乐音在他的内耳中几乎还要更美些。特别是那首G大调奏鸣曲，它以其庄严的引子开始，随着而来的是精灵般狂暴的G小调快板和结束乐章，迷人而充满渴望的变奏。他整天都埋头在莫扎特的音乐形式里，弄懂每一小节，考虑主题和旋律的关系，它的重点所在，进行相互比较，琢磨它的展开部。莫扎特技巧的所有秘密他都要设法熟谙。当他艰苦地工作了许多小时之后，他就把整个艺术作品演奏一遍，不再对每一个别部分加以琢磨，而纯是一个欣赏者了。这时他觉得自己被裹进一个充满形式的美和充满生活热情的纯洁的世界之中。这使他在他日常生活中的所有悲惨和丑恶的面前受到了保护。

他太需要这种保护了。他的父亲越来越堕落，他的薪金又几乎一文不剩地流入酒馆老板的腰包。从祖父继承下来的漂亮家具、银器、精致的衣物早就卖给了商贩。他也再没有学生了。放弃了莱茵巷的住宅，迁到文采尔巷的一座廉价的房子里，这是一处阴暗、令人不快的住宅里的后房。在莱茵巷费舍尔这里，路德维希度过了他的大部分童年时代，离开这里使他感到极为痛苦。维持家庭的生活，现在已成了路德维希的主要任务。自从他在布洛宁家教授钢琴之后，他的父亲就要求他收更多的学生，路德维希承受了比一个成年人更多的工作负担。他的享有声望的才能，家庭的窘境，内弗、布洛宁夫人和瓦尔德史泰因伯爵的荐举，很快为他从上流家庭中召来了学生。在他还是一个孩子的年纪时，他完成了一个男子汉应尽的义务。使其他孩子的童年更加美好的一切——这在一个人的记忆里是值得毕生怀念的惟一的幸福时光——在路德维希这里却都集中于他在布洛宁家度过的傍晚时刻。在这里，那么多美好的、友爱和高尚的、欢乐和幸福的东西呈现在他的面前，这一切使所有悲哀的和污浊的都变得暗淡了。

内弗从路德维希在长时间之后重新带给他一部新的作品上，也感觉到了这点。这是三首四重奏：钢琴、小提琴、中提琴和大提琴。在这一天，内弗不同任何人交谈，他坐在他的安乐椅上，把乐谱放在膝盖上阅读，一直读到结束。随后他坐在那里，陷入沉思，让音乐在他内心响起来。

“真是了不起啊，”他终于说道，深深地叹了一口气。“直到目前为止我是他的老师，可从现在起他是我的老师了。在他面前，我还能拿得出来的，除了熟练之外，没有别的了。或者不至于此？不，是这样！我要做一个诚实的人，事情就是如此！我能够写出这样的四重奏吗？不，我不能够。在我的一生中我从没有想出过这样美的东西！在技巧上也许我能做得更好些。但是，得说真话呀！我是什么？一个能干的作曲家！而这个写出四重奏的呢？是一个天才！现在他进入天才脱颖而出的年纪。就是这样，没什么好说的。完了！”

他的妻子要进来，但是房门锁着，于是用力敲门。

“戈特洛勃，开开门！瓦尔德史泰因伯爵要找你谈话！”

“瓦尔德史泰因伯爵可以进来。”他抑郁不乐地开开了门。

瓦尔德史泰因是内弗家的一个常客，因为他非常敬重内弗的才能，每当艺术女神拜访了他并给他留下点赠品时，他总是高兴来请内弗加以评论。

“啾，我亲爱的大师，过得好吗？”

“这个大师该去见鬼了，伯爵先生，”内弗闷闷不乐地说，“这才是大师！”他指了指路德维希的手稿。“一次写出了三首四重奏！如果您有时间的话，我马上给您弹第一首听，是E大调；我认为这是其中最好的。但是请您看着，我要漏掉一些，因为弹起来不是那么容易。”

一个长长的慢板过渡到动作迅猛的E小调快板；一个质朴的、深情的主题和它的变奏结束了这部作品。

“这真太美了，”少顷之后瓦尔德史泰因说，“他很好的研究了莫扎特。G大调小提琴奏鸣曲是他的楷模，这是不会错的。可是不能说是模仿。我要说的是：是莫扎特式的，但却是另一个完全不同气质的人的感受。您是怎么认为的，亲爱的大师？”

“您说得对，”内弗回答说，“他从莫扎特那儿学了很多。首先是他的旋律变得更灵活和更富有表现力了。但是您看这段快板！用的是E小调！极其阴沉，极富激情，让人回味。这在莫扎特那儿有吗？我想不起类似的来。”

“您熟悉莫扎特在十七岁时写的那部优美的G小调交响曲吧？”瓦尔德史泰因说，“他描绘的是一个相似的风暴场景。”

“完全正确，”内弗回答说，“相似，但不完全一样。当莫扎特让这样的激情迸发出来时，人们却总是有这样的感觉：他能控制得住，不会发生什么的。但是我们这个年轻的鲁莽的人，却有时把它变得阴森可怖！人们会认为，他在扑向另一个人的喉咙！在一个十四岁的孩子身上确是有些反常，有些可怕的东西！”

瓦尔德史泰因沉思地点了点头。“是啊，这是一个奇怪的孩子！他还会给我们一些难题呢。但是您说可怕，亲爱的大师？如果他在阴沉和激情的精灵中受到感动，怀有偏爱，那倒是要考虑了。另外那两部四重奏也是这种情况？”

“不！它们是欢快的，喜悦的，诙谐的，回旋曲部分甚至是放纵的。我的善良的路易斯还没有同上帝和世界闹翻，这是真的，尽管他有时真的会变成这样，在这样一个悲惨的家庭里。”

“他有他的艺术，”瓦尔德史泰因回答说，“他有出色的布洛宁一家人，他有您。”

“他有着某种有利的条件，”内弗喊道，“我亲爱的伯爵先生，我当路易斯老师的日子不久就要结束了。您知道，我只是一个自学的人。当然，我非常感谢希勒，但他的情况与我一样：他起先也是一个法学家，出于兴趣才改学音乐，许多东西也是自学的。对复调音乐的形式、赋格、二部和三部复对位他都没有攻过，我也没有。这对我们关系不大。但是路易斯应当成为一个具有伟大风格的作曲家，那他不掌握这些技巧是不会成功的。在一年以前，我有过一个很美的梦想：让他以我的学生的身份去闯进大的世界，那时他的荣誉的少许的余辉就该落到他的老师的身上。但是现在我对自己说：戈特洛勃，我说，这是该受到惩罚的自私之心！把他送到一个比你更伟大的大师那里。是啊，我的好伯爵先生，说起来容易。应该是谁呢？只有一个人，这就是莫扎特！可是能把一个十四岁的孩子孤身一人推到这大世界里去？他正处于一个危险的年纪！”

“而维也纳是一个危险的地方。”瓦尔德史泰因笑着补充了一句。

“呶，您看到了，路易斯是一个这样纯洁、正直的孩子！人们在一方面有所得，那在另一方面定有所失。而首要的，高于一切的是做人，其次才是做艺术家！”

“名言！”瓦尔德史泰因说。——突然他兴奋地跳了起来。“内弗先生，我有一个主意！山不是走向先知，而是先知走向山！莫扎特必定到波恩来！对于我们的主人说来，莫扎特就是一切！这您是知道的。他应当把他召至波恩！”

“您相信莫扎特会来？”

“我相信他会来！他在维也纳生活得并不是很好。宫廷正醉心于外国的东西，对他根本不放在心上。如果我们的主人给他一笔体面的薪金，那他会来的！一两天内，选帝侯就要到维也纳去，政治的事务；他一定能把这件事办得出色。上帝啊，这在我们这里可是一件大事！那时就是用十匹马也休想把我拉出波恩！”

他沉默了片刻，然后抓住内弗的手：“我亲爱的大师，您对我是十分了解的！您知道我是极为看重您的！”

内弗望着他。这是一种无法描述的目光：平静、沉思和恳求、欢快，同时也显得悲哀。“伯爵先生，”他说，“您不能这样想！我怎能与莫扎特相提！您把我的手弄痛了！”瓦尔德史泰因站了起来——“马上到选帝侯那里！”他喊起来。“他一定来！他会来的！”

提出这样一项建议的时机显然不是最有利的。选帝侯马克斯·弗朗茨此时满脑子别的其他事情。在他成为大主教之后，他就投身到政府事务上了，干劲之足，这在波恩还没有人经历过，也没有人能想象得到，至少是他的那位皇族兄弟。这位皇兄曾为年轻的大公爵马克斯·弗朗茨而感到忧虑，他虽然有着极好的才干，但表现出一种冷漠和一种精神上的懒惰，这使这位精力充沛、热情洋溢的约瑟夫几乎常常感到灰心失望。但是还在麦根塔姆他就完全变了另一个人。从那以后，他雄心勃勃，立志要赶上他的哥哥，要成为他的臣民之父，要把他的国家治理成为一个典范。老马克斯·弗里德利希把他的政府完全交给能力虽强但却自私的贝尔德布施男爵，而马克斯·弗朗茨却挑选了有才干的头脑清楚的冯·瓦尔顿费尔斯男爵做他的大臣，但他却把政府牢牢地掌握在自己的手里。他的节约措施开头时给他带来了吝啬鬼的名声，但这些措施是必要的，为了使他认为必行的改革得以进行，那缺少钱是不成的。当务之急中的一件就是任命一个上诉法庭——这是一件善举，人民曾为此进行多年的请求，但一直没有结果。他是一个严格的天主教徒，但是他却为反对罗马的势力扩张，坚持大主教的权利而同教皇进行了强有力的斗争。他禁止他的神职人员在取得他的同意之前从罗马接受命令。科隆的新教徒为准许建立自己的教堂和学校曾进行了长年而无效的斗争。选帝侯本无权介入帝国自由市的事务，但是这只指在陆地上而言！晴朗的一天，在莱茵河上，靠近城墙的下面，固定住一个木筏，翌日清晨在旁边停泊了一艘载有大梁和椽木的船。木匠开始在木筏上搭起了一幢建筑物，越来越大，外观上越来越像一座教堂，有一天顶脊上的一个十字在闪闪发光。随后不久，在一个星期天，钟声把新教徒召去做礼拜——马克斯·弗朗茨特别热心教育事业，首先是他的前任在波恩建立起的学院，它应该扩大，升格为大学。

当时这位国君的兴趣主要是在这一类事情上而不是音乐。虽然选帝侯答应尽可能召来莫扎特，但是当他四个月之后返回波恩时，莫扎特并没随他一道前来。莫扎特希望成为年迈的宫廷乐队指挥鲍诺的继任者，鲍诺迟早是要退职的；他要在维也纳等待，不愿远到莱茵河下游去任职。

在平静的工作中路德维希度过了一七八六年。母亲由于威格勒的医治病情好转，甚至在五月还顺利地生下了一个女孩。父亲为家庭还添丁进口而暗中发火，但他认为免开口为好。路易斯这个孩子最近以来经常用语言顶撞他，但是他怎能去同他斗气呢？他没有成为一个神童，是啊，过去的就过去了！他对他的儿子寄予的希望太多了，这是一个失望，甚至可说是一个痛心的失望！但人也只是凡夫俗子啊，要犯过失的。Errare humanumest[①]。是的，在路易斯流鼻涕的时候，他就熟悉了西塞罗[②]。这个小家伙十一岁时就离开了学校！是啊！他这一切都是自己学到的！是啊，他事先就已知道了，孩子没有什么出色的才能。但至少他能自己养活自己，在这个穷苦的日子里这毕竟是主要的，干一杯吧，约翰！

一七八七年春。那是一个星期天的下午，路德维希惬意地躺在布洛宁家庭园的草地上。时近傍晚，但空气还依然温煦怡人，孩子觉得，花儿还从来没有开得如此茂盛，天空还从没有这样澄蓝，空气还从没有如此香甜。从房屋那边他听到了钢琴声。这一定是瓦尔德史泰因伯爵在弹，他熟悉他的琴路。他在弹什么？蛮不坏！不，应该说很美！一个朴素的、轻柔的，春天般的旋律。这可能是一首歌。呶，怎么停下来了？遗憾！他这才是真正的开始啊。他不由自主地渴望音乐能继续下去。

布洛宁夫人喊他吃晚饭。果然是瓦尔德史泰因。

“您刚才弹的是什么，伯爵先生？”路德维希问道。

“你喜欢？”

“喜欢，很好。有莫扎特的风格。”

瓦尔德史泰因由于高兴而面色通红。“那是我写的。”他骄傲地说。

“可您没有弹完吧？”

---

①拉丁语：迷误是人的本性。

②西塞罗（Cicero，前106—前43），古罗马政治家，雄辩家和哲学家，现存有他的演说和论文多篇及大批书简，其文体流畅，被誉为拉丁语的典范。——译注

伯爵叹了口气，“路易斯，难道你没有感觉到我已经才力不济了吗？”

饭后大家坐在露台上。月光皎洁，古树参天。“现在夜莺该歌唱才对，”埃莱诺蕾说。“等着，洛尔馨，”路德维希对她耳语，“我要它们歌唱。”随后他悄悄地走进房内。——瓦尔德史泰因伯爵一怔，响起了他的旋律！他庄重地闭上双眼谛听。这旋律不完全是他的，它更高贵，和声更丰富。该是出现那个他无力继续下去的地方了。旋律的美丽小河到此便像流入沙漠一样。但不是这样！这小河没有止步，它依然平稳、泰然地继续流下去，清澈、纯净，直到宁静的结尾。瓦尔德史泰因想跳起来冲进房内，可是，琴声又响起来，是什么？路德维希继续用这个主题进行变奏。瓦尔德史泰因觉得还从来没有听到这样美的音乐。孩子从他的旋律里一再变化出新的乐思，一条不尽的悦耳的声的激流漫溢进静谧的夜晚。仿佛梦幻的大自然在提高它的声音，唱着一首描述春夜的魅力，描述明月的光华和群星闪闪发亮的轻歌。

这一夜，瓦尔德史泰因长久不能成眠。今天他已经得到了证实，路德维希远超出了他的老师。他必须到另一位更为伟大的大师那里受教。他必须到维也纳去，找莫扎特去。瓦尔德史泰因在那里有许多亲戚；收留这样一个天才孩子，不论哪个人都会高兴的，可以放心地让他一个人去。可是费用呢？一定得让选帝侯负担，谁叫他是民之父母呢！

翌日清晨，瓦尔德史泰因从他的主人那里得到了首肯。随之他到内弗那里，请求他的同意。——内弗幸福之极。——“我只请求您一点，伯爵先生：让我先去告诉他！”

五分钟后内弗就冲进路德维希的房间，告诉他这个快乐的消息。路德维希面色煞白。

“内弗先生，”他颤抖地说，“我再次感谢您！”

“路易斯，要感谢！但不是我！你得感谢瓦尔德史泰因伯爵！”——在隔壁房间里爆发了争吵的声音，其中有他父亲的斥责声。

“内弗先生，您来，”路德维希说，“我们到外边去，到莱茵河那去。”他拉住自己的老师，大步地穿过马路，向河边走去。路德维希一声不响，内弗不断地说话，谈维也纳，谈莫扎特，谈孩子的未来。他们到了莱茵河畔。这是一个很美的春日。河水潺潺地流动，粼粼发光。一面白帆逆流而上。

两人在河边的一张椅子上坐了下来。

内弗终于把话说完了。

“啾，路易斯？你怎么不讲话？”

“我讲什么呢，内弗先生！我只是一直在想：莫扎特。我应该见到他，不仅仅是见到；我要听他的，他能教我——这我怎么能想象得到呢？他可不是一个血肉之躯，像我们似的——您看，我首先得慢慢想想。”

“呐，你知道，路易斯，不要想得这么稀奇古怪的！他是一个有血有肉的人，这点我可以清清楚楚地告诉你，甚至可以说是一个非常有人情味的人。不要想到，他在维也纳坐在神的宝座上，让人膜拜。他也像我们一样，为了不至于挨饿而不得不去教课，疲于奔命。你到他那儿去，不要胆怯！把你所能的都施展出来！你不需感到羞愧！”

“是啊，但这是在莫扎特的面前！当我想到，我现在才写出的，莫扎特在我这样的年纪早就写出来了！”

“这没关系。不在于起步快，而在于赶得上来，这才是主要的。你知道吗，路易斯？——我这不是恭维你，你的那部钢琴四重奏，虽说还不尽善尽美，但就是今天的莫扎特也不会感到丢脸的。我本不该这样说，但我必须得鼓起你的勇气来！好了，再见吧，路易斯，我必须回家了。”

路德维希还不愿回家，在心里想着莫扎特的时候，去劝解父亲和弟弟们？不！可他突然想到母亲，近两天她又卧病在床。他现在能去旅行吗？那谁来伺候母亲，谁来照顾弟弟们，谁来赚钱养家？但是错过这次深造的机会？每当他想到他的前途，他就经常反复地考虑这个问题，并且下了决心，一心一意地去尽自己的义务。但是现在，机会就能成为现实，他有些动摇不定了。

他到布洛宁夫人那去，把一切告诉了她。她思考了片刻。

“不，路易斯，你必须到莫扎特那去。这是压倒一切的，其他的都必须让步！如果你留在这里，那是一种罪过！你对自己也负有义务！你受的教育越完整，那以后也能更好地照顾你的家庭。你的母亲不会没人照顾的，如果她愿意的话，那我会去探望她，再说她还有好多邻居和朋友；他们都会来关照的。你的母亲经常卧病在床，她的病就是这样的病。春天来了，换了季节，过几个星期，她就能又起床了。哦，我多么为你高兴呵！”

路德维希犹豫不定地回到家里。他进入母亲的房间，坐在她的床边，拿起她的手。满腹忧愁地望着她那苍白憔悴的脸，发烧的面颊和她那闪着病态光泽的双眼。他决定让母亲为他做出选择。

“母亲，你想想看，我有一个大新闻！选帝侯要送我到维也纳莫扎特那儿去深造！”

玛格达莲娜高兴得好大一会儿都说不出话来。“我的孩子！我亲爱的孩子！哦，这多好呵！我多么高兴啊！终于，终于摆脱开这可怜的处境了！现在我知道，我知道得很清楚，你会成为大人物的！”

“是的，但是母亲，你在生病呵！谁会来照顾你呢？”

“傻孩子，”她回答说，“亲爱的上帝会来照顾我的，还有我们的邻居和朋友。”

“可这跟我在你身边不一样啊！”

“是的，路易斯，是不一样的，因为你是我的骄傲，是我的整个幸福。但是你想到了没有，要是因为我而毁了你的整个前途，我还会有什么快乐可言？”

“母亲，你会好起来的，我可怜的母亲！你一定会好起来的！你还会健康的！你将来应当跟我住在一起！我会赚到钱，我们共同住在一所漂亮的房子里，就我们两个，你要什么，你就会有什么，好吃的，好喝的，安安静静，不发愁！你会变老，但会非常非常幸福！”

母亲温柔地抚摸着他的头发。“我现在很幸福，路易斯，”她轻轻地说。“你刚才说的那些，将来都会有的，可现在你必须到维也纳去。事情就这样说定了。”

她疲惫地躺在床上，闭起了双眼。路德维希还在她的床头停了一会儿，直到他认为母亲业已入睡，才小心翼翼地把自己的手从她的手中脱出，轻轻地离开了房间。但她的母亲却仍然醒着。“莫扎特！你要为我的儿子开辟一条道路，让他变得伟大——不是像你那样伟大，那是过分的奢望！但是成为一个真正的艺术家！他现在不已是和那些优秀的人物一样了吗？我亲爱的孩子！”一丝甜蜜的微笑泛上她的嘴唇，她入睡了。

第十四章

瓦尔德史泰因伯爵询问了他在维也纳的亲戚，愿否在一段时间之内接待路德维希·范·贝多芬，随即他得到了答复，他们欢迎他。这样，一切都很顺利，只待启程。路德维希从选帝侯那里拿到一封致莫扎特的手函，在同母亲痛苦的告别之后就登上了一辆驿车。

在奥格斯堡他中断了行程，特地去拜访著名的钢琴制作师史泰因，他是德国式钢琴触发机械装置的发明者。他像一个中世纪的师傅那样在亲手制作乐器，其精美的程度早在十年前就吸引莫扎特来此地逗留。路德维希怀着将来能有这样一架史泰因制造的钢琴的热望，离开了奥格斯堡，继续赶路。

旅行的最后一天到了。驿车登上了山隘口的高处，这时车夫转过头来说道："前面就是维也纳。"远处一座塔楼拔地而起，它居临四周。路德维希的心怦然跳动。那儿就是维也纳！他就住在那儿，这惟一的、伟大的天才。他思念他，怀着恐惧，当驿车向山谷疾驶时，路德维希目不转睛地望着灰白色的巨大塔楼，在他看来这就是伟大天才的象征。

越过令人感到亲切的村镇，四周遍是葡萄园和花繁叶茂的果树；穿过郊区，那里有美丽的教堂和宫殿及其巨大而古老的庭园。在一片芳草如茵的草地上，从参天古树之中，一座要塞突兀而起，它四周是房屋和塔楼的海洋。它的背后逶迤着一条平缓的草木葱茏的山脉。驿车穿过了一片草地，直朝着一座灰暗的城门驶去，在门前停了下来，一个岗哨登上踏板，检查了证件。随后马蹄的嘚嘚声在拱门中发出回响，眼前豁然开朗，路德维希到了维也纳。

穿过熙往攘来的大街，驿车在总驿站停了下来。路德维希拿起他的小箱子进入附近的一家客店，要了一个小房间，换下满是尘土的旅行装，穿上他的新衣服，随后来到餐室，以便向店主人问问去莫扎特家是怎样走法——或者我最好先去拜访里希诺夫斯基？要不我也许不得不在这里过夜。可谁知道，我今天是否还要去莫扎特那儿？不，不！我必须去莫扎特那儿。“先生您要出门？如果可以问一声，您要去拜访谁？”

“拜访莫扎特——拜访莫扎特先生，”路德维希回答说，由于骄傲和羞赧而满脸通红，向这个陌生人说出他的这种幸福感，他的心情为之一快。“莫扎特先生？我不认识。先生您最好去问一下出租马车夫。路很远，像今天这样的大热天，您外出那会渴得难受的，在这片鬼地方您几乎找不到像样的饭馆。坐一辆出租马车吧，一个古尔登，外加一点小费。”

“不啦，谢谢，”路德维希说的时候尽可能显得无所谓的样子，“我走着去，可以多看看这座城市。”

“呐，我祝您愉快，”店主人说，把路德维希要去的街道做了番描述，可他在走过第一个十字路口之后就完全忘了。狭窄街巷一片嘈杂声，这使他昏头昏脑。他不得不老是问路，可他老是听错，走到相反的方向。当他终于到达寂静的市郊时，已是中午时分。他停在一座庭园的门前，上面正是他要找的号码。在草地中间有一所小房子——莫扎特的房子！他能进入这处圣地？他开始颤抖；他的双手变得冰凉。他在考虑他是否该往回走。这时走过来一个女仆，她胳膊上挎着一个买东西的篮子，她问他找谁，他不得不告诉她，他要找莫扎特先生，可这样说他觉得简直是一种亵渎。但这个女仆毫不在乎他的这种放肆的称呼，她用亲切的语气告诉他，莫扎特先生在家，跟她去好了。——他不会打搅他吗？——只是不要过分地麻烦他，她没有继续问下去。——他穿过前院，进入一扇门，门上钉着一面小的黄铜牌，上面是：“沃 · 阿 · 莫扎特”。他停下了脚步，他的双膝在摇晃。——“从这上去！”女仆说。他扶着栏杆往前走。“现在您稍等一会儿。请问尊姓大名？”

路德维希把介绍信掏出来递给了女仆，她满怀兴趣地瞧了瞧信上的巨大的选帝侯印章，随后走开了。他真想现在走回头路，可这时她走了回来，说莫扎特先生有请。路德维希来到一间布置简单的狭小会客室，关上了房门。

从邻室传来了两个男人低沉的谈话声。现在两个人都提高了声音，那么响，路德维希听得清清楚楚，“敬重的朋友，如果我不求您，那我还能求谁去！请您做件好事！我要报答的。”

另一个的回答有些模糊不清。又是那响亮的声音：“至少眼下我请求您支援我！我得要活下去啊，现在水已到了嘴边，快淹死了！”

这一定是向莫扎特借钱，而莫扎特不能借给他。路德维希不想再听下去，他捂住耳朵。他这样坐了一段时间。随后他又倾听，可现在一个字也听不清了。

虽说莫扎特不是一个有钱人，可他能不去帮助一个朋友？这著名的、受敬重的莫扎特？

又过了片刻，随后听到椅子的响动声。现在要见到了！路德维希在想，他的心急剧地跳动起来。啊！脚步近了。现在他来了！

门打开了，一个矮小的不起眼的人走了进来，用蓝色的近视眼惊愕地望着路德维希。这肯定是他的那个朋友。

“欸？”这位先生说，“客人在哪？就你一个人在这？”

“我——来自波恩，”路德维希说，“我想见莫扎特先生。”

“我就是。哦，你就是科隆选帝侯宫廷管风琴师吧？啊？看看！你多大了？”

“十五岁。”路德维希回答说，血冲上他的脸。

“才十五岁？呐，你已经成了个大小伙了！当了宫廷管风琴师！欸，跟我来。”

在音乐室路德维希被介绍给一位中等年纪的人，他听不懂他的名字。“先坐一会儿，”莫扎特说，“我马上就来安排你的事情。”他把那位先生拉到一旁，压低了声音同他谈话。

尽管内弗对莫扎特做了描述，路德维希还是把莫扎特想象为一个半神，现在他有些失望了。苍白而慈祥的面孔毫不引人注意。浓密的金发束在一起成为发辫，扑上粉。同瘦弱的身体相比，头部显得过大。褐色的上装和一件褪色的蓝背心裹住了他的上身。从白得刺眼的硬袖口里露出洁白的，保养得很好的女人般的小手。——终于莫扎特结束了谈话，转向了路德维希："这么说你是要到我这来上课了？呶，先看看你都会些什么。你的主人写道，你本事不错，能成个人材。只是来得不太是时候，忙得不可开交，写一部新歌剧。"他重新看了选帝侯的书信。"内弗一直是你的老师？"——他沉思了片刻。——"啊，现在我记起来了。那时是在曼海姆，在舍勒剧团，他是音乐指导。《索弗尼斯伯》[①]！"他的脸上瞬间泛出一丝善意的戏谑表情。"一个能干的音乐家。他还一直是一个瘦小的人儿吧？"他做出有些沮丧的样子，脸上出现了一种忧郁的疑病的表情，路德维希立即从这种表情上认出了自己的老师。"这个内弗，这个内弗，"莫扎特沿着自己的思路说道。他在自己的记忆里一定是想起了某种滑稽可笑的事情，他微微一笑。——"他演我的东西吗？"

"内弗先生是您的一个热心崇拜者！"路德维希骄傲地说。"您的作品，凡是我们在波恩能得到的，都弹奏过了。我们还有剧院，也上演了《后宫诱逃》。"

"这么说你们还有过一座剧院？"

"是的，在前一个选帝侯的时候。"由于提问，路德维希有了勇气，他开始谈波恩的剧院，可当他觉察到莫扎特显然是心不在焉，于是住嘴了。莫扎特的两眼发呆地茫然而视，他的手指在椅背上弹着某一个旋律。片刻的沉默。路德维希感到极端狼狈。莫扎特的朋友轻轻咳嗽了几声提醒他，他猛然醒了过来。

"是啊，这个内弗！一个能干的老师；当然你所需要的我并不能全教给你，但肯定你还得学一些。呐，我们试试看。"他望了一下钟，"坐到这儿。"他指了指钢琴，那位朋友点了点头，路德维希在琴凳上坐了下来。

---

①迦太基统帅哈斯都拔之女。高乃依，伏尔泰都以她为题材写过作品，此处系指一部歌剧，为内弗所作。——译注

“呶，”莫扎特说，“你要弹点什么？你能弹些什么？请吧，如果不是必要的话，不要弹我的。”

路德维希正想到弹莫扎特的，现在不得不另做选择。他开始弹《十二平均律钢琴曲集》中的一首前奏曲。靠在自己扶手椅上的莫扎特听了头几小节的音乐为之一怔，细心地听了下去。这个孩子对音乐有很深的领悟，但他不喜欢他的弹奏。有力但粗糙，缺少轻柔和完美，这是他自己的演奏所固有的特点。在后面的赋格曲中很少有什么值得注意的，但弹得丝毫不差。从整个来说，肯定这是一首学来用于显示本事的作品。

莫扎特哪里知道他此刻是怎样的一种心情啊！当他开始弹的时候，他觉得整个房间都在围着他旋转，胸部像被束紧一样。他机械地触动键盘，几乎听不到他弹的是什么。他的手指冰凉，有时几乎不听使用。当他弹完了，松了一口气，他觉得，他几乎还从来没有弹得如此糟糕。

“这样，这样！”莫扎特说，“你弹塞巴斯蒂安·巴赫。在维也纳几乎没人熟悉他；在一两年以前我自己也对他毫无所知。”他的脸现出一种痛苦的表情。“天才的命运就是被遗忘，”他轻声地自言自语，“好啊，我的孩子，你弹得确实不错，弹得很好。呐，话不要多说。你有才能；还有什么更独特的要显示一下？”

从路德维希的灰色眼睛中蓦地闪出一道亮光。“莫扎特先生，”他脱口而出，“我知道我弹得不好。您还有一点空闲时间吗？那您给我一个主题让我即兴演奏！我这次要弹得更好些。”

“现在看，这个孩子来真的了！”莫扎特笑着向他的朋友喊了起来。“看他那个样子，像是要把我吃掉似的！你想即兴演奏一些什么？好啊，尽你所能，即兴演奏吧。这是一个主题！”他走到钢琴旁，站着弹了一段很短的旋律，“这是我的新歌剧《唐吉万尼》[①] 中的。呶，avanti[②]！”

路德维希没有去理会莫扎特话中的嘲讽。他感到极度的兴奋，血涌上脸

①即《唐璜》。——译注

②意大利语：前进！——译注

部，热得发烫，又冲到指尖，这使他的双手突然变得灼热和灵活起来。——现在我要让他看看！他心里在想，当他重新坐在钢琴前时，所有的拘谨都一扫而光。他立刻就记住了这个美妙的主题。但像是用嘲讽去回答莫扎特的嘲讽，他一开始用一个手指无伴奏地按下了琴键。莫扎特怔然。——“这样一个顽皮的孩子！”他笑了，轻轻地自言自语说了一句。——路德维希挺直了身体。他用宏伟的力量和极为大胆的和声把这个主题送进莫扎特的耳朵里。随之他忘记了周围的一切。他抓住这个主题，把它分成两个部分，从一个巨物之中变出了两个，每一个都出色地成长壮大，两个彼此完全不同。他们又碰在一起，于是在两个同宗的对手之间展开了一场激烈的搏斗。——莫扎特的脸变得严肃起来，他目不转睛地紧张地望着这个孩子，他在他的面前演出了这样一场巨人的战争。——蓦然斗争停了下来，琶音在琴键上呼啸而过，它充满深沉的痛苦重新回到原来的主题，低音区阴沉地隆隆作响。突然，像是太阳在暴风雨之后穿出阴云，主题在光辉的大调上响了起来，在如痴如醉的欢呼中逐渐消逝了。

莫扎特坐在那里动也不动，良久之后，他终于躬身对他的朋友轻声地说：“注意这个孩子！他将会让世界来谈论他的！”——随后他走向路德维希，爱抚地摸着他的头发。“你是一个真正的男子汉！你是一个鬼家伙！你会成为一个伟大的钢琴家，这我可以担保。你也有作曲的天才。至于你在理论上怎么样，这我还没法说。吸，明早准十时来我这里，那时我们再看看。”

路德维希不知道他是怎么又来到了马路上的。一种无垠的幸福感充溢他的全身。他看也不看地向前走，也不知是往哪儿去，从一位老人的身边跑了过去，在那儿差一点被辆车压着，终于他来到一片原野的中间。太阳在照耀，鸟儿在嘤嘤而歌，多瑙河流水淙淙，十分威严。他躺倒在草地上。莫扎特！他喊叫，莫扎特！莫扎特！随后他哭了起来，然后又放声大笑。一位刚巧从此路过的老婆婆怜悯而惊骇地望着他。

“您好，老妈妈！”他朝她喊道，“今天的天气多么美！该多么快乐呀！”

老婆婆畏惧地点了点头，随即走开了。路德维希突然感到他饿得厉害，通常吃中饭的时间早已过去。他在附近的一家最好的饭馆里吃了快餐，为了庆祝这一天，他喝了一杯酒。

傍晚他重新回到了住地，拿起他的箱子，去找瓦尔德史泰因的亲戚。尽管他觉得幸福，但当马车进入一条极为富丽堂皇的大街并停在一座宫殿前时，他的心感到有些压抑。一个衣着漂亮的门房走了出来。他打量这辆出租马车，里面是什么人，显然他在仔细地考虑，最后他决定问一问这个年幼的小伙子有什么吩咐。经过查问之后，他踏进了这座宫殿的门槛，受到了主人的热情招待，这使他不久就觉得如在自己家里一样。

翌日清晨，还在规定的时间很早之前，路德维希就在莫扎特家门前踱来踱去，他在等待敲响十点的钟声。他带来了他的钢琴四重奏，准备给大师演奏。终于盼望的第十响钟声敲响了，他走了进去。但是他失望了。莫扎特夫人告诉他，她的丈夫因为新歌剧的急事而外出了。范·贝多芬先生也许稍许散一会儿步，两个钟头以后再来。但是当路德维希十二点钟返回来时，莫扎特仍不在家，推到明天。他心绪不佳地走了回来，这真是一个不祥的开头！离新歌剧上演的日期越近，大概大师会越忙。

但次日清晨莫扎特立刻就接见了他，并为昨天的失约而表示诚挚的歉意。"但我确实想到了你，路易斯，"他说，"我读了你的四重奏，我可以告诉你，你有作曲的天才。当然在对位上还不够熟练，但这可以补上。你能找到旋律，这是主要的。谁能做到这点，我就把他比做是一匹良骥，而一个只会对位的作曲家那只是一匹租来拉驿车用的驽马。——在和声学上你学的还不完全扎实。嗍，我们马上从 medias res[①] 开始。你看这！"他拿一张空白的乐谱纸，写下一段旋律。——"路易斯，坐下，给它写上声部。写完时告诉我一声。"随后他走到窗前的写字台旁，立刻埋头于自己的工作。

路德维希很短时间就完成了这项轻而易举的任务。他朝莫扎特那边望了

①拉丁语，直译为事物的中心。——译注

过去，可是这位大师明显地把他完全忘记了。看来是，他在写一份总谱，但写的很快，像是写一封信似的。他的蓝色眼睛在熠熠闪光，嘴巴用力咬得紧紧的，鼻翼在扇动。他不时地望望天花板，仿佛要从那里捕捉新的灵感。时而他轻轻地哼唱，随之羽毛笔在纸上重又飞舞起来。——路德维希坐在那里动也不动；他不敢打搅他所崇敬的大师的创作。一个小时就这样过去了。外边门铃声响了，随之莫扎特夫人走了进来。她得先摇摇她丈夫的肩膀，直到他恢复了常态，知道自己在哪。“沃尔夫冈，达·庞特[①]先生在外边，他一定要跟你谈谈。”

“真是受罪！”莫扎特愠怒地说，“正当我最顺手时，偏偏这个家伙就来了！啊，宫廷管风琴师先生也还在这儿？我的好路易斯，你完了，应当告诉我一声呵！”他看了看钟，“这个孩子坐在这里有好一阵子了，一声不响！——欢迎您，修道院长先生！——哦，路易斯，真遗憾，我们得停下来了。我也不能请你留下，因为你不懂意大利文，而修道院长先生又不会说德语。下次吧，路易斯！”

“您得原谅我丈夫，”莫扎特夫人在外边的前庭说，“达·庞特先生给《唐吉万尼》写了词；您能理解，有许多事要研究。不要不高兴，好吗？我的丈夫跟我说过，您有杰出的才能，他有您做学生，非常高兴。下次见，范·贝多芬先生！我很难过，请您相信我！”

这确实令她难过的。波恩选帝侯为他的宫廷管风琴师付的学费是相当可观的；穷苦的莫扎特夫人太需要这笔钱了。

新歌剧！路德维希在离开莫扎特家时在想，这个新歌剧把我的整个功课都给毁了！这个长着弯弯鼻子的怪里怪气的修道院长不应当打搅大师！

路德维希原本希望，不仅在理论上，而且在钢琴演奏上也能得到指导。

“我的好路易斯，”莫扎特说，“我现在的这种情况，你已经看到了。这根本没有可能，你也根本没有这种必要。我哪有那么多可教的呢？也许一种柔

---

①歌剧《唐吉万尼》的词作者。——译注

和的触键法，不过这你自己就能做到。你在钢琴的演奏技巧上已经完全可以成为你自己的老师了。但如何把你造就成为一个作曲家，这却是我一直在考虑的。路易斯，你有许多才能，但是你还没有受过正规训练，那就是对生动的协和音的理解和——我们这样说吧，对平衡，对音乐衔接的整体结构的理解。在这方面你可以向我学些。当然，我不是说，你应当照抄我的，那样就完全错了，我们两个是两个根本不同的性格。你看这！”他拿来一首路德维希的四重奏，指着几处不协和音，这是孩子完全有意违反规则写的。路德维希试图用普法费尔的理论去做辩护：不是美，而是表现情感的真实才是最高的法则。

“我的上帝，”莫扎特喊了起来，“那样会把我们引到什么地方！当然，你不需要奴隶般地墨守成规。音乐是一直向前发展的，也必然发生变化；新的艺术确立新的规则。但有一个法则则存在下来，也必然存在下来：这就是美的法则！人们不可以把激情，不管它如何强烈，表现到令人呕吐的地步！即使音乐要描述最最恐怖的，那它也从不应当侮辱耳朵，而必须一直是使耳朵得到快乐，否则的话，那它就不再是音乐了。我的《唐吉万尼》里有许多这样的例子。还没有完全谱完，你不懂得意大利文，我现在就是指给你几处看，也没有什么意义。但当你以后听到这部歌剧时，你就想想我现在说的话！在你自己的作品里，让音乐永远是纯洁，是美，是崇高的女神！”

日子就一天一天这样过去了，一个星期中经常有一半的时间不能正正经经地上课。“啊，我真感到难过！”每当莫扎特夫人看到路德维希面带愁容时，她就这样说道。虽然大师在创作时他不再被打发走，但他经常得成钟点地等待；而当莫扎特停下笔时，他多半不可能立即上课。他高兴让路德维希谈波恩，谈大主教——他从前就和此人很熟——谈宫廷的事情。

有一次他说道：“我本来自己能到那儿去的，在你们波恩，被任命为宫廷音乐指导，而不是在这里每天做教书匠，来维持生活。但那个时候，当你们的主人委任我这个职位时，我正在写《费加罗》，忙得不可开交，当时我想，若是我获得了成功，那在这儿就能谋到一个职位。而带着妻子到那么远，终生窝在你们那儿的小巢里，这不是我的意愿。于是就留了下来，《费加罗》也取得了成功，但是却没有一个空位留给莫扎特。我就这样继续疲于奔命。也许维也纳的身踞高位的大人先生们还能为我准备个位置，使我少为生活而烦恼发愁。"

路德维希深受震动。在维也纳，在皇家的维也纳人们竟如此对待这样一位伟大的音乐天才，一位属于世界的天才！

"您非得靠教课生活？"他问。"除此那靠什么，路易斯？我若是有更多像你这样的学生就好了！但是有比没有要好，哪管是有人每堂课付半个杜卡特。连每个留匈牙利小胡子的公子哥也欢迎，这种人学数字低音和对位，那撒旦都会叫苦连天的；那些傲慢的贵族小姐，若是我有一次没有准时上门，那对我就愠形于色，怒气冲冲。"

"那您的作品？您的歌剧呢？"

"若是在法国，我的《后宫诱逃》就能使我变成一个富翁，这部歌剧在各处都取得了成功。可在德国，它只是使剧院经理发了财，落到我的名下只有四百二十六个古尔登四十个克罗采。"

"那《费加罗》呢？"

"要维也纳人长时间喜欢《费加罗》那太困难了，太不平常了。当那个赶时髦的西班牙人马丁带着他的《稀世之珍》来时，《费加罗》就消逝得无影无踪。只有我亲爱的捷克人珍视它，因此我写《唐吉万尼》也是为了布拉格。若是谁想在维也纳受到欢迎，那他必须写得那么浅显易懂，每一个马车夫都能跟着唱出来才行，或者他写得那么艰深难懂，使每一个人都想：若是我咒骂，那我可能出丑，我还是去赞美它好了。"

"意大利轻歌剧不也是不难懂吗？"路德维希说，"从《诱逃》之后您为什么不再为德语歌词的剧本谱曲？"

"为什么？德语的轻歌剧在维也纳这儿是一种真正的可悲的东西，它不死也不活。这在于我们的皇帝，他用头来对待德国歌剧，而用心来对待外国歌剧，而心比头离钱袋更近。我们所有的第一流歌唱家，卡瓦莉里—— 一个高贵的正直的维也纳女人，阿达伯格、泰依伯，地道的德国人，可他们都得在外国剧院演唱，都必须同他们自己的同胞进行斗争，而且他们占有极大优势，因为那些德国剧院的演员都是些纯粹的演员，唱起来是力不从心的。啊，若是我像格鲁克或者韩德尔那样，离开我亲爱的祖国，去伦敦或巴黎，那德国人是怨不得我的，在一两年之内我就会成为一个富翁。我不知道，是否我将来也会这样做。但无疑的，在世界上只有一个维也纳，我离不开它。这儿的一切都把我抓得紧紧的：人、空气、多瑙河和普拉特公园。若是他们让我在德国挨饿的话，那在维也纳死掉胜似在其他地方活着。”

“波恩也是很美的。”

路德维希插了一句。

“路易斯，你看重你的故乡，这是对的。但维也纳不是波恩。在这样一个小的城市里，在宫廷作事——我年幼时在那儿呆过，熟悉它，这我一辈子就够了。”

“那皇帝，他什么也没有给您？”

路德维希又问道。

“什么也没有，”莫扎特回答说，“一次也没在皇帝家里教过课，在那儿教课给钱是多的；有一个外国人在宫廷里教课。平庸之辈飞黄腾达，天才人物忍饥挨饿。我们戴的是一顶荆冠。可这顶荆冠就是用皇冠我也不换啊。”——路德维希俯向莫扎特的手，轻轻地吻它。莫扎特用手爱抚地摸着他的头发。——“可爱的小伙子，好心的小伙子，”他喃喃地说，“前进，我们话说得够多的了，现在进行工作。”

他开始用和声学和对位法讲解一个乐章，并举例子加以说明。在他讲课的时候，他的思想早已飞得远远的了，飞到西班牙，飞到塞维利亚，环绕着那位骄傲的骑士[①]，他亵渎道德和权力，与另一个世界进行对抗。

①指唐璜，《唐吉万尼》一剧的背景是西班牙的塞维利亚。——译注

第十五章

一天，路德维希发现大师和他的夫人争论不休。原来有人要求他去指挥阿乌公园的一次音乐会，去演奏钢琴。几年以前这种音乐会一直是在他的领导之下，直到他失去兴趣把它交给另一个人时为止。“啊，斯坦采，”莫扎特说，“让我摆脱开那些音乐会吧！现在什么演奏家、指挥家的荣誉对我有什么意思呢！我脑子里装的是另一些事情！”

但是他的夫人不让步。“你必须让维也纳人记起你来，沃尔夫冈，要不，你就被忘记了！这样一个音乐会必定给我们带来三个新的学生，你知道，我们是多么需要呵！”

这话起了作用，莫扎特答应了。“我们带路易斯一起去，斯坦采！你到过阿乌公园吗？”

路德维希摇摇头，他整天都是在钢琴旁和写字台前渡过的，对维也纳，除了往返莫扎特的家和他的住处的几条大街外，他几乎别无所见。

“可这确是一件憾事！”

莫扎特听了这话就喊了起来：“弹奏和作曲这你在波恩也能啊。当你返回家时，你能讲些维也纳什么呢？至少你必须去看看阿乌公园。八天之后，早晨准六时，你来接我们。就这样定了，你会看到，在维也纳有这样早起的人呐！阿乌公园音乐会可都是在早晨很早时候开始的。乐队几乎都是由业余爱好者组成，而谁能这样早起床，为的是不拿报酬去玩音乐，那说明他对音乐有真正的兴趣。”

这样，一天的大清早，路德维希就随同莫扎特夫妇，越过还寂静无声的街巷，穿过一座狭窄昏暗的城门，来到格拉西斯①，一片闪光的草地，四下里的林荫路彼此交错。随后他们通过一座高耸的拱门，进入一座漂亮的公园。莫扎特摘下帽子，仰望着参天古树的强壮的躯干。“啊，斯坦采，”他说，“为什么我们不清晨常来此散步呢？”——他深深地吸了一口气。——“多清香啊！这像是在饮用健康和生命之泉。——你看，小松鼠，它在偷偷看我们呢，多可爱！哦，你这个金色的畜生！”——莫扎特的一条小狗，他的不可分离的陪伴者，在追随着主人的目光，它也看到高处树枝上的那个陌生的小动物，于是开始愤怒地吠了起来。——“抓住它，比木伯，抓住它！不要让它溜掉，等着，我来帮你！”他攀住还不太粗的树干，往上一跳就开始爬上去。比木伯的吠声变得更加尖厉。“沃尔夫冈！”他的妻子叹气说，“现在你在干什么呀！小心你的裤子！你怎么好在听众前露面！”——但是莫扎特不听，迅速地继续往上爬，他爬到一个树杈上，坐在那里，两腿攀住，摇晃起帽子。——“上来，比木伯，到你主人这来！呐，路易斯，你不想跟着爬上来？”他唱了起来：“Se vuol ballare, Signor Contino?”②——“沃尔夫冈！”康斯坦丝喊了起来，“我求你，快下来！你看，有人来了！对你这种装疯卖傻的样子人们该怎么说呢！”在她那黝黑的眸子里闪现出生气的火花。——“哦，夫人！”莫扎特喊了一声，顺着光滑的树干忽地一声就溜了下来，他喘着气笑着站到了地上。——“松鼠哪儿去了？跑了，比木伯！去找去！在那儿，就在那！看！去抓住它！”他飞快地向前跑去，比木伯跟在他后面，吠着跑了起来。

路德维希真想跟着跑，可他拿着那么重的乐谱夹子，没法跑。他留在莫

①维也纳的一个区。——译注

②意大利语：您想跳舞吗，我的小伯爵？此系《费加罗的婚礼》中的一句唱词。——译注

扎特夫人身边，她沉然不语，面色苍白地继续走着。“他是得尽情地玩一玩呵，”她终于说道，“老是蹲在家里这对健康没有好处。”但是她脸上的愠怒表情与她的这番原有的话不大相称。

在拐弯的地方，莫扎特突然从一棵树干后面跳了出来，扑向他的妻子，搂住她的脖子。“别生气，斯坦采！”他挽起她的胳膊，“好了！现在我们又老老实实了，装出严肃的大师的样子。路易斯，我们是这样吧？”

他们站在音乐厅前，这是草地中间的一座宽大的建筑。在前面的露天空地上，身穿漂亮服饰的听众，有的坐着，有的散步，表情喜悦，在期待着。莫扎特夫妇和他们的小客人在一棵槭树旁坐了下来。一位侍者端来了早餐：浓郁的咖啡，牛奶和乳脂，装在大大的黄铜壶里的砂糖，洁白松脆的面包和鲜奶油。莫扎特由于满意和快乐而容光焕发。

“呐，路易斯，在这儿满意吧！怎么样？在你们波恩没有吧！吃罢，你会觉得可口的！斯坦采，倒咖啡！”

“这样的咖啡，在全世界只有维也纳才有！”莫扎特夫人在倒满路德维希杯子时说道，路德维希凝神地品了一口这受到赞美的饮料。莫扎特不久就用完了早点，看了看表，站了起来：“好了，现在去给耳朵吃顿饱餐去。路易斯，你要注意听，完了后我要听你的意见。”他穿过人群向音乐厅入口处走去。

“噢，欢迎您，莫扎特夫人！”一个贵族打扮的太太同两位先生来到桌旁。——“您这儿还有空闲的座位吗？”——路德维希满面通红地跳了起来，从旁边拽来两把椅子。莫扎特夫人诙谐而庄重地介绍说：“范·贝多芬先生，科隆选帝侯宫廷管风琴师，我丈夫的学生。这是金斯基侯爵夫人，金斯基侯爵大人，这是男爵范·斯维特恩先生阁下。”

“我没有听错吧？”这后介绍的一位说，“范·贝多芬？一个荷兰人？”

“我的祖父生于安特卫普，”路德维希回答说，随后恭敬地退到一旁，再也没有说什么。他们谈论《唐吉万尼》的进展情况；对这样一个神圣的名字，人们竟作为茶余饭后的夸夸而谈的资料，像谈某一个其他的歌剧那样，这几乎使路德维希感到痛苦。从音乐厅那边响起一片乐器声，向空地上的听众致意，于是愉快交谈和欢笑的人群一下子静了下来。——“大师指挥什么？”金斯基侯爵夫人悄悄问莫扎特夫人。——“他最近的一部交响曲。”——莫扎特的旋律飞向春日的天空，飞入竞荣的草木，飞入浓郁的芳香，像大自然本身那样，生机盎然、纯净、清新。随之是一首 A 小调钢琴回旋曲，由作曲家本人演奏，路德维希很注意地听，跟他迄今所熟悉的莫扎特钢琴作品全然不同；这是一部带有罕见的急迫感的、半音进行的、充满着深深的伤感情绪的作品，交响曲得到了听众的暴风雨般的欢呼，而这首回旋曲只博得微弱的掌声。范·斯维特恩男爵和金斯基侯爵疑虑地交换下目光，但当下一个节目，一首弦乐小夜曲开始演奏时，他们俩的表情又明朗起来。看得出他们是多么高兴，又看到他们的宠爱者在他们熟悉的路上漫游在纯净悦耳的乐声之中了。老斯维特恩无法遏止他的兴奋，不时地轻声地喊出“妙极了”或者“太好了”。金斯基夫妇欣喜地静静坐在那里，一言不发。

最后一个节目开始了。这是什么？路德维希为之一怔。乐队演奏起一个最陈腐的主题，但几小节之后，这条线结束了。慢慢地出现了像是一个副题的旋律，但突然首席小提琴停了下来，人们只能听到伴奏音型。现在路德维希明白了。这显然是在开一次玩笑，摹仿那些所谓的作曲家，他们只是想写，而脑子里却只有那么一点点东西。他偷偷地望了那些贵族一眼，他们的脸上是明显的窘迫表情。莫扎特夫人有节制地微微一笑。很清楚，她自己也感到吃惊，并且不知道这是什么意思。——这个玩笑在继续下去而用一个英雄的齐奏，把玩笑推向高潮，在乐章的结尾，作曲家用庄严的响亮的吹奏声来赞美自己取得的成功。接着是一首雄壮的小步舞曲；然后是慢乐章，首席小提琴充满感情的装饰音令人陶然欲醉。到了最后：一个变得发狂的庸人弄出了一段赋格，它退化成为一个喧闹的音响；一切都变得昏头昏脑，每一个调都搅入另一个调里去。——听众在此期间可明白过来了，知道这是指的什么，当这地狱般的音乐会结束时，响起了震耳欲聋的欢呼声。容光焕发的莫扎特走到一张桌子前向朋友们致意。当他问老斯维特恩是否喜欢这最后一部作品时；他的眼睛由于得意而熠熠发亮；当他声称，如果他再要指挥时，那他要选择斯维特恩的一部交响曲。一个细心的观察者几乎从这句话中听出某种轻微的嘲笑的味道。

“那支夜曲美极了！”侯爵夫人狂热地说。

“那部钢琴回旋曲呢？”

“特别有趣！”侯爵急忙地回答说，“即使——是啊——这里面有某种不寻常的东西，令人惊异——，但特别有趣；特别有趣。——莫扎特，可您告诉我，这些新的东西您到底是什么时候写的？”

“《唐吉万尼》中间的，教堂墓地场景里的一段。”

老斯维特恩怀疑地摇了摇头。侯爵沉思地望着大师。“懂了，知道谁能了！”他喃喃自言自语。

“呶，路易斯，”莫扎特径直地问，“现在你也听到我弹钢琴了。我弹得怎么样？我最最敬重的诸位先生，对他的判断，我怀着敬意地说，这是最为重要的。”——大家都现出惊异的表情。——“是啊，你们看不出，他是个什么样的人才，”莫扎特笑了起来，“但是你们看看我；我是什么样的呢？一个刮得光光的猪鼻子，有一次一个很漂亮的女歌唱家这样说我，当然罗，这是用托斯卡纳[①] 话说的，我翻成德文，一点也没有走样。可是谈路易斯就不能这样说了，他还没有刮过胡子，虽说也十五岁了，也许以后慢慢会的，但他看起来却不是一个猪鼻子。他有能力，不久能干出一番事业来。我希望就在这个夏天他能在这个阿乌公园里为所尊敬的听众演出。”路德维希满脸通红。“您这是真话？”他说。“当然这是真话！若是我想你会使我丢脸，那我就不叫莫扎特了。”

一两天以后，路德维希看到大师满脸泪水。“我的父亲死了，在萨尔茨堡，没有看到我，我没有能够在他身边，给他合上眼睛！我的一生，我的所

①意大利中部西海岸一带称托斯卡纳，首府为佛罗伦萨。——译注

能，都只应归功于他。他把我的才能看做是上帝送到他手上的一件神圣的宝物；他无微不至地，小心翼翼地教育我，使我身上的一种灿烂的焰火不至于熄掉，这种东西本来只是在高空一亮随之立刻就熄灭了的。——你的父亲还在吧，路易斯？”——孩子脸红起来，点了点头。——“那你应当为此每天跪下来感谢上帝。如果我的父亲能复活的话，我愿献出我的全部荣誉。”他沉默不语，悲哀地凝视着地面。——“当然，如果一个亲爱的人死了，那人们也不应哀叹，也许更应当羡慕他，因为他经受住了我们称之为生活的所有斗争。”

在此后的日子里，莫扎特既不能工作，也不能教课。他总是谈论他的父亲，谈他因父亲之死而失去的一切；总是在他的灵魂中浮现出死亡的念头：“我还年轻，但有时却在想，我的时限快到了。我燃烧得过于快了。在我身上的音乐，它总是在奔流。但却不能老是这样长时间地流下去；那个终止的地方在哪？若是我活到六十岁或七十岁，哪会有那么多的谱纸供我把所有的音乐写下来？在这样一座谱纸山前我自己会感到恐惧的。呶，这个时候要来的，那我就能够休息了。现在我知道了，我有了一个后继者。——当然我现在不愿意死，现在决不！能留下没有完成的《唐吉万尼》就死吗？若是在我死后有另一个人，也许是一个外国人把这部歌剧写完，那我在坟墓之中还能认为这是一种光荣？上帝保佑！决不，想也不要想！”——

路德维希坐在自己的房间里，长时间在考虑自己的处境。课上得越来越少了。他在维也纳的停留已失去了真正的意义。现在动身回家，等冬天，当《唐吉万尼》完成了，莫扎特又有时间给他上课时再返回，是不是更好些？

仆人进来交给他一封信，这是他父亲写来的。路德维希打开信，他的心开始跳动起来。他眼前一片模糊，但他还是看明白了，他的母亲病危。父亲是否会很好地照料，路德维希对此怀疑，他太了解他了。若是母亲死了，而他却待在维也纳，离她那么远，那么远？不，他必须回家，必须立刻动身。当他做出了这个决定时，他觉得如释重负。

“我可怜的路易斯，”莫扎特说，“这对你是沉痛的。也许你的母亲还会好的。但如果发生不幸的话，那我跟你说，她在上天会比在这个悲惨的人世要好得多。——我可怜的孩子，我使你感到失望，这我知道得很清楚。你来得太不凑巧了。《唐吉万尼》完全占有了我，我无法抗拒，也不应当抗拒。你必须冬天再回来！你没有莫扎特也会成为一个人物，这点我可以起誓。虽说如此，如果我能帮助你，更多地帮助你，不像这次这样，那我确实是感到高兴的。到时我要给你的主人写信，他会重新把你送到我这儿来的。我认识他，他肯定不会拒绝我。再见，我的好路易斯！我们还能幸会的！”

路德维希深为感动，只能吃吃地说出一两句感谢的话。

“不要说什么感谢，路易斯！我感到内疚，这我知道得很清楚。让我再跟你说一句，若是我再也见不到你——愿上帝保佑，不致发生这样情况——，关于我自己的，我告诉你，是让你把我当作一个值得警惕的例子。我在开始时分散了精力，把我的所有到处乱用，因为社会要这样，贵族、有钱人，我吃的是他们的面包。现在这种情况过去了。我现在只写触动我心灵的，不再左顾右盼；我现在才知道什么叫创作。创作应该是为神服务，而我过去所做的，那是为人服务的。让你的音乐永远为神服务，路易斯！也许周围世界不理解你，责备你晦涩难懂，不管它！你的时代会来到的，就如同我的时代会来到一样。至于我们是否能经历它，这有什么关系呢！——你知道是谁帮助我认识这点？是塞巴斯蒂安·巴赫。他很早就感动了你的心，而感动我却正好在我最需要的时候。他也不左顾右盼，只是想到他的神，而不是想到人。因此，他周围的世界不理解他，不久就把他遗忘了。但他继续活着，他终会从遗忘中出现，作为所有时代中最伟大的天才中的一个，永世长存。”

“还有您，莫扎特先生！还有您！”

莫扎特把孩子拉到身边，吻着他的额头。——

“你几乎还是一个孩子，路易斯；但是你的信赖使我得到安慰，这儿没有一个人理解我。当你以后听到《唐吉万尼》时，要想到我。那是真正的，惟一真正的莫扎特，它会和你叙谈的。——再会吧，我亲爱的孩子！问候你善良的母亲！我衷心希望她好起来。告诉她，她应当为她的儿子感到骄傲！”

第十六章

从维也纳动身返乡和到达维也纳时是多么不同啊！路德维希心情沉重地登上了驿车。病危的母亲站在他的灵魂之前，恐惧紧紧抓住他，使他想到也许太晚了。驿车又到达隘口的高处，路易斯就是从这里第一次望到维也纳的。今天，天空一片阴霾，城市被雾笼罩，像是包在裹尸布里。只有巨人般的斯台芳塔楼可以见到，它阴森地缄默不语，直耸向天空。蓦地路德维希知道了，他不会再见到莫扎特了，这使他感到揪心般的痛苦。

离故乡越近，在半路上收到父亲的信就越催他加快旅程，因为母亲已濒于死亡。终于驿车辚辚穿过了柯布伦茨门。路德维希以飞快的速度向家里跑去。一个人也没有遇见，家里空空的。他轻轻地打开母亲卧室的门。当他看到她时，他深为吃惊。她的面色一片死灰，呼吸微弱，胸部喘息地起伏不已，混浊的眼睛呆呆地望着天花板。他激动地跪在她的床前，吻着她发烫的手。母亲没有看到他，少顷之后，她干枯的嘴唇动了动。路德维希赶忙端起一杯水，把左手放在她头下，小心地喂她喝水。痛苦的眼睛向他投来感激的一瞥。这目光附在他身上，抚摸着他的额头、鼻子和嘴巴，直钻入他的眼睛深处，越来越深。像是太阳透过晨雾，从模糊的眼睛中迸射出一线极度欢乐的光华。

路德维希控制不住自己。压抑不住地啜泣使他浑身颤抖不已。但一想到重病的人不可以激动，于是他恢复了镇静。他拿过一把椅子，靠在床边坐下，用他的手紧紧握住母亲的，他感觉到她的脉搏的跳动。她的目光再也没有离开他的眼睛。她就这样长时间地、沉默地望着，这给予了她穷苦一生的最后的幸福。

路德维希听到他所熟悉的父亲的响亮的脚步声，他站起身来迎着他走了出来；满身酒气的约翰·范·贝多芬一看到他的大儿子眼泪便夺眶而出，开始为濒于死亡的母亲哭诉起来，赞美她善良的德性。路德维希打断了他的话。“我现在必须跟母亲单独在一起；请你关照一下，不要人进来打搅。”

路德维希回到垂死的母亲身边。她的眼睛盯住门，现出一种恐惧的绝望的表情。当她看到儿子时，便松弛了下来。片刻之后她挣扎着要说话，从她断断续续的低语中他听到了莫扎特的名字。

“莫扎特问候你，希望你好起来，母亲！”

她怀疑地望着他。随之一丝红晕掠过她那蜡白的面孔，她微笑了——，一种羞怯的、少女般的、无限温柔的微笑。

“他说我很有前途，母亲！他把我看做是一个后继者。”

垂死者的表情呈现出一种极度的幸福感。她抬起头。“我知道的！”她低语，随之倒了下去。开始了弥留状态。路德维希跪在她的床前，攥住她的手。她又再次睁开了衰弱的双眼；她像是还要说些什么。他把耳朵附在她的嘴唇上。——“弟弟妹妹！”她低语。——路德维希再不能说出话来。他紧握她的手，点着头。她合上的眼睛再也睁不开了。

约翰·范·贝多芬现在是一文不名，他只好去向宫廷乐师里斯借钱，为了给自己的妻子举行一个隆重的葬礼。有许多人跟在她的灵柩后面，这个善良、文静的女人到处都得到爱和尊敬。

一两天之后，路德维希在集市上路过一个旧货商人的货摊。他的目光停留在一件黑绸衣上，他认出来了，上帝呵，这是他母亲的礼物！他由于耻辱和愤怒而浑身发抖，跑回家去，从他的东西中搜寻出一个塔勒，这是他的教母在他洗礼时给他的礼物，他用这钱把衣服买了回来。当他再度返回家时，他看到父亲目光呆滞地坐在沙发上的一角里；他喝醉了。路德维希心里充满了轻蔑和绝望，他把衣服锁到柜子里，躺到自己床上。上帝呵！这么样一个父亲！还有这样的弟弟！他们令他感到那么陌生；他和他们没有什么，根本没有什么是一样的。可是，他们是他母亲的孩子！上帝使他有如此多的才能，也许他的两个弟弟就是代价——难道他不就对他们负有义务，尽自己的力量对他们承担起父亲和母亲的责任？

“是的，母亲，我要这样做的。可这很难哪！”

他从维也纳返回时，看到他的两个弟弟完全成了野孩子，没人照管；他们懒惰，不服管教，撒谎，整天在家里在街巷里游来逛去。现在首要的是让他们做点有用的事。卡尔，已经十五岁了，有很好的音乐才能，钢琴弹得蛮不错了。应当在这条路上继续下去，只有当他本人在这个世界上能做出番事业来，那他就能为这个弟弟做出安排。十二岁的约翰也许适合找一个实际的职业；路德维希成功地为他在宫廷药房谋取了个学徒的位置，这样他至少能自己供养自己了。才一岁的妹妹需要人照料。为了她，也为了管理家庭的开支，必须找一位可信赖的年纪较大的女人来操持家务。而这一切的前提就是父亲像从前一样，在每个季度的开头把他的薪金交给他。约翰·贝多芬连正视他大儿子一眼的勇气都没有，对这一切安排完全同意。

路德维希一段时间由于对弟妹的操心而无法顾及到自己。当一切都上了正轨，他的神经便支持不住了。失去母亲的痛苦以新的力量攫住了他。他亲爱的母亲，这在家庭中他感到属于自己的惟一的人，这惟一爱他的人，生活带给她些什么呢？忧愁和失望，疾病和痛苦！一直作为他最美好的希望，那就是将来去补偿她所缺少过的一切：当他长大和出名了时，就把她接到自己身边，去护理她，去扶持她，去爱她；可现在命运把他的这种安慰也给剥夺了！在返乡之行中他受了凉，从那以来一直咳嗽不停。突然他知道了：这可能是肺病，是从母亲那儿传染的。这个想法越来越紧地缠着他。对弟妹的义务使他坚持了一段时间，但在一天早上，他的力量终于耗完。他起不了床，脑子也几乎不管用了。一种僵化在左右着他。他觉得像是在一场激烈的角斗之后，他被对手摔倒在地，抓紧他的四肢。他试着起来，没有用。一种力量把他拖下去，这种力量比他强大。——“我的命运把我捉住了。”他摆脱不掉这种念头。“我的命运把我捉住了。我无法自卫，命运比我们有力得多。”

他躺了许多钟头，一动也不动。下午威格勒来了，这是惊恐失措的女管家把他喊来的。他刚同布洛宁一家从他们的庄园里返回来，自从路德维希到维也纳以后他还一直没有看到过他。为了使他的朋友从肺病的念头中摆脱出来，他花费了好多的口舌。翌日路德维希又重新站了起来，可他觉得像一具死尸一样，不能活动。他吞下了早点，走出家门，想去给人上课。可他突然发觉自己来到了明斯特广场旁的布洛宁府第，摇动了门铃，走了进去，站在布洛宁夫人的面前。

“我亲爱的，亲爱的孩子，”一个低沉的他所热爱的声音在欢迎他，“这真是一件不幸的事！我们离开了，没想到会这样！我们动身时，你的母亲还好好的！你从维也纳的来信使她感到那样幸福！——路易斯，不要哭了！听我说，别哭了！哭也没有用处了。——不要哭了，孩子！路易斯，”她羞赧和断断续续地说，“让我从现在起做你的母亲！”

“您早就是了。”他满脸泪水哽咽地说。他们还坐了很长时间，没有说更多的话。安宁慢慢地又返回到他那颗被揉碎了的心里。

没过多久，路德维希又恢复了他过去那样的勇气和力量。他不再觉得自己是听任命运摆布的人；他以一个势均力敌的对手同它对峙，坚决地进行斗争，坚决地要赢得胜利。当威格勒动身去维也纳完成他的医学教育时，路德维希毫不妒羡地同他说再见；不久，几个月之后，一当莫扎特再召他去时，他就会尾随而至的。

在此期间他完全投身于他的新的和旧有的义务之中，给他的弟弟卡尔上钢琴课，开头时这给他带来不少快乐。但惋惜的是卡尔在练琴上一点也不用功；路德维希感到忧虑，若是他不能监督弟弟的话，这样下去怎么能行呢？小约翰在药房里学了些什么，路德维希不大清楚。他经常去询问他的情况，人们告诉他，约翰好睡懒觉，人很聪明，就是不认真，希望随着时间能改好。

是呀，不认真！两个人都是这样，他要设法给他们改过来！他说好话，发脾气，给酬劳，用惩罚。但他缺少教育者的才能；本应安静的时候，他经常火冒三丈。不久，两个弟弟就觉得他讨厌。他们开始无言的反抗；而更坏的是父亲鼓劲他们。这个做父亲的看到自己某种程度上被他的大儿子所取代，心里很不是滋味。于是他嗾使两个孩子起来反对哥哥。路德维希不论说什么和做什么，都受他们共同的指责和不加理睬。即使他对此不予理会，可是他感觉到了，很清楚。有一次他不期而至返回家里，随之出现了一种奇怪的缄默；他们相互交换了眼色，父亲哭丧着脸，两个弟弟的眼睛流露的是不满和轻蔑。有时路德维希感到完全绝望。可他们——到底是他的弟弟啊！

死亡又再次闯进了家庭，小妹妹死了，路德维希本来希望她将来能作为母亲的映像来弥补失去母亲而遭到的损失。现在他觉得在家里太孤独了。

十月到来了，他得到《唐吉万尼》在布拉格取得巨大成功的消息，是莫扎特亲自指挥的。一两周之后，他收到莫扎特的一封来信：他又返回了维也纳，欢迎他前去。

感情发生了冲突：终于他可以去深造，发挥自己的专长，从一个学生变成一位大师，置身于在世的伟大音乐家的行列了！摆脱开这蹩脚的、处处都得依靠他的环境；摆脱开这几乎无法忍受的家庭，它在慢慢地把他毁掉。可是，如果他走掉了，那两个弟弟会变成什么样子？他们会堕落下去，会变坏，这在他看来是不可避免的。他看到了母亲的伤心目光，他听到了她最后的低语：“弟弟妹妹”，他感觉到他最后一次握住的母亲的手。——不！不管怎样困难，他现在不应当走，他必须留下。

有人敲门，内弗走了进来，脸上容光焕发：“路易斯！你知道选帝侯给我讲了些什么吗？莫扎特又要你去了！你又可以去了！如果你愿意，明天就走！”

路德维希悲哀地点了点头。

“是的，内弗先生，但我不能去，我得留下照顾弟弟。”

他的老师发起火来：“路易斯！你这是发疯了？你不能这样！你不能这样回答！你在艺术上必须前进，而这里再没有人能教你，这你自己知道得很清楚！现在你要三思，不要把幸运从你的身边推开，去收拾你的行装去！”

“我要走了，那我的弟弟就会堕落的！”

“为什么？他们有一个很能干的女管家嘛！”

“可他们需要有人监督管教啊！”

“路易斯！现在听我说。你考虑下，你的弟弟会怎么样，这取决于他们自己，你把他们与你自己比较一下，就看出他们不同。究竟谁更重要，是你的弟弟们还是你自己？”

“内弗先生，母亲死的时候，她把弟妹们托付给我。我答应她去照顾他们，我要履行我的诺言。您不要继续讲下去了。”

内弗坐了下来，用手捂住眼睛。“啊，上帝，不应这样！啊，上帝，不该呀！”他痛苦地说。

“内弗先生，格勒特教了您什么？您教了我什么？‘努力吧，对你的义务要有一个明确的认识！’就是这样！我的义务就是履行我对母亲做出的诺言。”

内弗站了起来，他感动地紧紧拥抱住路德维希：“你做得对，路德维希！我为你感到双倍的骄傲！我亲爱的勇敢的好孩子！好了，不要垂头！推迟不等于取消，莫扎特不会放弃你的。若是我仔细考虑考虑的话，也许丧失这次机会还不是多么大的不幸！你现在还年轻！一两年以后，也许你能从莫扎特那儿学得更多，现在你精神上还不是那样成熟。不要误会我的话！我知道，在你身上蕴藏着什么。尽管如此，要考虑，像他现在对你这样，他就会最终把你压得透不过气来，就会把你变成第二个莫扎特；上帝宽恕我，那我太为你可惜了！你不应当成为第二个莫扎特，你应该成为一个贝多芬！至于对位法，这还有一两年的时间！音乐家并不只是懂对位法就行了！还有更多更重要的事呢！要把自己培养成一个完整的人！你的精神，你的心灵！你不要光是练习音乐，这我一直对你说过。要成为一个完整的人！如果说有一个人能做到这点，那就是你！——路易斯，现在你是家庭的支柱！这是了不起的事情！你把你的弟弟们托出水面，直到他们能够游泳。你为他们做出了榜样，这就是去履行自己的义务；他们也确实太需要一个榜样了。

“相信我，路易斯：即使在这一两年里，你技术上没有更多的进步，那这时间也不会白白费掉。它对你做人有好处，因此也对一个艺术家有好处。只有一个完整的、真正的人才能成为一个真正的艺术家。你现在遇到的困难越多，你得到的益处也就越多。因为你为人类所做的，将不是为音乐而音乐。而是：出自内心深处的生活和灵魂！极度的欢乐和深切的痛苦，和通过你性格力量对痛苦的克服。”

他沉默了片刻。“在一两年里，”他兴奋地说下去，“你的弟弟们会长大一些，希望能走上正路了，那时我的路易斯再次去见莫扎特！就说到这吧，工作！弹大师的作品！你写了什么东西就带给我。每天要读一个小时的好书，也要注意你的健康。路易斯，你会看到，在波恩也能生活也能进步啊。”

路德维希笑了起来。“若是我这一切都做的话，那一天该有多少小时？现在，至少是不能作曲了，暂时排不上了。”

内弗想是自己听错了。“什么？暂时不作曲了？”

“是的。这是莫扎特的过错。我现在知道了，什么是一个作曲家。当我想到直到现在我所写的那些东西，那我真想一把都塞到火炉里去。”

“你简直疯了！”内弗喊了起来，“连《钢琴四重奏》也烧掉？我正要告诉你，你要把它付印，出版家会争着要呢。”

“我根本不想这样做。不，内弗先生，现在我要努力工作；等过一两年之后，也许我再开始作曲。”

“你根本放弃不了作曲，即使你向所有的魔鬼赌咒起誓也好。”

“那我们看好了，内弗先生。”

第十七章

一天，当路德维希教完课返回家中走进他的房间时，他几乎不敢相信自己的眼睛。他的旧的克拉维卡不见了；一架三角大钢琴，由奥格斯堡的史泰因制造的全新的槌击钢琴放在那儿。他弹了一两个和弦，声音美极了，有力而且柔和。他按了整个键盘上的所有半音，每一个音都那样清脆，没有回响，没有哑音。于是他坐了下来，开始演奏莫扎特的一部协奏曲。他专心致志，没有注意到门被轻轻地打开，父亲走了进来，聚精会神地谛听。终于他发现了他，跳了下来。

"父亲，这三角钢琴是哪来的？是属于我的？"——约翰神秘地微微一笑。——"礼物？送给我的？是谁送的？"——"这个人的姓是'瓦'字打头。"——"瓦尔德史泰因？"——父亲点了点头。

路德维希一下冲出家门，跑到伯爵那儿。"给我的？真是给我的？"——他说不出更多的话来。

"完全属于你所有，亲爱的路易斯。当你用你的那只老箱子给我弹奏时，我就想到了，早就想到了：得有一架三角钢琴！难道我不应该有这种耳福吗？请吧！没什么要感谢的，我是受益者。"

自从母亲死后，路德维希和布洛宁一家人的关系更为密切。布洛宁夫人真的就成了他的第二个母亲。他喜欢和比他小四岁的已成为一个很有才能的小提琴手的斯台凡一起演奏；他对他和自己的小学生伦茨有着一种温柔的爱；在三个儿子中年纪最大的克里斯朵夫是他的一个好伙伴，即使他们中间缺少音乐的纽带。

埃莱诺蕾已成了一个十分窈窕的十七岁的少女。她虽然不能说很美，但她的端庄和优雅却比某些公认的美人更有吸引力。她的纯洁的表情反映了她思想的高尚、聪颖和善良。从维也纳返回之后，路德维希称她不再用客气的“您”，而改称亲切的“你”了，但他们之间仍是兄妹般的情谊，从威格勒走后，埃莱诺蕾对路德维希的关系更密切了。前一段时间，她在威格勒的眼中看到某种令她不安的东西，她不知道为什么。难道他爱上了她？啊，这太可怕了！可她早就下了决心，永不结婚，永远不离开母亲。跟路德维希在一起，她觉得她无需害怕这样一种感情；他脑子里装的老是别的事情：他的艺术，他对家庭的操心；她对他可以像对一个兄弟那样放心。

正如她认为的那样，这个十七岁的男孩子对她当然不能再那样毫无顾忌了。他看得出来，她的举止像善意的姊妹一样，只是把他看做是忠实的好友，严厉的老师，音乐家，羡慕他的艺术。但是，当她有一次毫无拘束地信赖地倚在他身上时，或者用细长的手指梳拢他的头发时，甚至耍脾气从他身边走开时，他觉得一种罕有的感情穿过全身。有一次在吃饭时，由于疏忽她用了他的杯子，当她意识到这点时，就面带歉意地把杯子推给他。在这样一些场合，他的心就急遽地跳动起来，为此他暗暗地责备自己，他把这样的感情称之为缺少男子气。不，洛尔馨应当是，也永远是他姊妹一般的女友。

他同布洛宁一家的关系以及他在一些上流家庭的教课，也要求他在这个圈子里进行一些社交活动，但他长时间地加以拒绝。直到由于布洛宁夫人的必要劝说，他才让步。她认为让他熟悉上流社会的言谈举止，这对他的教养是必要的，在她看来，这样的社会联系对于他作为一个艺术家的发展也是不可缺少的。路德维希终于按她的意愿行事了，但是他觉得不舒服。他总是有着这样一种固定的想法：这些上流人之所以要把他引入他们的圈子里，只是为了用他的钢琴演奏来美化他们的活动，而对他作为一个人，那他们是完全无所谓的。

布洛宁夫人自从丈夫死后已退出社交活动，完全献身于孩子们的教育。可现在，当埃莱诺蕾年满十七岁时，她做母亲的认为重新恢复一些社会交往是自己的义务。为她举行的第一次大型的社交活动自然也邀请了路德维希。——他有一种预感，这个晚上会毁灭掉他的某种美好的东西。他对母亲有着一种几乎宗教般的敬重，在她死后，他把这种敬重的感情转移到布洛宁夫人身上，他把她看得像一个圣母那样高大。她穿上社交服装露面，这是他几乎不可想象的。想到她周旋在她的客人中间，就觉得这像是一种亵渎。而洛尔馨，这个可爱的纯洁的少女——他想到波恩贵族家庭中的那些年轻女人，坦胸露背，卖弄风骚，打情骂俏，他无法遏止他的思路。可他找不到借口拒绝这次邀请。这天晚上到来了。

当路易斯踏进他十分熟悉的音乐室时，他几乎认不出来了。大多数家具都被搬走，摆上了椅子，到处都点上了蜡烛。布洛宁夫人和洛尔馨穿着领口很低的衣服，头发拢得高高的，脖颈上和手臂上都戴着耀眼的项链和饰物，她们令他十分陌生。集聚着一大群夫人和先生。丝绸和钻石在熠熠发光，笑语喧哗。——布洛宁把他介绍给她的客人。他一次又一次地躬身致意，遇到的是冷漠、惊诧甚至是拒绝的目光，他还从未觉得如此难受。洛尔馨不久就被一群年轻的男人包围起来，他们恭维她，这使路德维希不快，心想她一定为此感到得意。最后他孤独地躲到一个角落里，听附近的几位先生在高谈阔论。他们谈天气，谈马，对那些衣着华丽的女人评头论足，批评她们的坦胸露背的服装。他换了一个地方，靠近了另一群人。到处都是一个样子：浮浅、庸俗的闲聊，俏皮话，议论他人的是非。这就是这个上流社会的消遣，而且是在他的音乐室里，在这里他度过了他童年时代最美好的时光！

突然他听到有人喊他：埃莱诺蕾站在他的面前。

“路易斯，您为什么躲在一边？”

“啊，洛尔馨，这一切太可怕了！”

她莞尔一笑，轻声地说。“您就这样恭维我们，路易斯！希望不要所有的人都像您这样想！”

“难道我说的不对吗，洛尔馨？”

她面容严肃地望了他一会儿。——“也许您是对的，路易斯。”

“呐，我刚才还以为你在这个圈子里感到舒服愉快呢。”

“我不想说事情不是这样，”她回答说，“您必须先更好地去认识这些人。”

“我没有这种要求。如果我过会儿就走掉，你不会生我的气吧？”

“当然要生气的！稍后您必须给我们演奏点什么！”

“给这些人？”

“路易斯，做点我喜欢的事！现在您跟我来，请您陪陪我！”她挽起他的胳膊，把他引到一群年轻的男宾中间，她刚才就是从这儿离开的。

“先生们，这是范·贝多芬先生，他可以证实刚才我所说的。路易斯，维也纳的贵族不像波恩的贵族那样封闭，只跟自己同样的人交往，是这样吧？”

“当然不是，”他回答说，“不管是谁，他能做什么，在那儿就受到热忱的欢迎。”

“我可以问问吗，”一个人相当傲慢地说，“您有什么机会来证明这点呢？”“我在维也纳里希诺夫斯基侯爵那里住了一个多月，先生是——”

“居内尔斯朵夫伯爵。”埃莱诺蕾说，因为这个人不认为有说出自己名字的必要。

“您在里希诺夫斯基侯爵那里住过？”这位伯爵问道，带着一种嘲讽的微笑。“是作为——如果我可以问的话？”

“作为客人。”

“奇怪之极！”这位伯爵说，“如果您的证实是正确的话，那这正是颓废的一个可悲的标志，在维也纳它是由哪来的，很容易想象得出。当然是来自这位自由思想的皇帝。这位最高统治者显然对那么多来自法国的值得警惕的征兆充耳不闻视若无睹。在那边坐在王位上的是一个无能的路易十四，他瞪眼看着人民变得越来越狂妄，越来越蛮横。”

“伯爵先生，可我们不是生活在法国！”埃莱诺蕾喊道。

“但是我们德国人应当把法国看作是一个危险的先例！贱民们的趾高气扬目空一切！什么自由思想？人民的平等权利？可笑之极！如果约瑟夫二世对此加以拒绝的话，那贵族们就应当挺身而出，同心协力！”

“我亲爱的伯爵，”瓦尔德史泰因说，他是刚走进这个圈子里的，“您是认为法国也包括我们德国在内的社会现状是很理想的了？”

“直到现在我感到没有什么不好。”居内尔斯朵夫伯爵说。

“是啊，也许您是这样。但是您问问农民和市民，他们是怎么说的。”

“对此我毫无兴趣，我尊敬的瓦尔德史泰因伯爵。您充当农民和市民的辩护人，每个人有自己的胃口。在维也纳可能这是一种时尚，在我们莱茵，感谢上帝，它还不时髦，至少在我们圈子里不是这样。”

“会有那么一天的，居内尔斯朵夫伯爵！如果地下室烧起来了，能堵上门关上窗户？不，得扑灭它，断绝火源，否则那整座房子会一下子就烧起来了！”

“您怎么理解扑灭呢？”

“从根本上去消除人民的不满，给他们创造出体面的生存的环境，而不只是让他们饥寒交迫！”

“我想，我们不谈这个题目了，”居内尔斯朵夫伯爵说，“您看如何，最尊敬的小姐，”他面向埃莱诺蕾，“您刚才已答应我们能欣赏到您那美丽的手指弹出的音乐。如果我提出这样请求，使我们的希望得到满足，这不会是苛求吧？”

“当大师在场时，我不敢献丑，”埃莱诺蕾嫣然一笑，“范·贝多芬先生也许肯于赏脸？”

贝多芬觉得自己不可以拒绝。

“愿意遵命！但我怕使诸位生厌。”——大家表示欢迎。洛尔馨迅速同母亲交谈了几句。

“尊敬的客人们，”布洛宁夫人大声说道，“范·贝多芬先生愿弹奏一曲。弹什么呢，路易斯？”

路德维希沉思有顷。居内尔斯朵夫伯爵嘲讽地笑着：他一定早就做了准备。

“由你来定，洛尔馨！”路德维希说。

“也许莫扎特的C小调幻想曲？”

他向她投去多少有些痛苦的一瞥目光。在这样的耳朵前面奏这样出色的作品。但是他不能够拒绝。于是他坐在钢琴前面，宾客们亦已纷纷落座。但是交谈声仍没有停下来。路德维希把抬起的手又放了下来，等着静下来。他开始了。C小调幻想曲是他喜爱的作品，他演奏得好极了；引子宏伟无比，绝妙的D大调乐章是如此甜美优雅。

突然间他听到有人在轻声地交谈。他瞥了一眼，果然，刚才那个伯爵在和一个年轻的女人说话。血涌上他的面部，在他的额头上出现了一道严峻的皱纹。他蓦地减缓了音乐的速度，希望以此提醒这个捣乱者。但毫无用处。一股怒火攫住了他，他用一个刺耳的和弦中断了演奏，站起身来说：

“等居内尔斯朵夫伯爵说完了话我再继续弹下去。”

伯爵站了起来，向路德维希走了一两步。“这是一种侮辱，年轻人，如果我面对的是一位高贵的人，那我知道我现在该说什么。可同您这一类人，遗憾的是我还不知怎么办。”

“那最好就是，”路德维希嘴唇发抖地回答说，“我离开您。”——他没打任何招呼就离开了房间，随之是一阵难堪的沉默。

布洛宁夫人站了起来，尾随路德维希走去。

瓦尔德史泰因走到居内尔斯朵夫伯爵面前，把他逼到一个角落。

“刚才离开我们的年轻人，”他轻声地说，“是一个高贵的人，而现在站在您面前是另一个高贵的人，我代替他的位置。我可以请您说您要说的话了。”

另一个脸上变了颜色。——“瓦尔德史泰因伯爵先生，如果您要为这个年轻人的行为做辩护，那我也没什么同您好讲的。”

“也许您明天会想出来什么话的，”瓦尔德史泰因回答说，“您是知道的，在哪儿能找到我。”

“路易斯，”布洛宁夫人说，“我有话要同你讲。你是对的，但你也不对。现在你回家，明天再来！答应我。”

路德维希吻了她的手就走了。在房子外边他停下脚步，望着那灯火通明的窗户。他并不在意他所受到的伤害；这种沐猴而冠的人是侮辱不了他的。但是，布洛宁夫人不留下他，不把另一个人赶走，这使他感到深切的悲伤。某种东西被撕碎了，某种神圣的事物被践踏了。

午夜早已过去，最后一批客人告别而去，客厅里的蜡烛都已熄灭了。

“夜安，洛尔馨！”布洛宁夫人说，“明早晚起一个小时。孩子，过得愉快吗？”

埃莱诺蕾伏在母亲的胸上，泪水夺眶而出。

“洛尔馨！你这是怎么了？”

“可怜的路易斯！他偏偏在我们这里遇到这种事情！受到了一个远不如他的人的侮辱！他不能维护自己，因为他还那么年轻，那样没有经验！可他是对的呀！”

“不，洛尔馨，他不对，我们明天再谈这件事情；我太疲倦了。好好睡吧，我的孩子！”

第二天路德维希站在布洛宁夫人面前。“您生我的气了？”他问道，他为受到像往常一样的热烈接待感到惊奇。

“啊，一点也不，路易斯。他惹了你，但你应当控制住自己，必须继续弹下去。”

“我不能够！”他激动地喊了起来，“C 小调幻想曲是神圣的！我怎能把它贬低为一种娱乐的作品！”

“亲爱的好路易斯，对这个伯爵说来，莫扎特和音乐不是什么神圣的，你也不能这样地要求。你对他的做法太激烈了；我们这个社会不允许这样，你必须适应它的规矩，如果你要在这个社会里进行交往的话。”

“我根本不要！是您要的，是您强迫我这样的！啊，布洛宁夫人，您让我安静安静吧！我根本不要同这个社会打交道！我不需要它，我没有它也能活下去。”

“我的好路易斯，你这样做是要干什么呢！难道你准备在某个地方做宫廷管风琴师来度过你的一生？做一个自由的艺术家你必须要得到社会的保护。不要使你的生活变得这样沉重，没有必要！——再说，这个社会并不像你所认为的那样，是那么坏！”

“它什么也不是！是一个空空的肥皂泡！它使我想起了某一部沙龙作品，堆砌了一大堆音型、装饰音和颤音；可你仔细看一看，它是一件简陋的拙劣玩艺，除此什么也不是，演奏这种东西我感到害臊的！卖弄花哨，没有思想，——对任何事物都不尊重，不尊重宗教，不尊重权利，不尊重艺术！什么都是逢场作戏，仿佛这个世界只是为了娱乐消遣而创造的！一切都软绵绵的，没有人严肃认真，没有人有大丈夫气！所有的人都以他们可以像个行星那样围着选帝侯这颗太阳旋转而自命不凡，靠什么，男人靠他们的头衔，女人靠他们丈夫的头衔，靠她们的打扮，她们的首饰珠宝，年轻的姑娘——啊，我羞于谈她们！而他们同时对所有市民都那么愚蠢地加以蔑视！这难道是对的？难道这一切不是颠倒了和病态的吗？整个社会在一座火山上在跳舞，在笑，在寻欢作乐，有一天这座火山会爆发的，并把它窒息在炎热和烟雾里的！”

“路易斯，你说的某些话是正确的。我们的社会不应当像它现在这样。但是我们俩不能改变它。在这个社会中，时代的精神得到了反映，而某一个个别人反对它那是无济于事的。为此得需要另一种力量，而我怕在边界的那一边，有一天你的火山会爆发的。希望这对我们德国是一个有益的教训。在此期间，我们必须接受这个社会，就像它现在这个样子。相信我吧，路易斯，如果我像原来那样，能继续那样安静过着隐居生活，不需为任何人操心，那我也会感到更舒服愉快的。但是那样的情况长期下去是不行的，我的孩子们以后将会因此而有理由责备我。人们不应当躲进一个角落里，背向生活。我从来不认为这是一种特殊的光荣；而我从这当中会看到某种怯懦，特别是对于像你这样一个年轻的人。不，路易斯，你最好是投身到它的中间去！我并不要求你应该觉得它美好、善良。正相反，你应当睁大你的眼睛，批判地去看你周围的人。那时你就会在这个现在你恨之入骨的社会中间也能发现某些好人。他们会来靠拢你；我肯定，你会张开胳臂欢迎他们的。你一直还没有访问过宫廷顾问冯·玛斯狄奥吧？没有？那你应当去拜访！然后去拜访冯·瓦尔顿费尔斯大臣，去拜访马厩总管威斯特霍尔特伯爵，拜访哈茨费尔德伯爵夫人。他们都是音乐爱好者，亲爱的路易斯，在善良诚实的人们那里，他们是会很高兴见到你的。还有，我几乎忘了，你应当去教阿玛丽·冯·玛斯狄奥钢琴课；无论怎么说你是应当去的啊！”

“居内尔斯朵夫伯爵还继续来您这儿吗？”

“我已经给他写信了，我们这个醉心于音乐的家庭对他大概没有特别的吸引力。——呐，我们倔强的路易斯又笑了！”——

当路德维希穿过前厅时，埃莱诺蕾喊他到自己的房间里来。

“路易斯，”她说，她脸上泛出一道轻微的红晕，“您在我们家里受到了侮辱，而这都怨我，因为是我要求您弹琴的。为此我要向您赔罪。我必须这样做。您不要想到别的地方去。”

她果断的，以一种少女的勇敢，在他的面颊上印下了重重的一吻。

“好了，现在一切烟消云散。对我们说来，您比那整整一帮蠢人胜过一千倍，这您是知道的。”

“亲爱的洛尔馨，”路德维希说，“我感谢你！”

当他离开了房子时，埃莱诺蕾站在窗前，望着他的背影。随后她站在镜子前面，观察着自己好一会儿，突然泪水夺眶而出。

第十八章

年迈的宫廷顾问冯·玛斯狄奥是一个音乐迷。他收藏乐器，有七架三角钢琴和几乎整个乐队的乐器，这其中有六把珍贵的意大利小提琴。在冬天，他每个星期都在他那间巨大的音乐厅举办音乐会，每个音乐爱好者，不论是熟悉的还是陌生的，总是得到邀请。他是约瑟夫·海顿的一个狂热的崇拜者。收藏有他的八十多部交响曲的总谱；他把海顿看得高于所有其他大师，巴赫和莫扎特也不例外。路德维希觉得这过分了；但这位老先生的热情激起他也去对海顿进行一番彻底的研究。当然，海顿的艺术不像莫扎特的那样使他感到亲近。莫扎特的作品总是令他有这样一种感觉，仿佛他的音乐是由神注入给他的，神只是把他作为神与人之间的一个媒介；而海顿的音乐则唤不起任何这样的感情。他的两只脚立在大地上，很少用他的目光仰望星空。但是这个具有人性的人是纯洁的、真实的、快乐的、仁慈的，并且也不缺少男子汉的激情。他经常迸发出诙谐和戏谑，但他的乐天的情绪从来也不是一种肤浅的插科打诨，而永远是他那均衡和谐性格的真实表露，这种性格是一种宝贵的禀赋，在世上能以出色的幽默来对人和生活进行观察。与这种本性连在一起的，即使是在他的最放纵的乐句里，他是一种执着的艺术家的严肃认真和意志。他的主题充满着才智和幻想，而同时在精确和纯净性上那是无人可及的。路德维希理解到了，在这方面他能从海顿那里学到很多很多。

现在，对他的音乐上的进一步发展又开辟了另一条道路。在选帝侯马克斯·弗朗茨把他的国家财政整顿就绪并把行政管理和教育部门交给干练的人负责之后，他相信终于可以来满足他的心愿了：建立自己的剧院。招聘了一批出色的歌唱家和演员，内弗被任命为导演，而同时保留管风琴师职务，这样他的薪俸又达到了从前一样的数目。在没有剧院的那段时间，内弗觉得荒凉之极，而现在他又可大施身手了。为了把歌剧脚本译成德文，他也重新驾起他的飞马，首先他要把还没有德文译文的《唐吉万尼》翻译过来。

“听我说，路易斯，”有一天内弗说，“现在我知道了，为什么亲爱的上帝当时要把我们的计划打乱，把你从维也纳召回来。你必须到管弦乐队里去！这你在维也纳是没有想到的。反正在一两年之后你才要开始写交响曲。你到乐队中去拉小提琴，没有比这更好的了。用这种方法你完全能自己学会给管弦乐队写东西。”——

路德维希笑了起来。“内弗先生，这个玩艺儿我可拉得一塌糊涂呀！”

“不，不会这样糟糕的；马上拉给我看看！”他从墙上拿下小提琴，调了调音，递给路德维希。路德维希拉了起来。

“噢，伟大而全能的上帝！”内弗叫了起来，“停下来，路易斯，停下来！这简直令人恐怖！孩子，你居然能拉成这个样子！如此可怕，这在我一生中还从没听到过！”路德维希笑了起来，好久以来他还从没有这样笑过。——“还要我拉小提琴？”——

内弗不知怎么办好了，一段时间之后，像往常一样，他终归还是想出了个办法：“不，路易斯，你不能拉小提琴，那样做你会把听众都从剧院拉跑的！可现在有了：你拉中提琴。这满行的，只是从现在起你每天练一两个钟头。”——路德维希要表示反对，但是内弗大声喊道：必须这样办，若是他不按照他的意思去做，那他们的友谊就告吹。到秋天开始进行排练时，路德维希真的在管弦乐队中当了一名中提琴手。

临近首场演出前的一些日子，内弗把自己关在他的书房里，不同任何人谈话。他在写诗！他的妻子宣称。——“现在我可把它抓住了，路易斯！”他临了时说，“我要念给你听听。”

这是一首序诗，它是德国剧院的一篇言简意赅的历史概要：

“没有一部作品遵循索福克勒斯[1]，
也没有一部是按照欧里庇得斯[2]写成。
鉴赏力、高雅的幽默、与世界与人性相熟识——
这都已不是作者的事情。
就是英雄自杀身亡，那人们也要欢笑一场。
插科打诨的丑角随之登台，
就把眼泪和恸哭驱开。”

但这部戏逐渐地意识到了它的使命：

“为德行赢得爱，
给恶德以仇；
不停顿地
为蠢行涂上可笑的颜色；
为纯洁洒下一滴泪水，
如果它遭到什么苦难。
有时诙谐也能颤动膈膜；
昭示道理，传布德行，
去教育人，去促进文学，去培养后代。”

①②索福克勒斯（Sophkles，公元前495—405）；欧里庇得斯（Euripides，公元前480—405）；均为古希腊的著名悲剧家。——译注

当舞台上出现了对选帝侯的仁慈加以赞颂时，随着内在的变化而来的是一些表面的东西了：

“除了高贵的统治者弗朗茨·马克斯米连，
还有谁父亲般地加以关怀？
所有认识他的人，兄弟姊妹们，
都怀着深沉的敬畏之情
把他称颂——
噢，我的四肢因欢乐而抖动！
向我们最英明的选帝侯
致以最纯真的衷心感谢，
献上你们最美好的赞歌：
祝愿他，
祝愿他万寿无疆！”

内弗念到最后已完全嘶哑了。——“呐，路易斯，你喜欢吗？”

“我永远也写不出这样的东西。”他回答说，并暗自为自己的外交辞令感到惊奇。

一七八九年的五月底，第一个演剧季节结束了。当时内弗在给他的老朋友格罗斯曼信中写道：“我们的人都干得出色。我们合唱队扩大了，改进了。薪俸提高了，选帝侯对戏剧和音乐表现得越来越关心。您看到每个人都那样心情愉快地工作和竭力去博得明智而可亲的选帝侯的赞赏，那定会高兴的。”

路德维希在上演的十三部歌剧里，不仅只是拉中提琴，而且也透彻地对总谱进行了研究，他感觉到不仅仅是对乐队的处理有所领悟，而且对人声的处理也逐渐地理解得更深了。内弗是对的：对他说来，乐队演奏是第一流的音乐学校。

但现在音乐对于他根本不是第一位的事情。成为一个完整的人！内弗经常向他提及，以此指点某些路德维希本人应有所感受有所需求的东西。他的强烈的求知欲能够弥补他学校教育的不足。每一天他几乎都感受到新的激励，特别是那些迫切的社会问题，由于读过卢梭的那几部如火如荼的著作，这些问题在他的内心深处翻腾不已。

人的本性是善良的，生来彼此是一样的，有着同样的权利，但由于文明而堕落了，由于国家的有组织的暴力而走上歧途，他们在法国变成了怎样一些被扭曲了的形象。如果这个世界要健全起来，那所有的人都必须返归自然。自然和文明，自然和文化——无法联合起来的对立物呵！

这对吗？路德维希弄不清楚。他这个人，这个来自民间的孩子倾向于说是，他在自己四周所看到令人厌恶的、轻薄的、病态的一切都证实是对的。但是他身上的另一个声音，艺术家的声音却说否。难道自然和文化不可能交融在一起吗？在艺术和道德中所表现出的精神力量和紧迫的生活，在这两者之间不应当有一个更高一级的联合吗？所有的生物不都是出之于同一个神圣的基础吗？

他的思考能力还不足以解决这样的问题，这使他感到痛苦。但这些问题却是纠缠不休。人类似乎到了一个转折点。

他求助于哲学。康德的学说当时刚好进入波恩大学。这样在一七八九年夏季学年一开始，路德维希便在哲学系注册，成为一名大学生。他所寻求的，他觉得远没有得到的，康德的伦理学现在使他豁然开朗；在这部著作里，他发现他自己的品格得到了证实。

“在世界各处，甚至在这个世界之外，除了惟一的一种善良的意志，任何认为是善良的东西而不受限制，那是不可想象的。”《道德形而上学基础》的第一句话就是这样说的。

路德维希怀着某种胆怯的感情去读这部著作；关于这个问题他还没有考虑过。善的意志！这一定是通往善的意志！最深处的存在，是来自上帝和为了上帝的人的内核；内在的声音，它在对我们一字一句地说，除了感官所感觉的世界之外，除了冲动的原始力、本性的爱好的原始力之外，还一定存在某种更高的东西。——当这早就感到亲切的故乡般的领域展现在他的面前时，突然间他觉得他眼前的面纱被撕成碎片。他早就熟悉了这个声音，这种上帝面向人的灵魂时所用的语言！他是从音乐中熟悉它的，而首先是从塞巴斯蒂安·巴赫的音乐中听到的！从巴赫的声音里所说出的那种充满神秘的事物，那是任何音响学与和声学的规律所不能解释的，但却发生了极其深刻的影响——，这种音乐的灵魂，它的信念。——就是他从他自己的创作中也熟悉了这一切！但当他找到一个朴素的、感情深沉的慢板旋律时，使他如此震动的究竟是什么呢？决不是声音的感官刺激！在它的后面有着某种另外的东西，他怀着虔诚，怀着不可把握的、超人的、神的敬畏完成了它！

把伦理的、音乐的和宗教的东西编织在一起也许不是一种幻想的狂热？他还太年轻，无法用清晰的思想排除怀疑；但是他相信他内心深处的感情。

他不是也在日常生活中证实了意志是通向善的吗？根据康德的要求，因为这种善的意志证明了自身不仅仅是纯粹的愿望，而且是要投入我们所支配的全部手段。

路德维希在回顾他迄今以来的生活，把它与他的青年伙伴做番比较。他们中间没有一个生活得像他那样沉重。他的童年是阴郁的，很少有什么光明可言。从幼年时代起，他除了劳动几乎不知道别的。他差不多还是一个小孩时，就得养活母亲和弟弟，并总是受到父亲的虐待，他不能爱这个父亲，他看不起他。他确实忠实地履行了义务并为此而受苦，他自己就是一个证明。但使他从来没有失去勇气的究竟是什么呢？是什么赋予他力量和决心，去承担一个又一个的义务并在千百次的绝望中去完成它们，去尽好地完成它们？——那是一种他自己承受的情感，它源出自一个更高尚的、更纯洁的世界。家境困苦的重压，毫无快乐可言的劳作，在这种情况下他争取强有力的发展、完善；他竭尽全力追求，变得像神那样。

"有两种东西，它们用永远新奇的和经常增长的羡慕来使人的情感得到满足，越多我们就陷得越深：我们头顶上的布满繁星的天空，它使我意识到我的微不足道，在浩瀚无垠的大千世界中是光秃秃而且是瞬息即逝的一点；存于我自身的道德法则，它向我展示了我不可见的自我、我的品格的使命，即使是扩展到无限的使命。”

崇高的敬畏之情攫住了他。这道德的法则不就像天空中一颗明亮的星星吗？——就是那颗北极星，它在星际的变化之中永不移动地站在同一点上，从肇始直到无穷；是夜航中船只的指路星！是呵，它也该成为他进入生活航程中的指路星！

坐落在波恩的科隆选帝侯大学是新建的，它是选帝侯的得意之作，这个时候正处于繁荣之际。选帝侯对这座大学在教育他的人民方面寄予厚望，这点他在一七八六年十一月大学落成的隆重典礼上已做了阐述。他在庆典的讲话中做了强调，这篇讲话是一种自由思想的证明。他要求神学系的教授们，不要去培养伪善者，而是去造就有信念的人；不是去培养迫害者，而是去造就学者；不是骄傲，而是温厚；不是懒惰，而是勤奋，去培养充满了博爱精神的神职人员。他向哲学系的教授们发出这样的号召：教你们的学生去思考！这是人身上决定性的东西。——他把一些优秀人才请来执教，他给予他们完全的学术上的自由。教皇庇护六世不久就把三位波恩教授的著作列入禁书，因为它们含有荒谬的、堕落的思想，他甚至亲笔写信给马克斯·弗朗茨，要求解聘他们。但是面对教皇，这位大主教十分坚定，几位被指控的教授依然保持了他们的职位。

路德维希除了上哲学课也听由欧罗基乌斯·施纳依德尔教授的希腊文学课，这位教授为了成为一位大学教师曾走过了一条异乎寻常的道路。他最早是演员，后来当了教士，然后做了符腾堡卡尔·欧根公爵的宫廷神父。施纳依德尔的教学活动从一开始起就有强烈的政治色彩。彼时正值法国大革命爆发之前。整个欧洲都怀着紧张的期待心情注视着法国，十分关心，越是把本国的情况与法国的相比较，这种关心就越是强烈。在科隆选帝侯公国，如同在整个德意志一样，贵族和僧侣同市民和农民相比享有极大的特权；就是科隆选帝侯也是以一个贤明的专制统治者的风格在进行统治。

在布洛宁家的社交圈子里经常发生意见分歧。路德维希和克里斯朵夫怀着青年人的狂热站在被压迫人民这一边，两位神职先生洛伦茨和阿伯拉罕则代表了古老的神圣的统治制度。在这样的争论中间，惟一的保持着哲学般的安静的是矮小的内弗。

“我根本不晓得你们到底要做什么，”他说，“如果法国人不满意，那好，他们就动起来加以改进好了。但看在上帝的份上，他们做自己的！这与我们在波恩有什么相干！难道一定得我以一个外国人身份来问你们波恩人，在你们的选帝侯治理之下，你们觉得怎么样？难道他是一个令所有人都心惊肉跳的暴君？绝对不是，他是世界上一个最和善的人。如果他在四重奏中拉琴，当我敲敲谱架并说：国王陛下，有点不对头，我们还得调一调，那他一定不会反对的。”

“这样！”路德维希被激怒了，“如果您拿着一项法令，进宫见他，把这项法令放在他的面前并说：国王陛下，有点不对头，这法令我们还得调整调整，您认为他会怎么回答您呢？”

“我不会去干这种事情。他的法令都是很好的；我不知道有什么要改进的。”

“但是，是他制定的法令，是他独自一个人！”

“绝对不是！事前他听取了他的顾问们的意见！”

“如果出现了分歧，那谁拍板定案？”

“当然是选帝侯了！他毕竟是一国之主啊！”

“这同样是不对的！”路德维希喊了起来，“应该去问问人民，我们必须要有一个人民大会，由它来制定法令！人民必须来自己掌握自己的命运！正如每一个人，当他成年了，就不需一个监护人，人民也是如此，不需要监护人！”

“真要成年就好了！”内弗说，“但是人民现在没有成年，过去也没有成年，将来也不会成年，它经常需要一个监护人。如果有谁相信在不久或者遥远的将来，群众会出自内心追求一种道德的自由，那我称他是一个狂热者。”

“好，那我是一个狂热者，”路德维希说，“在我看来所有人都是一样的。”

"这样？"内弗回答说，"呐，亲爱的路易斯，那我给你出个好主意。立刻戴上你的帽子，到高勒区一带去转一转，但你必须要拿一条结实的棍子和一瓶嗅盐[①]！"——一片哄堂大笑。——"一群乌合之众！"内弗继续说下去，现在他几乎发起火来："群氓！一群肮脏、淫乱、下贱的人类渣滓！酗酒、斗殴、奸淫，这群无赖就这样混日子。可是像路易斯这样一个汉子有一副好心肠，说什么：在我看来所有人都是一样的！"

"即使这样那他们也是一样的，"路易斯毫不动摇地说，"如果他们不一样，那这是由于社会环境的过错。您把一个婴儿从高勒区抱出来，把他放到一个体面家庭里喂养，那他也会成为一个体面的人！"

"呐，路易斯，能否这样，还是问题。就算你说的对吧，那社会环境也不全都是一样的！事情不会转眼就变样的，像现在法国人所说的那样！如果说变样变好了，那这也是几个世纪的结果。愿上帝保佑，这些迟钝麻木的奴性灵魂不要成为国家命运的主宰者，不管是今天还是明天！"

欧罗基乌斯·施纳依德尔教授却是另一种观点。这个满脑子革命激情的人觉得他的神圣义务就是向他的年轻听众讲述法国革命的意义，当他一再温文尔雅而又慷慨激昂地把他的讲题转移到政治上时，听众中间没有一个人觉得有什么不对。每个人都有这样的感觉：这个人不能是别的样子，而且归终说来他是对的。现在对他们所有的人说来，这比希腊悲剧重要得多，这是在边界的那一边演出的一场世界史的戏剧，得用精神的慧眼去观看。这在生活中只能有一次呵，而希腊文学是能够等待的。

路德维希在关注法国受压迫的第三等级如何召开国民大会，如何发表网球场誓言，除非给祖国制定一个宪法，否则决不离开；另两个等级贵族和僧侣又是如何反对国王的意志同国民大会联合起来组成制宪会议，给人民制定一个新的宪法。这就是革命！随之传来了冲击巴士底狱的消息。在这之后，当施纳依德尔第一次踏进教室时，等待他的是一种屏住呼吸的紧张。人们望

①用以解除臭味之用。

着他的嘴唇，他别的一句话也没讲，以狂暴的激情，不是在说而是在喊：

幸福的人民，专制统治的镣铐
已从你的手上脱落！
王公的宝座成了你们的自由之地，
王国已成为你们的祖国。
不要任何人再来决定公民的命运，
这是我们的意志。
巴士底狱已成为一片废墟！
法兰西人是一个自由的人！

随之那值得纪念的八月里的一天到来了，法国人民一下子得到了远比它所希望的更多的东西，在这一天，那些迄今没有逃离或者躲藏起来的拥有特权的人，竞相自愿放弃他们千年来的特权，一个具有世界历史意义的大事件发生了。在法国成为可能的，难道在德国就不应当也成为可能的？人民在德国不也应当摆脱掉所有物质上和道德上的枷锁？德国人，即使他出身低贱，不也应当成为法国人那样——一个自由人，一个任何中世纪的束缚都不能遏止他成长为一个有着人类尊严的生物？

“现在法国人该满足了吧，”内弗说，“如果他们是这样了，那会赢得普遍尊敬！但是，路易斯，你看吧，事情会是另一个样子的。”

十月五日的事件该是证明他是对的。巴黎暴民进攻凡尔赛，冲进宫内，击毙了卫队，逼使国王在屈辱的簇拥下移居巴黎；国民大会必须对此首肯。

“路易斯，你看，”内弗说，“这就是你的自由和平等！现在愿上帝保佑可怜的国王，首先是保佑我们主人的姊妹！”

事情的这一发展当然使路德维希陷入深思，这一学期早已结束了。施纳依德尔的优雅声音不再传到他的耳际了，只有历史事件自身在发言。逐渐地这个半成年人开始怀疑起他的政治观念。他对人性生来高贵的信念与民众的低下的本能，与放纵的情欲和动摇发生了撞击，他痛苦地感受到了。显而易见，人民还没有成熟到自己管理自己的程度。它缺少自我约束，自我控制，而没有这些那任何人是不能够长期统治他人的。真理在哪？错在何处？

他翻阅一份杂志，这是布洛宁夫人给他拿回家看的。那上面有一首他所喜爱的诗人席勒的一首诗：《欢乐颂》。他读，他再读一遍，他读第三遍。他找到了解答！

为时尚所肆无忌惮分隔开的一切，
你的魔力会把他们重新连在一起；
在你的温柔的羽翼庇护之下，
所有的人们皆为兄弟。

欢乐，这些穷苦的人缺少欢乐，刚从贫困和无知的悲惨境地走出，突然取得权力，他们还不知道如何去运用它呵。整个社会问题的解决就在于，让穷苦人去分享这个世界的美；他们不被逼在湫隘的场所栖身，过着一种几乎比动物好不了多少的生活。发挥他们的才智，让他们的目光看到美，给他们以欢笑！那时，所有的人皆为兄弟，就会成为现实！

他本人对这首诗感受又是多深呵！他的童年毫无欢乐。他被束缚在生活的义务上，目光痉挛地做着像是干手工活一样的音乐训练，无知、浑噩，直到内弗来了之后，和此后与布洛宁一家的结识。他的眼睛睁开了，他的精神开阔了，欢乐与他有了缘分！他再一遍读这首诗，它的音乐的节奏开始在他内心颤动。“拥抱吧，千万人！”这是奋斗着的人类的目的！产生于压迫者和被压迫者对立中的所有仇恨，忘却掉，消逝而去；整个人类，上帝的所有孩子，彼此相爱，联合成一个惟一的、快乐的、亲密的大家庭，不再有战斗和纷争，而只有爱和献身，大家都为了他人！泪水从他的眼睛中迸出。他，他感觉到他被召唤，去承担这一崇高的任务。他的语言是音乐，这是世界的语言，没有任何一种其他语言能像它这样，把人类结成一体。“把这个吻献给整个世界！”献身于人，爱他们中间的最高贵的，这将是他的心的内涵；凡是把人类引向堕落的，使它远离上帝的，给它套上枷锁的一切，他都要与之斗争，他觉得这就是他的使命。

> 弟兄们，在你们的道路上，
> 快乐地奔驰，
> 像太阳在天空中运行，
> 像英雄一样欢乐地走向胜利。

第十九章

约翰·范·贝多芬确实有一段时间像他所答应的那样，把他的薪金交给路德维希；但一次比一次不情愿，嘟嘟囔囔，骂骂咧咧，提出抗议。到后来他甚至自己保留下一部分，以便偷偷地去偿还酒馆的债务，这样一来路德维希陷入窘境，不知如何去筹措他的弟弟们的费用。

又是发薪的一天。约翰·范·贝多芬整天不照面，到傍晚路德维希听到大街上一阵狂暴地争吵和咒骂声。他向窗外望了过去：他那烂醉的父亲和一个警察扭在一起。路德维希几步就冲到大街上。

"您放开我的父亲！"他喊道，"我来管好了，把他扶上去，让他休息。"

"不，范·贝多芬先生，"警察说，"您的父亲醉成这个样子，可是他侮辱了我，打了我！得到警察局去。"

"您看到了，他不知道他都做了什么呀！"

"得教训教训他，这个老醉鬼！他居然敢动手打我。——放开我，先生！"当路德维希抓住他的胳膊时，他发火地喊起来，"您放开我，要不我把您也带走！"

"您试试看！"路德维希喊道，"放开我的父亲！马上放手！"

“您要注意！”警察叫了起来，“您这是反抗国家法律！”

作为回答，路德维希往他前胸一撞，把他弄了个趔趄，随即把父亲拽进屋内，把门关了起来。他扶父亲上楼，把他放到床上，约翰很快就打起鼾声，睡着了。第二天，路德维希来到警察局，付了一笔数目可观的罚金，然后他去找威格勒。威格勒在维也纳得了博士，不久前返回了波恩。路德维希把他父亲的情况告诉给他，并问是否有什么药物能医治。威格勒做了否定的回答。父亲看来是一个没有希望的人了，于是路德维希向选帝侯递交了一份申请书：他的父亲由于久病已不再能教育他的孩子；因此他冒昧提出请求，今后父亲薪金的一半归个人保留，另一半交给他的长子，只有这样他才能有足够的费用照顾他的弟弟们的衣食和教育。申请批准了，约翰·范·贝多芬被完全解除了职务。当他知道这一切都是他儿子干的，便怒火中烧，大发雷霆；但路德维希不为所动。还不到十九岁，他就成了一家公认之主了。

一七八九年秋，《唐吉万尼》揭开了新的演剧季节。内弗用相当蹩脚的诗行把歌剧脚本从意大利文译成德文；路德维希不明白，莫扎特的守护神居然对这样一个剧本感兴趣。但是，这音乐太美了！他早就熟悉了总谱，相信定会轰动。但远远超出了他的期待。在音乐中所包含的一切：戏剧生命的充实、运动；一种性格化的艺术，歌词在这种性格化的艺术面前黯然失色；自然的喷涌湍急的力量；满溢而出的美和旋律的优雅——，那些音符，它们仿佛来自尘世樊篱的那一边，每当他想起在这些音符产生的时刻他就在它们创作者的身边时，一阵快乐的颤抖就贯穿全身。他想起，莫扎特在给他上课时经常走神，他的眼睛什么也看不到，他的耳朵什么也听不见。这就是他的精神离开他的躯体的时刻，他驰骋在一个除了他没有任何人看得到的极乐世界；——从那里他带回来的使命就是把它们谱成音符，在此之前没有人听到它们，没有人想得出它们。——路德维希坐在乐队中间，拉他的中提琴，半机械地，他的意识在神驰遨游。乐师们坐在他的周围，在拉小提琴、大提琴，在吹双簧管、长笛、圆号——莱恰先生在指挥——，在他的后边，在舞台上，戏剧正在演出，他看不见；在他前面是观众厅，满满的人，他们在听，在欣赏，在鼓掌，像观看任何其他歌剧一样。在离这儿很远的地方，在东南方向，在巨大的维也纳，他坐在那儿，也许就坐在他的小写字台前，在创作一部新的奇妙作品——，或者他正在房间追逐他的小狗，追得它气喘吁吁，而他由于笑和咳嗽透不过气来。——这一切是多么奇怪啊！——

内弗在他的日记本上记下：音乐受到内行的热烈欢迎。戏本身失败。

《费加罗的婚礼》！另一个世界，可感受到的现实和存在。歌剧脚本是一部疯狂的阴谋戏，充满了革命前法国的精神，同《唐吉万尼》相比，整部作品通过莫扎特的创作精神而显得高尚，直矗立入最真实的人性的领域。

"呶，路易斯，"内弗说，"你认为《费加罗》怎么样？真是奇妙之极！多么清新，多么生动！我要说，这是一部强烈的自然之作！"

"我不能为这样的歌词谱出曲子，内弗先生。但是莫扎特能，因为他什么都能。但现在他或许也不再能了。"

"呐，为什么不能了？"

"我说不出来，但是我知道。"

内弗摇了摇头。他的好路易斯有时也会糊涂起来的。

一七九〇年二月，演出由于约瑟夫二世的逝世而意外过早地结束了。这个消息在波恩引起了深切的悲哀。人们悲悼德意志皇帝——他几乎是徒有虚名——，但更多的是悲悼自己的值得敬重的选帝侯的哥哥，悲悼一个君主，他是启蒙、人道精神的化身。——波恩的精华人物，作为这个都城的知识界中心，他们决定举行一次悼念会；要演出音乐作品。一个年轻的僧侣很快写出了一首悼念死者的康塔塔[①] 的歌词。这是一首普通的歌功颂德的应制诗。内弗先承担起谱曲的任务。但是，他为这首诗作花费了几个小时，之后，它开始使他感到可厌。他对别人的作品有着一种辨别好坏的细腻感情，怎能目不转睛地把时光花在这种可憎的诗行上。他连一个音符也没有谱出来，于是把

①康塔塔（Kantate），一译大合唱，多乐章的声乐曲，其中穿插有独唱、重唱。——译注

歌词揣入口袋，去找路德维希。

“呶，路易斯，说说看，”在说了几句寒暄话之后，带着尽可能无忧无虑的表情说道，“现在你的作曲的情况如何？我是说，你脑子里已经装了不少的东西了：德国的、法国的和意大利的歌剧、交响乐、室内乐、钢琴协奏曲、奏鸣曲、合唱曲、弥撒曲、圣歌以及其他等等。已经有四年多了，你什么东西也没有写，当然那一两首前奏曲和两三首歌曲是不能算数的，这只是练功而已。若是一个人长时间地拒绝缪斯进门的话，那最终有可能她也拒绝和他打交道了。姑娘们都是这样的，我亲爱的朋友！好了，长话短说，我给你带来点东西，那些人要把这首歌词谱成音乐。要找一个合适的人，争论来争论去，最后让我来做这件事。根本没有提到你的名字，好像善良的波恩人已经完全忘了你也是谱过曲的。我认为你应当使他们再想起你来才对！”

“是干什么用的？”

“一首悼念约瑟夫皇帝的康塔塔。再说，如果搞得好的话，那选帝侯一定会看重你的。出于这个原因我想到了你。”

“就是因此您不愿意自己来谱？”

内弗皱了皱眉，仿佛他的学生向他提出了一个极为困难的问题似的，他用手指摸了摸鼻子，沉思好一会儿。

“准确地说，路易斯：不是，不是因为这个原因，而是因为我有一种感觉，我不能为这个歌词谱曲，它太可憎了。”——路德维希爽朗地大笑起来。——“你不要误解我，”内弗生气地说，“我当然不是说，对我是坏的，对路易斯就成了好的。而是——，反正我谱不出来。”

“呶，让我看看，内弗先生。是谁写的？”

“主教大教堂教士阿维敦克。就是这篇蹩脚的东西。”

路德维希开始读道：“死亡！它呻吟地穿越过荒凉的黑夜，它又哭泣起来，而你们，大海的波涛，透过海底在号叫：伟大的约瑟夫，不朽的事业之父，他死了！——一个巨大的怪物，它的名字叫狂热，曾一度从地狱的深处冒了出来，扩展在大地和太阳之间，就成了黑夜。这时约瑟夫用神力把这咆哮着的怪物从天地之间扯开，踏在它的头上。于是人类的面前出现了光明，地球更加快乐地围着太阳旋转，太阳用神圣之光温暖着大地。——这个伟大的受难者现在安详地入睡了。你，幸运的墓茔，为回报白昼的酬谢，使它成为永恒的皇冠；他，在尘世，他折断每支玫瑰都带着伤痕，在他那心灵深处承受着痛苦的人类的幸福。”——“真是活见鬼，”他说了一句，“这简直是胡思乱想！呶，我认为约瑟夫皇帝配享更好的东西。”

“路易斯，你谱还是不谱？”

“我试试看。歌词是这样拙劣——怪物，从地狱深处冒出来的——，这跟一个牲畜差不多。在人类的面前出现了光明，这也能写得美一些。”

“你的时间不多啊！在三月十九日就要上演。”

“这可太紧了。若是那个姑娘再添些麻烦的话呢？”

“什么姑娘？”

“那个缪斯女神！”

“路易斯，我想，你只消一招手，那她就会跳过来。”

路德维希在维也纳曾有一次看过约瑟夫皇帝一眼，这短暂的一瞥在他的记忆里留下了一个伟大的高贵的人的形象。在以后的年月里，这个印象进一步加深了。皇帝颁布的宗教宽容敕令[①]，取消奴隶制，他在反对迷信和为人类的教育与向上所进行的斗争，这些使路德维希对他深为敬仰。如果说约瑟夫二世在这条路上没有走得更远，那原因很少在于他本人，更多地是由于愚昧和狂热而给他造成的成千上万的障碍。他的早死是整个世界的不幸，一个为自由和人类尊严而奋斗的战士与世长辞了。——这个任务很合乎路德维希的心意，他热情地投入这一工作。有四年长的时间，他几乎完全放弃了他自己的创作，当然是因为他缺少对他意味着是极大幸福的机会。现在他冲了进去，就如同一个游泳者在放过了整个炎热的夏天之后，跳进了冰冷的洪流之中，考验他的力量是否还能适合游泳，他发现自己远比自己所预料的有力得

①此系指1781年10月31日颁布的一条敕令，根据这个敕令，一些非天主教团体，如路德教、卡尔文教等，享有与天主教居民平等的公民权利。——译注

多。不久他觉得自己完全入迷了。宏伟的画面，从死亡的恐惧中，痛苦、绝望、同命运的抗争涌出的这些画面变成了声音，所有作曲的规则都被置之脑后。——开头的合唱部分就这样完成了。

第二天，当路德维希冷静地重读了这写好的合唱部分，他自己惊得发呆。这一切都是真实的，出色的，但这是音乐的革命。他居然有这样能力！他感觉一种不可遏止的力量涌上心头。他能够创作一种新的艺术，同所有的传统，同一切规则决裂。他要这样吗？

一种梦境浮在眼前。他看到一个市集广场，充满了喧嚣狂热的人群，在它的中间树立起一架断头台，人们把一个国王拽了上去。暴民的吼叫声变成了合唱，成了他的变了样的合唱。“死亡！死亡！”在可怖的狂暴的不协和音中混乱地号叫着呼喊着。刽子手一拉，于是一个高贵的头颅就落到了尘埃。——一条面纱蒙上了这个画面。他发觉自己立在一座教堂之内。在管风琴前站着塞巴斯蒂安·巴赫。他抬起手用坚定而安详的目光掠过歌手；随后加入了合唱。“死亡！死亡！”又是他的合唱；深沉痛苦的激情令人颤抖，但却是安谧的、庄严的、伟大的，严格地按着音乐结构的规律创作出来的。塞巴斯蒂安·巴赫直望着他的眼睛。

画面消逝了，路德维希发现自己还坐在写字台前。他拿起他的乐谱，把它撕成碎片。——“我不要成为一个革命者！不要成为一个只知道否定和毁坏的人！我要尊重规则！我要继续前进，我要赋予艺术以新的规则，我知道。但是我创作的应当是来自内心，一切应当有机的发展。”

他完全重新开始创作一首合唱；写头一稿时的那种感情再一次袭击了他，但这一次在他身旁站着一个认真的严厉的监督者，在他面前不容任何乱来。这样，从感受和规则之中就形成了一种完美的统一。

随后的乐章虽说与开头的合唱部分不完全可以比美，但也不是不庄严的。女高音的咏叹调：“人类的面前出现了光明。”路德维希用乐队把它引入，这引子无比温柔的、回荡的、被先验的热情深沉地燃烧起来的旋律，像是爱恋地拥抱了整个人类。独唱插了进来，作为人类的代表，它把合唱紧紧吸引住，引导它登上真正的自由的人性的高地。——路德维希创作的不是一首宫廷应制作品，而是一幅震撼人心的灵魂图画，是自己心灵的自白，宏伟而有力，对人的高贵和精神的崇高目标充满信念。

波恩的知识界要是找另一个人谱曲的话，那他们的愿望会更好地得到满足。路德维希没有及时地完成，康塔塔的演出取消了。

“糟糕透了，”内弗喊道，“一大憾事！你写得好极了，这是你直到现在为止所写的最好的东西，没有一个人能写得出来，谁知道我们什么时候能听到它！现在可我至少要把乐谱拿给我们的选帝侯看，让他知道你的才能。”

若是这部作品对他崇拜的哥哥不是大加歌功颂德的话，那它给选帝侯是不会不留下印象的，并且感受因此会更深。安排了补充演出，但却由于歌唱家方面的困难而未果。

在此期间阿维敦克觉得有义务为他的歌词写一部相对的作品；为约瑟夫的兄弟利奥波德加冕为德意志皇帝写一首康塔塔，现在这位做选帝侯的兄弟自己委托路德维希来谱曲。这可真是一件苦差事！

“流吧，欢乐的泪水，流吧！
难道你没听见天使
在上界向你致意，日尔曼尼亚[①]！
难道你没听见天使的致意
像竖琴的踏踏那样甜蜜，
因为耶和华从奥林匹斯山
带着祝福看你加冕。”

这整个“诗作”就站在这个高度上。而最糟糕的是，路德维希对这项任务没有热情。约瑟夫皇帝对他还有一定的意义，而利奥波德与他何关！一部

①德意志的拟人化称呼。——译注

应景的作品就这样写了出来。但从现在起他自愿放弃作曲一事就算了结。紧接在康塔塔之后他写了一部钢琴作品，根据美因茨宫廷乐队指导里吉尼的一首意大利小咏叹调《来吧，爱情》写了二十四首变奏曲；一部辉煌的、优雅的作品，在这部作品里他也要显示他作为一个钢琴演奏家的所能和对其他演奏家提出的要求。内弗觉得它太难了，但他不再像从前那样发脾气表示不满，而是满意而安详地微微一笑。

第二十章

一七九〇年圣诞节的第一天。路德维希给父亲和两个弟弟各准备了一件小的礼物；他们悻悻然接过礼物，几乎连一句感谢的话也没说，下午就不见了。现在路德维希独自一人坐在窗前，望着随风刮到玻璃上的雪片。天色暗了下来，他站起身，点上了灯。他的目光落到祖父的肖像上，昨天，是他逝世十七年的忌日，他把肖像用新鲜的枞树枝装饰了起来。祖父的肖像严肃然而却慈祥地俯视着他。

“啊，爷爷！”他叹了口气，“你若是活到现在就好了！那一切就不会是这样子了！”

大门被扯开了，急促的脚步冲上了楼梯，有人敲门，路德维希还没有说请进，内弗已站在房子中间，他上气不接下气。

“路易斯！”他喊道，喘了一口气，“一项巨大的新闻！你知道谁来到波恩了？海顿！这难道不是一件了不起的圣诞礼物吗？圣诞老人亲自到来。路易斯，现在说说看，我们该对他有什么表示？他明天还留在这里，后天就前去伦敦。现在给我出个好主意！我们总得庆祝一下！”

“我们应该演他的作品，”路德维希回答说，“也许一部弥撒曲？”

“不行！”内弗发愁地说，“卢切西这个不幸的人，他正在度假！那样我就得去对付！完全没有准备！无论如何我可不想在海顿面前丢脸！”

“内弗先生，您知道，我们可以紧急把合唱队和乐队集合起来，进行排练！”

“今天？在神圣的圣诞节？把他们从烤鹅旁边拽过来，那他们不知该给我什么脸色看呢！”

“不会的！如果他们听到明天是在海顿面前演出，那他们情愿吃冷了的烤鹅。”

事情就按路德维希的建议进行了。人们没有任何不悦的表情，大家都十分卖劲，一个小时之后内弗就合上了总谱并且声称：“如果还有什么地方他觉得欠妥，那他自己来改正好了。”

第二天，明斯特教堂挤满了来做礼拜的人。在弥撒开始前不久，海顿进来了，还有他的旅伴，从伦敦来的小提琴手萨洛蒙。刚响起头几个音时，他那安详和蔼的面庞上就泛出一丝轻微的光泽。乐师们由于作曲家本人在场都十分卖力，当最后几个音消逝了的时候，内弗满意地点了点头。一位宫廷侍从挤过人群，邀请海顿随他到祈祷室。选帝侯本人站在那里，对他表示衷心的欢迎。随后他面向乐师们说：“我请你们认识这位你们非常敬重的海顿！”——人们把大师围了起来，并为能说一两句友好的话而高兴。在当时，虽说海顿还没有达到他荣誉的高峰，但却是在世的作曲家中的佼佼者之一。路德维希在后面静静地观察着海顿。在他那不能说是英俊，甚至是很平常的脸庞上，一双温柔的褐色眼睛在闪光！这个表情映现了他的虔诚和伟大的人性之爱。

海顿在他下榻的旅馆里看到了一桌盛宴，十个最优秀的音乐家在桌旁等候他，这是选帝侯举办的宴会。大家都兴高采烈。内弗有幸坐在这位著名客人的身边，自然不会不使海顿注意路德维希，他骄傲地称这是他的学生。海顿感兴趣地望着满头黑发的年轻人，并请他饭后留坐片刻。

“范·贝多芬先生，”他开始说，“您的老师对我谈了许多关于您的事；如果我向您提出请求，看看您的一部作品，希望这不是太冒昧了吧？”

“乐队指导先生，我还没有写得出值得您一看的东西。”

“呐，马上去拿！”内弗喊道，“路易斯，过分谦虚也就又成了不谦虚了！现在听我的，马上回家去取康塔塔——（内弗说成冈达达），我指的是那部悼念用的康塔塔。一刻钟以后你就可以赶回来了。”

路德维希犹豫地望着海顿。

“真的，我很高兴！”他说，“如果有什么不便，那我并不坚持。”

路德维希跑回家中，不久就带着他的作品赶了回来。海顿拿到手中读了题目“为悼念约瑟夫二世逝世”，他几乎虔敬地说，“他是值得悼念的，我很高兴您这样做。”随后他仔细地从头至尾阅读这部作品。

“您有很多的才能，”他开始说，“歌词是——不会是在座的人写的吧？——伟大的约瑟夫，不朽的事业之父！——如果我的善良朴素的皇帝听到这话，那他在坟墓里一定会扭过脸去！但是您的音乐，范·贝多芬先生，完全与这浮夸的文字不一样；它是朴实的高贵的，就如皇帝本人一样。单纯但却伟大！我喜欢，每一个真正的艺术家都会喜欢。您的旋律丰富，这是一个天生的音乐家的第一个标志。您的配器经常是有着巨大的魔力。您对管弦乐队非常熟悉，并且在总的方面您也知道您该如何要求歌唱家。如果我可以挑剔的话，那旋律的进行在某些地方可以更流畅一些，转调更正规一些。在人声方面有时我觉得，仿佛它们本来是器乐的，而歌词是后来加上去的。这样一来当然朗诵调的正确性就受到损害，而且这样的地方很难唱出来。但正是这些错误向我表明，您这是完全自己创作出来的。您就是您，既不要太多，也不要太少，要恰如其分。”

内弗憋不住了。——“乐队指导先生，”他插了进来，“说真的，我赞同您的每一句话！请您原谅，我这不是要把我的评论与您的并列，但我太高兴了，您这样赞赏路易斯。我一直在说，他会成为一个了不起的人，而我是他的老师，这是我的极大骄傲！”

“他有一个不错的老师，”海顿微笑说，“内弗的名字，在凡是有音乐的地方都是受到尊敬的。”

“啊，乐队指导先生，”内弗羞赧地说，“您太过誉了，我现在根本不能再教路易斯，这点没有人比我知道得更清楚。因此他也在维也纳莫扎特那里学过，但遗憾的是时间很短。”

“您在莫扎特那里待过？”海顿惊奇地问道，“什么时候？”

“三年以前。”

“那时您多大岁数？”

“十五岁。”

海顿莞尔一笑。“那对他说来您有些太年轻了。莫扎特是我们这个世界所拥有的一个最伟大的作曲家。我比他大二十四岁，这不妨碍我向他学习。在这个意义上，他是一个无与伦比的教师。但也只在这个意义上而言！您主要不足的——对位方法上的训练，这您是无法从莫扎特那里学到的，他在这方面太有独创性了，天才是从不把学生束缚在一种枯燥的手工艺式的艺术规则上的。莫扎特的旋律不间断地涌现出来。当他吃饭、喝酒的时候，他在谱曲；当他玩弹子戏、读报时，他在谱曲；当他教课时，他也在谱曲。您自己注意到这点了吧？”

“是的，”路德维希说，“他经常心不在焉。”

“可当您再大一些时，”海顿继续说，“您能从同他的交往中，从同他的守护神的争执中得到不尽的益处。但是在音乐理论上，您需要另一个老师，我愿意向您推荐维也纳的阿尔布雷希特斯伯格，这是一个学问深厚的理论家，从他那里您能学到您还缺少的东西。遗憾的是我本人现在得去英国，不知道什么时候回来。否则的话我会说：“您到我这儿！能对您有所帮助，这对我是一件快事。让我们为您的未来干杯！”

“我们大家敬重的乐队指导海顿万岁！”内弗兴高采烈地喊了起来。觥筹交错，大家都拥上来同大师碰杯，感谢他对他们中间一个人所给予的称赞，他们都期待这个人成为伟人。——海顿在告别时再次地热情紧握路德维希的手，说道：“范 · 贝多芬先生，愿上帝保佑，我们在维也纳再见！”

第二十一章

路德维希的第一个恋人叫让内特。她是埃莱诺蕾的一个女友，家住科隆，经常在布洛宁夫人家里做客，住上几周。她满头金发，雪白的皮肤，通红的面颊，永远是那么快乐，喜欢开玩笑，一句话，她是一个道地的科隆姑娘。让内特本来并不觉得她女友的这位脸上有着天花瘢痕、深色皮肤的朋友有什么吸引人之处，但这不妨碍她用熠熠发光的蓝色眼睛也在他身上试试威力。路德维希立刻就迸发出了爱情之火，遗憾的是他的朋友斯台凡也同样如此，而且两个人都相信自己是让内特的意中人，并都把对方看成是一头自作多情的蠢驴。她有一副好嗓子，唱歌时喜欢让路德维希给她用钢琴伴奏。斯台凡的小提琴只好退居次要地位了。一天，当路德维希带给让内特一首他为她而写的歌曲，而她唱了并对作者赞不绝口时，斯台凡无法再忍受下去了。

“路易斯，你知道，”当只剩下他们两人时，斯台凡对他的朋友说，“我觉得你太卑鄙了，你居然用这样武器来同我战斗，你知道得很清楚，在这方面我是竞争不过你的。我若是你的话，就会感到羞耻，你看得出来，她喜欢我，远胜过喜欢你。”

“呐，斯台凡，如果她是那样喜欢你，那你就不要这样激动嘛！就是我写了一支小曲也不会有什么帮助。"

"当然不会的！"斯台凡愠怒地回答，"她不会想到你的，你随便做什么好了。可你为什么要妨碍我？"

"若是我也喜欢她呢？"

斯台凡由于愤怒而面色煞白，但他镇静下来。

"路易斯！你知道，我同让内特的事可是认真的呵！"

"我也是这样！"

"你知道，我要同她结婚吗？"

"你，你这个小孩子！不要把自己弄得这样可笑了！她比你大三岁！你想一想吧，她能等你长大吗？"

"为什么不能？"

"可我已经就这么大了？"

"等着瞧！"斯台凡喊了起来，"我要告诉洛尔馨去！"他跑了出去。

"你可以慢慢讲给她听好了！"路德维希在后面喊道。

斯台凡找了个机会单独同姐姐和母亲在一起，他由于激动而颤抖起来，把路德维希跟他说的话讲给她俩听。洛尔馨的脸有些发白，可布洛宁夫人却笑了起来，她说："你们两个人都不对！"晚饭之后，大家在一起消闲，让内特比任何时候都更怡然自得。她一首接着一首地唱歌，最后唱了这样一首歌：

"我今天还要与你分离，
这事无法能够避免，
我的心灵抑郁伤感！"

在唱的同时，她时而向斯台凡递送秋波，时而向路德维希瞟一媚眼，这使两个可怜的孩子时而热血沸腾，时而周身发冷。当他俩上床睡觉时，一两个钟点都不能入睡。

第二天，中饭时候，出现了一个年轻的奥地利军官，穿着一身漂亮非凡的军服，这使人们在波恩看到的黯然失色。这位英俊的年轻人原来是让内特的未婚夫。

饭后路德维希和斯台凡单独待在一起。一阵令人沉闷的缄默。“啾，斯台凡？”终于路德维希说话了，“怎么样？”充满激情的斯台凡一下子扑到他的朋友的胸前，泪水夺眶而出。“斯台凡！别哭了！”路德维希说，“不值得为让内特流泪！”

“你说得对，路易斯，”斯台凡回答说，擦了擦鼻子，“我只能说一句：弱者，你的名字是女人！为了这个狐媚子我们俩差一点成了敌人！一个女人再也不应该使我们友谊的庙堂——怎么说来的？”

“发生动摇。”路德维希说。斯台凡颔首表示赞同。

这是一桩年轻人的蠢举。但在这之后不久，路德维希第一次被一种真的激情的力量所震动。

玛丽亚是选帝侯马厩总管威斯特霍尔特伯爵的女儿。这一家人是音乐迷，伯爵本人吹巴松管，他的一个儿子是出色的长笛演奏家，玛丽亚弹一手很好的钢琴。伯爵从他的仆人中间组成了一个很像样的家庭小乐队；路德维希曾多次参加他们的演出，他写了一首钢琴、长笛和巴松的三重奏，把这三种乐器组合起来是罕见的，这首三重奏赢得伯爵的特别青睐；它是一部迷人的、充满莫扎特精神的作品，对演奏者的技巧要求很高，成了这个家庭的一张王牌。尽管如此，他同伯爵小姐玛丽亚还没有怎么接近。有一天，伯爵请他教他女儿钢琴。

路德维希已有好久没见到玛丽亚了。当他重睹她时，他为她的美而惊奇，她把她凉冷纤细的小手放在他的手上，虽说只有瞬间，他却有着异乎寻常的感觉。玛丽亚的母亲进来了，他必须镇定下来，不致在这位傲慢的贵夫人面前显得拘泥不安。

“上帝，他多么丑啊！”伯爵夫人在路德维希走后说道。玛丽亚瞪大了眼睛惊奇地望着她。

“你们所说的美，那他当然是算不上了。但是在波恩没有一个人有这样一双眼睛。”

“你们所说的美！玛丽亚，你怎么能这么讲呢！你从哪里学会这样放肆！肯定不是从我这里！”

玛丽亚莞尔一笑。——“好了，妈妈。什么美呀，丑呀，——我只要学好就行了。”

这是路德维希的一段幸福时光。每周他在玛丽亚身边度过的两小时，照亮了温暖了他的整个存在，使所有加在他身上那么多的义务都轻松起来。对待父亲和弟弟们他变得异乎寻常的温和和关心。在学习方面他更加勤奋和更加严格地自制。因为在他面前出现了一个光辉灿烂的目的地，这就是去赢得玛丽亚。

布洛宁夫人当然觉察到了路德维希的这种变化，虽说他到她家来的次数少了，她的直觉猜出了原因所在。可谁是他激情的对象，她没有预料到，否则的话她会挡在中间加以保护的，免得使这颗热烈的年轻的心受到一次伤害。

路德维希想的却不同。起初时他从来不敢直视玛丽亚，但随着接触越来越多，他越来越理解到，她是一个完全没有贵族偏见的人，对他作为一个人和一个艺术家非常敬重，他开头时怀有的认为两人之间有着不可逾越的距离的感觉就消逝得越快越多。

但有一点，也是重要的一点，他一直还摸不透：玛丽亚对他是否有着一种除了友谊之外的感情。她向他总是表示出一种一成不变的友谊，是一个听话的心怀感激的女学生，她除了用学业上的进步博得她的年轻老师的欢心之外，似乎没有别的希望。

一天，他俩又并坐在钢琴前。伯爵夫人由于受凉卧在床上。同自己所爱的人单独在一起，他品尝这异乎寻常的幸福，如同口渴者之饮名贵的果汁。功课结束了，但他不想中断。他起了个念头，也许可利用这不复再现的机会去探听一下玛丽亚对他是怎样想的。

“伯爵小姐，”稍顷之后他说，“我恐怕不久就不能再教您了。”

“您这不是真话，范 · 贝多芬先生！”

“真的，伯爵小姐。我现在自己还是一个学生，还不是老师。因此我要前去维也纳。”

玛丽亚面色有些苍白。“那我要失去您了。”

“呶，目前还不想去。我现在还不能离开。但是，您，伯爵小姐，您从来没有想到维也纳吗？”

玛丽亚沉默了片刻，随后她果断地说：“只要您在这儿，我就不离开波恩。”

路德维希内心一片喜悦。他紧紧地望着她，她的目光不像往常那样安详。

“伯爵小姐，”他回答说，“只要您在这儿，那我也不离开波恩。”

“范 · 贝多芬先生，我现在就可以对您保证，我从不要您做出什么许诺。我知道，您迟早要离开波恩的；留在此地做一名第一流的钢琴演奏家，这太委屈了您。我们刚才是谈到了旅行，几天之内我要与妈妈一道去明斯特。”

“去多长时间？”他惊愕地问道。

“两个月。”

他不知马上回答什么好。在他的想象之中，这分离的时间是那样苍白和荒凉。

“一定得去吗？”他低声问。

“我们在明斯特有一幢住宅，每年春天都要在那里住一段时间。”

“可这样一来您在钢琴上会退步的！您不能留在这里陪您的父亲吗？”

“我不能让妈妈一个人去那里。您知道吗，如果您去拜访我们，到那里去看看，这不好吗？离这儿并不很远。”——于是她开始给他讲明斯特这座古老的城市，讲她们那座在漂亮的大花园中的府第。路德维希入迷地听着。一切都那样清晰地映现在他的眼前。他看见自己到达了那里，看见了玛丽亚在门前迎接他，看见了自己和她在古树下，在盛开的鲜花之间漫步。在那里幸福定会降临！——

今天他手上拿到了她的邀请，他一遍又一遍地读着秀丽的请柬，他把它贴在脸上，几乎不能自持地嗅着，它散发出一阵又一阵的芬芳。幸福该到来了，幸福！——“您在任何时候都受到欢迎！”亲爱的手，亲爱的写这些字的手！是啊，他必须立刻动身，正巧他现在有假期。那就明天！——不，这不行。他必须挑一个合适的日子。还有他的服装？这一身行吗？作为伯爵家的客人，他的出现应当毫无可指摘之处才对。他把他的礼服以及惟一的一件搭配，一件深色的常用服装（式样很不中看）刻意进行了修补，这样他穿在身上，别人就觉察不到了。

一天，路德维希在明斯特市集上下了驿车，不久就站在威斯特霍尔特府第的门前，他扯动了门铃，心怦怦直跳，一个穿着制服的仆人开了门，拿过客人的行装；路德维希赏给仆人一笔过于多了的小费。他慢慢地走着，呼吸着空气，登上平坦的，铺着地毯的台阶，来到了一个大厅式的前厅。侧门打开了，玛丽亚站在了他的面前。

“范·贝多芬先生！”她兴高采烈地叫道，“您来了，太好了！”

路德维希试图记起他事先曾多次准备好的话，但毫无用处。——“这是当然的了，”他吃吃地说，“正如您希望的——”别的什么话都没说出来；他无可奈何地望着玛丽亚迷人的面庞。她似乎没有觉察到他的惶惑，吩咐仆人把客人领到她指定的房间去。

房间里只有路德维希一个人了，他站在那里好一会儿动也不动，幸福使他瘫软。随后他环视四周。窗前有一架钢琴，钢琴打开了，在谱架上放着他的里吉尼变奏曲。他俯下身来，把额头靠在冰凉的琴键上。玛丽亚的手按动过它们啊；她通过自己的音符和不在场的他交谈！在乐谱旁边有一个花瓶，插着闪着紫光的玫瑰。他深深地嗅了嗅花的芳香；一种他所不熟悉的情感，混杂着欢乐和痛苦，流经他的血管。玛丽亚一瞬间就在他的怀中，他嗅着她的发香，这香气和玫瑰的芬芳一样，然后就死去！这样生活过，难道不值得吗？——他强迫自己从这种陶醉中醒过来。她在等候他！他迅速地整理一下，然后站在镜前，审视一下自己脸部的表情，今天还看不出那种令他内心骚乱不安的激动。晚饭时请来了客人，路德维希可以领玛丽亚去就座，他如梦游者似的完成了这项任务。他幸福地坐在她的旁边，高贵的客人们忽视了他的存在，很少有人与他交谈，这使他感到满意。他几乎没有盯着看身旁的玛丽亚，但他却观察到她的一举一动，听到她迷人的声音；当她的手有次无意触动了他的手时，他觉得他的整个身心和灵魂都凝集在他的这一小块皮肤之上，他所爱的人触摸了它啊。——宴席撤了之后，他被要求弹琴；但他借口他的手轻度扭伤，而请求他的学生演奏她所学到的。她摊开了他的变奏曲，路德维希坐在她身边翻乐谱。坐在他所爱的人的身旁，这使他感到莫可名状的喜悦。他狂喜入迷地注视着她那温柔手指的每个动作，她的胳膊上肌肉的颤动，她那在丝裙下面隐约可见的膝盖的一起一落。他怀着喜悦在想：让她那美丽身躯这样运动的是我，在她弹琴的这个时刻，她的身体就是我的身体，她的灵魂就是我的灵魂！突然间，在生平第一遭的一种更完美结合的想象在他那年轻纯洁的心灵里升现出来，一种热烈的、纯粹的渴求攫住了他，这使他闭上了双眼，咬紧了牙关，以免自己喊出声来。——玛丽亚轻轻地叫了一声，把他从半昏迷中带回现实。他错过了翻页，这使她不得不稍作停顿。

当客人们辞别时，路德维希吻了女士们的手，然后退回到自己的房间去。他立刻躺了下来，灭掉了灯。但他没有想到睡觉。一股热情使他辗转反侧。他用牙咬紧枕头，免得让人听到他的哽咽和他一再地念叨出来玛丽亚这个名字。他在想象，她现在在床上也是不能成眠，充满思念；他在想象，她如何来到他这里，他如何把她拉到身旁，拥到怀里，把他的吻印在她的嘴上。“完全是我的！完全是你的！”——他胸中的风暴终于停了下来；他站了起来，用凉水浸润一下他那灼热的、饱含泪水的眼睛，并试图搞清楚，这究竟是怎么回事。他肯定了，没有玛丽亚他无法继续生活，或者他能活下去，而不能继续创作。但是，她爱他吗？他希望，他相信是这样的，要不他不会到这儿来。但是他的这种自信有把握吗？她的目光！是的，她经常望着他，与埃莱诺蕾完全不一样，在埃莱诺蕾的纯洁真诚的眼睛里，人们可以看到她的灵魂的深处。——但这就是爱情？他对此都知道些什么？也许她对他的好感只是由于他的艺术？而今天晚上，在音乐演奏之后，当他整个身心都充满了她的存在的时候，难道他在她身上发现到任何与他类似情感的痕迹了吗？或者她极善于控制自己？——他瞪大了双眼，凝视着暗处，仿佛他要用他的目光去解开一个少女内心之谜似的。但随后他有力地伸张一下四肢。事情不能这样继续下去，他无法忍受这种含混不清。明天他一定要向玛丽亚公开，要她给一个答复。如果她拒绝了他，粉碎他和他的艺术，那好，她就这样做好了。——但她不会这样做！一个暗藏起来的声音在对他轻轻地说，“她不会这样做！”这声音一再地在他耳边萦回，在他的思想里重复，直到睡眠在这颗年轻狂暴的心灵里扩展开来。

明亮的阳光很早就把他唤醒。他在床上快意地舒展一下身体；他的目光落到他所陌生的四周，想到玛丽亚，想到今天将给他带来决定，这使他的心痉挛了瞬间。他再次重温了昨天晚上在他的心灵中所发生的一切。他又看到玛丽亚的眼睛，她那美丽的深色眼睛。一个旋律，那么甜蜜，像夜莺的啁啭，在晨光熹微之际，它轻轻地从他旁边消逝而去。这是什么？旧有的东西？他曾经听到过的作品？不，这是神的新的馈赠。他静静地在深思，他完全委身给他的守护神。当他把响在内心中的声音全部化为自己的所有时，他立刻拿出速记本，开始写起来。一个小时之后，整个乐章就完成了，那么美丽那么纯洁，像一朵含苞待放的玫瑰。

早点时他看到玛丽亚单独一个人在那里，她的母亲因昨夜劳累不能陪同，请范·贝多芬先生原谅。玛丽亚在说这番话时带有一种迷人的恶作剧似的表情，这使路德维希又完全慌乱和失去自持了。他还从没有看到过穿晨衣的玛丽亚。一件没有用带子束起来的雪白晨服围住了她那窈窕的身体。浓黑的头发束成一个平展的希腊式的结。胸前插着一朵深色的玫瑰花，这是惟一的一件饰物。当他看到这个艳丽无比的少女来招待他时，他觉得陶醉，她为他倒咖啡，他吃，他喝，但他不知道自己在吃什么在喝什么，他只是望着她，听她说话，他感到不可言喻的幸福。

早点结束了，路德维希靠在他的椅子上。

“今天我想到了您，伯爵小姐！”他说，并为自己这样勇敢而震惊，“我为您写了个曲子？”

“是一首歌？”

“不，是一首钢琴曲。”

“待会儿您得弹给我听。可如果您觉得合适的话，也许我们先在我的这座可爱的花园里走一走？”

“非常高兴，伯爵小姐！这我感到十分愉快。”

路德维希在美丽的少女身旁，步下宽大的台阶，沿着白色细砂石小径，在绿色的草地、蓊郁的树丛和盛开的花坛中间走着。所有芳草和绿叶上的露珠在闪闪发光。从一颗鲜花怒放闪现着粉红色光泽的苹果树那里飘来了一阵阵甜蜜的芳香。无数的蜜蜂从树冠上发出嗡嗡的声音，如同管风琴在轻轻奏鸣。——在一株古老的菩提树下的一张凳子上，他俩坐了下来。路德维希几乎不敢看玛丽亚，他怕让她看出自己的心思。他觉得她现在比任何时都妩媚都迷人。一束阳光透过树冠照在她的头上，她那浓黑的头发闪烁着蓝色光泽。她的深色眼睛梦幻般地望着远处。一只美丽的蝴蝶翩翩飞舞落到她胸前的那株玫瑰上，玫瑰和蝴蝶有节奏地随着她胸部的起伏而上下颤动着。——路德维希不敢说话。玛丽亚却不愿这样有些难为情地长久缄默不语。

“您在想什么，范 · 贝多芬先生？”

“我感到幸福，除此我什么都不想。”

“除此什么都不想！”她说。

“伯爵小姐，您不感到幸福吗？”

他看到的是一种温柔哀怨的目光，这使他的心猝然停止跳动。

“您不幸福吗，伯爵小姐？我能帮助您吗？”

玛丽亚径直地望着他。她多么爱这双闪闪发光的眼睛，她还从没有看到过有其他的眼睛这样发亮！她多么爱这隆起的额头，上帝在这上面按下了他的创造物的印记！她多么爱这张凉冷的嘴，它紧闭不露，他眼睛向她如此清楚表白的一切！但随后的一瞬间带来的是一种惊骇之极的恐惧，它突然一下子攫住了她。她觉得她把路德维希召至身边，这简直是一种疯狂；这是在玩火，这火她也许无法再能把它扑灭。疯狂，完全是疯狂！威斯特霍尔特伯爵小姐怎能属于为选帝侯供职的一个可怜的乐师的儿子。从她灵魂中迸出的全部力量使她做出决定：不管怎样，她要扑灭这火。她的目光变冷了，从他身上移开，又重新凝望着远处。——他不理解这种变化："您不信任我，伯爵小姐？"

"我信任您，范·贝多芬先生，但是您能帮助我什么呢？我是我父母的女儿。"

路德维希怔住了。——"您这是要说明什么，伯爵小姐？是说明您是威斯特霍尔特伯爵小姐，而我是乐师贝多芬？您真是这样认为？"——他的话越来越激动。——"是的，您的地位比我高！我尊敬您，没有任何一个人得到我如此的尊敬。但这不是因为您是贵族！我也是贵族！我的高贵是在这儿，——在这儿！"他拍打他的心和他的额头。——"噢，玛丽亚，我爱您！"他跪倒在她的面前。玛丽亚轻轻地把她的手放到他的肩膀上。——"我可怜的朋友！"她温柔地说。

几分钟过去了。泪水缓缓地从她美丽的眼睛里流出，她不想去遏止住它。她的手平静地抚摸着他的头发。

"您起来，范·贝多芬先生。"她终于说道。他立起身来；玛丽亚抓住他的手，拽他坐在自己的身边。

"您看，这世界多美啊！这样的日子不应当忧伤！"

"我不能离开您，伯爵小姐！"

"您必须这样，您能够这样！您还年轻！您会成为一位伟大的著名的艺术家；世界会伏在您的脚下，有一天您只会带着微笑忆起一位无足轻重的渺小的伯爵小姐的。"

但她立刻就意识到她说的话太多了，他的回答会使她无词可对的。

"如果您真的这样认为，伯爵小姐，难道您没有勇气把您的命运同我的命运联在一起吗？"

玛丽亚只得撒谎了。她必须回答，沉默，哪怕是犹豫迟疑，也意味着许诺。于是她用谎言来逃脱："或许我会有这种勇气，"她颤抖地说，"但是您错了，范 · 贝多芬先生，我不爱您，我爱另一个人。”

路德维希松开她的手。他觉得眼前一片漆黑。他靠在椅子上。他的胸脯困难地呼吸着。

玛丽亚的脸上毫无表情，她的目光凝视着远处。终于路德维希打破了沉默。

“是啊，伯爵小姐，”他说，声音冰冷，面带客气的微笑，“那这就另当别论了。请允许我告辞。”

他站了起来，她跟随着他。他俩一声不响地穿过花园，穿过阳光和花香，从绿茸茸的草地和盛开的花丛中间，踏在细白砂石甬道上，走了回来。

“伯爵小姐，请您代我在您的母亲面前辞行，请她原谅。一封急信要我赶回波恩；我的父亲生病了。”

他鞠了鞠躬，回到自己的房间。他的目光落到他今晨写的那部作品上。才仅仅过去了一两个小时，可他穿过了天堂和地狱。他拿起乐谱，用坚定的手写上：献给威斯特霍尔特伯爵小姐玛丽亚，路德维希 · 范 · 贝多芬。——他离开了这所府第，没有任何人看见。

第二十二章

返回波恩的归途简直是一场痛苦。挤在一大群旅行者中间，耳朵听着别人的高谈阔论，可他的思想却一再回到玛丽亚那里去，他想的越多，他就越觉得谜一般难解。如果真的她不爱他，像她说的那样，那她邀请他前来的动机何在？难道玛丽亚只是要戏弄他，为看到他跪在她的面前而洋洋得意？他认为这种想法是错误的。难道对她说来他只是一位好朋友，她作为一个心怀感激的学生而要他在此过一两天愉快的日子？这倒是有可能的。但是，她的眼睛！他试图重新忆起这双甜蜜的、深色的、忧郁的眼睛，但没有能够成功。她的母亲，客人们，甚至接待他的仆人，这一切人他都是一望就清清楚楚的，但是玛丽亚的脸，像是罩上了一层面纱，他无法窥见。突然间他想起她说的话：我是我父母的女儿。——就是因为这个！她在他面前又清晰可见了，又看到她的眼睛了，这双眼睛承认了她嘴所拒绝的。她爱他，现在他清楚了。但是她不被允许爱他，她是她的等级的牺牲品，是她所受教育的牺牲品。一种狂暴的仇恨涌上心头，恨她那傲慢的母亲，恨她那恩赐般态度友好的父亲。他真想跳出驿车，去质问伯爵夫人，要把玛丽亚从她那儿夺走，一泄自己所受的屈辱！他咬紧牙关，以免由于愤慨和狂怒而叫喊起来。噢，这群高傲的家伙，这群伯爵，这群男爵——，他们凭什么骄傲？不就是他们的某个先人佩戴着一把特别锋利的宝剑，把他们的邻人的财产占为己有！——他想到了莫扎特，人们曾谈到过他在年轻的时候给一个主教服务，那个主教就打过他，踢过他。他想起他自己的父亲，每当他向选帝侯写呈文时，总是称自己是最卑贱的奴仆。普法费尔的形象在他的脑海里出现了，他的思想使他付出了丢掉职务的代价，现在不知他在什么地方混日子，没有收入，像乞丐一样的穷苦。如果他不像他的父亲以及其他人那样卑躬屈节，最终成为选帝侯的奴仆，那他今后的命运不就会和普法费尔的一样吗？—— 一丝倨傲的微笑掠过他的面庞。在高贵的人和富翁面前像猫一样弯腰摇尾，阿谀奉承？决不！随便怎样好了！

回到波恩，次日他就去布洛宁家中教课。他到音乐室去，只有埃莱诺蕾一个人在那儿。当她意想不到地看到他站在自己面前时，她的脸变得通红通红。

“路易斯！”她喊道，“想不到现在您会来！没有发生什么事吧？”当她看到他那苍白的无精打采的脸时，关切地加了一句。他摇了摇头。

“总是要发生点什么事的，洛尔馨，否则这生命也太无聊了。您好吗？母亲在做什么？你们琴练得好吗？伦茨在哪？”——他走到钢琴前，弹了一两个不协和和弦。“喜欢吗，洛尔馨？好吗？是吧？我的新奏鸣曲就是这样开头的。”

布洛宁夫人从门外往里望。

“你写这种乱糟糟的音乐？我还认为是洛尔馨弹走调了呢。你到底是从哪儿来？”

“从家里来，”路德维希冷冰冰地回答，“现在开始，到琴这儿来！伦茨在哪？我再问一遍！”

“他不在家，”布洛宁夫人说，“如果你要教课，就先教洛尔馨一个人吧。”——随即她又退出房间。两个人坐在钢琴前。洛尔馨开始弹。弹得那么糟糕，也许从没有这样糟糕过。她胆怯地侧视了她的朋友一眼，可他完全心不在焉。弹到中间她停了下来。

"很好，"路德维希说，"你是一个好姑娘。哦，请您原谅，尊敬的冯·布洛宁小姐。我们该以'您'相称才对！"

"路易斯，"埃莱诺蕾说，尽量克制不使泪水涌出，"这话是什么意思？"

"您说的完全正确。请您原谅，我出身高贵的小姐！我心不在焉，我的精神恍惚——可即使像我这样一个人也有权利谈精神的——我刚才就是指的这个。"

洛尔馨，她不能继续忍受下去，她不能对此回答，于是立起身来，走出房间。路德维希望着她的背影哈哈大笑。这时他的目光看到镜子中的自己。他一怔，神智恢复了。他随即跟着埃莱诺蕾，冲进她的房间。她坐在那里正在哭泣。

"洛尔馨！亲爱的好姑娘！请原谅我！我是一个卑鄙的家伙，我伤害了您！"

她拭干自己的眼泪。"究竟是发生了什么事？"她问道。

"啊，洛尔馨，这与我们有什么相关！您是最好的姑娘，我喜欢您，您就像我的妹妹，我刚才像头驴一样得罪了您，愚蠢，可憎！"——他抚摸着她的双手，拿她的手帕拭干她眼睛中最后的几滴泪水。——"好了！现在您笑笑吧！我们不用功课来苦恼自己了！我给您弹点快乐的东西，您跳舞，同克里斯朵夫，或者同叔叔，舅舅跳！"

他挽起她，把她拉回到音乐室，坐在钢琴前，迅急地在琴键上弹了一串琶音。随后他跳了起来，拿起帽子，跑到外边去，正碰上两位受尊敬的神职人员布洛宁叔叔和阿伯拉罕舅舅，他俩谈兴甚浓，正散步回来。路德维希结结巴巴地告罪，然后跑开了。这两位先生疑虑地望着他的后影，交换了一下彼此会意的目光。他俩要到布洛宁夫人处，但当看到洛尔馨把头伏在母亲身上啜泣时，他俩就退了回来，每个人回到自己的房间，随即两个人又见面了，因为他们彼此都要去找对方。

"一定又发生了什么事！"布洛宁叔叔说，"或许是他同洛尔馨吵嘴了吧？"

"但愿没有什么大不了的事，"阿伯拉罕舅舅说，"一个不安静的精灵，这个路易斯！"

布洛宁夫人把埃莱诺蕾搂在怀内，让她哭够了。然后她把事情经过讲给了母亲听。——“我可怜的小洛尔馨！”布洛宁夫人说，“那你是很喜欢他了？”

“很喜欢！”洛尔馨低语道。

“这我早就应该看得出来才对，”母亲叹了口气。“但即使我看得出来，我相信，我还会这样做，把他引进我们家里。孩子，你必须摆脱掉这种事。你还太年轻，而路易斯也才不过二十岁。”

埃莱诺蕾摇摇头。“我怎么会摆脱开呢？他爱的不是我，他爱玛丽亚·威斯特霍尔特。”布洛宁夫人严厉地瞥了她的女儿一眼。——“你是这样认为？那玛丽亚呢？”

“她把他打发开了。为此他现在六神无主，这个可怜人。”

“这样，这样！路易斯跟你讲了吗？”

“没有！他一句话也没说。”

布洛宁夫人憋住了笑。爱情真的使人盲目吗？

“威斯特霍尔特一家人都骄傲得要死。”埃莱诺蕾补充说。她的母亲不得不笑了。

“我的洛尔馨，我的小姑娘，现在听我说！你们俩还都是孩子，你，路易斯也是。洛尔馨，你不要忘记；路易斯是跟我们不一样的人。我喜欢他，但那个将来和他结婚的女人我并不羡慕。他的易于激动，他那不受拘束的思想，会使他的妻子的生活沉重不堪。”

“即使他还有更多的缺点，我还是要——留在他的身边，他若是选择了我，那我会每天去感谢上帝的，让一切丑恶的和沉重的东西都远离开路易斯，好使他全心全意地从事艺术。”

我的孩子，布洛宁夫人在想，你说的多好啊！——但是她不能把这话说出来。

“洛尔馨，这是年轻人的狂热。像路易斯这样的人根本不是为了结婚而来到世上的，他们都有一项重大的使命要去完成。——但这一切还是很遥远的。谁知道我们的生活和他的生活会怎样发展呢。现在我要给你一个忠告，孩子，你不要让人看出来！像你直到现在这样，继续和他在一起！”

“兄妹般的！”埃莱诺蕾说，“他喜欢我像是一个妹妹，刚才他对我这样说过。”

现在布洛宁夫人忍俊不禁，笑了起来。

“你看，孩子，路易斯对这件事的态度是对的。抬起头来，洛尔馨！表明你是一个勇敢的姑娘！——还有，凯尔本的叔叔写信来，问我们是不是整个春天都要待在波恩。我想，我们后天可以动身。”

“母亲，这不可能！我的衣服下个星期才能做好，况且还不知恩格尔思太太守不守信用！”

“那你马上到她那儿去，孩子，催她快点。”

埃莱诺蕾服从地站了起来，吻了母亲一下就走了。布洛宁夫人望着她的背后，轻轻地点了点头。——“可怜的路易斯！可怜的洛尔馨！我该怎么办呢？先去旅行。可以后呢？对路易斯疏远一段时间？——看吧。有时间也就会有办法。”

晚饭后，布洛宁和阿伯拉罕把他俩下午看到的告诉了她，面带忧虑的表情，猜想在洛尔馨和路易斯之间会由于接近而产生爱慕之情。

“你们这些神职人员，”布洛宁夫人笑道，“你们对爱情的事情都懂些什么啊！你们还是让我们女人来管吧。”

路德维希为自己对埃莱诺蕾的不礼貌行为而内心感到羞愧，当他下次出现在布洛宁夫人家中的时候，他尽量装出无所谓和愉快的样子，好使母亲和女儿终会相信，关于他和玛丽亚·威斯特霍尔特之间的猜测是错误的。如果布洛宁夫人能料到在路德维希身上燃起的是怎样一种危险的火焰，那她现在也许就不会离开他。她就这样同她的孩子们一道出门旅行去了，对事情没做进一步的深思，丢下路德维希一个人和他那炽烈的痛苦。——他试图用工作来麻醉自己，去写一部新的作品；但这成了一种折磨。旋律干瘪，毫无生气，缺乏任何一种热情，在谱纸上是一大堆可怜巴巴的、平淡乏味的、学童般的音符。在作品远没完成之前，他就愤怒地把它掷进火里。他想通过阅读来转移思想，但这亦无用处。他读，可他不懂，他想的只是玛丽亚，他看到的只是玛丽亚。

这时一本《少年维特之烦恼》落到他的手里。他漫不经心地读着题目。用他本人的不幸来衡量，他觉得这陌生人的烦恼太微不足道了。鉴于这本书这样有名，他不妨读几页。——在一个夜里，他从头读到尾，他激动不安，直到灵魂的深处都兴奋起来。晨光熹微时，他把书放下，一种思想涌上心头：他也得死，除此没有别的解脱。

整天，整个星期，这个思想在摇撼着他，他把它压了下去，他又有力地把它勾了上来。他翻阅康德的《道德形而上学基础》，看他对自杀是怎样说的。当然康德谴责自杀，但他的道理却对路德维希不起任何作用。他觉得这些道理思想狭隘，只是对平庸的人有用，对他并不合适。难道维特不是一个善良的高尚的人吗？难道人们会认为他的作为是对道德法则的一种亵渎？难道伟大的歌德本人不是一个高尚的人？难道他这样写维特不是因为这是一种必然？因为他的主人公在尘世已不再有一条自由之路可以继续活下去了。——自杀是一种懦弱？可笑！历史、伟大的作家提供出了上百个相反的例子。——可如果他死了，那他的弟弟们会变成什么样人呢？他不知道。但是作为一个绝望了的人他不再能对他们有所帮助了。

当玛丽亚某一天得知：年轻的贝多芬投莱茵河自杀时，那她该怎样说呢？不幸的爱情把他置于死地。她那骄傲的心该是何等的惊恐！悔恨该怎样地攫住她不放！她会哭泣，整天，整星期地哭，为了他，她再听不到他了。让玛丽亚哭泣，为此而结束这种可悲的存在，这难道不值得吗？——自杀的思想越来越牢固地把他桎梏住。

“路易斯！”威格勒说，“你近来的样子很不好看！是不舒服吗？什么地方痛苦？也许是胸部？来吧，给你检查一下！”

路德维希拍打他强壮有力的胸脯，使它发出怦怦的声音，开了句玩笑，把他的朋友打发走了。

就是内弗也看出来，他的路易斯有点不正常。他试图跟他谈谈，可路德维希拒绝了。他的好心肠的老师也不能帮助他啊！

七月的一个阴郁的下午。灰白的云彩悬在群山上，空气温暖而潮湿，像是在暖房里一样。路德维希浑身酸软，像瘫痪了似的，他时常觉得，他的思想仿佛停滞不动了。他最近正在写的一部作品里的一个主题整天在追逐着他，这是一个粗野的、咄咄逼人的旋律，它使他从灵魂深处感到厌恶。——父亲早晨喝醉了酒返家，呼呼大睡。同一个弟弟发生了一场可憎的口角。一种不可言喻的嫌恶感攫住了他。“够了，我不能再这样下去了。”

他躺在床上，他的求生意志进行了最后的斗争。随后他站了起来，离开了家，向莱茵河走去。在城郊很远的地方，他停下了脚步，倚在河边的一棵杨树上。空中响起了一种罕有的呼啸声，灰白的迷雾追逐着河水。一堵蓝黑色的云墙耸立起来；在大地上空一种不祥的朦胧蔓延开来。

路德维希几乎毫无意识的，被一种内在的力量所驱使，他直起身子，慢慢地向河水中间走去。

这时他相信他是听到了一声尖厉的叫喊。那是母亲的声音。灰蒙蒙的面纱撕落了。他清楚地看到了自己，他还是一个孩子，有一次玩耍时，跳入水里去抓一只蜻蜓，看到她母亲满脸恐怖地冲了过来，看到她滑倒，看到她又直起腰来，听到她又充满恐惧地叫了起来。——他从麻木状态中一下子醒了，惊愕地意识到了他在干什么。他大步地逃回岸上，喘息着躺倒在砂砾上。闪电、雷鸣、狂风把急雨摔向大地，摔向这个年轻人。

路德维希躺在地上，伸展开双臂，双手在砂砾中痉挛，从他那扭曲的嘴唇里发出深沉的叫喊。闪电击中了近旁的一株树，随即是一声霹雷，大地在颤动，路德维希没有听到。冷雨湿透了他的衣服，他没有觉得。终于他睁开了双眼。暴风雨过去了，一个蔚蓝色的天空又出现了，空气纯净而清凉。他开始觉得发冷。他立起身来，拢了下额上的湿发。——“我的上帝！我这是要干什么呀！我这是疯了！完全忘了自己了！完全忘了向你起的誓言，母亲！噢，母亲，原谅我！”泪水从他的眼睛中涌出，这快意的、轻松的泪水。

他站起来，把衣服上的砂土弄干净。他湿得透透的，这个样子他不能大白天回到家里。于是他沿河向上游走去，慢慢地他平静下来。他的目光注视着岸那边的山脉，七峰山的美丽轮廓逐渐显现出来；他注视着莱茵河，它在远处折向右边，环山形成一个湖的模样。在两岸的草地上出现了一簇簇树木，高耸的白杨和温柔的柳树，它们延伸到河流，像是在向他游来。克制了生的苦恼，路德维希现在充满了一种无限静谧的感情。太阳落了，长天和河水一片湛蓝，随着越来越浓的晚霞，大地也变成了同样的颜色。当他终于走上归家的路时，西方的天空上还是一片温柔的红光，并把它的光辉洒向寂静流淌的河水的浅蓝色的波浪上。天慢慢地变暗了，星星一颗接着一颗出现了，随着升起了一轮明月。路德维希到了城郊。庭园都沉入梦乡，月亮洒着银辉。泉水淙淙，莱茵河在轻轻吟唱它那永恒的歌儿。

“故乡，我的故乡！你多么美啊！河流、山脉和庭园——一个坚实的苍穹笼罩着你们！”

第二十三章

路德维希就这样度过了最恶劣的时刻，但是他的思想依旧痛苦地围着玛丽亚旋转；离她回来的日子越近，他变得越加不安。他害怕重逢，他想最好现在能离开波恩一段时间。偶然的情况帮助了他。

乐队刚好结束了排练，乐队指挥里斯敲了敲指挥棒，他是代替生病的莱恰指挥乐队的。

“先生们，请再坐一会儿！你们大家都知道，马上就要在麦根特海姆举行德意志教团会议。我们尊敬的选帝侯要派去一个剧团，现在要由我们这里抽一些人去加强它，还有，我们要组成一支小乐队前去麦根特海姆。这次出游分乘两艘帆船，溯莱茵河和美因河直到米尔滕贝格。下面各位先生请做好旅行准备。”

当他念每一个人的名字时，所有的人都紧张地注视着他的嘴唇；路德维希名字在内。念完了名单，随之一阵喧闹；小号吹奏起来。参加这次旅行的人，有谁不为这单调的宫廷服务的意外中断而感到喜悦呢。把人分配到两艘船上，路德维希和他的同伴推选受人尊敬的男低音卢克斯做“船王”，大家都应无条件地服从他；路德维希和大提琴手罗姆伯格有幸进入“船王”的内阁，被提名为厨工。

一七九一年，八月里的一个美好日子，宫廷乐师分别登上两艘舒适的游艇——游艇里甚至还有一两个相当惬意的单间——溯流而上。

“上帝保佑！”当波恩的塔楼消逝了的时候，路德维希叹了一口气说。虽然与同事们朝夕相处，说笑话，寻开心，多少使他感到不耐，但也许这样更好些。

“呐，路易斯，你在哪？”负责厨房工作的里斯喊道，“快，削土豆皮！”

路德维希进入小厨房，系上围裙，戴上一顶白帽子。他的这身打扮十分引人注意。高大的无沿帽顶在隆起的额头上把精神和物质截然地分得清清楚楚，他的这种怪里怪气的模样逗得里斯大笑，他喊大家来看这出笑剧。

“纺车旁的海格立斯[①]，”他叫道，“他一个人就够了！从现在起：厨工贝多芬！”

“要让你们知道，”路德维希喊道，“我在家做过多年的厨工！现在我要叫你们看看我的手艺！”他火急地冲到一堆菜豆那儿，准备剥出来。——“那是晚饭用的！”里斯叫了起来，“削土豆皮，上帝啊，我的烧肉！”他光顾笑了，把肉忘得干干净净，现在都烧焦了。——“您看，”路德维希喊道，“您弄成这个样子！现在您得先把肉烧得像是那么回事，然后再笑我。我干嘛待在这个狭小的厨房里，外面的太阳多好啊。”他装满一篮子土豆，拖到外面去，一下子摔了个跟头。土豆在甲板上滚动，乐队指挥高兴地欢呼起来，路德维希的白帽子被风刮飞；它落到水里，在波浪上晃动着。路德维希抓住一块白布，跑到船尾摇动起来，向后边的那艘船拼命地喊：“把帽子弄到船上！把我高贵的帽子弄到船上！”随即他抓起恰巧在身边的一支小号，使劲吹响了几个音。

“呐，路易斯，”里斯说，“这只能说，你这个帮厨的干得很好。可上帝保佑，别再来一次了。”

时间就在玩笑和嬉闹中过去了，中饭时，在欢快的气氛中，所有的东西，

---

①海格立斯：希腊神话中的大力神。——译注

甚至那烧焦了的肉，都被一扫而光，还有乐队指挥献出来的酒，喝得点滴不剩。饭后洗餐具，烧咖啡，喝完咖啡又开始准备晚饭，这使路德维希的脑子无暇去想别的。

“路易斯，”站在灶旁汗流浃背的里斯说，“厨房的活可不像弹钢琴那样轻松！”

“里斯先生，这活我早就干过。”

尽管活很多，可这个厨工的目光却离不开河的两岸。七峰山从蔚蓝色的远方来到了近旁。当船经过诺恩维特时，路德维希放下了手中的马铃薯。还能有比这更美的吗：在碧绿河水中间的一座草木葱茏的小岛，背后是群山的奇妙轮廓，山上蓊郁葱葱，一片白云慢慢地在树林上飘过。两支圆号奏出温柔的乐音，向诺恩维特岛上的受人尊敬的修女致意。——路德维希静静地坐在那里；他的心安谧宁静，这是长时间来的第一次；所有的愿望都沉默了，他感觉不到别的，有的只是对他周围的这一切美的创造者的感激。他就这样长时间地坐着，直到当“船王”卢克斯出现并看到一大堆没有削皮的土豆骂了一声时，他才从沉思中醒了过来。

“路易斯，你看这是你的肖像！”他指着正巧经过矗立在普罗布斯塔依的圣者阿波里纳利斯像。在一扇堵死的窗户上画着一幅人像，他望着田野。——“大师使他永垂千古，因为他除了美丽的风光之外别无所视，正像我的厨工一样。”

路德维希笑了起来。——“这座教堂雄伟极了，卢克斯先生，您看！”

“是的，教士们真会找地方，”他吼了起来，“哪儿最美，他们就在那儿筑巢。诺恩维特、阿波里纳利斯伯格，沿着莱茵一大串好地方。我若不做国王，那就去做一个教士。”

伯恩哈德·罗姆伯格，这个大提琴手和第二厨工，被召来帮助他那懒惰的同伴。这两个人很合得来，尽管路德维希对他的受到好评的大提琴曲并不欣赏，而罗姆伯格呢，他在路德维希身上嗅到一个隐蔽的革命者的气味，虽有着令人难以置信的才能，但却不能正确的运用。罗姆伯格的表弟安德烈亚斯，小提琴手，也是同样的看法。——两个人干活非常卖力。——出现了一片绵延不断的黑色崖石，上面保留有一座古堡的废墟。两个厨工放下了手中的刀子，向废墟望去，这废墟笔直地耸向天空。

“我的心感到发紧，”伯恩哈德·罗姆伯格说，“这真是一幅悲哀的景象！”

“你不喜欢？”路德维希反问，“当然它看起来不像小步舞曲那样优雅。”

“完全正确，”另一个回答说，“你知道它看起来像什么？像你，我的朋友！粗野、阴沉，像你的悼念康塔塔里的一样。”

“你知道，你这是对我的最大的恭维吗？”

“随你怎么理解好了！但它不是这个意思。你是我们中间最有才能的，只要你除掉你的那种该诅咒的粗野和阴沉，那你不久就会成为一个著名的人物！艺术应该是快乐的才对！它应当美化生活！否则要它何用！”

路德维希迸出一连串的笑声。“这个废墟叫什么名字？”他问正在船旁边驶过的一个舟子。

“哈默尔斯泰因[①]。”

“哈默尔斯泰因！”罗姆伯格重复了一遍。“贝多芬，你知道吗？你应当叫这个名字！这个名字太适合你了！”路德维希快意地憋住了笑。

“你大概又把这理解为恭维？”罗姆伯格说，“粗糙、生硬，咄咄逼人——，一句话，让人不舒服！我的理想不是这样！”

“可人们的口味不同啊，老罗姆伯格。你就搞你的悦耳甜蜜的大提琴曲好了，也许你在这方面会给世界带来比我更多的东西。让我有时成为石锤好了！但我并不总是这样，愿上帝保佑。”

“你还并不总是如此，但你应当走在一条更好的路上。你看，莱茵河多么宽广，群山变得愈加婀娜多姿和温柔可爱。难道这不更美？”

“两者都美，而存在的价值恰巧就在于这样的对立之中！总是静谧？总是欢愉？不，这会变得无聊。通过斗争得到和平！”

---

①哈默尔斯泰因原文为 Hammerstein，意为石锤。——译注

罗姆伯格耸了耸肩膀，又重新拿起刀子。

太阳落山的时候，船在一个宁静的小镇旁靠岸，要在陆上过夜。路德维希宁愿留在船上值夜，他要一个人待在上面。他裹着大衣，坐在那里，谛听莱茵河的涛声，观望着河水和长天在如何慢慢地变得昏黑。他的内心也是昏黑的；这是对业已结束了的愉快的白昼的回击，在他看来，这种愉快是愚蠢的幼稚的。他的同伴都聚集在附近的一座酒馆里，酒馆的窗户大开，他听到笑声和酒杯相碰的声音。一种阴沉的悲戚左右了他。在这个快乐的社会里他该怎么做呢！希望被人忘却，他这真是太蠢了！——“通过斗争得到和平！”他现在觉得这话太空洞了！占有玛丽亚——这才是和平；但他永远不会得到和平了。

夜深了。岸上一片静寂，万籁无声、只有河水轻轻扣打船舷。路德维希深深地呼了一口气，仰靠到后边，望着夜空。天上一片繁星，由亿万个世界编织成的天河的白色长带在闪着神秘的光华。

“我头上的星空，我心中的道德法则。”

一种他从未经历过的震动主宰了这个年轻人。他哭了，哭了起来。

终于他挺直了身体。——“在这浩瀚无垠的宇宙中，我这个可怜渺小的人什么也不是，可并不是如此！在我身上，神圣的火花在燃烧！是使群星闪光的那同一个上帝把它点燃。我不可以让它熄灭！我必须有所舍弃，否则我会沉沦，我不应当沉沦下去！——玛丽亚！你应当像一颗美丽的闪光的星星那样从此以后照耀着我，我无所求地怀念你，不再想得到你，我只为你的光辉而喜悦！”

他安静下来，长时间地坐在那里，观望着群星的变幻。莱茵河的涛声在他的心中开始变成了美妙的旋律，他入迷地谛听着。这声音越来越强烈，越来越迷人，美妙的和声在上下起伏；随后这一切都消逝在宁静的远方。

路德维希站了起来。他觉得他必须把整个大自然都放在他的心上。他展开双臂，伸向夜空。

“音乐！我又有了你了！”

清晨醒来，路德维希变成了另一个人；一种安谧而恬静的欢愉左右了他。每当他完成了帮厨的任务，他就去沐浴清新的河风，睁大了双眼，敞开了幸福的心扉去安闲地享受两岸不断移动的风光。现在出现在他面前的都是崭新的画面，因为他还从没有溯河而上到这么远。埃伦布拉特斯泰因的断崖露面了。母亲曾多次向他讲述过它！讲那上面雄伟的古老的要塞；讲它脚下壮观的宫殿，这是当政的选帝侯用在科布伦茨这一岸的一座新建筑换来的；讲她的故乡，它的名字叫埃伦布拉特斯泰因谷，就偎依在巨大的堡垒旁的河边上，那样可爱、质朴。——岸那边站着一个小姑娘，她在向这边招手致意。他母亲小时候也一定经常站在那里。那个小女孩快速地挥动她的手帕，这艘美丽而陌生的船在注视着她，她感到十分骄傲。——出现了一面耀眼的白帆，迅速地驶到近旁。甲板上、船头船尾到处都发出金光。舵轮旁坐着一个镀了金的海神尼普顿雕像，他用伸开的臂膀在劈风破浪。这是特利尔选帝侯的游艇。波恩人中吹管乐的迅速聚集起来，当两船彼此并行时，他们便吹奏起来，挥动手帕和帽子，两面选帝侯的旗帜降下和升起三次，表示致敬。——船从一片巨大木筏旁驶过，它有好几百米长，不少摇橹的人就住在这木岛上；从吃水很深的货船旁驶过；从小小的渔舟旁驶过，它们撒下了鱼网，耐心地在等待他们的猎物。目光一再被吸引到那些灰白古老的古堡上面，人们经常不理解，它们过去是怎样建成的，它们令人头晕目眩地悬在难以通过的削壁陡崖上，下面是险峻的深渊。当山谷变窄，黑灰色的岩石挤向河流，这幅景象显得格外阴沉。罗姆伯格说，这是贝多芬式的景色。随即变得开阔了，越来越开阔了，葡萄园、果园、欢快的村镇，使这风光乐趣盎然。

乐队在阿斯曼豪森上岸了，这样好便于船能顺利通过宾各洞和这一带的激流险滩。他们决定绕路经过矮林的高地，从那里可以一览整个莱茵河的最美景色。在炎热的八月天他们往上攀登，但人们很快就进入一片古老的橡树林，它蜿蜒直到山顶。森林的树荫使这些漫游者的精神为之一爽。到达了顶峰。树林一直延伸到陡壁悬崖；风的威力使这些参天古树长得奇形怪状，它们的弯曲怪异的枝干扑面而来，给人几乎是一种阴森森的感觉。人们走出了树林，莱茵河在下面呼啸着，波浪扑打在岩石上，冒出阵阵白沫。陡峭的崖壁直斜向对岸，森然的古树顶戴着蓊郁的树冠。在右侧，河流穿过狭窄的沟壑；在左侧，山谷变得开阔起来；一切尽收眼底。群山后移，变得越来越低，它们赋予这座古堡错落的宾根城以空旷，慢慢成了平缓的遍植葡萄的丘陵，这丘陵直漫向莱茵河，形成一片越来越开阔的梯地。

路德维希长时间陶醉在美丽的景色里不能自已，但他还有分内的工作要做。这些老实的乐师们要求润润喉咙。打开了带来的食物包，大家顺序喝起了美味的阿斯曼酒，不久就从这二十个喉咙里响起了莱茵酒歌：

斟满酒杯，给它带上花环，
一饮而尽，其乐陶陶，
在整个欧洲，贪杯的先生，
这样的酒，你再也喝不到。

在矮林的山顶上，“船王”卢克斯鉴于这个厨工作出的成绩，提升他为厨工长。这是路德维希·范·贝多芬在他一生中所得到的最后的一个头衔。又回到了甲板上，他得到了一份精美的证书；在盒盖上用漆印上一面大的船帆，用一两股拧开的船绳把它结起来，这使这份证件显得很有气派。

游船在美因茨离开莱茵河驶入可爱的美因河。在阿沙芬堡靠岸，极享盛名的修道院长斯泰尔克尔就住在这里，他被认为是一流的钢琴演奏家和作曲家中的一个。从前路德维希喜欢弹他的一些悦耳中听的钢琴奏鸣曲，但自从他认识了莫扎特之后，它们就失去了魅力。可他一直想认识这位钢琴演奏家斯泰尔克尔。这样，他就同里斯、法国号演奏家西姆洛克和两位罗姆伯格去登门造访。

修道院长非常殷勤地接待了这些客人，一经寒暄之后便走到钢琴前和安德烈亚斯·罗姆伯格共同演奏了他的一首用小提琴伴奏的奏鸣曲。他的演奏是轻松自如的，华丽多彩的；“有点女性化。”里斯悄悄评论说。路德维希整个时间站在他的旁边，紧张地注视着他的双手。

“啵，我年轻的朋友和同事，”斯泰尔克尔现在转向路德维希，“您不愿意也使我高兴高兴，演奏一部您的作品？”路德维希没有多大兴致，在他和斯泰尔克尔之间横着一个世界：莫扎特。但是那一位可不放松：“不久前我得到一部您的作品，是根据我的美因茨同事里吉尼的一首歌写的变奏曲。但是它们太难了！太难了！我不得不承认，我们怀疑作曲家本人是否能演奏得了。”

他的这几句话激起了路德维希的好胜心。——“若是这样，那可是糟透了，”他回答说，“那好，如果您真的对此感兴趣——！”斯泰尔克尔翻着他的音乐书橱，可他没能找到这份乐谱。——“您不必费事了，修道院长先生，”路德维希说，“没有也行。”——他坐到钢琴前，向他的朋友们挤了挤眼睛，开始弹奏起来。

这几个波恩人有些担心。他们的路易斯是一个有才能的钢琴演奏家，但是他缺少这位斯泰尔克尔的优雅和细腻。但响起头几个小节之后，他们惊奇地睁大了眼睛。路德维希极为轻柔地奏出了美妙的主题，一个变奏接着一个变奏从键盘上珠玉般流了出来，轻松挥洒，华丽多彩。当然谈不到更多的灵魂上的触动；有一两处特别深沉的地方，他依然还是那么漫不经心，乐曲以极为轻柔的弱音结束了。

斯泰尔克尔入迷了。——“这种技巧！这种细腻！这样轻松！这样流畅！我必须承认，范 · 贝多芬先生：当我看到您并注视到您的眼睛时，我感到意外！我被某种浪漫主义的暴烈和混乱所左右；您使我得到了最纯粹的享受！这样继续下去，我的年青朋友，我不久就不得不承认，您已经超越过我了！”

波恩人又来到大街上，当他们走出了一段距离之后，贝多芬迸发出一阵低沉的笑声。里斯和西姆洛克莫名所以地看着他。随后他们意会到了，一齐笑了起来。

“这个可怜的人！”里斯结结巴巴地说，“他居然把你当作是与他一样的人！你弹的那样干净利落、美妙可爱，那样准确、潇洒！你知道吗路易斯，我根本没想到你竟这样狡黠！这个好斯泰尔克尔想不到，你给了他一番教训！”

“你们注意到了，”路德维希回答说，“我要向你们表示，斯泰尔克尔的时代正在成为过去。”

“我们会看到的。”伯恩哈德 · 罗姆信格深思地说。他的表弟安德烈亚斯点了点头。他还沉浸在对斯泰尔克尔奏鸣曲中一个甜蜜乐句的回忆里。

第二十四章

“不久我们又要为宫廷服役了，”当里斯看到米尔滕贝格的塔楼时，他叹了一口气，“不过也好，至少这该诅咒的厨房工作可以结束了。”

“尽管要削土豆皮，要点火做饭，”路德维希回答说，“可一想到回去时还要乘船，我就高兴得很。在我的一生中还从来没有这样愉快过。”

走了一段不长的路，乐队到了麦根特海姆。这座小城到处装饰着彩旗和彩带。当波恩的乐师身穿红色的制服，坐在彩车上经过坎坷不平的石头路时，从所有的窗户里都露出了好奇的面孔。年轻的姑娘们招手致意，这些乐师兴高采烈地报之以礼。

“看来这些好人至少是会理解我们的，”里斯说，他像一个回到自己都城的统治者那样，亲切地向四下里挥手，“这儿很可爱，很舒服，可波恩不是这样！我原来想我们在这儿一定是很无聊的。——这座老房子是做什么用的，你们这儿有一座军营，车夫？”他面向车夫问道。

“这是教团宫。”

一座巨大的、灰白色的、毫无装饰的建筑出现在他们的面前，它上面的一个光秃秃的塔楼呆滞地凝视着高空。

“这得让人看出来是一座宫殿才行啊。”里斯说。

车辆通过一片荒凉的空地，穿过一座昏暗的长长的门道，然后停在宫殿的内院。人们从车上下来，周围是光秃秃的墙壁，只有在空的一面，教团教堂正门上巴洛克风格的装饰才使这景色有点生气。

“瓦尔德史泰因伯爵！”路德维希高兴地喊叫起来。

“呐，一路顺利吧？”伯爵说，“是啊，这儿并不很美，可姑娘们都很干净整洁，这我可以肯定。一两个星期是好过的。”

他喊来人，给这些来的人安排住处。这儿是清一色的僧侣般的单调。

“卢克斯先生，”路德维希笑着说，“现在您不再是船王了。您愿意做一个教士了？”——卸位的船王惊悸地摇头。

许多高官显爵都集聚在宫殿，整个教团直到选帝侯本人，取道威尔茨堡，前来对侯爵主教[①] 进行拜访。第二天晚上他抵达了，一大群身穿长长的白袍的教团骑士擎着火把夹道欢迎他们的首领，这确是一幅很美的场面。

“孩子们，”次日，里斯当乐队集合在他那里准备排练时说，“我们不会在麦根特海姆感到无聊；我们会累得喘不过气的！我这儿有整个星期的节目，你们要注意听！星期天：喜剧，包括序曲和幕间音乐；星期一：舞会，这就是说，我们伴奏，别人跳舞，这要进行一整夜；星期二：轻歌剧；星期三：大型音乐会；星期四：喜剧；星期五：文艺演出；星期六：轻歌剧。下周再从头开始。每天当然都排练，还要加上做祷告……我们的指导莱恰先生得了足痛风待在波恩，若是他来能选些我们熟悉的节目吗？可现在我告诉你们，孩子们：跪下感谢你们的上帝吧，我没有留在家里，否则的话你们就得在豪斯勒剧团音乐指导的指挥下演奏了！昨天我拜见了他，他叫韦伯，看起来像一个退职的骠骑兵上校，做起来也是这样。居高临下，友好得让人难受，一句话：傲慢。可他有一个很可爱的小儿子，这个老家伙。小家伙好像也很懂音乐。就这样，我们开始练吧。你们振作起来！我可不愿意在骠骑兵上校面

①原文为 Fürstbischof：系指有侯爵封号的主教。——译注

前丢脸！”

工作安排得满满的。上午，教团开会时，乐队就进行排练，下午六点音乐会或者剧院就开始演出。只有中饭后有段时间可以闲逛，在法国式的宫廷花园里或者到附近的森林山谷去。

有一次，在排练歌剧时，路得维希注意到正厅中间有一个大约五岁的男孩，他面色苍白，长着深色的头发，一对灼灼发亮的眼睛聚精会神地望着。路德维希离开大厅较晚，这时小家伙走在他的前面，有一两步远。他有些踮脚，走起路来显得费力，最后他停住了脚步。路德维希走到他跟前，想帮他一把。小孩神气地摇摇头表示谢绝。

“你叫什么名字，孩子？”

“卡尔·玛丽亚·封·韦伯。”

“你喜欢歌剧？”

“喜欢，但是我的父亲指挥得更好。”

小家伙的批评使路德维希忍俊不禁。孩子投来惊奇的一瞥，随后转过身去，一拐一拐地走了。

有一两次重要的来访：威尔茨堡的侯爵主教进行回拜，附近基尔施伯格的封·霍恩洛埃侯爵前来拜访。为这两个人举行了盛大的音乐会。在音乐会上男高音歌唱家希蒙内梯、女歌唱家威尔曼、两位罗姆伯格都得到了称赞。路德维希只是拉他的中提琴，他没有公开以钢琴演奏家的身份出场，因为在麦根特海姆没有好钢琴。但至少有一次他个人确是取得了成功。来自基尔施伯格的神父容克是一位深孚众望的音乐评论家，他认识了路德维希并听他演奏。他在给鲍斯勒的《音乐通讯》的一篇长长的报导中写道：“我还听到了伟大的钢琴演奏家之一，亲切善良的贝多芬的弹奏。我认为，从他几乎是取之不竭的思想上看，从他的演奏的完全独特的表现方式上看，从他演奏的娴熟上看，这个可爱的、情绪安适的人可算是一位名家。我不知道，成为一位艺术大家他还有什么不足之处。我听过伏格勒的钢琴演奏，听过多次，几个小时不断地听，总是为他那格外熟练的技巧而赞叹不已；但贝多芬除了技巧娴熟之外，他的演奏是生动的，有价值的，富于表现力的，简短的说，更多地是出之于内心。他的徐缓和快速弹奏得同样好。乐队里所有那些出色的演奏家都是他的崇拜者，每当他弹奏，他们就倾听。他是一个谦逊的人，朴素无华。他的演奏与通常的演奏方式全然不同，他仿佛要在钢琴演奏上开拓出一条完全独特的道路，以便去达到完美的境地，现在他已经达到了目的。”

在一个空闲的星期天下午，有次路德维希和伯恩哈德·罗姆伯格做了一次远游。在归途上，他们经过一个名叫斯图帕赫的小村庄，天气非常热，于是他俩进入教堂，稍做休息。一种单调的嘈杂声扑面而来，这是在做祷告。他们在一张空凳子上坐了下来。路德维希为了好玩，观察持续不断的和弦变化。祷告者的朗诵就在这种变化中进行。他们从 F 大调慢慢地过渡到 E 大调。现在朗诵静下来，一个声部转入降 A 小调。随后朗诵又开始了，这次是 G 大调的四六和弦，随之又经过升 F 大调降到 F 大调。罗姆伯格这期间睡着了。路德维希环视着教堂四周，一切都是极端的简朴，几乎没有什么装饰。他的目光转向前方的神坛。那儿挂着一张画，画的什么，他从远处看不清楚，但是有一种奇妙的光华从那儿闪耀出来，这难道出自一个乡村画家之手？他打定主意，过会儿到近处看一看，于是暂时把注意力又转向唱诗班。但他情不自禁总是把目光顾向神坛上的画。——终于教徒们合唱起赞美诗，整个祷告随即结束了。在教堂里只剩下路德维希和他那睡着了的朋友。

他站了起来，慢慢走向神坛，目光紧紧被那幅画吸引住。他站在画的前面，一种感情油然而生：他熟悉画这幅画的人。——这是一幅圣母圣婴像。圣母裹着鲜红的锦缎衣服，它和蓝色的罩袍交相辉映。她胸前搂着小基督，递给他一个苹果，快乐欢笑的圣婴伸着双手去抓。玛丽亚的脸上是怎样一种表情啊！呈现出一种深沉内在的美；圣婴的目光里流露出幸福的微笑，但在眼睛里却含有某种痛苦，享受美好的现在，并洞悉了未来的痛苦；但这种痛苦却由于对上帝意志的顺从而得到克制。

路德维希站在画像前动也不动，看得入神。他仿佛觉得玛丽亚张开了嘴唇。她对怀中的婴儿轻轻地唱起了一首歌，一首幸福和痛苦的歌，一首顺从的歌。画像上的颜色变成闪光的音符，聚集成合唱，这合唱虽然寂静无声，但却强而有力。画像上端，天庭开启，天父俯视下界，他周围是一群欢呼着的小天使；他们的声音就像温柔的笛声飘落下来，到了尘世就成了歌声。

现在能弹出来了！路德维希心想。那儿有一架管风琴，风箱也是现成的。他走到还在梦乡中的朋友那里，唤醒了他。

"罗姆伯格，我得弹一弹，做点好事，替我拉风箱！"

他俩走到管风琴前，每个人坐到自己的位置上。画像所唱出的，在路德维希手下变成了声音。玛丽亚的痛苦和解救编织成他个人的痛苦、他个人的解救升腾起来，感激地和强有力地环绕在神坛上画像的四周。——

"贝多芬！"罗姆伯格说，"你这是从哪弄来的！你从来没演奏过嘛！"

"从哪弄来的？你看神坛上的画像！"

在教堂的入口处站着一个年迈的神职人员。

"您是艺术家？"他面向路德维希问道，他抓起他的双手，一握再握。——"哦，这太美了！在我的一生中还从没有听到过这样动人的音乐！我感谢您！您是谁，我可以问吗？"

路德维希说了他的名字和职业。"但是您没有什么可感谢我的，教士先生！我得感谢您，或者更应当感谢你们的这幅神坛画，是它赐给我的。"

"是啊，这幅画！"老人回答说，并充满敬畏地向神坛望去。"为了这幅画，我宁可放弃去做大教堂的教士！玛狄雅斯 · 格吕恩瓦尔特① 画的真美。"

"玛狄雅斯 · 格吕恩瓦尔特！"路德维希重复了一遍。"我从来没有听到过这个名字！"——

他又一次走到画像前面。跨越了几个世纪，两个天才相互伸出了手来。

教团会议结束了。在最后一场歌剧演出之后，路德维希被唤到选帝侯面

①格吕恩瓦尔特（晚年名尼特哈尔德特，约1480—1528），德国伟大的画家，斯图帕赫的神坛像为他的代表作之一。——译注

前，他来时选帝侯正在和瓦尔德史泰因伯爵谈话。

“啾，第二管风琴师先生，”选帝侯笑着对路德维希说，“在麦根特海姆的美好日子结束了。喜欢重返波恩吗？”

“人们都想在这儿再多呆一段时间，国王陛下。”

“这么说，是不喜欢波恩了？好啊，斐德尔，对波恩已经缺少热情了，你怎么说呢？难道你不认为，这对我们是一种就地惩罚吗？”

“当然是的，国王陛下！但马上就可以得到改正，这会使这个年轻人清醒过来，叫他知道波恩是多么美。”

“完全正确。斐德尔。换换空气。现在我决定：一两天内我去维也纳。那儿住着一位莫扎特先生，他曾一度做出努力，要把我们的第二管风琴师造就成一个像样的音乐家，可是白费了力气。我这次要见这位莫扎特先生并问他，是否乐意再次接受这位第二管风琴师先生为徒。宫廷管风琴师先生同意吗？”

“国王陛下——我喜出望外——，但愿我能够离开家庭！”

瓦尔德史泰因插了进来。

“听我说，路易斯，现在不要说这样的傻话了！不久前你在波恩不是对我说过，你的家都已安排得很好了吗！你的那位学药剂师的小兄弟，很不错，有出息！至于你的兄弟卡尔——，我已经与内弗先生商量多次，在你不在的时候，他负责他的学业，不管多长时间。”

“那我父亲呢——”

“亲爱的贝多芬，”选帝侯非常严肃地说，“不要谈你的父亲了。只能照顾到你的两个兄弟，而且在我看来，你父亲不会加以阻拦的。”

“不会的，国王陛下，我想是不会的。”

“那就说定了！愿上帝保佑！”

穿过秋意盎然的田野，怀着对维也纳和莫扎特的幸福向往，经过一次惬意的旅行之后，路德维希又回到了波恩。矮小的内弗十分喜悦地接待了他。当路德维希对他接受他的弟弟表示感谢时，他几乎冒火了。“啾，路易斯，你听着！难道这不是我应尽的责任吗？再说什么废话我就要把你扔得远远的！现在你得准备如何去会见莫扎特！如果你再度站在他的面前时，你要拿点什么东西给他？总不能是《皇帝康塔塔》吧？这已经是两年以前的了。”

“在麦根特海姆我开始写一首弦乐三重奏，这个还是行的。”

“好啊，快点把它完成！在一个月之内，我算计你就可以成行了。”

十月就这样过去了，随之到来的是十一月——

已经是十二月了。——

一天下午，路德维希坐在内弗那里。他把自己的三重奏的一个完成了的乐章拿给他看，老师很满意。

“这又是一个巨大的进步，路易斯！一个美妙的慢板！温柔、深沉，但刚劲有力。现在只缺少最后一个乐章。上帝保佑！我现在开始有点不安，该有从莫扎特那儿来的消息了！我简直不懂，怎么拖这么久。”

内弗的妻子拿了一封信进来，交给她的丈夫，重新走了出去。内弗观察了下邮戳，高兴地叫了起来。

“说啥来啥，路易斯！从维也纳来的！从莫扎特那儿来的！——不对，等等，这不是莫扎特的手迹。”他匆忙地打开了信，开始看，随即发出一声痛苦的叫喊。路德维希还是头一次看到他的老师恸哭——嚎啕大哭。

“我的上帝——内弗先生——，怎么回事？”

内弗站了起来。在他那温柔的褐色眼睛里充满了无限的痛苦。

“路易斯——勇敢些！——莫扎特死了。”

他把路德维希拥到胸前，像个孩子似地抽泣起来。

他俩就这样站了很久，最后内弗终于拭干了泪水，抓住路德维希的手。

“路易斯，”他轻声地说，“我是一个虔诚的基督徒。但发生这样的事，我理解不了。他还这样年轻，正是年富力强的时候就辞世而去——，一切都成为过去，一切都烟消云灭。——为什么？为什么？如果一定得有个音乐家去死，为什么偏偏是他？为什么不是别人？为什么不是我？——有谁能为我回答？”

他坐了下来，两眼呆滞地望着前面。随后，他又拿起信，继续看下去。

"看来是肺病。从九月他就病了。"

"那时我们还在麦根特海姆。"

路德维希痛楚地说。

"最后十四天他卧病在床，但直到临终他还在狂热地写一首《安魂曲》。他知道，他这是在为自己而写。他没有能够完成它。在十二月五日他停止了呼吸。——哦，上帝！哦，上帝！"他突然叹息地说，"路易斯，听着，看维也纳人是怎样安葬这位天才的！没有人，没有一个人送他到教堂墓地去！天气也太坏了。没有钱举行一个像样的葬礼。人们竟然把他送到一个公墓下葬了事！"

路德维希迸发出一阵狂暴而愤怒的哭声。

"莫扎特！噢，这是耻辱，耻辱！选帝侯在哪？可他是在维也纳呀！那些富有的高贵的朋友在哪？侯爵们，伯爵们在哪？他们一生都在压榨他。应该把棺材重新起出来！应该给他建造一座殿堂！"

"人们不会找到它了，"内弗的声音颤抖着，"人们不知道，坟墓在哪。在他之前，没有一个人给予人类如此之多，可得到的居然是这样的报偿！"

一阵长时间的沉默。——"内弗先生，"路德维希终于说道，"你让我走。我——不能再呆下去；我要——噢，莫扎特！——我——我——"握了握手，他走了出来。

外边，狂风夹着冰雪鞭打着他的脸，他全然不顾。他走下去，不知道往哪走。他站在老关卡旁的露台上。风刮得越来越猛。

"下葬在公墓里！"

灰暗的雪云在天空翻滚。但在西面的地平线上露出一丝光亮，一道狭长的蓝镶边清晰可见。

路德维希挺直起身子；从他的眼中闪现出一股奇妙的火花。

"我要给他建造一座殿堂！用我的作品！莫扎特称我是他的继承人！我发誓，我要成为他的继承人！这个世界会这样认识我和这样称呼我的！"

第二十五章

法国发生的革命，随着时间的推移把一大批上层家族驱赶到德意志边境这边来。这些流亡者想方设法要把德国的国王们拖进反对革命的法国的战争之中，以图挽救王国并重新恢复他们旧有的权力。在科布伦茨设有他们的大本营；他们的代理人奔波在莱茵兰，到处征募志愿兵。维也纳和柏林宫廷倾向进行战争：皇帝是为了他妹妹玛丽·安东内特的王位，而普鲁士的弗里德利希·威廉二世是在路易十六的身上感到了自己的王权神授受到了侮辱，受到了威胁，他的将军们期待的是一次轻松的胜利。但是被革命弄得喧嚣不宁，军事上完全混乱的法国却抢在它的敌人的前面，在一七九二年发表了宣战声明。莱茵一带的人民陷入极度的动荡之中。如果说在此之前，人们对边界另一边发生的事件怀着热烈的兴趣予以注视的话，但毕竟当作是与德国人没有直接关系的外国的事情，可现在一下子就变样了。法兰西一向的追求就是把莱茵河变成边界，这是人们忘记不了的，每个人都感到，现在关系到他们的故乡了。科隆选帝侯觉得格外受到威胁，选帝侯是玛丽·安东内特的弟弟呵，并且是皇帝弗朗茨的叔叔，弗朗茨在利奥波德猝然去世之后就碰到宣战声明。——人们争相阅读报纸，酒馆里座无虚席，每个人都要打听最新的消息，与自己思想相同的人交谈，发表自己的意见。

就是向来远离酒馆的路德维希，现在也挤在这些人当中。通过威格勒的引见，他进入一个社交圈子，这些人晚间都集聚在市集旁“蔡尔庭园”的寡妇科赫家里。艺术家、学者、神职人员、宫廷官使坐在一张大的圆桌旁，辩论着，咒骂着，做出各种各样的预言，相互争吵，又相互和解，这中间酒馆主人的女儿，波恩的最美丽的姑娘巴伯特经常是扮演着调解人的角色。

尽管政治局势紧张，但剧院并没失去它的吸引力。正相反，人们要转移自己的注意力，因此每场演出都座无虚席。这个演出季节由于选帝侯长时间在维也纳的停留而开始得特别晚，一直延续到六月底。路德维希依然拉他的中提琴，这不费他什么力气；乐队指导莱恰体弱多病，因此整个演出季节只上演了十一部歌剧，每部几乎只演出一场。观众总是要求新的东西。

在这整个时间里，路德维希处于一种持续不断的纷至沓来的内心骚动不安之中。先是政治形势的动荡，这使他老是紧张不宁。随之他对自己也变得没有把握了，他现在已经二十二岁，虽说他不间断地致力于精神上的发展，但他不得不对自己说，不能老是这样下去。首先他是一个音乐家啊，而他的已进行了四年的音乐教育现在处于一种停顿状态，这使他焦躁痛苦。这种状况何时结束还很难说。除此，他的心本来就够烦躁的了。玛丽亚·威斯特霍尔特已不再扰乱他内心的平静。自他从麦根特海姆返回之后，他不再给她授课，避免与她见面。但这初次的爱情经历却极度震撼了他那年轻的灵魂的最深处，给他留下了一种对爱情的炽热的渴求，这种渴求在他身上与他一直遵循的康德哲学的绝对命令进行一场艰苦的斗争，每当他与一个年轻的异性接近时，这种斗争就一再爆发出来。而这种事情每天都要发生的。他的授课使他与相当多的上层社会的年轻女士接触，还有剧院里的女演员和舞蹈演员，作为管弦乐队中的一个成员，路德维希要经常与她们碰面。而剧院，经过一段时间之后，他才了解，至少在它的四面墙里并不能被看做是一座“道德学校”。开头时，少男少女之间的毫无拘束的语气使他感到高兴，因为同他一直是熟悉的上流社会的腔调比较起来，他觉得更诚挚更坦率，令他的耳目为之一新。但逐渐地他看出来，在这种语调之后还隐藏着某种另外的东西。有一天别人向他揭示了此中的奥秘：一个同事问他，是否就像圣·约瑟夫那样长时间地保持自己的童贞，他可以搞到一大堆女孩子呢。这后一句话是正确的；尽管路德维希不是一个阿多尼斯[①]，但在剧院里他却是一个令人感兴趣的年轻人，他现在已在社会上有了地位，并有着一个美好的前途。剧院里有很多姑娘都属意于他。有一天，一个妩媚的小姑娘，她是合唱队队员，竟发起了首次进攻。路德维希直截了当地拒绝了她，可她并不后退，当她要搂抱他的脖子时，路德维希给了她一记狠狠的耳光。当然，是他的良知而不是他的心灵使他做出了这种举动。每当他想起这件事，他的心就剧烈地跳动，并且一再地跳动不已，他无法不经常去想到它。一种不宁主宰了他，他不再是他自己的主人了。他用锐利的目光观察着那些风流韵事和你欺我骗，相互引诱，相互吸引和勾心斗角，到最后他也开始怀着一种兴趣去观察这些女人，这种兴趣不仅仅在于观察她们的艺术才能，而更多的是她们的面孔和体态。他特别喜欢主要女歌唱演员玛格达莲娜·威尔曼，她与父亲和姊妹在一起，过着一种市民阶层的正派的生活，但在剧院里围绕着她却谣诼纷起。他还是那样天真无邪和不谙世故，威尔曼自然很快就发现了他对她的爱慕；尽管她在暗中嘲笑她的这个丑陋的崇拜者，但做出真正爱上了他的样子。不要很久，周围的人都知道了路德维希是威尔曼宠爱的情人。他的一个同事祝贺他的成功，他愤怒地驳斥这一类怀疑的荒唐无稽，但这于事无补；他的发火被看做是一种气恼，认为别人偷看了他的秘密。

假期到了，他能有一段时间摆脱开剧院里的乌七八糟的事情，这一切使他十分反感，几乎不可忍受，他为此感到高兴，真得感谢上帝。布洛宁一家邀他一道去他们位于阿尔河畔的鲍耶尔的别墅度假。他像逃向天堂一样徒步进行了这次短途旅行。这座令人感到愉快的住宅坐落在偏僻的乡村，门上悬挂着醒目的家族徽章。布洛宁一家人对剧院里的流言蜚语还一无所闻，路德

①希腊神话中的美男子，爱神阿芙罗狄蒂的情人。——译注

维希受到和从前一样的无拘无束的接待。两位神职人员留在波恩，他们对他还一直是持着某种批评态度。

与布洛宁夫人和埃莱诺蕾的交往对他说来犹如一场沐浴，洗掉了波恩的这些污秽之物。但，最近一段时期的经历使他用另样的目光来观察起埃莱诺蕾。她不像威尔曼那样美丽，但她确是非常非常可爱的！她长得多么标致，多么窈窕！她的面孔多么纯洁，多么高贵！她笑得多么迷人！而她最最美的是：在这副身躯里有着多么聪颖多么有学识的精神，多么高尚的灵魂！他不理解他为什么现在才注意到这些。不，这样说是不对的。他一直是注意到了的，但它们都从他身旁一掠而过，他认为这些都是不言而喻的，而没有加以思考。现在他认识到了，总而言之，埃莱诺蕾是全波恩最妩媚的少女，连蔡尔庭园中美丽的巴伯特·科赫也包括在内。这个高贵的、可爱的人是他的女友！这个发现犹如一种巨大的赏赐使他感到幸福。他想起他的同事们的起哄，他们对这种友谊是心怀妒羡啊。他的父亲在唠叨着，他的大儿子是否会利用命运的宠爱，通过与一个富家女儿结婚而使他的父亲能过一个无忧无虑的晚年。路德维希对父亲的废话不以为然，他现在有自己的想法。为什么与埃莱诺蕾的结合就不可能？他想到对玛丽亚·威斯特霍尔特的不幸的求婚。但这完全是另外一回事，布洛宁一家人没有这种门第偏见。可对威格勒该采取怎样的态度呢？路德维希知道，他是喜欢埃莱诺蕾的。但是，在他得到一个医学的教席之后，也就是说有了职务和地位都已两年了，他为什么还不谈出来呢？或者他已经谈了并遭到了拒绝？——他作为一个管风琴师和钢琴演奏家所得到的微薄收入当然无法供养埃莱诺蕾，这仅够他的两个兄弟用的！他还一直是一个学生，建立自己的幸福家庭，这还是多年以后的事。而靠妻子的陪嫁生活，用她的钱去继续学习，这是他的骄傲所不能忍受的。

这样一来，他对埃莱诺蕾不可能像从前那样无拘无束了。他在观察她对他的态度，她对他说些什么，她怎样看他；他不带任何成见去进行判断，但依然不得要领。——埃莱诺蕾长期就把她的那种纯洁的、沉默的爱情桎梏在她的心中，她很清楚地觉察到这种变化，但她不知道，这意味着什么，因而感到不安、困惑。两个年轻人就这样幸福但也不幸福地相处，而对两个人说来这却是一段美好的时光。他们一起弹琴，路德维希为他自己使埃莱诺蕾喜欢上音乐而感到骄傲。他知道她对《费加罗》的偏爱。有一次，两人之间发生了一次小的口角，她就好斗地唱起了挑战的“Se vuol ballare, Sigaor Contino”[①]。这时他就萌发了一个念头，用这个旋律写一首钢琴与小提琴的变奏曲，特地是为了她，在这首变奏曲中，他要描绘她，也描绘自己，有时是对立的，但从根本上却是不可分的，而最后相互之间达到了幸福的结合。一大早，大家还在睡眠中，他就在自己的小房间里写着，轻轻地吟唱着，以免惊扰别人。这部作品进展很快，为此他感到幸福；这一切表明，不仅仅对埃莱诺蕾和他本人，就是对把自己名字写在下面的出色的大师说来，这都是一部值得珍视的作品。——他俩共同漫游美丽的阿尔山谷，鲍耶尔的四周景色被山谷的俏丽所衬托，这只是开始时的弱音。阿尔瓦勒用它古老的，上面矗立着塔楼的城墙和被一株巨大的白杨树警卫着的城门，像一个无畏的哨兵，守卫着它身后沿河而上所形成的浪漫情调的壮丽风光；在山谷变狭的地方，颜色深暗的页岩群经常伸向河流，即使那些人们用自己的勤奋向崖石夺来的葡萄园，由于和堡垒的城堞相似，也一点减弱不了这景物的威武雄壮的色彩。角落上两处河浪拍击的崖石中间就像乐曲的行板；巨大的槭树和它们周围的树丛，在树荫下，饮上一杯火热的浅紫色的阿尔酒，休息片刻，聊聊天，可真惬意之极。但他们的谈话，每当两人想到同一个话题时就经常停顿下来，这话题就是现在对方可能在想什么呢。有一个问题多次在路德维希的舌头上打转转：他能否不仅仅是埃莱诺蕾的一个好朋友，而是比这更进一步。可是他控制住了自己，在返家的路上两人多半默默无言，但这依然美好。同埃莱诺蕾并肩漫步，她的步调与他和谐一致，这使路德维希心中充溢着一种甜蜜的感情。她的脚步，她的身躯的每一个动作都使他感到与自己有一种休戚相关之情。——时间就这样飞驰而过，布洛宁一家的避暑日期要结束了，明天

①见第十五章注。

就要动身返回波恩。

路德维希与埃莱诺蕾站在门口，听她讲解她的家族纹章。这是一个上面画有古树老屋的纹章，在一个树墩上立着一所简陋的小屋，旁边是一个十字架，这是凯里希家族的徽记，布洛宁夫人就是它的后裔，上面还有两顶贵族头冠。另一个是布洛宁家族的纹章，三支百合花，但没有头冠。

“布洛宁家族原先不是贵族？”路德维希问。

“我什么也不知道，”埃莱诺蕾回答说，“这有什么关系吗？”

他的心开始急剧跳动起来；过了好大一会儿，他才能做出反应。

“当然没有，”他终于说话了，“比如说我们——我从来不知道，我们名字中的‘范’意味着是贵族，或者是什么意义也没有。”

“我们只认识一种贵族，”埃莱诺蕾说，“这样的贵族是不需纹章的。”

现在路德维希敢于看她了。她的面色苍白，嘴唇颤动，两眼呆滞地望着布洛宁家族纹章上的百合花。

一辆车辚辚而至，驶到他俩身边停住，内弗从里面跳了下来。他气喘吁吁，仿佛是他把车从波恩拉到鲍耶尔似的。

“路易斯！”匆忙地打过招呼之后他就说道：“你得跟我走！快点走！海顿来了！”

“海顿？”路德维希惊愕地喊了一句。

“对！海顿本人来了！从伦敦回来，去维也纳。你倒是快点！马上就动身，时间还来得及。幸好你刮了胡子。我们到戈德斯贝格，乐队在那儿准备了一顿早餐。他已经问起你，愿意亲自和你谈谈。怎么样？这难道不是好消息吗？”

布洛宁夫人从门里走了出来。内弗向她表示问候。路德维希好一阵子不知怎么回答，他该怎么办？一起走？离开埃莱诺蕾？偏偏在这个时候？

“洛尔馨，赶快准备点吃的。”冯·布洛宁夫人说，埃莱诺蕾走进房子里。

“明天我不是能和海顿同样谈吗？”路德维希说，“反正明天要一起返回波恩的。”

“不可能了，”内弗说，“他明天吃完早点就继续赶路。”

路德维希考虑了片刻。没办法，他必须马上走。再说明天晚上又可以跟埃莱诺蕾在一起了。于是他匆忙地整理好箱子，半小时之后，车已经上路。

“路易斯，”内弗说，“也许你还怀疑我是否对你偏爱，那现在希望你相信我！整个上午我本可以在海顿那儿度过的，可我却完全独自一人在这炎热的七月天气，坐车来乡下找我的路易斯。如果说这还不叫做牺牲，我不知还有什么了。可是感谢的话呢？到现在我还没听到一句。”

路德维希两眼发呆。当内弗现在停住了他的滔滔不绝的话头时，他才从自己的深思中醒了过来。

“您在说什么，内弗先生？”

他的老师绝望地摇摇头。

“他的思想跑到哪儿去了！”他感到有些委屈地说，“呐，好吧。那儿有块空地，是有趣的玄武岩山峰，我们到上面去逛一逛！嘿，车夫！”

路德维希不由得笑了起来。“您别生气，内弗先生！这件事太出乎我的意料！说说吧，海顿都谈了些什么？”

“海顿都谈了些什么？呐，他说，‘天哪，两年前那个长着深色头发的年轻人不在啦？那时他给我看了他的乐谱，’我说：‘是呀，能更好一些，但也可能更坏一些。’——‘完全正确，乐队指挥先生，’我说，‘他还一直活着。’——‘这样，他还一直活着？’他说，‘我们这种人是死不了的。’——我说，‘您又说对了，乐队指挥先生。’”

“内弗先生，您还在生气呵，是我的不是了！他到底说了什么？”

“我刚才给你讲的句句是真话！哦，对了，我还忘了：他对这个年轻人记得很清楚，还有他的音乐，他高兴要再见见他。”

“他怎么到戈德斯贝格去了？”

“选帝侯不在，由乐队出面招待这位卓越的同行，在戈德斯贝格为他举行一次小型的早宴。”

“选帝侯不在？”

“你好像什么都不知道了，我亲爱的朋友！在法兰克福正为皇帝举行加冕，普鲁士人和奥地利人都来了，不伦瑞克公爵发表了一项愚蠢的声明，要求新法兰克人为他们的错误低头认罪，否则的话他要在巴黎毁灭一切——，这一切你当然都一无所闻了。”

“知道，知道的，”路德维希说，“在布洛宁家里当然都议论过了。——谈谈海顿吧。”

“呶，他还是老样子。誉满全英，还带回来一大笔钱，有人说是一万二千古尔登，但他依然和上次看到的一样，还是那么朴素、谦逊。现在这个人闻名整个欧洲，而他还记得你并要同你谈话，我亲爱的朋友，这对你可是另眼看待呀。”

经过长时间和炎热的行程，他俩终于到达了戈德斯贝格。两人一临近选帝侯建造的跳舞厅那漂亮的大厦时，就听到笑声和酒杯的碰击声。在浓蔽的树荫下摆着一张大桌子，海顿坐在一把饰有彩带的椅子上，周围是波恩的乐师们，他同他们聊着天，开着玩笑，仿佛他们和他没有什么不同。早餐早已结束了，当海顿瞥见他们两人时，他站了起来，迎着走去，极其友好地表示欢迎。

“范·贝多芬先生，我还一直记得您的康塔塔。它给我留下强烈的印象，在英国我时常在想，您又创作了些什么。你们来，我们散散步，走一走。先停停！你们还没有吃过东西吧？”

“吃过了，乐队指挥先生。”

“那更好了，”海顿说，“饭桌这儿有点吵。你们有兴趣陪我登戈德斯贝格吗？从那儿可以眺望一下美丽的景色。”

步行了一段时间之后，他们到达了堡垒的庭院，站在一座小教堂前面。

“这是米歇尔教堂。”路德维希解释说。

“让我们进去看看，”海顿说，“我想朝拜一下我亲爱的米歇尔兄弟。”

两人进入教堂，海顿跪在手执明亮宝剑的圣者面前，虔诚地祷告。——随后他们继续前进，沿着石阶而上，直到堡垒上端，从这儿莱茵河景色和七峰山一览无余。旁有一凳，他们随即坐了下来。

“这景色使我想起了维也纳，”海顿说，“和在我们家乡一样，一条宽阔的河流，美丽蜿蜒的群山。——是啊，范·贝多芬先生，您现在都有一些什么样的计划？上次我来这儿的时候，您希望，以后能再次去维也纳，去莫扎特那儿。现在已经太迟了。”——他的两眼饱含泪水。——“可怜的，可怜的莫扎特！这么年轻就死了！他若是活着，能给世界创作出什么样的东西啊！我生命中最最美好的已经逝去了！——现在呢，我在那儿所得到的是一笔数目可观的钱，是许许多多的馈赠，但是所有的一切使我感到难过，因为我总是不得不想到，人们没有为他举行一个隆重的葬礼！若是在英国，那会为他举行国葬的！我头一次为自己是一个德国人而感到羞愧！”

“我们两人想的完全和您一样，乐队指挥先生。”现在内弗插了话。

“我知道，正因此我才这样说。——现在您来谈谈我们这位年轻朋友的事情吧，对他我们抱有很大的希望。范·贝多芬先生，您不想对我谈谈您对未来是怎么打算的吗？或者您最好先告诉我，从我们上次在这见面之后，这一年半您都做了些什么？”

“唉，”路德维希有点窘迫地说，“做的不多。”

“什么？”内弗喊了起来，“不多？是这样，乐队指挥先生，他先是演奏他的管风琴，在管弦乐队里拉中提琴，给人上钢琴课，用这种办法养活自己和他的两个弟弟；他的父亲患病，不能工作。除此他写了不少作品：一两首钢琴变奏曲，一部管乐八重奏，歌曲，一部美妙的弦乐三重奏，这些只是其中最重要的。他也涉猎文学和哲学。这个人还居然说不多！”

“我觉得这应当说多而不是不多，”海顿莞尔一笑，“理论上怎么样？作曲法等方面如何？那时您在这方面是欠缺的吧？”

“我也这样认为，”路德维希回答说，“在理论上我根本没有什么进步。内弗先生老是解释说，他这方面没有什么好教我的。”

“我是不能教，”内弗粗声粗气地说，“我自己也没有学过。”

“还有时间，”海顿说，“来完成您技术方面的教育。您知道我要向您提出什么样最好的办法吗？把您带到维也纳去，我亲自做您的老师。”

“那太好了！”路德维希说，“但是选帝侯会给我假吗？”

“他当然会给的！”内弗喊道，“如果有像他所尊敬的海顿那样一个人来亲自指导你，他一定会高兴的。一两年以后，一辆专车把你载回，送还给他，那时他有你这样一个艺术家，整个德国的宫廷都会因此而嫉妒他的！”

“我熟悉你们的选帝侯，”海顿说，“我也是这样认为的。”

“好极了，”内弗喊道，“遗憾的是，现在偏偏选帝侯不在，真该——我差一点说走嘴！否则的话，你立即就能前去维也纳。等他一回来，瓦尔德史泰因马上就会用手枪对准他的肚子。于是，路易斯：立刻去维也纳！”

“这对我确实会是一种幸福，”海顿说，“我将怀有这样一种感情：去完成莫扎特的一项遗嘱。——现在我要向你们展示点东西。”他掏出他的信袋，从中抽出一封信。——“你们看，这是我拥有的最伟大的珍宝，我一直把它带在胸前。当莫扎特把他题赠给我的六首弦乐四重奏寄给我时，他给我写了这封信。——维也纳，一七八五年九月一日。——我尊贵的朋友海顿。一个父亲决定把他的儿子们送进这个伟大的世界，他相信他们会得到一个卓越人物的保护和指导，除此，幸运的是这个人是他最好的朋友。因此，你，卓越的人，我最尊贵的朋友，你得到了我这六个孩子。他们是——”

他无法继续念下去，两眼饱含泪水。他重新把信叠好，放进怀里。

“范·贝多芬先生，”他说，“如果您到我那儿，我无法给予您我们在莫扎特身上所失去的一切，而只能是一种拙劣的代用物。但有一点我可以做出许诺：莫扎特的精神与我们同在！”

第二十六章

这伟大的一天过去了，夜里路德维希长时间无法成眠。成了当世最伟大的大师的学生！他面前的道路终于，终于打开了！他觉得，一当他完全精通了他的艺术，一当他再没有什么技巧上的障碍，那他就会成为伟大的人，会比所有其他人都伟大！因为他有自知之明：这就是他鲠之于喉一吐为快的东西很多很多，比他所有的艺术同行要多得多。同莫扎特相比，他相差很远。如果他还活着，他会越来越坚强有力，会达到顶峰，大概没有一个人能步随其后。但是他不在了。他的逝世使整个音乐创作的上升之线中断了，尽管有海顿，有他的艺术上的真实性与自然的接近以及富饶充实。他觉得他的使命就在于去联结莫扎特中断了的地方；他要用一种伟大的思想去浸透音乐，这种思想现在还正在他的胸中急剧地发酵。思想，人类的崇高的思想应当变成音乐；凡是康德和席勒所教导人类的，他要通过他的音符的威力把它们喊出来。——他的思路开始变得模糊了；他睡着了。在梦中他听到喇叭奏出的乐曲。大天使米歇尔，周身一片霞光，站在他的面前。他左手执着一面盾牌，上面闪耀着音乐这两个大字；他右手擎着一把明光锃亮的宝剑，它划出思想这两个闪光的大字。——天使俯身向他，把盾牌和宝剑交付给他，随即消逝了。

翌日，路德维希又在考虑：选帝侯会同意吗？如果敌人的军队进城会发生什么事呢？还有埃莱诺蕾，同她分离这太痛苦了。但这不应当是永远的分离，顶多说是两年。那时他将以大师的身份返回，也就敢于问道，她是否愿意成为他的妻子。

傍晚他去拜访明斯特广场旁的这所府第。他在客厅里只遇到了冯·布洛宁夫人；埃莱诺蕾适巧有女友来访。

“那我只能向您一个人宣告我的幸福了。”他说，并把昨天的事情讲述给冯·布洛宁夫人听，她表示衷心的喜悦，但她的祝贺听起来很有节制，与他所期待的不同。

“发生了什么事情？”他问，“您今天与往常不一样。我原想，您会和我同样的幸福。”

“我是这样的，路易斯！孩子们也会为你感到高兴。”

“我能等等洛尔馨吗？”

“那会太晚了，姑娘们在一起有好多事情要说呢。”

当他离去时，布洛宁夫人走进女儿的房间。埃莱诺蕾哭肿了眼睛，她坐在窗前，凝望着外边。她的母亲走近她的身旁，温柔地抚摸着她的头发。

“孩子，你不要这样伤心。你对生活还没有什么理解。路易斯是个容易冲动的人，他所做的，几乎所有青年人都同样会做。因此你不要把他想得怎么坏。”

“这样不配去爱！”埃莱诺蕾轻轻地说，“他，这样一个出色的伟大的人！如果说所有的人这样做，那他不可以这样！一从她们的怀抱中跑出来就到鲍耶尔我们那去，装做好像什么事没发生一样。我相信他还是和从前一样，是个纯洁的人，是我爱过的那个纯洁的人。”

“孩子，也许他应当向你忏悔他的那些经历？”

“我不要他来！”埃莱诺蕾激烈地说，“他应当知道，我只能爱一个纯洁的人。哦，这就是一切，一切都过去了！”

“你向生活提出的要求，这是你不能得到满足的。如果你这样想，那你最好不要结婚，你很难找到一个完全纯洁无瑕的人。”

“我也不要结婚！”埃莱诺蕾激动地喊道，“我要留在你身边，若是你死了，那我也要与你一道去死！”

“我倒不希望这样，洛尔馨。但是你记得我过去跟你讲过的话吗？路易斯不是为结婚而生的。我这样说不是因为他的这次爱情上的插曲，可你把它看得那么重。他会成为一个伟大的艺术家，他的艺术会完全使他着魔，在他的心里没有给妻子和孩子留下位置。洛尔馨，相信我吧，你跟他在一起是不会幸福的。”

“现在我自己也相信了。哦，若是我更早听你的话就好了，那现在他对于我就无所谓了，我现在就不会有这么多痛苦了。但不管怎样也要结束了。”

“他刚才在这里，并且问起了你。我告诉他你有客人。他即将去维也纳，去做海顿的学生。”

“我祝愿他一路平安，”埃莱诺蕾说，眼泪又夺眶而出；“我不要再见到他。”

“你怎么能这样做，孩子？”

“我躺在床上，就说我病了。”

“若是他的动身日期推迟了呢？不，孩子，不要讲些傻话！跟他见见面，友好的，就像什么事没发生一样。”

“若是他问我，是否我愿成为他的妻子呢？”

“你不可以让这种事发生。”

“我差不多已经让这种事发生了！若是昨天内弗先生不来的话，那就会发生这件事。”

布洛宁夫人思考了片刻。

“若是这样的话，那最好你们不再见面。你去科隆姑妈处呆一段时间；也许路易斯动身的时间比我们现在想的要早得多。”

“妈妈，难道你不要跟他谈谈他的这种行为吗？”

“我不想这样做。他已经够大了，知道自己该怎样做。——是啊，生活不完全是你所想象的那样，我可怜的小姑娘。——呐，哭吧，哭个够吧！”

在海顿动身不久，选帝侯就返回了波恩；但现在路德维希没有敢向他禀明这件事。他在想，选帝侯现在有另外的事要操心。政治阴云变得越来越浓，他对他的姊姊的命运满怀忧虑。推勒里宫被攻占了，忠实的瑞士卫队被消灭了，王族都被囚于圣庙里。联盟军队经过长期的犹豫开始从科布伦茨出发，向法兰西进军。但它们不是迅速地去对软弱的敌人进行攻击，而是慢腾腾地推进，围困一些无足轻重的要塞，驻步不前，从而使敌人有了集聚力量的时间。一七九二年九月二日占领了凡尔登，这对在丹东领导下的巴黎雅各宾党人是一个信号，开始处决上千个被抓获的保王分子。——天气似乎也在帮助法兰西人。雨下个不停，白天下，夜里也下；道路一片泥泞。从边境那边的军队中来的消息越来越少，到最后什么消息也没有了。一切都变得无从捉摸。终于有一天传来了音信，可开始没有人愿意相信这是真的，因为这太不可理解了，太令人难以置信了：训练有素、装备精良的联盟军队被阻止在香槟的因雨而变得泥泞不堪的地带，九月二十日在瓦尔米经过短暂的毫无效果的炮击之后，军队在乌合之众的革命士兵面前撤退了。翌日法兰西成了共和国，再没有国王了，有的仅是一个可怜的俘虏，他在为自己和他的家族而身遭囚禁，听天由命。

瓦尔德史泰因伯爵早就知道了海顿的建议，并热烈地表示赞同。最终他打定了主意，去见选帝侯，为路德维希说情。他不需费什么唇舌，选帝侯立刻就同意给路德维希不定期的假期去维也纳，薪金照发。

“若是他长时间不在，不知他还能找到我们不能？你怎么认为的，斐德尔？”

“国王陛下真会开玩笑，”瓦尔德史泰因回答说，并想发笑，但他没有笑出来。“新法兰克人建立了他们光荣的共和国，有足够的事情要做，不会想到去掠夺别人的。”

“愿上帝保佑你说的对，斐德尔。——巴黎方面有什么新消息吗？”

“没有，国王陛下。”

“你可不要向我隐瞒什么呀？”

“真的没有，国王陛下。”

“我可怜的姊姊！她会怎么样呀？”

“被驱逐到德国，国王陛下！”

“你是这样认为，斐德尔？”

“肯定是这样！否则又能怎样？”

“否则又能怎样？是啊，否则又能怎样！我真不敢去想。”

他面色苍白地坐到一把椅子上。瓦尔德史泰因担心地走到他的跟前。选帝侯疲惫地摇摇头。

“没有什么，斐德尔。我只是睡不好觉。叫大夫到我这儿来，给我带点安眠药。”

“贝多芬可以亲自来见你吗？”

“今天不要了，斐德尔。告诉他我同意了，他可以再次去。别忘了叫医生来！”

对选帝侯的恩准，路德维希本会感到十分幸福的，可是政治形势近几周变得越来越严重，这使他没法真正高兴起来；真的，他开始怀疑，现在离开他的故土和他的亲人是否明智。在十月里，法国将军古斯丁出现在莱茵河畔，占领了施佩耶尔、沃尔姆斯和美因茨，甚至越过了莱茵河直逼向法兰克福。这个消息在毗邻的特里尔大主教区和它的都城科布伦茨引起了一片惊恐。大主教请求波恩选帝侯给予军事上的援助，但马克斯·弗朗茨只能提供三百人，因为他的大部分士兵都在帝国军队里。特里尔选帝侯作为逃亡者来到了波恩，马克斯·弗朗茨把明斯特作为他的藏身之所，他本人也不得不考虑逃亡的打算。文件和极贵重的财物都打点装船。许多贵族家庭和上等神职人员也同样准备离开波恩。居民抢购食物，面包价格上涨，往常牲畜夜间都放到郊区的草地上，现在每晚都赶回家里，因为怕敌人进行突然袭击。建立起一支市民保卫队，所有能拿起武器的人都必须参加。每个人的脸上都满是恐惧和不安。路德维希可以离开吗？现在是每一个人都该挺身而起保卫故乡的时候啊！

布洛宁夫人对他进行了一番劝说。“不，路易斯，你有另外的义务。我们是被法国占领或依然是属于德意志，这你无能为力。你的神圣义务就是去完成你的使命。”——内弗和瓦尔德史泰因也同样说，路德维希自己是愿意被说服的，但是他心里有着一种痛苦的感情，他觉得自己几乎像是一个逃兵。

在此期间埃莱诺蕾从科隆归来，在当前政治形势紧张的情况下，她的母亲不愿意她离开自己太久。在这段时间里她回顾了她同路德维希的关系。她那纯洁的少女灵魂再也找不到通向她暗地热恋着的朋友之路。此后如同先前一样，她把他在鲍耶尔的行为看做是一种背叛。这样一来，经过几周的痛苦，她从内心深处摆脱掉了他。当他再度见到她时，她对他一副冰冷的心肠，这使他莫名所以。

“埃莱诺蕾！”他痛苦地说，“洛尔馨！究竟发生了什么？我们中间出现了什么事？”

“我不知道，您要求什么，路易斯？我像往常一样，对您是同样的友好。”

“我不相信！”他回答说，“一定是发生了什么，只是您不愿意告诉我。”

“路易斯，我请您不要怀疑我所说的话。”

“这是我不应当受到的一种责备。您伤害了我，埃莱诺蕾！”

“您伤害了我，路易斯！”

“洛尔馨，我不想伤害您！请您原谅我！但是我有眼睛和耳朵！我看到和听见了，您对我和过去完全不一样！您想想在鲍耶尔的日子！”

“是啊，路易斯，您想想在鲍耶尔的日子！”

他当然不理解她的话。——“洛尔馨，在鲍耶尔您对我是另一个样子！您对我是那样亲热！不仅仅是友好！”

她睁大了眼睛。——“不仅仅是友好？那能是怎样？”

“不一样！那时您使我相信，我不仅是您的朋友，而还更进了一层！”

“路易斯，我想我们最好结束这次谈话。”

“不，埃莱诺蕾！”他控制不住地喊了起来，“您必须对我做出回答！我不仅是您的朋友，而还更进了一层，难道不是这样吗？”

“不是。”她直截了当地回答说。

“那么说您是在玩弄我！哦，这是不光彩的！”

“路易斯，请您现在让我一个人待一会！”

他已完全失去了自制的力量。

“您在玩弄我！您现在拒绝承认，因为您感到羞愧！埃莱诺蕾，您使我多么失望啊！我成了您的小姐脾气的玩物，除此什么再也不是！哦，为什么我不能早一些时候了解到这一点呢！”

埃莱诺蕾一句话也没有回答，连看他一眼也没看，就走了出去。路德维希站在那里傻了一样，片刻之后他离开了这所房子，心中怀着一种他再也不会来到这里的情感。现在，向波恩告别他不再感到沉重了！

布洛宁夫人认为她的女儿和路德维希之间的破裂归终说来是必要的。但是这种破裂以这样尖锐的形式发生却使她感到伤心，因为她知道得很清楚，路德维希是怎样痛苦，而且从根本上说他是无可责备的。他的启程在即，一别多年。如果他这样离开波恩，那她就失去他这样一个朋友了。她等待了几天，看他是否会再来叩门拜访。他没有来。于是她给他写了一封信，请他不要不辞而别。半个小时之后，他站在了她的面前。

“您找我有事？”他说，并试图在目光里流露出冷漠和淡然的表情。但是，他在她的眼睛里看到的依然是一种母爱而不是别的什么，他的整个少年时代中最美好的都应感谢这种爱啊，这时他的对抗情绪便化为乌有。他俯身上前，以最深沉的动作吻了她的手。布洛宁夫人两眼饱含泪水。

“我亲爱而可怜的孩子，”她温柔地说，“我们不要哭，而应当理智地谈一谈。来，靠近我坐下。——你相信洛尔馨玩弄了你，向你卖弄风情？”

“她伤害了我！我是那样喜欢她！超过所有人！”

“路易斯，她只是你喜欢中间的一个！”

“不！”路德维希激烈地反驳说，“跟其他人，那都不过是儿戏。”

“那玛丽亚·威斯特霍尔特？”

“是的，我喜欢过她。但这早已是过去的事了。”

“那威尔曼小姐呢？”

路德维希满脸变得通红。“您知道她了？”他有点慌乱地说。

“你喜欢她，也许很喜欢。”

“她只是激起我的欲望。我要告诉您，因为我什么都不要对您隐瞒。她做出的样子仿佛她喜欢我，这使我的虚荣心得到满足，因为所有的人都为她着迷。是的，如果您想知道，我的确爱过她。但是我的内心深处却不是这样，爱情不是这样。当我到鲍耶尔时，我就把她忘了。但是我爱洛尔馨，这是最大的区别！——她知道了我与威尔曼的事？”

“我们一回到波恩，她的一个女友就告诉了她。”

“那么说原因在这了！可她为什么不说！我就会告诉她，这整个事情是不值一提的。”

“路易斯，你想想看，你爱上了一个姑娘，并且知道了另一个男人对她也怀有好感，就像威尔曼对你那样，你该会怎样想？”

“可从那时起我就冷淡了她。”

“那洛尔馨不能想到，你也会冷淡她吗？”

他沉默了片刻。——“我是想，”他说道，“这在男人和女人是不一样的。”

“路易斯，这经常是不一样的。但洛尔馨不是像大多数少女那样。她爱的那个男人必须完全属于她，不是这样那就结束了。”

路德维希两眼发呆。——“那么她是喜欢过我的。”他终于说道，热泪从眼中涌出。

“是的，路易斯。”

“我失去了。永远地失去了，——或者也许不是永远吧？”

“路易斯，那将来看吧。——不要带着一颗沉重的心离开波恩！路易斯，我们对你的期望很大！今后几年将决定你的未来！当你再回来时，你应当以一个人物，一个大师的身份返归故里！现在不要把你的思想牵挂在一个姑娘身上！你有更高的使命！我这样说，尽管这也涉及到我自己的女儿。”

“我可以再见洛尔馨一面吗？”

“我不想这样。你不应当使她的心再次痛苦。”

“我也不愿这样。我一个爱情的字都不跟她谈。完全不和她告别，这我无法离开。”

“好的，路易斯。我要她到你这儿来，可你不要辜负我的信任。”

随后埃莱诺蕾进入了房间。她面色苍白，但她的眼睛毫无拘束地望着路德维希；她平静地把手伸给他，等他来握。

“埃莱诺蕾，我向您说过一句可憎的话，这我不是出于真心。您能原谅我吗？”

她点点头，“路易斯，您又一次来，我很高兴。”

“我不能不来就走掉，就是我想这样，我也做不到。您能友好地想到我吗？”

“我们大家都会经常想到您的，路易斯。您是属于我们的呀。”

“真的？我也属于您的？”

“是的，路易斯。”

“感谢您，埃莱诺蕾！”

“祝您一路平安，路易斯！”

“我可以给您写信吗？”

“您的信对我们一直是一种巨大的喜悦。祝您一帆风顺，路易斯！”她抓住他的手，长久而坚定地望着他。——“再会！——您等一等，我去喊我的母亲。”

布洛宁夫人走了进来。——“我观察了洛尔馨，你是勇敢的。——再会吧，路易斯；在遥远巨大的维也纳，愿上帝保佑你！”

“再会！”路易斯说，“为了一切我感谢您。我的所有都应感谢您！您，善良的人！您，再好没有的人！我的第二个母亲！”

“我的孩子！”她温柔地说，“我亲爱的孩子！我的儿子！”

她吻了他的额头。随后他走了。

第二十七章

明天就要启程了。路德维希打好行装——主要是他的手稿，订好了驿车的座位。下午路德维希到内弗那里去辞行。他的老师显得十分动情。

“上帝保佑你，路易斯！现在不要满脸悲伤！离开这儿应当高兴，这儿现在不再那么可爱了。有时要想想我；若是你以后感觉到了你在我这里有些什么没有学到的话，那不要骂我，而是要想到：他不是一个莫扎特，他也不是一个海顿，——他是来自克姆尼茨的内弗。”

路德维希拥抱这个矮小的人。——“内弗先生，如果我有出息的话，那这应当归功于您。”

“不，路易斯，你应当把它归功于亲爱的上帝。我所教给你的一切，这你从其他人那儿也能学到。”

“内弗先生，您首先教我成为一个人！”

内弗抓住他的手，长时间地望着他。

“这是一句伟大的话，路易斯，”内弗终于说道，他的声音轻轻地颤抖，“但我不可以把它放在自己的名下。使你成为一个人，这是多方面原因造成的：你成为现在这样一个人，这与你所出生的种族有关，它是巨大的德意志树上下莱茵的一条坚实的健康的枝干；这与美丽可亲的波恩有关，它有一条雄伟的大河，有居住在这里的人，特别是布洛宁一家，有它的文化和它的音乐；这与你的家庭有关，是啊，路易斯，也与你的家庭有关，尽管它给你带来那么多困难。这一切都不是没有意义的，如果你没有这一切，那你就不会成为现在的你。如果你一定要提出你所要感激的人的名字来，那他不是内弗，而是莫扎特。当你还是一个孩子时，我写过一篇谈到你的文章，说你能成为第二个莫扎特。你不能成为第二个莫扎特。只有一个莫扎特，莫扎特也只能有一个。但是你只要像现在这样继续发展下来，那你就会成他的当之无愧的继承人；与他不一样，但和他不分轩轾。我曾经做过你的业师，这将成为我的最大的骄傲。上帝保佑你，走吧，路易斯！问候我们敬重的海顿，有空写封信来，把你的情况告诉我，作为一个完美的艺术家回来！——到我跟前来，路易斯！我爱你！”——

现在他登上十字架山，同波恩告别。

路德维希缓缓地登上松林大道，墨绿的大树矗向深蓝色的秋日苍穹。他的四周是一片寂静。

他站在阿尔坦的高处，田野尽收眼底。在它下面是城市，平静地偃卧在山和河流之间。从烟囱中飘出缕缕蓝色炊烟，给错落纷乱的房顶和山墙披上一层柔软的轻纱，殷勤可亲地漫过古老可爱的塔楼。在秋日的装点下，包伯尔多夫宫廷花园宛如一座金红色的岛屿，在烁烁发亮。银色的莱茵河在巨大的天穹下延伸着，流向平原，一望无垠的平原，消失在地平线处的轻柔的薄雾里。葡萄园闪现出一片红光，极目所到之处，是由黄、红、金构成的迷人景致。

路德维希长时间地伫立在那里，为故乡的美丽景色所陶醉，明日的此时他就要远离，这种感觉使他的心儿发紧。——“波恩，亲爱的城市，生我育我的故乡！在陌生的异地我看不到你了！我该多么思念你呀！思念你那熟稔的街巷，你的塔楼，你的钟声！——上帝啊！让莱茵兰永远成为我的故乡！让我归来！让敌人离它远远的！让它永远是德意志的，德意志的！”——

太阳落山了。一缕轻柔的绿光慢慢地掠过天际。

“再见吧，你，美丽可爱的土地！我会永远想念你！上帝保佑你！”

升起了一丝微风；当路德维希在松树下步行时，它们发出温柔的声音，他最后一次眺望他的故园。——当他踏进自己的房间时，天色已暗了下来。他点起了灯。在钢琴上放着一个包扎得精致的小包。他拆开了包封，把一本精美的书拿在手上，在书名上方是一幅富于幻想的钢笔画，中间写着：“我的朋友们”，下面是他的名字。这些人是他蔡尔庭园的好朋友：科赫一家、马修斯、艾西豪夫、德根哈特、瓦尔德史泰因伯爵。——他们都写了些什么呢？

“亲爱的贝多芬，您现在要去维也纳，夙愿得遂。莫扎特的守护神还在哀悼，为他的弟子之死而哭泣。他在创作力永不枯竭的海顿那儿找到了庇护所，但无事可做。他希望通过他能与某一个人结合一起，用不懈的勤奋从海顿的手里获得到莫扎特的精神。”

莫扎特的守护神在海顿那儿无所事事，这是什么意思？啊，他认为也许指的是歌剧，这暂时还不忙！但这却是一个美好的念头：从海顿手里获得莫扎特的精神！

他继续翻阅下去，突然他的心猛地受到一刺。他看到了埃莱诺蕾的秀丽的笔迹：

“与友谊结成善缘
像傍晚的阴影那样成长，
直至生命的太阳降落。”

——赫尔德尔[1]
您真正的朋友
埃莱诺蕾·布洛宁

感谢上帝！在这儿她在白纸上写了黑字，说他还一直是她的朋友，是她

[1]赫尔德尔（Herder，1744—1803），德国狂飙突进运动时代的著名作家。——译注

毕生的朋友！

亲爱的人儿！她多么善良呵，使他得到这种慰藉！或者他还能成为她的一个不仅仅是朋友的朋友！他把她的手迹按在他的面颊上，一阵温柔甜蜜的感情涌向心头。亲爱的，亲爱的埃莱诺蕾！——

与亲人的告别很短时间就结束了。两个弟弟答应他，勤奋，好好干。父亲很感动，开始哭了起来。但从根本上他们三个人都很高兴，这下子可长时间摆脱开这个恼人的监督者了。

他多么想在布洛宁家度过这最后的一个晚上！但是时间过去了。蔡尔庭园朋友们为他举行了一次小型的饯行宴会，善良的科赫夫人让厨师献出最好的手艺。友情洋溢，人们对他寄予厚望，但他心里有时显得空荡荡的；可他真想对每一只紧握的手都还报以衷心的拥抱。

威格勒陪他回家。两个朋友挽着臂走着，一路上没有多少话。他们站在贝多芬的家门前面。

“威格勒，”路德维希说，“我的心很难受！不知未来我们会是怎样！我有一种感觉，好像我再也见不到波恩和你们大家了！”

他把朋友拥至胸前，长时间地紧紧地拥抱着他，默默地一言不发。

“威格勒，我必须对你说点什么。我喜欢洛尔馨，超过一切。”

“我知道。”他的朋友回答说。

“这突如其来的事情使我们分离，我离开了这里，我怕我会完全失掉她！你也喜欢她，而你留在这里！”

“路易斯，关于这件事我经常在想，考虑了很久。在我们两人中间，你是——我怎么说呢？——你是更重要的人。如果洛尔馨一直就像她现在这样地忠实于你，那么，我向你起誓，神圣而坚定地，——我决不插足于你们中间！威格勒大夫在波恩决不会是路易斯·范·贝多芬不幸的根源！”

“威格勒，你多么善良多么高尚！可我岂不成了你不幸的根源？”

“这你不要操心了。我知道，我不会是完全不幸的。——再会吧，路易斯！一路平安！”

“再会，威格勒！”

路德维希目送着远去的威格勒。

“问候埃莱诺蕾！”他喊道。

“我会转达你的问候！”这是回答。随后剩下他孤零零一个人。

午夜早已过去了，但他觉得还不能睡觉。这种情感驱使他步向莱茵河。他来到岸边。月亮把柔和的光洒向河水。莱茵河静静而雄浑地奔流，水中映着无数的灯光。

“莱茵河！父亲！我童年的朋友！我故乡的灵魂！我们相亲！我属于你！我思念你！我想你！再见吧！”

在他耳际响起了声音，一盏灯在摇曳，一小群人向他走来。为首的人对他擎起了手中的灯，问他是否看见有一条小船从旁漂过，舟中有一个人在睡觉。他是来自科布伦茨的一个渔夫，正在从事一次罕见的航行。一个高贵的先生，魏玛大公的大臣[①]，参加征讨法兰西的进军；他租了他的船，顺流前去杜塞尔多夫。深夜他们来到这儿停泊，可这位先生不愿登岸，尽管天气凉他也要在船里睡觉。他们虽然半拖半推把他带到岸上，可现在找不到他了，若是出了点差错，他们可担当不起。——路德维希加入了寻找者的行列。不久，一条小船的轮廓隐约可见，它在粼粼的河面上颠簸得很厉害。人们走到了跟前，那个陌生人裹着大衣，睡得很实，充满男性美和高贵的脸上映现出深沉的安详。人们没敢把他唤醒。渔夫们重又离开了。

路德维希没有跟他们一道。某种不可言喻的东西促使他踅回到沉睡者身边。这副高贵的面庞，月光停留在上面，它强烈地吸引着他。此事对他犹如一梦，仿佛莱茵河特地为了他把这个陌生人送至岸边，此人是自然和精神的化身，是他故乡的守护神，是神灵对他的一种致意。

他很晚回到家中。

翌日清晨，太阳刚一升起，路德维希沿莱茵河而上，进入一个大的世界。

---

①此系指歌德。——译注

第二部

贝多芬的成熟年代

第一章

宽大、令人心旷神怡的房间里燃起了无数支蜡烛，灯光又从墙一样高大的威尼斯镜子中映射出来，抚弄着夫人们雪白的肩膀，她们的扑上白粉、刻意修装起来的秀发，她们的项链，宝石，臂镯和她们欢乐的眼睛。里面的客人，女人和男人一样，身着绚丽多彩的绸缎，有红的和蓝的，绿的和黄的，白的和藕荷色的，仿佛像活了起来的彩带，他们围坐在圆桌旁，桌面上银餐具闪闪发光。

奥地利—匈牙利的上层贵族中的最显赫的世家都到场了：里希特斯坦、富尔斯顿伯格、图恩、狄特利希斯坦、哈拉赫；罗勃克维茨、斯采尼、斯瓦茨恩伯格、克拉里和金斯基；埃斯特哈齐、齐基、斯采辛尼、埃尔杜狄、卡洛里。笑语欢谈，可丝毫不感到嘈杂和喧闹，而是一种快意的声音，它轻柔得使这些谈话的意义恍惚不清，不着边际，就像香槟酒一样。有一大群仆人散在四处，一当喝完，他们便为你斟满。

晚宴结束了，女主人，年轻的侯爵夫人克里斯蒂雅涅·里希诺夫斯基向邻桌的丈夫递送了询问的一瞥，他点了点头。随即他招来总管，让他去办一项事情。

范·斯维顿男爵是一位有声望的老人，他坐在女主人旁的贵宾席上。他悠闲地呷了一口酒，随即沉思地望着杯中泡沫的嬉戏，稍顷之后他说道："这种名贵的酒有一个惟一的缺点：那就是它的名字。应当给它改名。"

"为什么，阁下？"侯爵夫人问。

"因为悲惨的、耻辱的回忆，这是香槟[1]这个字在每一个奥地利人的心灵中留下的。"

"耻辱的回忆，阁下？"坐在女主人身旁的另一个人叫了起来，这是埃斯特哈齐侯爵，匈牙利的无冕之王。"那我倒要请教！难道德巴可尔的失败过错在于我们？是谁发号施令？是那个老不伦瑞克人，他的战术还是七年战争中那一套！""难道在尼德兰也是他在发号施令，大人？"范·斯维顿男爵反问说，"难道不是我们把他们从这个撒旦手里解救出来的？"他从银丝编织的白绸马甲的口袋里掏出一个玳瑁制成的小盒，从中费力地拿出一撮鼻烟。

"啊，什么，阁下！"埃斯特哈齐喊道，"我们的新的部队不久就会从他手中把荷兰收回来。科堡亲王精通用兵之道，年轻的卡尔大公是天生的统帅。难道会有人真的相信这一群革命的乌合之众会老是打胜仗吗？安德烈亚斯·库里洛维奇，您觉得可笑？怀疑？"他转向俄国大使拉祖莫夫斯基伯爵。"难道我说的不对吗？""我们大家都不是预言家，大人，"拉祖莫夫斯基回答说，"革命是一种西方的发明，西方是强大的，但俄罗斯更强大。"

"您这话意味着什么？革命是要首先在俄罗斯被撞得头破血流吗？这我倒要为我们的匈牙利打包票！"

"喂，尼克尔！"长有一双黑眼睛的漂亮的侯爵夫人埃斯特哈齐从邻近的桌子喊道，"别谈那些无聊的政治了！你最好看看你的钻石！你们想想，这个好心肠的尼克尔上次骑马又从马鞍上丢掉了一万五千古尔登的钻石！就这么丢了，跟这样一个大手大脚的人在一起生活真是受罪！"

"尼克尔，你知道，"坐在她近旁的年轻侯爵罗勃克维茨说，"如果我有这

---

①香槟（Champagne），一译香巴尼，法国地名，以产酒著称。——译注

样一个小里小气的吝啬鬼做妻子，那我今天就跟她离婚！”他说着向他那年轻的妻子温柔地瞟了一眼，她坐在范·斯维顿男爵的右边。

“啊，去你的！”埃斯特哈齐笑了起来，“她老是这样！若是我不节省的话，在她看来，我们早就破产了！哦，卡尔，”他转向里希诺夫斯基侯爵，“我有一个希望：我要拐走你的厨师！这么好的东西我好久没有吃到了！”

里希诺夫斯基的嘴唇上露出一片开心的笑容。“最好不要让安德烈知道，否则他马上就要求提薪了。”

“饭后有音乐，克里斯泰尔？”侯爵夫人罗勃克维茨问。“当然有音乐，否则我们就不是在里希诺夫斯基家里了！”

“对的，有音乐，而且完全是独特的，我可以这样夸口说。”

范·斯维顿男爵耳尖，他听到了，随之向后稍仰，问他身边的女主人：“可以问问吗，夫人，是什么完全独特的？”

“五年以前，”侯爵夫人说，“有一个年轻人从波恩到我们这儿来，那时他还是个半大的孩子，是科隆选帝侯，我们的大公爵马克斯·弗朗茨派他来的，到莫扎特那儿学钢琴。他带来一封我的表弟瓦尔德史泰因的介绍信，就住在我们这里，可他不久就又回去了。现在选帝侯再次派他前来，在海顿那儿学习。今天你们听他演奏！”

“我记起他来了，”范·斯维顿说，“他有着一个荷兰的名字吧？”

“他叫路德维希·范·贝多芬。”

“完全正确，”范·斯维顿点头说，“死去的莫扎特在一次阿乌公园的音乐会上向我介绍过他：‘他有本事，’他说，‘以后本事还要大。’这话我记得很清楚，就像昨天说的似的。我感到惊奇，这个丑陋的小伙子会有什么独特之处。莫扎特的预言真的能应验吗？”

“瓦尔德史泰因现在又写信给我，”侯爵夫人说，“他肯定会成为第二个莫扎特！”

“第二个莫扎特？”范·斯维顿喊了起来，他的脸慢慢地涨得通红。“第二个莫扎特，您说，夫人？”

“是的，阁下！在钢琴演奏上他甚至超过莫扎特。”

“夫人！”范·斯维顿严肃地说，“我十分尊敬您的音乐才能，——可这话已有些近于亵渎神明了！”他长长地呷了一口酒，随即相当激动地把杯子放在桌子上。“在钢琴演奏上甚至超过莫扎特？那他是从谁那儿学的？”

“波恩选帝侯宫廷管风琴师内弗是他的老师。”

“呐，原来是这样！”范·斯维顿胜利地喊道，“有人听过一个管风琴师会成为一个好的钢琴演奏家吗？管风琴会毁掉钢琴弹奏，这每一个孩子都知道！”

“年轻的贝多芬本人也是个管风琴师，”里希诺夫斯基侯爵插话了，“虽说这样，他是一个完美的钢琴演奏家！”

“这个年轻人多大了？”“您想想看，”侯爵夫人说，“他本人都不清楚。不是二十就是二十一岁。他曾是一个神童，他的父亲是乐队的一个歌手，是个酒鬼，他给他儿子减了岁数。”

“这样，这样！”范·斯维顿揶揄说，“管风琴师，不是二十就是二十一岁，一个乐队歌手，酒鬼的儿子，另一个管风琴师的学生，虽说这样，在钢琴演奏上胜过莫扎特！这使我感到好奇！真的感到好奇！神圣的莫扎特，愿他保佑我们！”他把满满的一杯酒一饮而尽，狠狠地嗅了一下鼻烟。

“您听听他弹嘛，阁下，”侯爵夫人莞尔一笑，“然后您再进行判断！现在有件要事！这个年轻人穷得像教堂里的耗子。选帝侯每年给他的宫廷管风琴师的薪金是一百塔勒，此外还答应一小笔额外补贴。总的算起来，他每月差不多九十个古尔登。他在维也纳就靠这点钱生活！这够你们吃惊的了！他穿的服装根本无法登台演出。他昨天对我说，‘夫人，我给自己买了一双丝袜子，您知道吗，我要付多少钱？整整一个杜卡特！’孩子们，我差点哭出来！”

“那你们给这个怪物一笔年金好了！”埃斯特哈齐说。

“我们当然这样做了。可是这个年轻人太骄傲了！他不要任何馈赠。连他从裁缝那里租住的一间小房的租钱也不要我们为他付。他说：如果能找到一两个学生，那就是对他的莫大的帮助。我们愿意为他设法找到。尼克尔，我们把你们的私家钢琴师格林内克神父请来，今天来和我们的被保护者进行一次较量。若是贝多芬胜利了——对此我毫不怀疑——，那他就会一下子成名。”

“除了我们善良的神父之外，难道您不能找另外一个人吗？”

“您知道，尼克尔，格林内克是维也纳的首席演奏家。对手越是强大，那胜利就更为辉煌！”

“若是失败了呢，我亲爱的夫人？”

“呐，不管怎么样吧，你们要帮帮忙，会对这个年轻人感到兴趣的！你们在做一桩好事，这对我也是一种赏脸。”

“我坚持自己的意见，”少顷之后范·斯维顿说，“只有过一个莫扎特，不会有第二个！他要同格林内克较量？这个年轻人有勇气！”

“这难道是一种罪过，阁下？”

“我是好奇！”范·斯维顿喃喃说，“我真的好奇！”

管家在此期间重又出现并报告说，他已完成了交付给他的委托。里希诺夫斯基侯爵站了起来，敲了敲他的杯子。

“女士们和先生们，我有幸请诸位去音乐厅就坐！”

大家都站立起来，客人们三两成群，一边交谈一边笑着，慢慢地进入音乐厅，纷纷坐到扶手椅上，整个大厅都摆得满满的。在一个角落里，靠近一个平台，年轻的路德维希·范·贝多芬和一位身穿教士服装的三十五岁上下的人在交谈。

“今天几乎整个维也纳的上层贵族都到场了，”格林内克神父说，“如果在这些听众面前您得到了成功，我年轻的朋友”——在他那削瘦、土褐色的脸上泛出一丝含有稍许恶意的微笑——“那您就可以想象得出了！这些人确实是懂得些音乐的！格鲁克、莫扎特和海顿，他们在维也纳那可不是白白生活过的啊！您看那个年轻的先生，那个带拐杖的！他是罗勃克维茨侯爵，他有一个完整的管弦乐队！他自己也一直参加演出。那边走过来的是埃斯特哈齐侯爵，那个身穿镶有宝石的燕尾服的，他现在也有了自己的管弦乐队。若是我向您介绍今天在场的一些出色的钢琴演奏家，我真不知道该从谁那儿说起呢，里希诺夫斯基侯爵夫人虽然弹得那样好，但还不是最好的中间的一个。是啊，范·贝多芬先生，我们今天是在欧洲的音乐行家们面前演奏。您可以把我打倒在地，我决不妒嫉！”

“我要试试看。”贝多芬有些心不在焉地回答，因为他正在忙于观看这眼前的一切。他经常在选帝侯的大厅里演奏，已经习惯于上流社会；但是维也纳贵族如此堂皇富丽使波恩宫廷相形失色。他向镜子里的自己投去一瞥审视的目光，他觉得自己没有什么可挑剔之处，这身墨绿色的燕尾服能够为缝制它的师傅赢得光荣，甚至在这样的场合里。他那双黑丝袜子，这值一个杜卡特呢。

大家都就坐了，人们交谈着，期待着。

里希诺夫斯基侯爵走了过来：“我想，先生们，我们可以开始了！”他的嘴唇周围神经质地抽搐了一下：“女士们和先生们，我今天请诸位进行一次独特的艺术享受。我们皇城的首席钢琴演奏家格林内克神父先生要给予一位年轻的艺术同行一个机会，与他争夺桂冠。这里我要向诸位介绍的是路德维希·范·贝多芬先生，他是科隆大主教和选帝侯，我们敬爱的大公爵马克斯·弗朗茨的宫廷管风琴师和宫廷钢琴师。他现在留在维也纳，为了使他的作曲才能在海顿大师门下得到深造。我们这两位演奏家希望进行即兴演奏，请诸位给一个主题。抽签决定从格林内克神父先生开始。”

里希诺夫斯基头几句话刚一说完就出现了一种寂静，它随即变成为一阵快乐的激动的叽叽喳喳之声。这真是别开生面！是侯爵的别出心裁！呐，格林内克胜券在握！可怜的年轻人！他长得不美！咳，多丑啊！呐，这个神父也不漂亮！

在此期间格林内克坐到钢琴前面；应侯爵邀请，贝多芬坐在他的旁边，这使一位年迈肥胖的侯爵夫人不满地摇摇头，她头上宝石饰物直晃动。

“呶，谁给神父先生一个主题？”里希诺夫斯基侯爵夫人喊道，询问地环顾四周。

“请侯爵夫人给一个主题！”她身边的一位贵族喊道。

“要我来？”她笑着说，“不，谢谢！”

“那么范·斯维顿男爵！”

“对，范·斯维顿男爵！”大家纷纷喊道。

哥德弗利特·范·斯维顿男爵，宫廷图书馆馆长，莫扎特的朋友和庇护者，巴赫和韩德尔的崇拜者，写了一些交响乐的作曲家，他的这些作品在爱乐音乐会上引起过惊讶，此人在维也纳的乐坛上是个最高的权威。这位老先生庄重地立起身来，踌躇满志，泰然自若地走到平台，谨慎地登上两级有些摇晃的台阶。格林内克在钢琴旁温文尔雅地向他躬身致意。范·斯维顿费力地坐了下来，沉思地望着天花板。终于他在涌向脑际的众多主题中做出了选择，弹了一段八小节的旋律。“这样呆板，和他本人一样！”贝多芬对侯爵耳语说。范·斯维顿立起身来，怀着这样一种感情：神父所期待的成功，其中很大很大的一部分该是归于他的名下。他返回到听众席中自己的位置上。

格林内克重又坐在钢琴前，按下了一两个悦耳的前奏和弦，开始用范·斯维顿的主题演奏。他弹得不错！贝多芬在听了头几个音之后想到。触键很美很轻柔！但不是很圆熟，有点敲击的毛病，像莫扎特一样。

格林内克开始变奏主题。他把旋律中的四分音符分解为八分音符，十六分音符，三十二分音符，这些音符飞快华丽地在键盘上滑过，没有一个音出毛病。随后用小调弹出了旋律，这个老斯维顿的主题真的显得抑郁不乐了。是啊，是啊！他这个小的主题真是包罗万象啊！可以说，是一个完整的世界！现在又返回大调，重又呈现出一幅欢快的景象。是呀，欢乐得简直忘乎所以了，随即进入华采演奏，用困难的三度、六度和八度音程，最后变成一连串长长的颤音。要再继续发展是不可想象的了，于是到此结束！

格林内克站了起来，把狂热的掌声当作他应得的和早已习惯了的荣誉，温文尔雅，毫不拘谨地表示谢意。里希诺夫斯基摇动他的手，范·斯维顿男爵感动地把他拥到怀里，这使掌声变得更加热烈。贝多芬也站了起来，握了握他那瘦骨嶙峋并且冰凉的手。

两位角逐者交换了一下位置。

“谁给范·贝多芬先生一个主题？”侯爵夫人又喊道。

“谢谢，夫人，”他说，“我选择同一主题。”

大家都感到惊讶。这个年轻人有胆量！格林内克在想。里希诺夫斯基沮丧得默默搓着双手；他对老斯维顿和他那无聊乏味的主题丝毫不感到兴趣。可贝多芬怎么会对此怀有热情！

贝多芬坐在钢琴前动也不动，他俯视着琴键。“他的燕尾服一定是从波恩带来的！”一位侯爵小姐悄悄向她的邻座说。贝多芬向这位美人转过头来，她住了嘴，满脸通红。

他抬起了双手，在他的嘴的四周泛出一丝微笑。

斯维顿的主题出现了，随即是一个短的八分音符的变奏，然后是清脆悦耳的十六分音符的变奏，完全和格林内克一样。在高音区一连串的三十二分音符——戛然而止！主题返回到低音区。稍做停顿，这是说：那个人是这样弹的。现在该我的了！主题又重新开始。但从这呆板僵硬的音符中还能弹出什么呢？他还有什么能耐呢？他优雅、熟练、亲切而狡黠地微笑着。他现在确实是无能为力了；主题现在成为一位标致的少女。嘿！可格林内克也是这样做的！但是不同，它成为一位少年，漂亮、英俊、咄咄逼人和殷勤求宠。开始了一首迷人的二重唱，随之分解为一种自由的吟诵，节奏明显起来，成为一首小步舞曲。在听众中间发出了一阵惊叹。范·斯维顿男爵眼睛发亮了。多么魅人的小步舞曲！海顿和莫扎特也想不出比这更好的了。他自己也不能够。这旋律多么妩媚，多么圆润！它以何等的优雅宕转回荡！突然在低音区出现一个短短的断断续续的快速经过句，——蓦然休止。要闯入一个什么样的陌生的东西？这又是斯维顿的主题；但是却显得别具一格！它在进军，它是桀骜不驯的，是争强好斗的，它在维护着那些在它的美妙的小步舞曲中受到魔鬼干扰的跳舞者。两者角逐着，时左时右，跌跌碰碰，而这位不速之客位于中间，他自己现在也试图跳起米奴哀，但是他不喜欢这个曲子，两小节之后他就无法适应了，其余的他就胡乱对付起来。这两小节留了下来，变成了四小节，成为一个旋律，优美之极。这是一首歌，那样单纯、质朴和富有民歌风，深沉而有力。它越来越美，越来越丰满；它在唱，在欢呼，发展为一个颂歌般的合唱，结束得崇高雄浑。

贝多芬立起身来，爆发出掌声。他不得不一再躬身致谢。终于，当他认为差不多时，就从平台上一步跳了下来。但是所有人都站了起来，坐在第一排的人都涌到他的身旁把他团团围住。“继续弹下去！请您继续弹下去！再弹！再弹一支！弹一支小曲子！请您再弹！请您再弹！继续弹下去！”

他站在那里，被那些漂亮的女人和英俊的贵族围住，显得困窘，然而幸福。“那好吧，”他喃喃说，“如果你们感到高兴的话。”他又走向钢琴，响起了一片掌声和欢呼声。所有的人都坐下来，极为好奇地，看看还能听到什么。

瞬间的寂静，声息俱无。

又是那个短小的和枯燥乏味的主题。难道他发疯了？格林内克忖思。他还能从这里面挤出什么呢？

可是奇迹又发生了：几个呆板的小节又变成了一种全新的东西，成为一个欢快优美的旋律。新的形象越来越成长壮大，那可怜的、简陋的原始主题越来越遥远，那无垠无尽的越来越临近。时间和空间都坍塌了，所有尘世的一切都解体了；幸福的精灵从天国飘落而降，他们歌唱着和平和解脱，汇聚成神秘的合唱，又冉冉上升返回天际。

手不动了。神在讲话。世界的孩子们今天才知道，这音乐不仅是一种娱乐，是生活的美好的装饰品，它还是别的。另一个世界展示出来了。

演奏者还坐在钢琴前。他结束了吗？他的双手还停在琴键上不动。可现在它们又动了起来。轻轻地响起了最后的和弦随即这和弦用起伏不已的琶音奏出，它成为越来越汹涌的波涛。一些单个的音像水珠一样喷射，——这又是开始时的主题。节奏放慢了，和声变化了，又出现另样的主题：威胁的，危险的，精灵般的。一个舞蹈开始了，它使心灵时而欢呼时而恐惧。在高音区像闪电，在低音区雷声在滚动；它在咆哮，它在震怒，它威胁着要毁灭一切。所有的人都惊得发呆，望着演奏者。他额角的血管在膨胀，两眼望着远方。一个魔术家，他被他召来的精灵所左右！难道大厅变暗了，尽管燃起了上千支蜡烛？大地在摇晃？一座火山把火束喷向天空。分解的小调和弦的风暴，起伏不停，一种令人透不过气来的静止；鼓声、喇叭声——现在结束了。

几秒钟声息俱无，——随即爆发出新的风暴。所有的人都跳了起来，鼓掌，拥向前来，向演奏者表示感谢，争相与他握手，告诉他，这音乐无与伦比。在贝多芬的耳边纷纷响起奥地利上层贵族的名门望族的名字。他不得不一再地躬身答谢，一再地去吻那些递送过来的温柔的带着指环的手。

格林内克神父站在旁边的一群老先生中间。他们都是职业的音乐家，有声望的艺术家，侯爵没有请他们赴晚宴，但却请他们来参加这次音乐竞赛。

"啾，"其中一个人说，"这真是一部有力的作品！人们向这个年轻的人欢呼起来！难道我们是在一座疯人院里？神父先生，您对这个来自莱茵河的怪物有何评论？他搞的不错吧？"

"乐队指挥先生，"格林内克回答说，"撒旦是附在人身上的！我从未听到过这样的演奏！"

"我也是，神父先生！上帝保佑，我幸好也没有听过！他根本不属于任何乐派！"

"他有自己的乐派，在它面前我们都可以卷铺盖回家了。"

"我尊敬的神父先生，您这过于夸张了！或者您这是在开玩笑？他的技巧完全不精致细腻！它太不纯净了，他过多地运用踏板来加以掩饰。"

"他的技巧是无可匹敌的。他的触键是多么丰富多彩啊！演奏的表现力是多么强啊！没有什么能难得住他。我们大家所梦想得到的效果，他只消一挥就出现了，完全不当回事。而他的老师是一个完全无足轻重的钢琴演奏者！他全是自己学出来的！"

"这正是我要说的，神父先生！没有乐派，没有方法！不，我简直感到可怕，愤怒！hors de moi! [1] 我请问，这算是一部即兴曲！人们对一首即兴曲的要求是什么？舒适的消遣，欢快的娱乐，恪守本分，从不越轨，不要忘记，

①法语：独出心裁。——译注

这一切只是一种娱乐。可这个年轻人坐在钢琴前面，却在发泄他的激情！一种狂妄，目空一切！是对礼仪的一种彻底的亵渎！我的先生们，这是革命！是法国革命，是把革命移植到音乐上了！”

“希望这只不过是一次突然袭击而已，”一个第三者插进来说，“不久就会清醒过来的。对此的怀疑那就预示我们艺术的没落！”

“艺术？同行先生，是我们艺术家的没落！”乐队指挥喊了起来。“如果这个年轻人在这儿站稳脚跟，那他就成为我们当地音乐家的一个危险的对手！我们要保卫我们的阵地！大家起来反对一个人！密集队形去攻击这个外来的入侵者！革命！这是一个出色的词儿！我的先生们！贵族对革命害怕得要死！我们要不断发出攻击，直到这个家伙卷起行李离开！”

现在里希诺夫斯基侯爵夫人走到她的被保护者身前，握起他的手：“贝多芬，您是一个诗人！一个音乐诗人！全新的！从未有过的！我非常骄傲，荣幸地把您引进社会！”她还有好多话要说，可这时埃斯特哈齐侯爵夫人走来。

“您给我们这样不可描述的享受，真不知怎么感谢您才好，范·贝多芬先生！请原谅我询问一句：一位像您这样的大师是否肯于屈尊把一个可怜的钢琴爱好者引进音乐的真正的圣土？说得简单些，用维也纳话说：您愿意教我吗？”

贝多芬说，没有什么比这更是他所希望的了。一些女人围了上来，一个接着一个，提出来的都是同一个请求。里希诺夫斯基侯爵满意地微笑着。他掏出一个笔记本，时而记下一些名字。在告别时他把一张纸塞到贝多芬手里。

“这都是您的新的女学生！”他兴高采烈地说，“三位侯爵夫人，两位伯爵夫人，五位伯爵小姐，两位男爵夫人！明天我们一道去晋谒她们！”

“我不晋谒任何人，大人！”

“那就去拜访她们，您这位可怕的雅各宾党人！啊，我真想替您省掉这些事，”他叹了一口气补充说，“如果您觉得这太愚蠢了，那您就告诉我，好吗？”

贝多芬登上他住房的台阶，但是他犹豫不决，没有进去。没有睡意还把自己关在狭小的房间里？到野外去！

他踏上寂静的街道，他的脚步发出回响，他走，一直走下去。几乎是幸福在驱动着他。他没有敢企望取得如此重大的成功。他的命星比那上面的木星还明亮！今天这个晚上使他成了维也纳的首席演奏家，所有的忧虑都一下子消失了。里希诺夫斯基的纸条在他的口袋里，他有了十二个学生，而这才仅仅开始！作为一个创作者他也取得了胜利！在他的即兴演奏面前，莫扎特和海顿的钢琴音乐显得逊色了！这一点不仅他知道，就是那些听众也了解到了。他用口哨吹起斯维顿的主题，随后是他赋予这个主题的几种变化，直到最后矗立在他面前的是令人震惊的庞然大物。这时他的嘴唇吹不响口哨了，他喊叫了一声，这是惊愕和幸福的一声喊叫。响起了令人悚然的回声。

贝多芬清醒过来，停住脚步。他现在是在哪？他面前是一座小房，是它发出了回声，坐落在小型庭院的带有尖尖房顶的房屋，他觉得似曾相识。在记忆的深处他寻找到通向这座房屋的道路，这是他五年前经常到莫扎特家去的那条道路。没有一个房间的窗户亮着灯光，一切都昏黑，寂静。

贝多芬走到跟前，直到小小的院门。

“莫扎特！我战胜了你？是死亡战胜了你！如果你还活在世上，你在我头顶上像一个神明，你，无与伦比的伟大！”

一颗星从天空倏忽而落，闪着光华直沉入黑夜。

第二章

贝多芬进入海顿安静而舒适的书房。年迈的大师穿着灰布外套，结着白色的钮扣，坐在枫木书桌旁，正在写一部交响曲的小步舞曲乐章。当他看到他的学生时，他那有痘痕的脸上露出微笑，雪白的衬衣尖领和扑了白粉刻意修饰的鬈形假发与他褐色的脸形成稀有的对比。

“我马上就完，我亲爱的。您随便坐坐！”他从容地把鹅毛笔插入白磁墨水瓶中，继续在线谱纸上慢腾腾地写下音符，时而愉快地粲然一笑。

贝多芬从存放乐谱的书柜中抽出一部海顿的弦乐四重奏总谱。他翻到了D大调四重奏，专心致志地阅读升F大调广板。多么辽阔，多么庄严的旋律！这是音乐创作上的最最壮丽的一页。

海顿终于放下了笔。“呐，”他说，“若是英国人听到了，那他们定会把耳朵竖起来的！”

“英国人？”

贝多芬问道。

“是的！明年我还要到伦敦去，我得带几部新的交响曲。您以后也要去的！在德国没有一个音乐家会一举成名。”他站了起来，走到贝多芬跟前：

“您在看什么？哦，是升F大调广板。”他没有再说什么，只是点了点头。

贝多芬把乐谱放在一边，握了握海顿的手，说道：“往后向对位的过渡有些困难。”

海顿微微一笑：“这我知道。不过要有耐心！一切都会顺利的。呶，看看您带来什么美好的东西。”他聚精会神地看起贝多芬拿给他的作业本。开头时他显得很满意，可随即他皱起了眉头。

“唉，唉！您在搞些什么啊！您看这儿！这对吗？”

“我不知道，亲爱的老爹——”

“您倒是看看这儿！难道您眼睛看不到？——您用三度音和六度音来为四度延留音伴奏！规则是怎么要求的？如何来解决这样一个不协和音？”

“用纯五度。”

“是啊，您是知道的，可您为什么不这样做？”

他不高兴地摇摇头，这一来他的发辫来回晃动起来。

“亲爱的老爹，可我在这儿这样做听起来更好一些！”

海顿慈祥而苍老的脸上流露出一种多少有些被激怒了的表情。

“您这样认为！可这不是真的！它听起来是可憎的，可怕的！就是它真的中听，我也不允许您这样做！有规则，那就要遵守！如果您不愿意，那您一生不会有出息，即使您是一个伟大的天才！”他那审视的目光在继续看下去。“唉，唉，唉！在中音部和低音部之间出现了隐伏五度！——哦，伟大的天父啊！在外声部之间居然有一个五度平行！耶稣玛丽亚！您用一个音程来开始对位声部，可这音程不属于主三和弦哪！亲爱的贝多芬，这简直可怕！这是对音乐的神圣精神的犯罪！那个时候在波恩，在我看到您的皇帝康塔塔时，我的眼睛哪儿去了？您还什么也不能啊！您像一个诗人，光有美妙之极的想象，可是却没有掌握语言！亲爱的贝多芬，我不得不请求您下更大的工夫，更多的努力！尽管我本人有一大堆工作要做，可我在您身上费了不少气力，我必须请求您给我更多的支持！”贝多芬羞愧而不知所措地低下头来。海顿看到了，立即为他的严厉用词表示歉意。

“噉，您不要放在心里！我这不是恶意。我知道，您做起来不容易，这在您是一种受难！像您这样一个很能干的人，再从头开始，那确实很难很难。”

“您刚才不是说过，我还什么都不能吗！”

“您已经知道，我那样说是什么意思，亲爱的贝多芬。别人所不能学到的，您能学到。如果您早一两年到我这儿来，那您现在就成为一个娴熟的大师了。但是您老是在极高的领域里飘荡，而忽视枯燥的基础。”

“我根本没有忽视它，亲爱的老爹！我到您这儿来就是为了学到它！”

“但是从根本上说您确是忽视了它！您无法不承认这点。我了解，也并不生您的气。但这是一种受难！只是不要松劲，我亲爱的！永远抬起头来！咬紧牙关！您的努力所得到的报偿会更加美好！”

功课就这样拖到结束。贝多芬神情沮丧，郁郁不乐地走在返家的路上。

他开始对海顿发生了怀疑。他已经做了半年多的学生，可他，维也纳的首席钢琴演奏家，还不得不一直用这些基础理论来折磨自己！他是不是又走到一条歧路上了？他的思想把他掷回到往昔。那是在波恩，他的父亲要不惜一切代价把他造就成为一个神童，乏味的练习几乎使他对音乐厌恶起来。他不断地从一个老师转到另一个老师的手里，毫无计划，毫无目的，直到十二岁他终于才受业于他亲爱的内弗门下，这是一个在钢琴和管风琴上很有才干的实践家，一个值得重视的作曲家，但他是一个自学成才的人，早就无法满足他所需要的一切。——莫扎特！他的守护神用其羽翼抚摸了他，在五年以前，当他还是一个半大的孩子时，他第一次来到了维也纳。可仅仅数月之后他就不得不返回家园，回到身罹重病的母亲身旁。岁月如梭，学习的年代和自己进行创作的年代就这样过去了。在他的内心里涌出越来越强烈的欲望，他创作作品，一部接着一部，可他却始终摆脱不掉一种受折磨的感觉，他意识到他还一直没有掌握这种艺术的技巧。这时海顿到了波恩，看到了他的一部作品，邀请他做他的学生。他是多么幸福啊！他希望，海顿领他进入音乐的繁花似锦的花园。但是他只是被领到一堵把这座花园围了起来的木墙前面，没有入口，看不到里面！他得一连几年放弃自己的创作！可每天都涌来新的乐思、旋律和主题，他暂时把它们记在笔记本上，以便今后加以利用。但是它们生活在他的想象力之中，要发展，它们对这种无所作为的束缚表示反抗，他对这种反抗无法抗拒。在他从波恩带来的笔记本中有三部钢琴三重奏的初稿。他既不愿意也不能阻止它们，它们掌握了他，成为他思想和感情的中心，它们成长起来，终于完整地在他的面前矗立起来。他不可以失掉它们，于是把它们写了下来。他觉得它们很好。这些三重奏是谁创作的，这可不是一个初学乍练者，海顿也该明白这点。但是怎么才使他知道呢？大师现在全部身心都放在他的伦敦交响曲上，若等到他有空闲，恐怕几个月的时光就过去了。但是他可以在里希诺夫斯基家里的一次音乐会上演出它们，并邀请海顿参加。这他是不能推辞的。就这样，侯爵的家庭乐师排练了这几部三重奏：舒潘茨格拉小提琴，这是一个显得过于肥胖的十七岁少年，克拉夫特拉大提琴，这是一位精通大提琴的著名大师，在海顿指导下的埃斯特哈齐乐队中任职多年。

到了星期五的上午。里希诺夫斯基侯爵又一次心急火燎，在客人中间不安地走来走去。这可是毫无把握啊！贝多芬对这几部三重奏没有向他提过一个字，虽说他从克拉夫特和舒潘茨格那里知道，它们都很美，但也都很新颖，就是行家们大概在头一次听时也未必全懂。在他的客人中间许多人还都是老一派人：宫廷乐队指挥萨里埃里，作曲家乌姆劳夫，格林内克神父——此人对贝多芬的胜利究竟是怎样想的还不得而知，以及其他人。当然客人中的大多数人都是贝多芬的追随者。对这次演出举足轻重的自然是海顿。他正巧进入大厅，身穿褐色的礼服，绣花马甲，像往常一样，头发经过精心地梳理。他走向侯爵夫人，彬彬有礼地吻了她的手，然后他被引入贵宾席，这是一把有雕花的扶手椅，十分富丽，完全可以当作一张宝座；自从莫扎特死后，海顿是公认的音乐之王。——可贝多芬在哪儿？侯爵登上台阶，来到贝多芬居住的房间，他敲了敲门，随即进入房内。贝多芬穿着日常服装坐在窗前，正在忙于数一堆咖啡豆。他感到极为惊奇，今天是星期五，而大家都在下面等着他。他迅速跳了起来，换上礼服。“您知道，大人，”他说道，“我的咖啡豆越来越明显地减少了；我在算计一下，如果按照正常用量，一磅咖啡豆够多少天用的。”

“亲爱的贝多芬，您对您的事情有把握吗？”

“完全有，大人！一杯浓咖啡得用——”

“您这个人哪！您是不是对您的三重奏有把握了？”

贝多芬迸发出一阵爽朗的笑声。“是的，是的，是的！对三重奏我也有把握！”

“您还没有刮胡子！”

“那我们就赶快刮。”他随即拿出来这该死的营生所需要的工具。“是魔鬼发明了刮胡子，”他边抽出了剃胡刀边说，“若是一次需要十分钟，那刮五十年该用多长时间？您算一算，大人。您是算不出的！得三千个小时！这难道不是一种犯罪？这是浪费时间！”砰的一声，镜子摔成碎片。“在这个时间里能写出多少乐曲！”贝多芬无所谓地补充说。“现在我们怎么办？哈特尔太太！”他朝门外喊去，“行行好，把您丈夫的刮脸用的镜子借我一下！”

可这位先生刮脸是用墙上的一面镜子。

“那您把墙上的镜子拿来！”

侯爵由于不耐烦而发起急来。他是一个天才，他想，有些事情得原谅他。

哈特尔太太把“墙镜”拿了过来，这是一面小型的有着镀金框的镜子，可是把它固定到哪？

“您把它给我！”侯爵喊道，“简直是要急死人了！”他把镜子立在贝多芬面前。“就这样！现在赶快刮！”他说。“请往右些，大人，我什么也看不到！那我现在怎么刮呢——”

“上帝保佑您，您要注意看！”

“我几乎每次刮胡子时都拉口子，这种事情使我讨厌极了。不要向上那么高！对，这样正好。”

这次他没有拉口子，一刻钟以后两个人就出现在音乐厅。贝多芬向女主人致意，然后走向钢琴。

"啾，我的福斯塔夫爵士[①]，"他朝肥胖的小提琴手说，并轻轻地拍了一下他那粗壮的肩膀，"十度音坐好了吗？[②]"他指的是第一部三重奏结束乐章中的一个地方。

"它坐好了，我们坐好了，听众坐好了，只有您没坐下来。"

"我马上坐下来。"贝多芬说罢就坐到钢琴前面。

"范 · 贝多芬先生，"侯爵宣布说，"今天为我们演奏他三部新创作的钢琴三重奏。"

随即断续的低语，之后是一片寂静。萨里埃里嘲弄地睥睨了海顿一眼，可海顿严肃而泰然地望着平台。

"我们调一下音？"贝多芬问，并轻轻地弹了个 A。小提琴和大提琴做了回答，看来很和谐。"那个震音再高一点，我的爵士！"在福斯塔夫——舒潘茨格把他的弦往高调一点的期间，贝多芬用目光扫视了在场的听众，他对众人脸上呈现出的紧张好奇感到高兴，朝一个漂亮的小男孩，金斯基侯爵的儿子，友好地点了点头，这使孩子害臊地低下头去；他注意到一个年轻的他所不熟悉的少女。——"好了？"他再一次轻轻地按了个 A。"那么开始！"

第一乐章呼啸而过，它是那样的富于原始力，充满青春朝气，欢快，喜悦。现在是美丽而深沉的柔板。谐谑曲以疯狂的速度飞掠而过。终曲用一种悠闲的十度音程的欢呼开始，充溢着极度欢乐的精神，嬉闹、戏弄、欢笑、狂呼，结束得铿锵有力。

如痴如醉般的掌声，这是一次完美的胜利。

随之是第二部三重奏，在气质上它与第一部相似，但所有的细部却全然不同；缓慢的乐章其甜美也许比第一部三重奏中的柔板还富有魅力。

当结束了的时候，贝多芬望了望海顿，他轻轻向他颔首，并把右手放在心上。开始了最后一部三重奏，C 小调。

这是另一个世界。对美好生活的欢乐感情消失了，狂暴的激情呼唤着进

①此系莎士比亚剧中人物，以肥胖、机智、吹牛著称，此处是贝多芬对舒潘茨格的戏称。——译注

②此处德语用的动词是 sitzen，本字是坐之意。这里意思是："十度音练习好了吗？"——译注

行强有力的斗争，去反抗命运的黑暗势力，看不到胜利和宁静。

当最后一个音符消失了时，贝多芬再度去寻找海顿的目光，但他没有找到。这部作品令听众感到陌生，他们的掌声显得有些勉强。

“您本应当把 C 小调三重奏放到第二！”大提琴手嘟哝说，“我早就跟您说过了！”

贝多芬被他的一大群追随者包围起来，对他们的感谢和祝愿一一回报。可是海顿呢？他还坐在他的位置上，沉思着，而萨里埃里在激烈地向他说着什么。一种难过的感情在贝多芬心中升起，这种保留态度意味着什么呢？

他迅速果断地走向年迈的大师。

“您的评语，亲爱的海顿老爹！”在场的人都涌了过来。

海顿站了起来，握着贝多芬的手。

“很美！新颖，充实！若再更多地说些什么，我不知道从哪开始。今天就这样吧，亲爱的贝多芬！等我们俩单独在一起时再谈！”

“我可以发表这几部三重奏吗？”

“头两部当然要发表！”

“那最后一部呢？”

海顿迟疑了一会，然后回答说：“最后一部最好不要。”

随之是沉默。贝多芬鞠躬，拿起他的乐谱准备走开。这时侯爵夫人挡住他的路。

“贝多芬，您可不该离我们而去啊！”

“请原谅，夫人，我有些累了。”

他进入自己的房间，敞开窗户，呼吸着新鲜空气。随后他找出海顿的钢琴三重奏，开始读了起来。一个钟点过去了，他合上乐谱。

“一切都这样好，形式完美，动听。我几乎有生之太早之感。”

有人敲门，贝多芬没好气地喊了声进来，随之一个中等年纪的陌生人出现在门槛上。

“您要做什么？”贝多芬不友好地问，“我在工作。”但当他看到来客忠厚的脸上出现失望的表情时，他为自己的这种粗鲁的接待感到歉意。“您请坐！”他亲切一些地说，“我有什么可为您效劳之处？”

“范·贝多芬先生，我是玛里内里剧院的乐队指挥申克。我很幸运今天听到了您的三重奏。是的，我想对您说，海顿是不对的！他肯定是不对的！我这个无足轻重的人当然不能与海顿相提并论，但并不是我一个人这样认为！格林内克神父也这样说，还有萨里埃里！”

“怎么！萨里埃里也这样说？”

“是的！我想到，这也许会使您高兴——”

“这当然使我高兴！请您继续说下去！”

“您的三重奏，范·贝多芬先生，远远超过海顿的所有三重奏，甚至超过莫扎特的！我还从未听到过使我如此感动的器乐曲。这完全是新颖的，雄浑有力的！恰恰是第三个！恰恰是这部作品！它使我看到一个人的灵魂深处，一个伟大的人的灵魂！莫扎特和海顿的三重奏做不到这点！那都是纯音乐的！我根本不知道，我该从哪儿说起！您赋予大提琴以自由，而在海顿的作品里，大提琴多半只是辅助钢琴声部，在您那里三种乐器彼此旗鼓相当。再说钢琴！这样得心应手！音域这样宽阔！快速的音群是这样的奇妙！特别是那个短暂的中间乐章，您是把它放在海顿的小步舞曲位置上的，我不知道该怎样称呼它。”

“我们称它是谐谑曲。”贝多芬说。

“正是这个谐谑曲，我觉得是最出色的！整个的气氛由此展开！产生出与柔板和首尾乐章多么强烈的对比！一切在您这里源源不绝！取之不竭，用之不尽！从没有枯燥的重复！在所有的即兴部分，形式、结构到处都是那样自如！一句话，范·贝多芬先生：这几部三重奏使您在当世的音乐家中登上了第一把交椅！”

贝多芬没有回答什么，但是可以看出他很高兴。

“我很惊奇地听到，”申克继续说道，“您是海顿的学生，他教您理论。您在他那儿还能学到什么呢？我真不知道能学到什么。”

“我在他那儿学简单的对位。”

“范 · 贝多芬先生，这是在开玩笑吧？不？像您这样一位完美的大师在学习简单的对位？”

贝多芬拿出他的练习本，递给申克：“您自己看。这是海顿改过的。”

申克开始读，但是越看下去，他的表情就越加疑虑。

“呶，”他终于说道，“这简直是发疯，是我所从未见到过的。我可以坦率地讲吗？”

“我请求您说下去。”

“我惊讶地看到，您确实没有掌握严格的规则，这对我说来是不可理解的。但是这种教法是完全不对头的！您看，这儿海顿改正一个错误，可自己却写了个隐伏五度！这儿他忽略了一个开放五度，这儿是女低音和男高音之间的开放四度。这儿的练习根本没有修改，可是里面有一大堆错误！”

贝多芬的脸流露出恼怒的表情。

“啊！我现在才懂得了他，这位善良的海顿老爹！他是要我什么也学不到呵！这样我好不能进步！他是在嫉妒！因此他不满意 C 小调三重奏！”

“亲爱的贝多芬先生，不能这样说！海顿是一个正直的人！”

“伪善！”

“不对，范 · 贝多芬先生！您知道，海顿是一位老人。如果一位年轻的革命者——”

“我不是革命者，我是用传统的形式创作！”

“但是您却使它充满了一种新的精神，这种精神不再是海顿的精神，他也不再理解它了！至于教课的事，他业已无能为力，他过于完美了。但是说恶意？嫉妒？不，上帝保佑，我不愿意听到这种话！不，尽管您要发火！您不应当这样，范 · 贝多芬先生！不能这样猜疑！这对您本人没有好处！现在您考虑一下，事情已是这样，看我们设法做些什么！”

“做些什么？告诉他，我感谢他这种敷衍了事，胡乱应付的态度。”

“但是！但是！范·贝多芬先生！不能这样说！不能这样去做！”

“功课已经完全没有意义了！”

“功课是没有意义了。但是，您听我说，我知道一条出路。海顿在一月份要去英国，您还得坚持一两个月！”

“我根本不想这样！”

“要这样的，范·贝多芬先生！您注意听！我们这样做：我事先看您的作业，并进行修改，然后您把它再抄一遍！这样他就看不到什么了。”

“申克先生，我不可能这样做！”

“您能这样做得很好！如果我能以我微薄之力对您有所帮助的话，那它肯定会得到报偿的。但我必须提出两个条件：不要报酬和守口如瓶！同意吗？”

“同意！十分感谢您！”

第三章

当贝多芬带着他事先修改过的作业本去海顿那里时，这对他来说可并不是轻松的。一种思想在噬咬着他：他的老师对他不尽心。他得把这种感情隐藏起来，并继续装作是一个勤奋好学的学生。但是这有时是做不到的，他总是想着他的 C 小调三重奏。

海顿很高兴他没有什么可修改的，并且夸奖起来。可是贝多芬在听的时候满脸不悦。

“亲爱的贝多芬，不要总是这样一副阴沉的面孔！是不是您还一直因为三重奏而生我的气？我那样直截了当说出来使人扫兴，这我当然做得也不明智。但就我对您的了解，您是不相信我的！”

“当然不相信！”

“事情还不至于坏到如此地步。我能够想象得出您的心情！写出这样的作品，而且还是一个学生，这当然使您感到恼火！可我想到了一件事，可作为小小的安慰：一月份我去伦敦，并建议您陪我前行。”

贝多芬感到极度惊愕。

“这您不会感到后悔的，”海顿继续说道，“伦敦与维也纳完全不一样。那儿有在巨大的音乐厅中举办的音乐会，出色的乐队，听众热情得会把您吃掉！您可以演奏钢琴协奏曲，即兴曲，您的三重奏，等您返回来的时候，您能带回一口袋金币，您会成为一位名人。”

贝多芬把手伸向海顿。“亲爱的老爹，请您原谅我！我想过——不，太愚蠢了，我不能说出来。”

他一再地紧握这位年迈大师的手。

“亲爱的贝多芬，有什么话就说出来嘛！您想过什么？”

“我过去想，您——您嫉妒我。”他羞愧地低下头去。

“嫉妒？”海顿怔然地望着他年轻的学生。随之他莞尔一笑。在这种微笑中有着一丝嘲弄，一丝痛苦和更多更多的善意。“如果说我嫉妒的话，这也许是有的。您的三重奏都是杰作。只是——C 小调三重奏，那当众人之面我是什么也不能向您说的。今天我俩单独在一起。我这样做不是嫉妒吧？”

“不，亲爱的海顿老爹！”

“好的！那我要向您说出我的心里话。若是莫扎特在世的话，那我不会这样做，我会把您推给他；因为我认为我是他的学生，尽管我比他大三十二岁①。但是我觉得我也是他的继承人，虽说我没有他那样的天赋。亲爱的贝多芬，如果我今天死掉，那我就要您做我的继承人！这种感情我从一开始就有了。我能够成为您的老师，这使我快乐和感激。但是您也知道，这是一种什么样的责任。如果我看到了，您偏离了我认为是神圣的法则，难道我不应当说出我的意见吗？什么是我的神圣的法则？我的作品已经向您表明了！当我谈到这一点时，请您原谅，这决不是出于虚荣。我的作品的基本特点是真实和自然，它们的最高法规是美。我这个人的本性是欢快的，这是来自于我相信上帝。我感谢他，是他使人世这样美好，给予人们以音乐，去赞美他；这不仅仅在宗教的作品里，而且也在世俗的作品里，是啊，恰恰是在这样的作品里！我才及时地变得严肃起来，我的许多柔板乐章都向您证明了这一点，

①原文如此，按海顿生于 1732 年，莫扎特生于 1756 年，海顿比莫扎特大二十四岁。——译注

但是应当说是一种欢快的严肃。我知道，我的上帝就站在我的背后，不允许我为非作歹。——现在您，我的学生，我的继承人，写出了您的C小调三重奏！贝多芬，这种音乐使我害怕！它是激荡的，它是反抗的，粗野的，革命的！用一句话说：不信神，不敬神。贝多芬！您不信上帝？”

“我当然信上帝。但与您不一样。我把他看做是一位善良的父亲而不是别的，他不断地照看我们人，使我们不遭受痛苦。”

“您这个可怜人！”海顿说，“这么说您缺少最美好的东西，这一点我也感觉到了。真正的艺术作品只能产生于真正的儿童信仰！所有那些伟大的大师都是这样；莫扎特也是这样。您应当找到通向这种信仰之路！我要每天晚上为您祈祷。——我还没有说完！我来得把几乎是更坏的告诉您——不，不是更坏的，因为还有比这更坏的！当然是不愉快的，也许这会伤害您。我觉得——是啊，我想不出其他别的字眼——，我觉得它在谈论您自己，就像您在这部C小调三重奏里所做的那样，是乏味的！您在这里面写的是您本人的斗争和激情。这是您的一种灵魂的裸露，但是却没有神圣的艺术！”

“我不这样看，”贝多芬回答说，“如果艺术家不谈论自己，那艺术家应该谈论什么呢？在每一部真正的艺术作品之后站立的不就是它的创作者吗？如果人们在艺术作品后面觉察不到他，那这部作品还算是一部艺术作品吗？难道您认为，人们从您的交响曲中看不到您那和善慈祥的面容吗？”

“但是我却不用我私人的痛苦和斗争去麻烦这个世界，这是最大的不同之处。一个真正的人必须自己去了结这类事情。”

“亲爱的海顿老爹，我的看法不是这样。我打定主意，在我的艺术中去表达我自己，我看这个世界遗憾的是不像您认为的那样美好愉快。我有过一个艰辛的童年，看到过许多痛苦，我周围的和我本人的。”

“您不到教堂去？”

“不。我在教堂的管风琴旁度过了我大部分童年和少年时代。做礼拜成了我每天的义务，逐渐都成为我的负担了。我的宗教是大自然，是森林。每一棵树，每一朵花都在召唤我：这是神圣的！这是神圣的！在森林里是和平，不是在教堂里去礼拜上帝。”

“您对上帝的信仰是科学上称之为泛神论的东西，从这里只消一步就成为异端。在万物之中去看到神，其最终结果是在什么地方都看不到神。”

“我不反驳您，因为这毫无意义。”

“贝多芬！我衷心地请求您：重新再到教堂中去，哪管只有一次！您会重新找到您的上帝的！”

“我有我的上帝，他和您的一样仁慈。再会吧，亲爱的海顿老爹！如果您也许不再把我看做是您的继承人，但我认为我仍然是！是的，还有到伦敦！不，我必须留在维也纳！我必须学习！必须成材！当您离开时，我去找另一个老师——也许是阿尔布莱希特伯格[①]。感谢您的好意，感谢您给予我的一切！”

贝多芬走了之后，海顿跪在他做祈祷的垫子上，说道：“亲爱的在天之父！您给予了我这样的技艺，我为此而感谢您，永远永远。我年纪大了，每天都可能被您召之前去。谁会成为我的继承人？这个年轻的路德维希·范·贝多芬在这里。您给予了他杰出的才能，比我杰出得多。但他现在步入歧途，他准备要离弃您。他只是迷误了。亲爱的上帝，竭尽您的全力，把他重新领回到您的身旁，使他能把我的事业继续下去！亲爱的上帝，望您听取您的奴仆的请求！”

他站了起来，看到了书桌上的贝多芬的三重奏。他现在该读一读它？最好另找个时间。

他坐在窗边的椅子上，望着外面的黄昏，天色愈来愈暗了。

有人在敲门？

门开开了，一个矮小的模糊的人影走了进来。他那浓黄的头发束成一条扑了粉的辫子。褐色的外衣，一件褪色的蓝马甲裹住了他的上身。

①阿尔布莱希特伯格（Albrechtsberger，1736—1809），著名音乐理论家，作曲家及教师。——译注

莫扎特！海顿想喊叫，但是他却喊不出声来。那个人一声不响地穿过房间，站在书桌旁，拿起了乐谱，坐了下来开始阅读。他的目光是严肃的，他越读下去，就变得越来越紧张。现在他含笑地点了点头。他张开了嘴唇，仿佛他在轻轻地唱着。他继续读下去，一直读到完。他合上了乐谱，把它放到桌子上，用他那柔软的白手爱抚地抚摸着它，随后站了起来，消逝了。

海顿醒了过来。天色已完全昏黑。他燃起了油灯，重又坐在他的那张椅子上。上帝使他做了这样一个梦，这是无可怀疑的了。他恭敬地举手合十。

“我的上帝，我感谢您，是您使我有自知之明。我忘记了世上所发生的一切均是您的旨意。这使我困惑和惊恐的也是一样，因为这是您的意志。一种新的音乐到来了，它超越我们这些老人，奔向新的目的地。有谁敢于去束缚它，去阻挡它！让我继续用我的方式为您服务；但要再给我一两年的时光，使我看到新的从旧的中间萌生。亲爱的上帝，在您的关怀下，它将顺利成长！”

里希诺夫斯基侯爵催促他的被保护者利用三重奏所获得的巨大成功，把它们付印。但是贝多芬拒绝了。海顿的话他一直还留在脑际，他对自己的作品不满，决定先把它们在自己的书桌里放一段时间。作为替代，他现在出版了一两集变奏曲，这其中就有《费加罗》中的“Se vuol ballare”①，这是他在鲍耶尔为埃莱诺蕾·冯·布洛宁写的，时间已经过去好久。

贝多芬在维也纳已经一年了。他那轻易点燃起来的心还没有因那次小小的爱的奇遇而停止燃烧，但感受的不再是一种巨大的激情。迄今为止他还没有给埃莱诺蕾写信，把献给她的这些变奏曲寄给她，这对他说来虽则勉强为之，但却是心甘情愿之举啊。他把一册这部小型作品精美地包装起来，附上下面这封信

维也纳，1793　11　2

①见第一部第十五章注。

敬重的埃莱诺蕾！我最珍贵的朋友！

直到我在京都住了将近整整一年之久，您才收到我的一封信，可是我却一直不断地在怀念您！我时常在和您及您的可爱的一家絮絮交谈，可却时常得不到我所希望的安静。那令人不快的争吵还一直在我面前浮现，我当时的举止是何等地可憎。但这已成为过去了。您善良和高尚的性格，我亲爱的朋友，使我坚信您早已宽恕了我。但是人们常说，最正当的悔恨是承认自己的罪过。这正是我所要做的。

这是我奉献给您的一份礼物，我仅是希望，这部作品能配得上您，为在这儿出版这部作品我费了不少力气，我利用这个机会，我敬重的埃莱诺蕾，借此向您证明我对您的尊敬和友谊以及对您的一家的铭怀。请您收下这份微薄的东西，并想到，这是来自一个非常敬重您的朋友之手。噢，如果它能使您感到愉快，那我的希望就得到了最大的满足。它会重新唤起我对在您的家中度过的那么多那么幸福的时光的追忆，或许它能使我保留在您的记忆之中，直至我返归，可这不会是近期之事。我亲爱的朋友，噢，那我们该是如何快乐啊！您将在您的朋友身上看到一个愉快的人，时间和一个较好的际遇已平抚了他身上先前犁下的令人嫌厌的沟纹。

在这封信结束时我冒昧地还要提出一项请求，这就是，我想再度能幸运地得到由您的手，我亲爱的朋友，所织的一件兔毛背心。请您原谅您的朋友的这种过分的请求；它是出于对凡是出自您手中的一切的巨大偏爱。我只是秘密地告诉您，这同时是一种小小的虚荣：即是，能够说我占有一件由波恩的一个最好的、最令人敬重的少女的东西。我现时虽然还有一件背心，这是您在波恩好心赠送给我的；但它的式样已变得太不时兴了，我只能把它作为您的一件使我极为贵重的东西保存在衣柜里。如能不久收到您可爱的信函，这将使我极为欣喜。如果我的信能使您感到愉快，我可以向您保证，我定当为之效劳；我乐于向您表明，我是您的一个真正尊敬您的朋友。

路德维希·范·贝多芬

附及：变奏曲演奏起来比较困难，特别是结尾部分的颤音。但这对您说来没什么好怕的；您就把它们当作颤音处理好了，其余的音符您可以去掉，因为它们在小提琴声部里也要出现的。以后我不这样写下来了；我经常发觉，在维也纳时常有人，多半每当我晚上即兴演奏后，第二天就把我的东西记了下来并把它孵为自己的东西。因为我看出来，这类事情不久还会出现，所以我决定抢在前面。还有另一个原因，即是要使这里的钢琴家们束手无策。他们之中某些人是我的死敌，我用这种方式向他们复仇，因为我事先就知道，有人会把这些变奏曲摆在他们面前，这些先生们就会在演奏时大出洋相。

一七九四年一月海顿前往伦敦旅行，贝多芬选择大教堂管风琴师阿尔布莱希特伯格做自己的老师，他被公认为德国的第一流的音乐理论家。这位老先生是十分认真的，他要再次从简单的对位开始。

“这对您是件苦事，”阿尔布莱希特伯格说，他说的和海顿一样，“您是一个荒芜了的天才。您要勤奋地学习，否则您不会有什么作为的。”

贝多芬顺从了，因为他认识到他终于找到了一个他需要的老师。在为期一年的功课结束之后，他已从一个学生变成为一个大师，对他说来再不存在什么技巧上的困难了。

第四章

一辆马车辚辚驶上阿尔色巷，停在一幢华丽的楼房前面。一位年轻的先生走下马车，付了车夫的钱；他身穿旅行服装，一看就知是外地人。这时两个骑马人驰至，停了下来。一位年轻的贵族跳下马鞍，把缰绳扔给仆人。他看到了外来人。

"威格勒！是你，你从哪儿来？"

"啊，路易斯，真的是你？"两位朋友拥抱在一起。

"从波恩来？是吗？在这儿多呆一段时间？这太好了！"

他抓住朋友的胳膊，带他走上二楼。

"你住在这儿？"威格勒惊奇地问。

"直到不久前我还住在阁楼里。现在我住在里希诺夫斯基侯爵家里。"他把朋友领到自己的房间，然后再次拥抱他："威格勒！亲爱的好心人！这可真是喜出望外啊！"他把住朋友的双肩，端详他，然后又把他拉向胸前："在维也纳可没有像你这样的朋友，在莱茵河才会有！你坐下，讲点什么！你真的是从波恩来的？是什么把你带到维也纳的？"

在朋友的斯文的脸上出现了一层阴影。

“遗憾的是没有什么值得高兴的，路易斯。我不得不逃出来；法国人在那儿。”

“伟大的上帝！真是这样了！布洛宁一家人在哪？”

“留在波恩。”

“你怎么能离开他们？”

“我必须这样，要不命就没有了。”

“什么？怎么会这样？”

“我们在波恩有一些战俘，他们中间发生了传染病。于是我禁止我的学生去探望他们，我是大学的校长。这样一来法国人把我看做是共和国的一个死敌，当他们到了那里，我除了逃亡没有别的出路。”

“可怜的布洛宁一家人！他们听任这群暴徒的摆布！可这里坐着两个波恩人，两个年轻力壮的汉子，远离开炮火枪声！选帝侯逃走了吗？”

“当然罗！整个内阁同他一道逃走了。”

“我的老内弗呢？”

“他继续弹他的管风琴，只要法国人允许做祈祷。”

“你近来看到我的两个弟弟吗？”

“是的，有时看到。卡尔干得不错，可是自你走了之后，约翰变成了一个地道的浪荡子。你总算卸下了一个包袱！”

“可他们总是我的弟弟啊！我现在混得这样好，在这儿我能更好地帮助他俩。”

“是呀，你在这里混得确实不坏！你已经成为一个大人物了。”

贝多芬笑了起来，这是一种粗野的、无拘无束的、莱茵地区式的笑声。

“这一切都是表面上的。内心里我还是过去那个令人嫌弃的、粗鲁的、倔强的家伙。当我同侯爵住在同一个屋顶之下，那我表面上总得随和一点。你现在是我们波恩大学的校长了？二十八岁就当上校长？那你可算是飞黄腾达！你还是一直那么能干！”

“我这是幸运，”威格勒谦逊地说。“路易斯，你怎么样？满意吗？艺术上有进步吗？”

“这我可以说是的！我是一个幸运的人——或者至少还在五分钟之前。哦，威格勒，这多么可怕呀！波恩能是什么样子？法国人会留下来不走？他们还会撤走吗？”

“谁知道，路易斯！眼下无论怎么说，他们反正是整个莱茵河左岸的主人。”

低沉的铃声传入房间。

“吃早点的时候了，”贝多芬说，“现在我要同他们一起坐到桌旁，谈些蠢话，可心里却老是想着波恩。在别人家里做客也有它的可厌之处。走，威格勒，你当然同我们一道吃。”

“可我现在还穿着旅行装？”

“没关系，他们不会那么顶真。”

两位朋友进入餐室，贝多芬向侯爵夫妇介绍威格勒是他的最老的和最好的朋友，他受到了他们的热情款待。大家坐了下来。威格勒的心情是奇妙的。墙上挂着镶有金框的荷兰的狩猎图，人们坐在佛兰德式的蒙皮的椅子上，一个仆人无声地在侍候着，端着精致的菜肴，把酒斟到水晶酒杯里，他同他那来自莱茵巷的老朋友坐在一位侯爵和一位侯爵夫人之间，仿佛这是不言自明的事。

很自然谈到了政治上的事，不久威格勒就同侯爵就奥地利的态度发生了一场热烈的争论，他猛烈抨击奥地利的立场，但侯爵却用清楚不过的理由进行辩护，他把所有的失败都推到普鲁士盟友身上。

“这些普鲁士人，他们牵着我们的鼻子走！”他激动地喊起来，“而为什么呢？因为他们的眼睛盯着波兰！这对他们来说比同法兰西的战争还更重要，为此我们的勇敢士兵在流血！您注意，有一天普鲁士会用自己的手去同这些杀人犯签订和约的，这些杀人犯杀死了我们敬爱的公主，我们除了同样去签订和约还能干些什么呢！啾，亲爱的教授，您向我们讲讲你们的选帝侯吧。我们在维也纳对此特别关心！”

“选帝侯现在伤心极了。他的妹妹被送上了断头台，这使他差一点晕死过去。当法国人越来越逼近时，他不得不决定出逃。告别是感人的。人民聚集在他的车子周围，跪在地上哭泣，他用颤抖的手为他们祈祷。然后他慢慢地向莱茵河走去。”

“啾”，侯爵夫人充满信心地说，“不会所有的日子都是黑夜！英国还在嘛！现在让我们谈点令人高兴的吧！我们可爱的贝多芬变得这么忧郁了！您在维也纳会呆一段时间吧，教授先生？”

“看来我没有另外的选择了，夫人。”

“啾，我们希望您能经常来我们这里做客！您也喜欢音乐吗？”

“我自己不会，可我喜欢听好的音乐。”

“那您来参加我们的音乐会，这也许会使您感到高兴的。我们每星期五早晨演奏一部弦乐四重奏。教授先生，您就把我们的家当作您的家好了！”

一直很少参与谈话的贝多芬现在看了看表，他站了起来说：

“请您原谅，大人，我得给邻居去上课。威格勒，饭后您在我的房间呆一呆，随便一些，我一个小时之后就回来。”说完他走了。

侯爵向他的妻子投去一瞥迷惑的目光：“他现在真的有课？”

“我不知道。也许他只是想单独一个人。来自他的故乡的悲惨消息使他的情绪低落。是啊，教授先生，您的朋友有一个温柔的灵魂，可他看起来那么坚强，甚至是那么粗壮。人们有时在碰他时得戴上光滑的手套。可是我们愿意这样做，不是吗，卡尔？”

侯爵颔首：“您的朋友对我们可真是一种天赐，”他说这话的时候带有一种隐蔽起来的激情，“他是我们这个世界看到的伟大天才。我的夫人和我为能使他的生活得到某些方便而感到幸福。我有时怀有这样的感觉，我们的存在由于他才有了意义和目标。教授先生，您是一位有工作的人，可是我们呢？我们的生活究竟为了什么？是为了消磨时间！这可倒是一个美好的生活目标！”他给威格勒和自己斟了一杯酒，呷了一口，继续说道：“但是现在我们的生活有了一个目标，不是吗，克里斯蒂雅涅？这个目标就是路德维希·范·贝多芬！”

“就我所知，”威格勒说，“维也纳的贵族一直为音乐做出了许多贡献。”

“当然！但是这完全是另一码事！直到现在对于我们说来，音乐是一种舒适的消磨时间，是生活的一件美好的装饰品。谁有钱，谁就能养活起他的家庭乐队，他的弦乐四重奏乐队，他的管乐班子。为什么不呢？在音乐伴奏之下生活舒舒服服地就过去了。这时就从莱茵河来了这个年轻人！他第一次在人们面前演奏就在我们这里！可惜当时您不在场！人们来了，毫无所知，也许有点好奇—— 一个新的演奏家，一次新的消遣。可在我们上空突然爆发了像是自然界中一次巨大事件一样的事情！我曾经见过维苏威火山的喷发，就跟这一样！随之是他演奏他的三重奏的那一天，我完全无能为力向您描述这次演出。每个字都是亵渎呵！”

他停了片刻。“是的，教授先生，”他接着说，“您的朋友不仅仅是钢琴演奏之王，他更是音乐之王，虽然在维也纳人们还不能大声说出来。他的辉煌的崛起，令人不可思议，但这确是他应得的！我为此做出了贡献，这是我的整个幸福！”他的嘴唇在颤动，他迅急地把杯中的酒一饮而尽。侯爵夫人有些忧虑地望了他一眼。

“呐，教授先生，”她说，“现在让我们也为同您的友谊而干杯！”

碰杯声。人们立起身来；威格勒告辞了，然后朝贝多芬的房间走去，由于酒喝多了，他显得昏昏沉沉，他为听到谈论他朋友的这一席话感到高兴，为侯爵夫妻的盛情款待感到喜悦。

贝多芬站在窗前，望着北去的云彩。“啊，威格勒！”他喊道，“您来到这儿多好呵！一小片故乡啊！好好休息一会儿，跟侯爵夫妇的谈话累了吧！你觉得这两个人怎么样？”

“路易斯，你的运气真好。”他回答说，随即舒服地靠坐在蒙皮的扶手椅上，同时想到贝多芬波恩家中那几把摇摇晃晃的硬椅子。

“亲爱的威格勒，我在这儿是关在一只金丝笼中！”

“你想出去？”

“当然！我永远感谢侯爵和侯爵夫人。他们想最好是把我放在一只玻璃罩子里，使任何不体面的事都接触不到我！但是我渴望自由！每天三点半时我要留在家里，穿得整整齐齐的，修面刮胡子。这样长久下去我忍受不了！”

“我要是你的话，路易斯，我会感谢上帝的！”

贝多芬带有嘲讽的意味看着他。“呶，威格勒，”他转了个话题，“你想在维也纳做什么？”

“我要继续研究我的医学。维也纳的病院一直是欧洲最好的。”

“你有了住的地方吗？没有？那跟我来！我来帮你找。”他摇了摇铃，一个仆人走了进来。

“准备车！”仆人毕恭毕敬地躬身退了出去。

“侯爵的仆人也都是派头十足的人。”威格勒说。

“恰巧这是我自己的仆人。就是刚才你看到的马也是我自己的。我要尽可能地不依赖别人。”他看了一下表。“现在我本来该去里希特斯坦侯爵夫人那里。可她白等一次也不会死去的。”

“路易斯，请你还是去！”

“我现在根本不想去！”

“若是她生气了去找另外一个老师怎么办？”

“她不会这样做的，就是这样做了，那对我说来也无所谓。一大群人跟在我的后面，我都几乎甩不掉他们。若是一天有四十八个小时，那我四十八个小时都会有课可教。走，我们出去！”

不久找到了一处房子；他把车打发回来，两个朋友挽着臂在摩肩擦踵的大街上游逛。随后他俩进入一家咖啡馆，找到一处靠窗的地方，一段时间凝望着窗外熙来攘往的一切：维也纳的市民，阿尔卑斯山的山民，斯洛文尼亚人，穿着绚丽多彩的民族服装的匈牙利人，拿着小型竖琴的沿街卖唱的歌手，水果小贩，轿夫，身着华丽军装的士兵；贵族的马夫、仆人穿着奇奇怪怪的制服跑在前面；出租马车引为骄傲的是它们在速度上丝毫不让那些侯爵和伯爵的车辆。——一幅欢乐的、绚丽的图画。

“维也纳确实美极了！”威格勒说，“跟它相比我们可爱的波恩成了一个小镇！当我想到市集广场旁的那些狭窄的尖尖的小房，它们看起来一个接着一个差点倒塌似的——”

“再想想那座古老而可爱的市议会，”贝多芬打断说，“想想美丽古老的明斯特教堂旁的明斯特广场，想想莱茵河畔的王宫——我的好威格勒，这一切用整个维也纳我都不换！”

“你不想留在这里，路易斯？”

“我必须留下，不管我要还是不要。音乐在这儿胜过一切，恰巧我擅长的领域——器乐在这儿更占重要地位。这儿贵族人家有私人的乐队，比波恩的宫廷乐队还大还好；只要我愿意，我就能和它们一起演奏，人们到处拉我。整个人民都是爱好音乐的，所有的人都唱，都弹钢琴；这些人是同音乐一道来到世界上的。就是口语方言也有音乐感。音乐胜过一切。但是，这不是我的音乐。”

“什么——你的音乐？”

“不是我所感受的那种音乐。这一切都太软弱了，太富感官性了，只是有一种外在的美，太女性化了，太少男子气概了。若是我留在维也纳，那我在这儿大概永远是一个陌生人。人们看待我像一个怪物，迷恋我的音乐，演奏我的作品，认为我是一个伟大的天才，跟我说，若是我不想使他们不幸的话，那我就不应当再从这儿离开；但是你相信他们能理解我吗？不！他们敬佩我，因为我有能力，因为我有思想；但是我音乐中的本质的东西，它最内在的核心，对此他们却一无所知。你理解我所说的吗？”

“不全懂，路易斯。你所说的最内在的核心是什么意思？”

“我的意思指的不是音乐本身的东西，而是隐藏在每一种伟大艺术中的东西，在音乐中像在诗歌艺术和造型艺术中一样。它是什么，这我也无法向你解释。但是这是决定性的东西。你看维也纳人看不到这点，他们也永远不会看到这点。在我看来，他们太重感官了，正如我说过的，太南欧化了，太意大利式了，而我对北方是满怀欣喜之情，在莱茵河下游，也许更远些，在海边，我的祖父就是出生在那里的。那儿本应当有我的位置！可遗憾的是那儿没有一座像维也纳这样的音乐城市。”

“你同你的同行的关系如何？”

“老一代的钢琴演奏家恨我入骨，说我的音乐是发疯，可大多数年轻的都支持我，这中间有几个勇敢的小伙子，我觉得他们比侯爵和伯爵们好得多，虽说在这些贵族之中也有好心肠的人。等我一下！几点了？五点半。你若是有兴趣的话，现在我们到一家酒馆去，这是常去的地方，在那儿我们能碰到一群有趣的人。”

“白天鹅”酒店位于古老的黑山市区，不久他俩到了那里。穿过低矮的烟气腾腾的餐室，他们来到后院的一间舒适的小屋。他俩受到了热烈的欢迎，随着有几个响亮的男声唱了起来：

“我们的主人和大师万岁！
他叫路德维希·范·贝多芬！”

其他的人大声地加了进去，最后响成一团。当贝多芬用手杖敲动桌子，要求静下来时，这喧嚣声才停了下来。“尊敬的朋友们！我祝愿你们！这儿我给你们带来了我的最老最好的朋友，威格勒教授先生，医学博士，来自波恩，来自莱茵的波恩。威格勒，这里会聚着我的骑士们！这是斯迈斯卡·封·多曼诺维茨男爵，我们皇帝陛下的掌玺官，宫廷银行家，大提琴家。这是文策尔·克鲁木普霍尔茨，我们皇帝陛下的宫廷丑角和小提琴教师。这是米歇尔·优盖尔先生，蹩脚的法学家，优秀的男高音。这是安东·克拉夫特，大提琴中的首席。这是伊格纳茨·舒潘茨格，小提琴之王，出身于英国古老的玛洛尔特·法斯塔夫家族。呶，孩子们，我们坐下来！”他让克鲁木普霍尔茨帮助脱下了大衣，坐在橡树桌旁，桌上还空无一物：“你们要喝点什么好酒？”

“古波特克尔施，”舒潘茨格说，“一种名酒！”

“呶，若是玛洛尔特·法斯塔夫同意，那我们就喝它。我付款！这样一个朋友可不是每天都到维也纳来的啊！”

开始了快乐的畅饮，一直持续到深夜。当大家终于准备动身时，贝多芬还即兴地以他的矮胖的第一小提琴手为目标演奏了一首轮唱曲。当这一群人蹒跚地穿过克尔特纳大街时，还一直在唱着：舒潘茨格是个无赖——无赖——无赖！

第五章

威格勒应侯爵夫人之邀出席了这个星期五的早晨音乐会。贝多芬演奏了三首新的钢琴奏鸣曲，后来出版时他把它作为作品第二号，题献给海顿：阴沉的雄浑的 F 小调，光辉明朗的 A 大调和欢快激越的 C 大调。这又是一次凯旋般的胜利，但威格勒对这次成功并不感到怎么高兴。他无法遏止心中的这样一种感觉：这儿的人们对他的老朋友路易斯的崇拜有些过分了。无论怎样说，海顿还活着，同他相比他的朋友是个年轻的新手。但是这些好人儿做起来就仿佛除了贝多芬之外什么人也没有了。而他自己呢，也得意扬扬，承受这一切赞扬，认为是理所当然。“我们伟大的莫卧儿人”①，海顿有一次这样称呼他；威格勒不得不承认，这个玩笑并不纯是无的放矢。在波恩的时候，贝多芬也受到赞扬和推崇，但是他多么谦逊地老是表示拒绝把自己的名字与这些大师相提并论！

我应该向他谈自己的意见吗？威格勒在想，作为他最老的朋友我不应当这样做吗？

①在十六世纪由巴卑尔在印度建立起的莫卧儿帝国（1526—1857），巴卑尔自称为莫卧儿人，即蒙古人一词的变音，他是帖木儿的六世孙，母系出自成吉思汗。——译注

又有一次在里希诺夫斯基侯爵那里听音乐，尽管所有的人都催促贝多芬演奏一曲，但他只是限于听。他回答说，他今天没有兴致，他希望人们让他安静。可是侯爵夫人的母亲，年老的伯爵夫人图恩不愿遭到拒绝，最终她竟然跪在贝多芬的面前，乞求他弹点什么——依然无用。

后来，当威格勒与他的朋友单独在一起时，他认为自己不应当再沉默不语。

"路易斯，你说说，同图恩伯爵夫人的那个场面是必要的吗？"

"必要？当然不必要！她本来应当让我安静才对！"

"就因为她没有这样做？"

"这她可以得到次教训。"

"难道你就不能满足她的请求？"

"我当然能。"

"那你为什么不这样去做？"

"因为我要向这些人表明，在这儿究竟谁是施予者，谁是乞求者！威格勒，对于我说来，音乐家被看做是仆人的时代已经过去了！你知道吗？像莫扎特那样一个天才竟然受到他的大主教的脚踢拳打。你知道吗？当他死时，他的那些贵族庇护者竟没有一个人在场，里希诺夫斯基也不在，图恩伯爵夫人也不在！没有一个人为他送葬；人们把他葬到公墓里，他被安葬在哪儿没有一个人知道。"他咬紧了牙关，沉默了片刻。"威格勒，我在为莫扎特复仇！你懂吗？"

"我懂，路易斯，可我也不懂。你所提到的那些人，他们也最清楚地表明，那样的时代对他们说来也已成为过去了！你应当感到满意了！你是一个年轻的新手，应当感谢那些以如此尊重的方式为你开拓了道路的人，他们完全把你当作与他们一样的人看待！"

"那么说我承认是与他们一样的了？这意味着我所有的居然比一个不值钱的贵族头衔多不了什么吗？威格勒，你不相信我，而谁不相信我，那他就不能成为我的朋友！"

"路易斯，你知道你在说些什么吗！想想我们的友谊！想想布洛宁一家人！"

"你们只是在容忍！"贝多芬喊了起来，"在容忍一个崛起者，一个乐师，在你们高贵的圈子里！"

"我的出身并不比你高贵，也从不想去攀附。你应当感到羞耻，路易斯，永别了！"

晚间贝多芬的仆人给威格勒送去了一封信。

"最亲爱的人！最好心的人！你为我本人描绘出了一幅怎样可怕的画像！我承认，我不配成为你的朋友！你是那样高尚，那样好心，这是第一次我发现我不可以与你并肩而立，我远比你低下。你认为，我的心已失去了善。感谢上天，没有失去！哦，在你的面前我感到羞耻，这和在我自己面前一样！我几乎不再相信重新乞求到你的友谊。啊，威格勒，我还有惟一的安慰，这就是我几乎是一个孩子时你就熟悉我。哦，让我自己说：我过去一直是善良的，一直在我的行动中去追求正直和诚实，否则你怎么能爱我呢？难道现在我在很短时间就一下子变得如此厉害，变得如此一无是处？那是不可能的！难道这伟大的感情，善的感情在我身上一下子就消失了吗？不，威格勒，亲爱的，我的好人！哦，值得敢于再次把你投向你的贝多芬的怀抱！相信你曾在他身上发现过的好的品性！我向你肯定，你在这上面建筑起来的神圣友谊的纯洁殿堂会坚固地永世长存！没有任何变故、任何风暴能够动摇它的基础！我们的友谊坚若磐石，永远长存！宽恕，忘却，让垂亡的沉沦的友谊再生！哦，威格勒，不要拒绝这和解的手，把你的手放到我的手中！啊，上帝！不再写了！我要自己到你那儿，投入你的怀抱，乞求失去了的朋友，你把你再还给我，还给那充满悔恨的、爱你的、永远不会忘记你的贝多芬。"

贝多芬从威格勒那里听到的关于他的两个弟弟的消息使他不安。他决定让他们来维也纳。他要把约翰送进一家药店，让卡尔教钢琴，他的学生太多了。

还在驿站里，两兄弟的名字就被人提起，他俩惊讶地听到他们的哥哥是维也纳的一个名人。当他俩站在毕恭毕敬的侯爵守门人的面前时，他们为哥哥而骄傲，心剧烈跳动起来，他竟然有这么大的出息。约翰进了药店，他觉得在维也纳好极了，说话时对市镇般的波恩带着轻蔑，让每个人都知道他是著名作曲家的弟弟。他的药店名叫“神圣的精灵”，但这丝毫不妨碍他与邻近的姑娘们在一起打情骂俏，这使药店里的同事对这个颀长、高大、英俊的年轻人产生妒意。卡尔先用半年的时间学琴，随后他哥哥就把一些他不能或者不想收留的学生交托给他。

在此期间贝多芬出版了他的三重奏，作为他的作品第1号，这是他珍视的第一部作品，从此开始了他作品的编号顺序。在此后不久，他在三次连续的宫廷乐队的音乐会上演奏了他的自由幻想曲，自己创作的一部钢琴协奏曲和莫扎特的D小调协奏曲，这是他第一次在公众面前演出，赢得了罕见的欢迎。

从现在起，贝多芬成了皇都乐坛上空的一颗最明亮的新星，在它旁边就是海顿也开始变得黯淡下去。

一七九六年贝多芬同里希诺夫斯基侯爵前往布拉格、德累斯顿、柏林旅行。所到之处他都受到了热情的款待。在普鲁士都城他赢得了一个热烈的崇拜者，这就是年轻的路易斯·斐迪南亲王，一个有很高才能的音乐家。贝多芬说他弹的根本不像一个王子，而是像一位卓越的演奏家，这使他十分喜悦，他真想把贝多芬留在柏林。国王弗里德里希·威廉给他一个乐队指挥的位置，条件十分优厚，但是贝多芬拒绝了。这同一个国王也曾要莫扎特前来柏林，他也拒绝了。贝多芬觉得这儿的一切是那样的恬淡，那样缺乏音乐感，与维也纳全然不同。当他再度呼吸到维也纳的空气时，他感到快乐。是柏林才使他意识到，维也纳这座城市是长在他的心上呵！

在他远离的时候政治形势变得严峻了。普鲁士与法兰西签订了一项特别和约，奥地利在英国仅只出钱的支持下单独进行战斗。虽然大公爵卡尔击退了从美因和多瑙河谷方向向维也纳进逼的两支敌人的军队，但是自从一个年轻的名叫波拿巴的将军指挥了向意大利北部进行攻击的法国军队之后，南方的威胁越来越大。波拿巴这个人是意志、聪明和勇敢的天才，是他的士兵的偶像，他率领他们从胜利走向胜利，把奥地利人击得溃不成军。坚固的曼图亚城阻止住他的胜利进军，但也为时不久，在一七九七年的春天这座城市投降了。于是波拿巴率军越过阿尔卑斯山，不久柯拉因、克恩滕和蒂罗尔相继被占领。奥地利进行了总动员。海顿首先写出了皇帝颂，贝多芬谱了一首战歌，这首歌以骄傲的，过于骄傲的词句开始：我们是一个伟大的德意志民族。哦，他憎恨波拿巴！但是他不得不赞扬他，甚至爱他。他想，如果我能像懂得音乐那样懂得战争艺术，我就一定能打败他！但是没有一个人能与这个变成了人的战争之神争雄。奥地利皇帝不得不签订和约。莱茵河左岸归法国人所有。贝多芬不再有故乡了。

从柏林归来之后，他不再住在里希诺夫斯基侯爵家里，他要成为他自己的主人。侯爵当然对相互分离表示不悦，但他稍感宽慰的是他至少可以给他的这个被保护者一笔为数六百古尔登的年金。但贝多芬不再依赖这笔资助。他教钢琴课和出卖他的作品，其所得远超过他的所需。

他带回的速记本里净是一些草稿，众多的种子，这都要结出最美的花朵。有小型的钢琴作品，咏叹调和歌曲，这中间有狂热的阿黛莱德和美妙而庄严的祭祀歌；一部辉煌的管乐六重奏，为两支圆号和弦乐写的一个作品，为两支双簧管和一支英国管写的三重奏，一首快乐的弦乐三重奏的小夜曲，一部钢琴和管乐的五重奏，为管弦乐队写的数量众多的舞曲。这是一座真正的花园，欢愉，绚丽，丰满。一束玫瑰带着四朵深红的花孤零零地立在那里，这花儿比所有其他的花更美，香气更浓：这就是钢琴奏鸣曲，作品第7号，它是贝多芬的一部道地自己的作品，他人影响的最后一丝痕迹也都消失了。他现在觉得他二十六岁已达到了他创作力的高峰。他的一部作品刚一结束，另一部作品就又已开始，甚至他同时在写两部和三部作品，乐思源源不断涌来。这一切都标志着进步、成熟。展现在他面前的是一条光辉灿烂的人生之路。幸福所不可缺少的，他都已有了，他是幸福的。

第六章

一天清晨，当贝多芬醒来时，他听到一种轻微的、低沉的嗡嗡声。听起来像是急雨，可天空却是一片澄蓝。难道邻居家失火了？他从床上跳起奔到窗前，但是看不到烟火，大街呈现出通常的宁静景象。他喊来仆人，仆人谛听了一会，随后说，他不知道主人指的是什么，他什么也没听到。奇怪极了！那么说这声音不是来自外界。对了！是在他的左耳里。他用手指塞住它，嗡嗡声更加厉害。呶，这大概是神经，是血向头部涌去，也许过于劳累了。今天什么也不做，散步，早些上床！但在另一个早晨，依然又是这种低沉的嗡嗡声。怎么回事！会过去的。今天得工作。

这次写的是一首弦乐三重奏。随之又写了第二首和第三首。贝多芬感到满意，可是哪一首是最好的，他自己也不知道。用钢琴弹出来它们都很出色，尽管这几天来钢琴有些毛病，高音区不是那么明亮。他要他的朋友，钢琴师斯特拉歇尔来了一次。这三首三重奏在里希诺夫斯基的那架古老的出色的意大利乐器上奏出来该是怎样的声音啊！

侯爵家的乐师对这几部新作品入迷了，热情地进行练习。

演出的日子来到了。贝多芬对成功满有把握。尽管他耳朵里依然嗡嗡不止，当他踏进里希诺夫斯基的音乐大厅里时，他的情绪极好。但是今天舒潘茨格的小提琴是怎么回事？低音区的声音好，可高音却那么灰暗；高音区的快速演奏几乎全被中提琴和大提琴盖住了。

“今天你的琴有毛病吧？”贝多芬问他的矮小的第一小提琴手，“它大概伤风了？”

舒潘茨格惊讶地望着他。“我不知道，你这是什么意思。”

“你的鼓膜和你一样肥厚！高音根本没有出来。”

玛洛尔特·法斯塔夫感到有些恼火，“我要问问在场的人，高音真的没有吗？”

侯爵认为，他觉得没有毛病。中提琴手和大提琴手也站在小提琴手这一边。

“那继续下去！你们大家都没有听觉！”

第二乐章开始了。但是在几个音之后，贝多芬就跳了起来。“你们真的什么也没觉察到吗？”乐师们有些奇怪地望着他，一声不响。“我现在以荣誉和良心在问：是小提琴没声音还是我听不到？”

“他本人看来是伤风了，”舒潘茨格说，“这有时要影响耳朵。”

就在同一天，贝多芬到维也纳的著名医生弗兰克教授那儿去。

教授认为这是一种感冒，不会有什么事的，是一种类型的听觉伤风，滴点杏仁油，一两个星期就恢复正常了。但是并没有见好，一天早上，贝多芬吃惊地发觉右耳也嗡鸣起来。

他必须也往右耳里滴油，教授说。

“还要拖多久？”

“还要一两个星期。”

“真的？”

“真的！”

“我的左耳听觉很坏！”

“一切都会好的。”

“可我现在觉得还一点也不见好！”

“呐，要耐心！”

“若是变得更坏呢？”

“不会的。”

“若是我变聋了呢？”

“您不要说笑话了，尊敬的先生！”

贝多芬怀着一种极端难受的感情，一丝不苟地按着医生的规定去做。难道不是见好了吗？有些天这种嗡鸣声消失了，他感谢上帝，相信自己是痊愈了。但是突然又犯了，跟以前一样厉害。这是怎么回事？他在想，这到底是怎么回事！一定会好起来的！可若是不好呢？若是越来越坏呢？若是我聋了呢？不！这太可怕了，无法想象的可怕，不能这样啊。他用力去摒除这些胡思乱想。要有勇气！不管身体多弱他也要控制住自己的精神！他在日记中这样写道。工作！他重又沉浸在他的音乐之中，那一切就会忘掉，有的只是创作的幸福。

三部钢琴奏鸣曲，作品第10号诞生了。他对奏鸣曲形式——这是他从菲力普·埃玛努埃尔·巴赫和那个曼海姆人，从海顿和莫扎特那里继承下来——还保持真诚的敬畏之情，但是他把自己的思想注入这种形式之中。从先辈们高尚的音乐游戏之中，他把音乐变成一幅幅灵魂图画，变成深沉的人性自白。它们的影响是巨大的：受到旧音乐追随者的责难排斥，得到年轻的或思想上年轻的人的热烈欢迎。在这种音乐里，一个人的心在跳动，这是一颗狂暴的、炽热的、高贵的心，它充满了痛苦和欢乐、机智和情绪、力量和骄傲以及一种英雄气概，而这一切都自觉地在神性的面前毕恭毕敬，这种神性就存在于它的自身之中。这种音乐是它的创造者的一幅忠实的镜像，这位创造者是那样勇敢和坚定，那样有力和精神饱满地踏进生活，一种像是幽灵的神秘力量要毁掉他的艺术家的气质，毁掉他的幸福，在这种力量面前他时常感到灰心失望，但是他永远能在自己的内心深处一再地找到安慰和得到鼓舞；甚至在第三奏鸣曲中D小调慢板的挽歌中，他战斗不已，并重又获得生的意志和乐趣。当他完成了一部作品，并认为不错时，那他经常觉得，痛苦也能成为一种幸福。

当他进行创作时，他觉得只是感到幸福。可当他暂短休息时，那种对失聪的恐惧又以一种没有丝毫减少的力量压到他的身上。他的听觉在慢慢失灵。现在另样的声音：敲动，嘎嘎响集聚成嗡嗡声和轰鸣声。它很响，尖厉，使得他惊惶地跳了起来；像风在壁炉中呼啸；像一个人在痛苦中呻吟。而对一个音乐家最为可怕的是：他有时听到的音不纯，一个音他同时听到两个，其中一个比另一个高，这是一种多么剧烈的痛苦。

弗兰克教授不再笑他了。他现在认为，这种痛苦一定是与整个身体的某种障碍有关，他开了大剂量的药和进行浴疗。

但一切都毫无用处。一种可怖的恐惧逼得贝多芬团团转，不再让他得到真正的休息、睡眠和工作。他避开了人，他不要任何人知道他现在的处境。他不再参加社交活动，授课被不定期地取消，他让饭馆把他的饮食直接送到他的住处。当他遇见熟人时，他就用一种痉挛性的快乐口气说话，以免使别人发觉他是多么沮丧。若是他有一个妻子在身边，一个对他全心全意的，他能完全信赖的女人，她能分担他的痛苦，安慰他，对他说，一切都会重新好起来的！若是不会好的话，那她会更爱他的！但是他没有妻子；在他所走的路上没有遇到一个他所希望的女人，若是有的话，那他是不会错过她的。

他常常坐在家里，抑郁地闷声不响，谛听着他耳朵里的轰鸣声，这简直是在演奏一部真正的地狱协奏曲。

一个聋音乐家！迟早他是不能做一个钢琴演奏家了；创作的极度喜悦横遭腰斩，他内耳所听到的一切，本应变成栩栩如生的呵！若是他的情况一公开，那人们会说些什么呢？这真是再好不过的助兴谈资了！“我们不是早就说过了吗？混乱、笨拙的配器，不和谐，旋律的贫乏，——呐，这个可怜的家伙现在聋了！听众被他欺骗了，把他置于我们之上，高过我们，是什么莫扎特遗产的真正守护人！”

他惟一的安慰就是直到现在至少他的创作力没有被剥夺，因为它是不受听觉影响的。但是终究有那么一天会来的，到那时连创作力也不会有了。如果他翻开他的速记本，沉浸在许多等待解决的主题中去，可他听到的不再是音乐，而只是他耳朵中的轰鸣。

不再能创作了？那就不再能活下去！在他达到荣誉的顶峰时就辞别世界，这会更好些。留下光辉的纪念，而不是悲哀地挣扎下去，先是被人怜悯，不久就被人遗忘。这种思想不让他安静，在诱惑他，力量越来越大。但是他的意志还在进行一场绝望的斗争，他总是把他的速记本放在自己的面前，在等待着，看在他的灵魂中是否能响起来。

有一次他坐在写字台前，一张纸上有一两个主题，它们时常在催促着他，可他却不知该把它们引向哪里。他再次试着去唤起它们的生命，他成小时地在谛听着。毫无用处。他的耳朵里只是呼啸着那可怖的声音。这是他灵魂中的黑夜。他站了起来，从柜子里拿出手枪。好呀，里面装有子弹。

“当我们摆脱了这一具朽腐的皮囊以后，在那死的睡眠里，究竟将要做些什么梦，那不能不使我们踌躇顾虑。……倘不是因为惧怕不可知的死后，惧怕那从来不曾有一个旅人回来过的神秘之国，是它迷惑了我们的意志。①”——哈姆雷特，你是一个胆小鬼。不，他对此毫不惧怕。在死之后要来的是什么，那不可能是睡眠和迷梦！那一定是一个新的生活，摆脱了所有的人性的软弱。在这种生活里是深沉的安谧、澄明、和平。

纸上的音符是多么奇怪地望着他呵！现在它们开始说话了，不，是开始唱了起来。呶，他在想，它们无法继续下去，纸上只是一两个小节。但是这些音符不受影响，它们完全不顾一切地继续唱下去，越来越长，越来越丰富。

静了下来。贝多芬抓起笔和纸。他写呀，写呀，一刻不停，写了好几个小时。现在他写完了，他通读了一遍。他极度幸福地放下了手中的纸。这是一部交响曲的开始乐章。

桌子上放的什么？他的手枪？怎么回事？他是要——？毫无意义！简直

①此系《哈姆雷特》第三幕第一场中哈姆雷特有名的一段独白。——译注

是发疯！他，没有一个人像他那样受到赞赏，他竟要辞世而去？他，还能创作的他？难道他的天才不是上帝赠给人类的一份礼物吗？难道他没有神圣的义务使人类保有这份礼物并使它更加完美吗？他让他的所有作品在自己的眼前过了一遍。一条多么辉煌的上升线！他知道，他还完全站在起点上。在他的内心之中有多少未生的作品在沉睡！它们都要来到这个世界，只要上帝让他活下去！临阵脱逃，做懦夫，他，一个注定要成为大人物的人能这样做？不，不，不！让所有这些阴郁的念头都滚开！星空在我们头上，道德法则在我们心中！我的生活的大旗在风暴中飘动，它不会把你撕成碎片！

第七章

一七九九年五月里的一天，时值中午，一辆华丽的马车穿过彼得广场，停在贝多芬住房前面。一个身穿号服的年老仆人，完全是乡下人的样子，他从上面下来，打开了车门。一个矮小的满头灰发的夫人身着一件老式的黑绸大衣走了出来，她精神抖擞，四下张望。两个年轻的少女，身穿朴素白色的印花衣服，随着走了下来。“四楼，那么高！”母亲用匈牙利文说，沮丧地仰望着房子。“我记不起来拜访过住在四层楼上的人。我这么大的年纪还得爬楼！”

“妈妈，”小女儿说，她有着一双欢快的浅蓝色的眼睛，年轻貌美，妩媚动人。“您在说这么大的年纪！若是您不是这样年轻的话，那我们肯定是不会要您爬四层楼的！”

“那上吧，孩子们！”母亲说，口气软了下来。“苔茜，你要庄重些！还有你，佩比，不要老是笑！”

登上了四层狭窄的楼梯。一个仆人开开门，接过了名片，并把她们引入一间朴素的内室。

“赛莱尼伯爵从前也住过四楼，”母亲在沿着自己的思路说，“可只住了几天，随后他就自杀了。”

“是因为住四层楼，妈妈？”小女儿带着无所谓的表情问道。

“不是，佩比！当然不是！不要说些无聊话！他负债了，有五十万之多。但我想，”她神秘地补充说，“是因为一次不幸的爱情。当他死的时候，我从他那里收到一封信——”

“从另一个世界，妈妈？”

“佩比，你是一只笨鹅！这信当然是在他死前写的。再说，哪会有死人，或者说他们的灵魂写信这种事情。啊，我要说什么来着？对，是这样！是啊，”她稍微压低了声音，“今天找这种人居然得爬楼，来高攀！在二十年前这根本是不可能的事！”

“这种人！”佩比撅着嘴说，“你听到了吗？苔茜，妈妈在讲什么样亵神的话呀？”

姐姐没有答话。她臂下夹着一本乐谱，紧张地望着门。

贝多芬坐在书桌前工作。当仆人进来时，他不满地看了一眼，读了名片，随之把它掷到桌子上。“没有时间，找另个时间来。”

“是三位高贵的女人！”仆人大着胆子说了一句，“非常漂亮的女人！”

“三位女人？”

“一个母亲和两位女儿。”

贝多芬站了起来，走到门前，透过了望孔向隔壁房间望去。“好的，我马上就来。”

仆人刚一走出，他就为自己的话感到后悔了。但是他一看到年轻姑娘脸上容光焕发的表情时，他的心感到温暖。她俩一定希望上课。可他不愿意教课，他不能教课。他犹豫地走出卧室，精心地整理了下服饰，然后进入会客间。

“布伦斯维克伯爵夫人？”

“范 · 贝多芬先生，请原谅我们突然来访！您的名望也传入我们匈牙利偏僻的宫堡。这并不是说，它多么偏僻。毛尔通瓦沙尔离佩斯并不很远。”

“是的，是的。”贝多芬说着，他向她的两个女儿望去，她们正睁大了褐色的眼睛在看着他，仿佛他是一个了不起的大人物似的。哪一个更美一些？他在想。

“现在我要和我的两个女儿——苔莱赛伯爵小姐，约瑟芬伯爵小姐——在维也纳呆一两个星期——”

“只是一两个星期？”

“我想问一下，您是否能为两位伯爵小姐上钢琴课。”

“一段时间以来我已不再教课了，”他回答说，“再说只是一两个星期，这也不会有多么大的用处。”

“那请您原谅我们的唐突，”伯爵夫人面部毫无表情地说，“走吧，孩子们。”

但这时贝多芬看到年幼的那个姑娘眼中饱含的泪水。“请等一下，伯爵夫人！或者您让我考虑一下！”他做出仿佛在费力思索的样子，看到那个年幼的姑娘破涕为笑，她比他所看到过的任何一个都更美。“如果您的女儿真的愿意——”

“这当然是我们所热烈希望的。”年长的苔莱赛说。她的声音洪亮，甜蜜得像单簧管一样。她严肃而径直地望着他。她与她的妹妹不是同样的美吗？

“好吧，”他说，“那我们先看看吧。或许两位伯爵小姐给我弹点什么，看看她们的程度！”伯爵夫人无可奈何地耸耸眉毛。这个人居然提条件！可是事情到了这种地步，也只好如此。“苔莱赛伯爵小姐，”她解释说，“是一位神童。六岁时就已经在佩斯和管弦乐队一起演奏过一部钢琴协奏曲，当然只是在高贵的人的面前！是谁的东西，苔茜？”

“是罗采第，妈妈。”

“这样，这样！”贝多芬说，“那么说我们某种程度上是同行了，尊敬的伯爵小姐！”

“同行？”伯爵夫人答话，“我刚才说过，我的女儿只是在高贵的人面前弹琴，是为了一次慈善救济的目的！苔茜，不是为了一次火灾吗？”

"是为了水灾，妈妈。"苔莱赛回答，面部绯红起来。她在谱架上摆好一份乐谱，然后坐到钢琴前面。

"什么？你要弹我的三重奏？"贝多芬叫了起来，"那其他声部呢？"

"我自己唱，还是可以的。"

她弹得很迷人，优雅，但有力。她的声音开头时显得拘谨，但不久就自如了，在所有重要的乐句上都起到了小提琴和大提琴的辅助作用，从技巧上看都是正确的。这是一次名符其实的天使音乐会。

"好！好极了！"贝多芬喊道，"我们确实是同行，伯爵小姐！"

随后约瑟芬也弹了个曲子。

"呶，伯爵夫人，"贝多芬说，"您的女儿都非常有音乐才能，我愿意来次例外。遗憾的只是一两个星期！"

姐妹两人相互拥抱起来；随后她俩把手伸给贝多芬。他用左右手分别握住它们，长时间紧握不放，仿佛这是非常必要似的，这使伯爵夫人流露出不满的表情。

"但是我要提出一点请求：一定要练习！你们答应我吗？"母亲耸了耸肩膀。

"完全答应！"姐妹俩喊了起来。

"那么普拉特公园不去了？斯温喷泉不去了？画廊不去了？"

"不去了！不去了！不去了！"两姐妹快乐地喊叫起来。

规定好每天十二点他到金雕旅馆去找她们。

贝多芬又是一个人了。

随之又有人敲门，他的老朋友斯迈斯卡男爵走了进来。他在楼梯上遇见了她们，当然认出了她们是他的同乡。

"有匈牙利人来访？"贝多芬点了点头。斯迈斯卡拿起放在桌上的名片：

"布伦斯维克伯爵夫人！那她是从毛尔通瓦沙尔来的了！"

"您认识她？"

"不认识，但是每个匈牙利人都知道这个名字。"

“可这个名字不是匈牙利的！”

“布伦斯维克就是布劳恩斯维格[①]。当布劳恩斯维格公爵，狮子亨利希从一次十字军东征返回途经匈牙利时，他的一个儿子爱上了一个漂亮的匈牙利女人，于是就留在那里。布伦斯维克家族就是这么来的。”

“苔莱赛是与狮子有些关系，”贝多芬说，“坚强有力，高贵，忠诚。年纪小的妹妹是我所看到过的最漂亮的。”

“现在我们算是认识了伟大的贝多芬。”当她们又坐在马车上时，伯爵夫人说。

“他使您感到失望，妈妈？”约瑟芬问道。

“正相反，亲爱的孩子！我想象中他正是这个样子。他一点也不懂礼貌。”

“可是妈妈！”

“一点也不懂礼貌！他称你们为‘你们’！还把苔茜叫做同行。这个人，他靠音乐生活，而苔茜，她是在高贵的人面前举行一次慈善救济音乐会！是啊，世道变了呵。从前音乐家是属于仆人一类的，可今天得去巴结他们！但这是我们自找的，我们也没理由埋怨。”

“他有一双奇妙的眼睛，”约瑟芬沉思地说，“从那里能看到天才！”

“啵，佩比，你该去问他，他是否觉得你的眼睛也是奇妙的，——他这样做那就对了，我的好孩子！”

约瑟芬笑了起来，面上泛起红晕。苔莱赛什么话也没说。她把贝多芬的三重奏紧紧放在怀里。

伯爵夫人当然要她的女儿尽可能多看些维也纳的名胜。于是就在当天，她们去参观坐落在洛顿塔楼门旁的缪勒艺术馆，这是一幢华丽的、矗立在要塞上的粗石建筑物，它收藏了一大批根据意大利博物馆最著名的原作制成的

①通译为不伦瑞克。——译注

石膏模型。

当她看到这么多的大厅时，这位可怜的伯爵夫人叹了口气，她的求知欲旺盛的女儿要询问这些艺术作品和艺术家的情况，可她本人对此所知无多。一个年纪较大的先生走了过来，停在近旁。当他看到这儿没有解说员在场时，就自我介绍是这座艺术馆的主人，并表示愿为她们指点和讲解最珍贵的展品。这时正好来到一组展品前面，这是一个沉睡的山林女神和一个法乌[1]；法乌正用贪婪淫荡的目光在盯着女神。伯爵夫人在想，缪勒先生是一个男人，但是一个上了年纪的人。我可以接受他的友好的建议。缪勒先生表现了令人感动的毅力。当他把他的精疲力竭的客人送到马车上时，参观时间早就结束了；他感谢她们的莅临，并请求为夫人在参观其他名胜时做导游。

翌日中午他出现在金雕旅馆，提出请求，他整个时间都可供驱使，并马上可以乘车前往伯尔维德。可现在不成，因为刚敲十二点，随之范·贝多芬先生到来，缪勒先生不得不极为遗憾地屈身告退。贝多芬穿了一身极为时髦的服装；布伦斯维克伯爵夫人惊讶地发现，他有一副很好的身材。他的兴致极好，对上课好像感到一点也不着急，先是让两位年轻的伯爵小姐随便谈些什么：她们喜欢不喜欢维也纳啦，维也纳是不是不比佩斯美啦，她们愿不愿意多住一些时间啦。从谈话中间才知道，他们在维也纳有一大群共同认识的熟人，这是因为死去的布伦斯维克伯爵的三个姊妹是在维也纳结婚的，她们都是上流社会的贵夫人，近年来贝多芬一直是进出于这个上流社会的。

终于伯爵夫人断然地打开了琴盖，上课开始了。贝多芬先是对他的两个新学生的手的姿势提出批评，并不厌其烦地把她们漂亮的手指一再地摆成正确的姿势。钟敲了一点，钟敲了两点，但是他没想到停下来。好心的伯爵夫人看到这位著名大师如此热心感到得意，不想催促结束。到五点钟时，这第一堂钢琴课才结束了，大家都疲惫不堪。

每天中午时分贝多芬出现在金雕旅馆。同伯爵小姐们在一起的时刻他觉

[1] 古罗马神话中的森林之神，头上长角，羊足，性淫。——译注

得好极了。不久之前使他感到极为压抑的一切都忘却了。在他身上，出现了一个新的青春，他又感觉到快乐，又能够欢笑了。每当他看到苔莱赛和约瑟芬，他便觉得幸福。她们也喜欢他，每一瞥目光，每一句话都向他表明了这点。她们出之灵魂深处感激他通过他的音乐和他的指导所给予她们的一切，不仅如此，他的整个为人也使她们倾心：纯洁，他的心地善良，他丰富的才学，他的坦率，他的欢愉，他的机智，他毫不因循守旧，他的整个人格中的独特之处。两姐妹中哪一个更可爱，开始时他自己也不知道；他喜欢她们两个。但逐渐地他越来越倾心于约瑟芬，在她那毫无瑕疵的美丽前面，苔莱赛确实要逊让一分呢。

一两个星期很快就过去了，有一天他被告知，明天她们就动身返回匈牙利。

在最后一个早上，缪勒先生来到了金雕旅馆。最近一段时间缪勒先生不得不靠边。她们一直只是把他当作是一个导游人而已，虽不给他小费，但也不把他当作社会地位相同的人看待，尽管他文质彬彬，礼仪周到，并给人一种印象，仿佛他曾有过更好的日子。

缪勒先生穿着他的礼服，带来一束漂亮的鲜花。他郑重其事地请求与伯爵夫人私下谈话。现在缪勒先生摇身一变成了多依姆伯爵，皇帝陛下的前宫廷侍从官。年轻的时候因为一次不幸的决斗而不得不出逃，改换了一个普通的市民名字；但他一直是一个高贵的人，随时他都可以重新以原来的身份出现。约瑟芬伯爵小姐给他留下一个不可磨灭的印象。他虽说已不再很年轻了，但他自夸，能够使伯爵小姐幸福。

从前就是由于玛丽亚·苔莱西亚女皇的钦定而得到自己丈夫的伯爵夫人，看着他，除了听到这位有着一个古老贵族名字的人要娶她的女儿为妻之外，别的什么也没听进去。

“你能使我和我们大家幸福！”她对可怜的约瑟芬说。事情就这样定下来。

当贝多芬前来告别并听到这次订婚的事情时，他仿佛头部受了一记重击似的。

“怎么回事？什么？多依姆伯爵？什么多依姆伯爵？缪勒先生？那个做石膏模型的艺术家缪勒？”

约瑟芬站在他的面前，搭拉下双眼，一句话没说。

“那我得祝您幸福了，”他终于说道，并朝她伸出手来。她握住它，凝视着他，他什么都知道了。他把她的姐姐领到隔壁的房间里。“苔莱赛！”他说，并用一种直刺入她内心的目光望着她，“您怎么能让这种事发生？”“您去问我的母亲好了！她用铁腕来统治我们。”

他回到妹妹身边。“祝您幸福，约瑟芬。这——”他惊恐。沉默不语了。

“是的，”她回答说，“我要在维也纳生活，依然是您的学生，亲爱的，亲爱的贝多芬！”

约瑟芬的婚礼六个星期后在毛尔通瓦沙尔举行，在同一天这对不相称的夫妻回到了维也纳。

第八章

一年过去了。他完成了头三部小提琴奏鸣曲和头六部弦乐四重奏，还有清唱剧《基督在橄榄山》、C 小调钢琴协奏曲和给贝多芬奠定世界声誉的七重奏，尽管他本人并不把它看做是自己的最好作品。

听觉上的疾病越来越成为他小心翼翼加以保守的秘密，就是跟他最接近的约瑟芬对此也一无所知。

有一次贝多芬又去他的女友约瑟芬处，他在她那里看到一位年轻的少女。

“您来了，这太好了！”约瑟芬说，“我们谈论您已好一会了。这是我的表妹，圭恰迪伯爵小姐，从的里雅斯特来；这位是范 · 贝多芬先生！”

他朝尤利亚 · 圭恰迪递过手去，同时为她那古铜色秀发的光泽和湛蓝的眼睛感到惊奇。上帝啊！他在想，她多么漂亮！

“您请坐，贝多芬！”约瑟芬说。

“我没有很多时间，我只是来问候问候。魏基好嘛？”

“您稍坐片刻！我马上把他带来。”说完她就离开了。

“您一定是到这儿来做客的吧，伯爵小姐？”贝多芬问道，这只是无话找话。

“不，我们要留在维也纳。我的父亲调任波希米亚宫廷办公室工作。”

“离开的里雅斯特，您感到惋惜吗？”

“不！维也纳美多了。的里雅斯特尽管有很好的歌剧，可还是一个小城市。那儿现在有一个出色的男高音歌唱家，叫拉扎里尼，一个很有魅力的人！”

“这里的意大利歌剧也很好。”

“我听说过了，但我想先熟悉熟悉德国音乐。您肯教我课吗？”

“很遗憾，伯爵小姐。”

“范·贝多芬先生，若是我恳求您呢？”

“我没有时间。”

“可您在给约瑟芬上课呀！”

“这仅仅是出于老交情。”

“您教我难道不可以出于新交情？”

“我亲爱的孩子——请您原谅，伯爵小姐！”

“我非常喜欢听您说亲爱的孩子！”

“伯爵小姐，您想象不出我有多忙。”

“难道您整天都在作曲？”

“呐，我半天作曲。”

“那另个半天呢？”

“每天看清样要用去许多时间。”

“但那不会是您的全部时间吧？范·贝多芬先生，如果一个人能使别人幸福，那他不应当去做吗？我会非常感激您的！”她目不转睛，他觉得她在开始支配他了。

“您钢琴弹得究竟怎样，伯爵小姐？”

“不是很好。可我还不到十七岁呢。”

那么说几乎还是一个孩子，他想，可业已是一位贵妇人了！

“在的里雅斯特当然不像这里有这样的钢琴大师。我可以弹点什么吗？”没等回答她就坐到钢琴前，弹起一首时下流行的曲子。贝多芬带着宽厚的微笑在听着。约瑟芬抱着她的孩子走了进来。尤利亚·圭恰迪向她投去不满的一瞥。难道不能稍等一会儿？

“啵，”当她弹完了时，贝多芬说，“不会的都可以学会。啊，魏基！我的小心心！你好吗？你胖了，胖得圆起来了！你这可爱的小家伙！眼睛完全像妈妈！”

“他有十四磅重了！”约瑟芬骄傲地说，“他不可爱吗，尤利亚？”

“迷人极了！”她回答说，并抚摸小家伙的脖子，这使孩子一惊，他咧开了小嘴。“呐，可眼下艺术更使我感到兴趣。但范·贝多芬先生像是在想，我最好是放弃音乐。”

“我并不这样认为，伯爵小姐。”

“这架钢琴是全新的，弹起来有些紧，”约瑟芬在帮她表妹的忙，“但它的声音好极了。在斯特拉歇尔的仓库里听起来还要美，不是吗，贝多芬？”

他没有回答。又是那个低音升 C，几天以来他老是不断地听到它，与心脏跳动的节奏一致，一分钟七十到八十下，一天跳上万次。他走到钢琴前，弹出这个音，一次又一次地。一种不祥的跳动着的主题在发展。现在他坐了下来。响起了一个阴沉忧郁的旋律，它老是围着升 C 在环绕不止。夜空中没有一颗星在闪耀。乐章正如开始时那样，在极度微弱的声音中消逝了。

“是啊，约瑟芬，”贝多芬说，“生活就是这个样子。”

“不总是这样，”她回答，并望着她那甜蜜入睡的漂亮孩子。“您继续弹下去！”

他开始重新弹起来——一种甜美的纯洁无邪。静止。随即向死亡飞奔而去，直至终结。

有一阵时间没有人敢说话。“好极了！”尤利亚终于说道。贝多芬用食指在琴键上从低到高来回滑动着，他跳了起来。

“时间到了！我得马上走！对，约瑟芬，我几乎忘了：如果我们后天晚间在您这儿演奏，您觉得合适吗？合适？那好极了！您会听到三首新的弦乐四重奏。舒潘茨格拉第一小提琴，茨迈斯卡尔拉大提琴。我觉得克拉大特更好一些，可我看到茨迈斯卡尔那么恼火，我就答应他了。好，再见！”

“那我的上课呢？”尤利亚喊道。贝多芬望着她，再次看到，她长得那么漂亮。

“呶，我们试试吧！”说罢他就走了。

“上课？”约瑟芬惊讶地问。

“是啊，为什么不呢？”

“尤利亚，你这是一厢情愿！”

“他真的是那么著名？”

“除了海顿之外，贝多芬是现在活着的最著名的音乐家。”

“那他赚钱很多了。”

“当然一年比一年多！这只是猜测。可贝多芬的收入怎么使你感到兴趣？”

“呶，这对一个人总是有关系的嘛，”尤利亚回答说，她玩弄着她的手镯。“十分感谢你使我认识了他，佩比！一个有趣的人！他长得并不漂亮，身材矮小，脸上有疤。话说回来，漂亮的男人多半都是无聊乏味的。”

“你已经有了这么多的经验，小尤利亚？”

“他多大了？”

“不到三十岁。”

“他也是贵族出身了。”

“贵族？”

“他名字前有‘范’嘛！告诉我，佩比，他很痛苦吗？”

“这我无法告诉你。”

“也许是一次不幸的爱情？”她审视地望着她那美丽妩媚的表姐。

“我不知道，尤利亚。”

“你的小家伙真可爱！可我现在得回家了。向你的丈夫致意！我后天可以来参加你们的音乐会吗？”

“当然，亲爱的尤利亚。”

“太感谢你了，佩比！要穿什么样的衣服？”

“完全随便。”

“再次表示衷心感谢，衷心感谢！再见，佩比！”

约瑟芬把孩子放回到床上，然后倚在窗口，沉思地向外凝望着朦胧的暮色。

尤利亚是那么漂亮，在维也纳的社交界很快引起了注意，到处都叫她是美丽的圭恰迪。她为此得意扬扬。但只有一个人对她表示冷淡，保持距离，这个人每周两次同她有较近的接触，她对他从一开始起就怀有强烈的兴趣。这个人就是著名的贝多芬，这个冷酷的天才，可在他的身上却有一颗火热的心在跳动。她经常听到他同上层圈子的女人之间的关系，她甚至怀疑她那美丽的表姐，认为她对他的友谊不完全是柏拉图式的。一种不可抗拒的诱惑在驱使她去在他的身上试试自己美貌妩媚的力量。不能让他就一直这样冷漠下去，她一定要使他匍伏在她的脚下！

贝多芬立即就为自己仅只是因尤利亚·圭恰迪的美丽而答应授课而感到后悔了。他已习惯于对女人心灵轻而易举的胜利，但他却禁止自己去与约瑟芬的表妹进行一场恋爱的游戏。在他看来，她的音乐才能太可怜了。他下定决心，尽可能快地找个借口重新中断授课。

但是，每当他和她并坐在钢琴前，观察着她那窈窕的侧影，呼吸到从她身上散发出的芬芳时，每当他接触到她那纤巧的手指——为的是纠正她的指法——和感觉到她的皮肤的温暖和圆润时，他觉得确实舒适惬意。是啊，她是迷人的！她确实有才能，比他在开头时认为的要多得多；在他的影响下，这种才能简直是在迸发怒放。她的口味也急剧发生了变化，对流行的意大利作曲家的那种甜腻的东西她只是一笑置之，她老是要演奏他本人的作品。

贝多芬当时为一部芭蕾舞剧谱写音乐，这部舞剧叫《普罗米修斯的创造》。把希腊传说中的巨大而感人的形象变成一部舞剧的主人公，这种思想使他觉得好笑。但是由意大利舞蹈家维卡诺所设计的情节却感动了他：普罗米修斯赋予他用粘土做成的人以生命，但是这些造物只是外形上像人，而他们的本性还是兽性的。于是普罗米修斯把他们带到帕纳塞斯山[①]去，音乐的力量唤醒了沉睡着的人的灵魂。当贝多芬想到尤利亚在他的影响下所发生的变化时，他有时觉得自己就像普罗米修斯一样，而美丽的尤利亚就像他的造物。这种思想使他感动，他觉得她几乎变得珍贵起来。几个星期，几个月就这样过去了。给尤利亚上课慢慢成了他所喜爱的一种习惯。

“练习协奏曲？”有一次贝多芬坐在钢琴前尤利亚的身旁时，他问道。

“整天练，甚至夜里梦中也在练！它太美了，我再也摆脱不开它——像您所有的作品一样！”

“您不要恭维我，伯爵小姐！”

“您认为我说的是在恭维您？我是个年轻的蠢人？”

“啾，算了算了。开始罢！”

尤利亚开始弹了，可弹了一两小节她就又停了下来。

“您能自己给我弹弹开头吗？我弹的不大对。”她朝旁边挪了挪，可只挪了一点点地方，贝多芬去按低音区琴键就必然要接触到她的身体。C 小调和弦恣肆狂暴地升腾起来，随之又返回到低音区；四度的动机神秘地发出回响。他慢慢地脱离开与她的接触。

“能弹这个曲子，非得是一个男人才成！”尤利亚说，“我不会弹得好的。”

“您有才能，您会成为维也纳最好的女钢琴家之一。”

“什么时候？”

“在一两年之内！”

“谁知道我还会不会留在这里！”

“为什么，伯爵小姐？”

“我的父母要我结婚，而我的未婚夫要到意大利去。”

“我可以问问这个幸运儿是谁吗？”

“幸运儿？”

---

①希腊的山名，古希腊传说中太阳和文艺女神所居之处。——译注

"呐，或者说是不幸者？"

"戛伦伯格伯爵。"

"他是谁？"

"一个年轻的音乐家，向阿尔布莱希特伯格学习作曲的学生。"

"我没有听说过他。啊，见鬼了，也许他是给芭蕾舞作曲的？对了，现在我知道了。那么说他是您的未婚夫了？呐，我祝贺您。好了，继续弹！"

"范·贝多芬先生！"

"什么事？"

"我们结婚的事情还根本没有定下来！"

"见鬼了，这与我有什么关系！我是您的钢琴老师。"

她继续弹下去，但弹得那样蹩脚，一两小节后他就让她停下来。"亲爱的孩子，您这是怎么啦？"

"范·贝多芬先生，您为什么对我总是这样严厉？"

"也许我应当温柔？您有那位戛伦伯格嘛！或者他是一块胆结石[①]？"

"他是一张牛皮[②]！"她笑着回答说。

"那您让他去见鬼去吧！"

"可是我的父母要我嫁给他！"

"我最尊敬的伯爵小姐，您给我的印象看来您是会按您的父母亲的要求去做的！但我反正是不会介入您的家庭事务的！"

尤利亚涌出泪水。"我以为，"她嗫嚅地说，"您是我的朋友——您会给我出主意——而您竟是这样冷酷！"

她把头靠在他身上；他感觉到她的身体在抽搐。他谨慎地用胳臂围住她的肩膀。

"我不是冷酷，伯爵小姐。您应当明白——我处于很难的地位。按您的心

①此系贝多芬用文字开了一个玩笑。戛伦伯格由德文戛伦（字义为胆），伯格（字义为山）组成，而胆结石，德文发音为戛伦斯泰因。——译注

②此处原文为皮革，转为枯燥乏味的意思。——译注

灵进行选择吧！这就是我所能给予您的劝告。”

她摆脱开他。“不，您是冷酷的！”她倔强地说。“好，我和戛伦伯格结婚。就这样，现在继续上课！”——她再次从头弹起那个乐章，但突然停下了，啜泣着跑出房间。

这是什么意思！当他回家的时候，他在思忖，这真是一堂奇怪的钢琴课！戛伦伯格！——他想了起来，一部小型的、毫无才华可言的芭蕾音乐就是他写的。他也想起来了，他的年迈的老师阿尔布莱希特伯格曾有一次向他诉苦说，由于困难所迫，他不得不给像戛伦伯格这样没有头脑的纨绔子弟上课。那么说这个迷人的尤利亚是要和他结婚了！“呐，这与我有什么相干！”他大声地自说自话。可当他用胳膊围住她并感觉她那楚楚动人的身体时，确实是甜蜜的。这整个事情是怎么回事？他该给她出主意？太可笑了！若是他拥抱了她并吻了她呢？她会不会依从呢？若是吻她，那该是多美，可不要使她恼火才好；若是她喜欢这样，那就更美了。

第二天贝多芬搜集到一些关于戛伦伯格伯爵的情况。一个二十岁的年轻人，没有遗产，负有许多债务，但却有身居高位的庇护人，他们定会在某个宫廷剧院给他弄份美差。见鬼！他应当为这个人向尤利亚说好话？——说好话？她与他有什么相干？但光这样说是没用的，他意识到，她与他确实是大有关系的。

第二天夜里她在他的梦中出现了。

翌日清晨他在想，我不再去了。但这时他收到了一封短信：他今天一定要来，她有非常重要的事告诉他。——好吧，那就再去一次！

他在她那儿遇到一位年轻的贵族。

“戛伦伯格伯爵——范·贝多芬先生！”

戛伦伯格伯爵比他高出一头，把他那高贵的手指放在贝多芬宽大有力的手中，瞬间就抽了出来。

“能认识大师，十分荣幸！我的未婚妻向我谈了许多关于您的事情！”

“我不是您的未婚妻！”尤利亚倔强地说，这话引起戛伦伯格一阵痉挛的笑声。

“也是音乐家？”贝多芬说。

“赞歌女神[①] 的一个浅薄的年轻人，”戛伦伯格回答说，“他与您还不能相提并论。”

“您还很年轻呵。要搞出名堂，这总是需要时间的。”

“说得对极了！您听到了吗，尤利亚？听众像一位漂亮的女人，得去追它，它才会献身呢。不是吗，我的天使？”

“我的朋友，问题在于您是怎样去追呵！也许范·贝多芬先生能把他成功的秘密泄露给您，我是说在听众那儿取得的成功。”

“说得对极了！”戛伦伯格喊道，“范·贝多芬先生，该怎样去追？”

“老老实实！”他回答说，“是怎样一个人就表明是怎样一个人，一点也不要多，该说多少话就说多少话，一句也不要多！”

戛伦伯格迷惘地望了他一眼。这是对他说的？“一个神谕！”他笑了起来，“一个神谕，就像——请原谅我的坦率！——像您的某些音乐一样！”

“是宣示给笨蛋的神谕！”尤利亚插了一句。

“是这样，我的天使？范·贝多芬肯定熟悉发表在《莱比锡音乐报》上的评论！或者——稍等一下，”——他从口袋里掏出一张报纸——“这是我偶然在报纸上看到的一份关于芭蕾舞剧《普罗米修斯》的评论。请您听一下：‘音乐并不尽如人意，虽说它并不乏有长处。对于一部嬉游曲（Divertiment）——芭蕾本来就该是这样的——音乐是过于宏大了。但只有贝多芬的嫉妒者才会否认他那出色的独创性，他经常用这种独创性解除了他的听众对温柔的、讨人喜欢的和声的迷恋。’——您看！过于宏大了！还没有人背后这样议论我的芭蕾音乐！我承认，普罗米修斯这个十分乏味的形象某种程度上束缚住了您的手脚。但是，芭蕾就是芭蕾！听众是不能缺少对讨人喜欢的和声的迷恋的，谁能使他们迷恋，谁就是一个人物！”

①缪斯九位女神之一。——译注

“是这样呵。”贝多芬说。

“现在您可以走了，戛伦伯格，”尤利亚补充了一句，“您去跟妈妈聊一会去！”

“遵命，我的天使！范·贝多芬先生，我给您腾出地方。我非常荣幸！真的！再会，我的天使。还有，再谈几句《普罗米修斯》，卡森第尼指摘得太多了。我一想到米狄娜——肉色的紧身衣，算了，不说了！美极了！”

他朝尤利亚做了个飞吻，随之就消失了。

剩下他们两个人。长时间的沉默。尤利亚坐到一张扶手椅上。贝多芬坐在钢琴前，无声地弹着音阶。

“就是他！”尤利亚终于开口说。

“您有重要的事情找我，伯爵小姐？”

“我要您看看要与我结婚的这个人！”

现在他注视着她，几乎被她美丽的脸上的绝望表情所感动。“是呵，伯爵小姐，这是很难令人恭维的。”

她跳了起来。“我不爱他！我看不起他！范·贝多芬先生，您要帮助我！”

“孩子，您在向我要求什么呀！我怎么能够帮助您！”

这时她突然冲到他跟前，搂住他的脖子，用她的嘴唇堵上他的嘴。他拥抱住她，紧紧把她贴紧自己，一再一再地吻她。蓦地她挣脱了出来，奔向门去，站了一会听听动静。然后她重又投身到他的怀抱。

“尤利亚！昨天夜里我梦到了你！”

“像现在这样？”

“比这美多了！”热烈狂暴的吻。“噢，你！尤利亚！你使我发疯了！尤利亚！你！你！”

突然她站了起来。她那湛蓝的眼睛在闪光。“你能帮助我吗？”

“你要我做什么，我就做什么！”

“路德维希，听我说！先等一等！我现在是上钢琴课！若是我不弹琴，那妈妈就会猜疑了！”她迅速地理了理头发，坐到钢琴前面，把贝多芬拉到身旁坐下。随后她开始弹钢琴协奏曲的第二乐章，这个乐章以其狂热的 E 大调与第一乐章固执的 C 小调形成美得出奇的对比。贝多芬把独奏声部与乐队伴奏交织起来。他们紧贴着坐在一起，像是音的联结一样，直到把这个乐章弹完。

门开了，圭恰迪伯爵夫人悄声地走了进来。

“嗨，这音乐可真美！”她尽可能亲切地说，“我的尤利亚有进步！范 · 贝多芬先生，是这样吧？”

“伯爵小姐有惊人的进步，”他回答，并望着尤利亚。“技巧上，特别是感情上。”他泰然地补充说。

“您说的完全正确。”伯爵夫人回答，并对女儿意味深长地微微一笑。“当您来我们这里时，她还是个孩子，可现在——对此我不便妄加议论。我要说的是，范 · 贝多芬先生，您直到现在拒绝任何酬劳。可不能总是这样下去啊！”

“伯爵小姐的进步是对我的最美好的酬劳。”

“不，我不能这样继续下去！但是由于您完全拒绝金钱，我的女儿想使您得到一种小小的愉快。”

“真的？”贝多芬说，并望着尤利亚。她无法再控制住自己，笑着扑向母亲跟前，搂住她的脖子。

“妈妈，如果您这样郑重其事，那范 · 贝多芬先生要失望的！”

“那是——那是衬衫。”伯爵夫人说。

“可是孩子，你笑什么？衬衫完全是必备之物！你以为，我会轻易允许你赠送给他这样的东西啊？”她从壁柜中拿出一个小包，把它递给贝多芬。“这是我女儿亲自缝制的！一份简单的礼物！但针线之间有着对您的感激！”

“最尊敬的伯爵夫人，我对这样的殷勤好意十分感动！伯爵小姐，您的一个多可爱的念头！它会成为我最贴近的东西，使我经常想到您！”

“现在我不得不遗憾地请求中断上课。我有一件急迫的事要与我的女儿商谈。”

是什么事？贝多芬拿起小包，随即告辞而去。

“明天我去！”尤利亚悄声对他说。

翌日，黄昏时分，她来了。在这现实的欢乐面前，他梦中所追忆的一切显得黯然失色了。

几个星期过去了。贝多芬像是生活在一座幸福的岛屿上，除了爱情和音乐女神之外，没有任何人。他的幸福赞歌诞生了，这就是他的第二交响曲。这是一部快乐的轻松的作品。在清新的、富于男性力量的第一乐章中，只有一次用阴沉的D小调和弦唤起人们对贝多芬不久前所遭受的痛苦的回忆；但这只是来自远方的一道闪电，在幸福的灿烂太阳的照耀下，随即就又消逝了。

可每当他想到未来时，有时他的思想就从天际落到地下。没有尤利亚，他无法再活下去，这点他很清楚。他也不怀疑她的父母会同意她做他的妻子。他现在是一位著名的大师，他肯定会像格鲁克和海顿一样，过富裕的生活。圭恰迪一家日趋贫困，如果他们的女儿得到了很好的照料，那是会高兴的。问题是他的听觉呵！但这会重新好起来的！每个医生都向他做过保证，归终说来医生是知道一清二楚的！他很想与尤利亚谈谈这个问题，但是一种隐隐约约的恐惧总是使他止步不前。若是她离弃他怎么办？不，她不会这样做！她只会更加爱他，若是她知道他的痛苦；怀疑这一点，那是对她那颗高贵心灵的亵渎。可他还是不敢提及。有一天，事情还是摊出来了。

尤利亚在他那里。

她躺在那儿，闭着双眼；她的呼吸深沉而均匀。贝多芬立起身来，坐在她身边，深情地凝视着妩媚的、在睡眠中松弛的身躯。他终于站了起来，蹑手蹑脚地走到旁边的房间，坐到钢琴前，用琴声去唤醒他的情人；因为她有一次曾对他说过，除了琴声，她不知还有什么更幸福的了。

他开始弹交响曲的第二乐章。小广板从纯洁至美的音调直导至那个段落：阴沉的低音在轻轻扣击，心在不祥地悸动。但它们在幸福之歌中消逝了，纯洁安谧地直至宁静的结束。

尤利亚走进房间，吻他的额头。

“为什么脉搏跳得这样奇怪？”

“是啊，为什么！”

两人沉默了片刻。

“路德维希，”尤利亚突然说，“我想谈谈我们的未来。不久我就不能再离开家了。各方面都来纠缠我，责备我，说我对戛伦伯格不理不睬。你到我父母那儿去，想方设法请求娶我！”

他长时间缄口不语。随后他把一切都告诉了她，他看到她的惊愕，看到在她美丽的眸子里掠过的一丝陌生而严峻的表情。

“是这样啊！”她终于说道，“我自己也注意到了，你有时没听懂别人的话。但我是在想，他是一个大人物，他不会老是注意我或其他人的闲聊的。可原来是这样呵！”

“尤利亚！医生说得很肯定，会重新好起来的！至少是不会更坏的！”

“那你自己呢？你自己知道得该最清楚！已经好转了吗？”

“没有。”

“已经变得更坏了吗？”

“在最近一段时间没有。”

“在最近一段时间没有！那么从去年呢？”

“从那以后变坏了。”

她怨恨地微笑起来。一个聋音乐家！她在想；这可真是一个美好的未来！“为什么你从不向我谈这件事？”

“因为我太怯懦了。”

“你，怯懦！哦，路德维希，这太可怕了！”她站了起来，向他伸过手去。

“你要走，尤利亚？”

“我一定得走，他们在家等我。再见吧，路德维希！”她吻了他，随即走了。

第二天她给他写了一封信，说她热烈而深沉地爱他，但是作为一个没有财产的姑娘，她必须为自己的未来着想，同他婚姻上的一种结合那是轻率之举，她不能犯下这样的过失。这样，他们之间的一切必须结束。

第九章

贝多芬从城市逃到乡间，躲进孤独之中。在卡伦山麓的海利根斯塔特，一座简陋的小房便成了他的住处。他整天地在树林中漫游，不管是烈日当头还是大雨倾盆。傍晚他精疲力竭地返回他那狭小的房间，躺在床上，徒劳地等待着睡眠和忘却。

魔鬼又在他的耳朵里对他进行了第二次打击！聋！孤独！这就是摆在他面前的未来。

“上帝！我的上帝！”他朝着昏暗说道，“你看看我！我究竟做了什么，你这样残酷地惩罚我！把我从人类中排斥出来！让爱我的人离我而去！难道这使我胆战心惊、备受折磨的痛苦还不够吗？难道我就不该有一个属于我的人，在我失去勇气时，能安慰我，帮助我去承受不幸！难道你永远不要我得到一个成为我的人？听我说，上帝！听一个人世中最最不幸的人的诉说！”

人世中最最不幸的人？只要他的艺术守护神在沉默，那他就是这样一个人。但是不久贝多芬的创作意志又赢得了新的胜利。这感情上的风暴变成了阴沉的出色的 D 小调钢琴奏鸣曲，C 小调小提琴奏鸣曲。像他的朋友普洛斯彼罗[1] 一样，他被交给咆哮的大海摆布，但他用铁一般的力量使它服从自己的意志，直到承认他是它的主人，在阴沉的小调和弦中最后逐渐沉寂了。随之是两首迷人的小提琴奏鸣曲，紧接着是两套钢琴变奏曲，出色的技巧作品。

贝多芬时而被带至创作的幸福高峰，时而又被掷入不幸意识的深渊。

一天清晨，当他正由于心绪不宁和精神苦闷而准备到野外去时，有人敲门，他的学生里斯走了进来，这是他在波恩的老朋友的儿子，年方十七岁。好啊，总算有个人，还是来自他的故土！

里斯带来了一份请帖，邀请他参加在布劳恩伯爵家中举行的晚宴，里斯就是由于他的老师的荐举在伯爵家中担任钢琴演奏师之职。

“宴会？不，我不想去。”

如果他不去，那所有的人都会感到失望的。

“那就让他们失望好了。”

对，他还是要外出。

“如果您有兴致，那陪我走一段。”

里斯注意到了老师的情绪低沉，他没有去猜测是什么原因。他设法使他高兴起来，于是用莱茵方言讲了他们在波恩共同认识的朋友们的一个有趣故事，但贝多芬仍沉默不语。

他俩顺着乡间公路慢慢走着，公路两旁都是爬满了葡萄藤的小房，他们登上了一座小丘，纵目望去，远处是一片迷人的景色。村庄就坐落在他们脚下，红瓦的屋顶，哥特式的小教堂，一排排果树和菩提树。在后面是一片宽广辽阔的草地，它徐缓地漫过葡萄累累的卡伦山。远方雄壮的多瑙河在奔流，两岸是茂盛的杨柳，河中银灰色的小岛在闪闪发光，河的彼岸是一望无垠的平原。

贝多芬伫立在那里，他的脸上露出稍许的笑容。

在草地的边缘出现了羊群，这羊群像一堵活动的城墙在缓缓前进。看不

---

①莎士比亚《暴风雨》中的人物，米兰公爵，其弟篡位，他被置于一艘破船之上，在风暴之中他靠自己的意志和力量得救。——译注

到牧人，但里斯却听到他的芦笛声。声音是那样动听。大自然是那样的宁静，像是在谛听。

“这小伙子吹得多美呵！”里斯终于说道，“一位维也纳宫廷乐师也吹不了这么好！”

“什么小伙子？”

“是那个牧人！”他望着他的老师，当他注意到他那紧张地谛听的表情时，他惊慌起来。

“他还在吹吗？”在长时间的沉默之后贝多芬问道。

里斯肯定地说，他再听不到什么了；但贝多芬望着他那愁苦、窘迫的面孔。

“呐，我们继续走吧。”

已经是十月的天气，白天变短了，也凉了起来。猛烈的秋风把树叶纷纷吹落。该是返回城里的时候了，但贝多芬畏惧维也纳，畏惧人群。在一次风雨中的漫游他着凉感冒，卧病在家，发着高烧，他孤独地躺在床上。这时他意识到的不幸，又以其全部力量向他袭来。现在死亡来临了，它是作为一个解放者，一个拯救者而来，使他从不可忍受的痛苦中得以脱身。

于是路德维希·范·贝多芬写下了他的遗嘱。

“噢，你们这些人，你们把我当作是心怀敌意、固执或者不近人情的人，你们对我是多么不公正啊！你们不知道你们表面看到的事情的秘密的原因。我的心灵和我的思想从童年起就对友善有着温柔的情感；就是我在进行伟大的工作时，亦一直如此。但是你们只要想想，六年以来，我身处一种不幸的境地，不明智的医生把它变得倍加恶劣。年复一年被骗，空怀好转的希望，终于酿成一种慢性病（治愈它也许要拖几年或者根本不可能治好）。我天生一种热烈活跃的气质，甚至乐于参与社会的种种娱乐，可我却不得不早早把自己隔离起来，孤独地生活。有时我也想越过这一切迈出去，噢，由于我糟糕的听觉的双倍的可悲经验，我被多么厉害地撞了回来！我还不能对人说：大点声讲，喊叫！因为我是聋子！啊，要我说出我的一种感官有毛病，这怎么可能呢，这种感官在我身上应该比其他人更为完美！从前我的这种感官非常完美，在我的这一行中肯定很少有人有过这样完美的器官！——噢，我不能这样做！——因此，当你们看到我本应高兴地置身在你们中间时却规避起来，你们要原谅我。我被误解时，我的不幸加倍使我痛苦。我不被允许在人类社会中，在优雅的交谈中，在彼此的倾诉衷肠中去得到康复；几乎在万不得已时我才在社会交往中露面；我不得不像一个被放逐者那样生活。如果我接近一个社会团体时，一种炽烈的恐惧便袭来，我害怕人们发现我的处境。——因此我在乡间住了这半年。我的高明的医生要求我尽可能地保护我的听觉，他几乎是迎合我现时的心意，可有时我渴望接近社会，在这种引诱之下不能自已。但是，当某个人站在我的身旁，他听到远处的笛声，而我什么也听不见，或者，某个人听到牧人的歌唱，而我还是什么也听不到，这是一种怎样的屈辱啊！这一类的事情把我推到绝望的边缘；好几次，我想结束自己的生命。只是它，艺术，它才把我拖了回来。啊，在我完成我的使命之前，我觉得我不能更早地离开这个世界，因此我拖延这种悲惨的生活，在一个如此易受刺激的身体上，一种迅速的变化把我从最好的状态掷进最坏的境地，这确实是真正的悲惨啊。忍耐，我现在不得不选择它作为我的向导，我有这种耐性。我希望，我的决心能持续下去，坚持住，直到无情的命运之神来把这条生命之线割断。也许这样更好，也许不好，——我已做好了准备。在我二十八岁的时候，我就已大彻大悟了，这不是一件轻松的事！对于一个艺术家说来，比对任何一个人说来更为困难。神明，你看看我的内心！你认识它，你知道，在它之中寓居着对人的热爱，对行善的渴望。噢，人们！如果你们有一天读到这份东西，你们就会想到，你们对我是不公正的！而不幸者，看到一个同病相怜的人克服自然的所有障碍，还能做出他力所胜任的一切，得以跻身于优秀的艺术家和人士之列，那这个不幸者是感到宽慰的。——你们，我的弟弟们，一当我死去，施密特教授还活在世上，那以我的名义请求他把我的病状详加叙述，并把现在写的这份东西附在我的病史上，这样至少使世界在我死后尽可能多地与我和解。同时我向你们两人声明，你们是我这笔薄产（如果人们可以这样称谓的话）的继承人。公平的分配，你们要和睦相处，彼此互助！你们所做有损于我的事——这你们是知道的——，我早已原谅了你们。[你，我的弟弟卡尔，我特别感激你近来对我所表示出的亲切之情。我祝愿你们有一个比我更美好更无忧无虑的生活。] 教你们的孩子以道德，只有它才能使他们幸福，而不是金钱！这是我的经验之谈。是它在不幸之中支持了我；除了艺术之外，我感谢它，使我没有以自杀结束自己。永别了，你们要相亲相爱！[我感谢所有的朋友，特别是里希诺夫斯基侯爵和施密特教授。——我希望你们之中的一个，能保存里希诺夫斯基侯爵的乐器（指里希诺夫斯基赠给他的钢琴——译者）；但你们不要因此发生争吵。倘若它能对你们有用，那就卖掉好了。若是我在墓中还能有助于你们，那我该是何等的快乐。] 但愿能够如此！我心怀喜悦迎向死亡。倘若死亡来得过早，使我没有机会发挥我的所有艺术才能，那尽管我命乖运蹇，我还是觉得它来得早了，我希望它能迟一些到来。但我依然感到满意，它把我从一种无穷无尽的痛苦中解放出来。来吧，随你什么时候！我勇敢地迎向你。[永别了，切勿把死亡中的我完全遗忘，我应当得到你们的思念，因为我在世时经常想念你们，使你们幸福；就这样！][①]”

天色变暗了。贝多芬重又躺到床上，闭起双眼。

当他再度睁开时，他发现自己躺在陡直的悬崖之上，下面是一片平原。他要站起来，但是他的双脚被铁环紧紧桎梏在崖石上。他发现了平原上的人群，有许许多多的人。他们在仰望，向他举起双手，也许在呼喊，但是没有一点声息传入到他这可厌的孤寂之中。太阳像澹淡的玻璃悬在黑色的天空之上。

远处的大海在扬起白色的波涛，它们在咆哮，席卷去它们所攫取的一切。悬崖上的石窟张开了，狂暴的野兽从中拥了出来，直扑向人群，到处都是恐

①方括号中系小说所没有引用之处，现据安东·辛德勒所著的《贝多芬传》一书中的全文补译，供参考。——译注

怖和死亡。

这时他发现远处天际的一只大鸟。那是一头鹰，呼啸着飞奔而至，空气中掀起一股气浪，它立在他的上方，垂直地挂在那里，两爪牢牢抓住岩石，把它美丽的头偎依在他身上。

“普罗米修斯父亲，”鹰说，“你造就的生物陷入绝望。唱给我，我来向他们传达！”

这时被绑者唱起了一支意志和力量的歌。随后他说：“飞去吧，我的鹰，把我的指示带给人们！”

鹰扑向地面飞去，在人们头上盘旋，他们在倾听它的歌唱。太阳和天空变得稍微明朗起来。人群向被绑者招手致意；他们齐心合力，把野兽驱赶回洞穴。在大海肆虐之处，长起了一条堤坝。人们在铸造工具，大树在斧头下倒了下来，犁铧在翻开大地，不久成了一片沃野，果实累累。

鹰又飞来了，它落在被绑者身旁，说道：

“普罗米修斯父亲，你造就的生物得救了，但他们都感到悲哀！他们不知道他们为什么活着。”

这时被绑者唱起了一支人性之爱和欢乐的崇高之歌。然后他说：“飞去吧，我的鹰，把我的指示带给人们！”

鹰扑向地面飞去，在人们头上盘旋，他们在倾听它的歌唱。太阳变得完全明亮，天空晴朗。从下面升起了被绑者之歌，雄浑的合唱冲击着悬崖。这时鹰飞了回来，落在悬崖之上，把它的头偎依在被绑者的胸前，说道：“普罗米修斯父亲，现在你造就的生物快乐了！英雄！造物者！给人类以幸福的人！让我留在你的身边，做你忠实的使者！因为你还有许多指示要带给人们！他们还不知道通向上帝之路！你必须把这条路指给他们！”

“什么？我的鹰！我，受到上帝如此惩罚的人，要给他们指明通向他之路？”

“是的，普罗米修斯父亲！上帝没有惩罚你，他只是把你放逐到你的孤独之中。也只有在孤独之中你的思想才会成熟，才能宣告神的旨意！放心吧，父亲！太阳不是在晒你吗？我来为你遮荫。”它在他头上张开深色的双翼。

当贝多芬醒来时，温煦的十月阳光从窗外照了进来，庭园中的桦树，白色的，金黄的，立在那里，直矗向蓝天。

他静静地躺在那里，有好一会儿；他有着一种康复感。梦又出现在他的思想之中。他把双手交叉放在胸前，阖起了双眼。

从遥远遥远的地方响起了普罗米修斯的英雄之歌。

他慢慢地在追寻着梦，“主啊，”他说，“不是像我所要的那样，而是像你所要的那样。”

窗前的一只公鸡在啼鸣，贝多芬高兴地笑了起来。“我还没有聋呵！”

第十章

屈从于命运，贝多芬果断地承担加于头上的一切，他不再费力在人们面前掩饰他听觉上的缺欠了。他重新去拜访老朋友，再度在音乐会和剧场中露面。每次他都靠在乐池的前沿，这样就可尽少漏听，目不转睛地注视着歌唱演员和乐队。

时值在维也纳歌剧的舞台上升起了一颗伟大的新星：凯鲁比尼。维也纳宫廷歌剧院和其他的大型歌剧院、什卡内德剧院竞相演出他的每一部作品：《罗多伊斯卡》、《埃丽莎》、《美狄亚》、《运水夫》。什卡内德剧院在演出《运水夫》时比它的竞争对手早了一天。这时，宫廷剧院的承办者布劳恩男爵前往巴黎，为演出凯鲁比尼的最近三部作品做出保证，并把这位大师同时带回维也纳。这对什卡内德是一个沉重打击。于是他想到用贝多芬去对抗凯鲁比尼，向贝多芬提供一部自己写的歌剧脚本，让其谱曲，这部作品的名字是《亚历山大进军印度》。

亚历山大？在贝多芬的脑海里是另一个英雄。他没有忘记普罗米修斯之梦。他现在一想到他的芭蕾音乐就怀有一种羞愧之感，他想写一部普罗米修斯交响曲。但是写一部歌剧——这个念头却也诱人呵；他做了准备，甚至搬到剧院去住。但是这蹩脚的歌词激不起他的乐思。这个什卡内德像只猫一样，围着贝多芬的工作室乱转，他谛听着里面，然而不是歌剧却是另一部作品：一部伟大的小提琴协奏曲，这是贝多芬为一位他不认识的演奏家而写的。后来他把它献给法国小提琴家卢道夫·克莱策；六年前，他是在克莱策伴同贝纳多特将军来维也纳时认识克莱策的。克莱策回书致谢并询问，当时贝多芬曾答应他的《波拿巴交响曲》是否完成。

贝多芬经历了波拿巴的兴起时代。在他看来，拿破仑不仅是百战百胜的英雄，他还拯救了革命的伟大思想。当革命处于危亡时，他一扫混沌，恢复了秩序。现在他会把自然的权利还给受奴役的人民，会高举起自由的大旗，会把所有的民族结成一个伟大的兄弟同盟，去实现永远和平的古老梦想。贝多芬把拿破仑·波拿巴看做是人类的造福者、文明的赐予者，看做是现代的普罗米修斯。在神话和现实之间架起了一座桥。他对这两位英雄的想象越来越交融在一起，最终两者无法再分得开了。在他的身上，普罗米修斯的思想在发展在集聚，逐渐成长为巨大的声音形象，它现在要求解脱出来。他知道，这是一项庞大的任务，也许是他一生中最伟大的任务。但是他感觉到它在长大。在第二交响曲中他业已表明，他在交响乐创作上和弹钢琴一样的娴熟自如。他对每一种乐器都倾注进自己的生活。他现在要写的，一定是部完全伟大的东西。让什卡内德的英雄鬼话见鬼去吧！离开剧院，离开城市，到乡间的宁静之中去，去进行这项工作，这项伟大的辉煌的工作！

这样，一八〇三年的夏天他前往上杜布林。他住在葡萄园中的一座农舍里。当他从窗户向外瞭望时，看到的是一条杨柳环绕四周的小溪，越过小溪是一座草木葱茏的小丘，直延伸到卡伦山。他沿着小溪向旷野走去，不久就抵达一条幽美的与世隔绝的山谷。就在这种宁静和平之中他塑造他的英雄的幻像，斗争和胜利的幻像，死亡和神化、和平和文明的幻像。这是一部无与伦比的创作。拿破仑不再是他的英雄交响曲的主人公了。这个主人公是贝多芬自己本人，他通过斗争和失败完成了神圣的使命，成为人类的造福者：贝多芬——普罗米修斯。

秋天，贝多芬返回了维也纳。在他的书桌上放着一封绘有圭恰迪家族徽记的信：尤利亚和戛伦伯格伯爵订婚了。

次日他去拜访约瑟芬。

“我不理解我的表妹，”她说，“我可以肯定，她并不爱戛伦伯格。”

“她得顺从她的双亲的意志。”贝多芬说。

“不，尤利亚不是这样的人。”她究诘地望着她的朋友；他坐在那儿动也不动，一声不响。约瑟芬拿起他的手，抚摸着。“您生活好吗，贝多芬？”

“我的交响曲完成了，就是说我很好！您生活如何，约瑟芬？”

“我的孩子很健康，就是说我很好！”她微笑着回答说。“要和我谈谈您的交响曲吗？”

“我无法谈论音乐，尤其是无法谈我自己的音乐。”

“您感到满意吗？”

“是的，可不知道听众会不会满意？这里面是有几块硬骨头呢！”

“那歌剧怎么样了？”

“您指的是《亚历山大出征》？还根本没有动手。但是我现在有了另一部脚本：《莱奥诺拉》[①] 或者称为《夫妇之爱》。”

“您要给它谱曲？”

“我是不是要？我不能不谱！我已经都开始了！当我在写交响曲中间稍事休息时，那就写《莱奥诺拉》。”

“您能用几句话把这个故事讲给我听听吗？”

“莱奥诺拉是一个西班牙贵族的年轻妻子。有一天他不见了。她猜想是他的死敌把他投进监狱藏起来。她化装成一个男人，当了监狱长的男仆，最后她进了地牢，她的丈夫正在那里受折磨，她把他从死亡中救了出来。您可以

①又名《费德里奥》。——译注

想想看，我每当想到它时，就感到毛骨悚然。我现在还得急于完成一首新的钢琴奏鸣曲，之后我就要安下心来写《莱奥诺拉》了！”——

多依姆伯爵要和他的一家人去布拉格的亲戚家度过冬天。刚到那儿他就病倒了，几天之后猝然死去。约瑟芬这时刚返回维也纳。

“我现在是一个寡妇，”她对贝多芬说，“有三个小孩，不久还要生下第四个，对商业的事一窍不通，可要管理艺术画廊，出租八十间带家具的房间。这样的处境若是我早时候去想的话，那我就会绝望的！不要失去勇气，这是我从您那里学到的！”

那段时间贝多芬正处于幸福和欢乐之中：他波恩时代的青年朋友斯台凡·冯·布洛宁被调至维也纳的宫廷战争委员会，贝多芬迁到靠近他的格拉西斯区的红房子。

在此期间他誊写一份很漂亮的《英雄交响曲》副本，准备通过法国领事馆寄到巴黎。在标题的最上面写着“波拿巴”，最下面写着“路易·范·贝多芬”，除此再没有什么字。一八〇四年五月传来了拿破仑加冕为皇帝的消息。里斯把这个消息告诉给贝多芬。他开头认为自己听错了，让里斯把这句话对着他的耳朵再喊一遍。

“拿破仑皇帝？”里斯点了点头。贝多芬激动地跳了起来。“他也是一个平庸的人，如此而已！他也要践踏所有的人权，满足他的野心！成为一个暴君，他要把自己凌驾于所有人之上！难道我要把我的交响曲题献给他？”他抓起总谱，把有题字的第一页撕了下来掷到地上。“神圣事业的背叛者！人类的背叛者！可怜的、渺小的、可悲的人！里斯，走，我们到外面呼吸新鲜空气去！”

他疾步向棱堡走去。终于他停下脚步，喘着粗气在一条凳子上坐了下来。

“我这样激动，您感到奇怪吗？人们生来就是奴隶，长大了成为他们褒渎上帝的主人的奴仆，得为他们劳作，流血流汗，被当作炮灰送到远洋，这样他们的主人能过骄奢淫逸的生活。这时革命从彼岸越过了莱茵河，人民觉醒了，他们在思考自己做人的权利，但是人身上的兽性也苏醒了。而这时波拿巴来了！他束缚住兽性，重新唤醒了人身上的伟大和高尚的情感，——至少我是这样看的。一个来自人民中间的人，集一个伟大的自行其事者、民主主义者、贵族于一身，一个新时代的化身，结束了人类的奴役制度，结束了十八世纪，结束了世袭的特权，使所有的人平等。他本来是能够开辟一个黄金世纪的，‘人人彼此成为兄弟’，就像席勒在他的《欢乐颂》中出色地描述的那样。可他却成了这个样子！一个自私自利的独夫！完全是十八世纪的！人类又被倒掷回一百年！噢，人性的弱点呵！”他感到一阵战栗，他站了起来。“走吧，里斯，我要回去，我发冷。”

回到家，他立即躺到床上。他的身体在发烫，整夜他烧得迷迷糊糊：《英雄交响曲》要演出了，他举起指挥棒，听众中骚动起来，拿破仑进入侯爵包厢，披着镶有银鼬皮的紫色大氅，头上是一顶皇冠。贝多芬放下指挥棒，凝视着皇帝。拿破仑显得不耐烦。“这个人在等什么？”他声音不大也不小。——“在您面前我不演出！”——“把这个人抓起来！”这时贝多芬抓起总谱，朝皇帝掷去。它在空中放出呼啸声，纸张散了开来，在大厅中飞舞，越来越多，越来越多，音符纷纷跳了出来，都变成了黑鸟，黑压压一片，发出了狂暴的刺耳叫声。这时贝多芬举起指挥棒。圆号吹响了英雄的主题，整个乐队加了进来，群鸟尖声厉叫，用成千种声音重复主题，它们扑向皇帝，把他遮盖住。这时戛伦伯格站到他的身旁，夺下他手中的指挥棒。“要尊重皇帝！您必须指挥别的东西！”在戛伦伯格的指挥下，交响曲的雄壮音调变成了平淡乏味的嘈杂声；半裸的女人涌上舞台，跳起了舞，听众怪声叫好。“贝多芬滚出去！聋子傻瓜滚出去！我们要娱乐！”这时尤利亚在他身旁叫喊：“把我从这个人手里救出来！”他抓住戛伦伯格的喉咙；指挥棒从他手中掉到地下，面色变蓝，一下子死了过去。“杀人犯！”周围的人在尖声叫喊，“打死他！毒死他！”一两条汉子冲了上来，其中一个拿着一杯什么往他嘴里灌。“喝掉！喝掉！”——这时他清醒过来，看见布洛宁满脸愁容。

“喝吧，路德维希！”他感激地喝了一杯凉水。

整个星期他都发着高烧，整个维也纳都处于激动之中。最著名的医生都来到他的床边。里希诺夫斯基侯爵每天都来五六次。这座皇都的整个贵族阶层都来红房子探望。但任何人都不得入内，只有他童年的朋友布洛宁一个人在照看他。

慢慢地他康复了。在一个温暖而美好的夏日，贝多芬头一次又坐到窗前的扶手椅上，布洛宁已经敢把他单独一个人留在家里。当他中午从外面回来时，他发现贝多芬在勤奋地工作。

“我的上帝，路德维希！你还得休息段时间才可以工作！”

“没关系，斯台凡！若是我不把灵魂中的东西谱写出来，我总觉得憋得慌。”

布洛宁从他肩膀上看他的速记本。

“一首钢琴奏鸣曲，”贝多芬说，“F 小调。啊，斯台凡，”他抓住朋友的手，继续说下去，“我还真不如死了好！这生活是多么可怜呵！也许我对拿破仑是不公平的，我把他看做个半神，可他毕竟是一个人，本性是无法改变的，他必然要去做他的性格和他的命运为他规定的一切。我们所有的人都是命运的玩物，同它斗争还有意义吗？”他翻动他的速记本。

“以前我是另样想的。你看，这有个 C 小调交响曲的草稿。我是要把它写成的！这是第一乐章的开头！”布洛宁读一个四个音的动机。“命运在敲门，”贝多芬说，“但是我要扼住它的喉咙！最后一个乐章应当是自由意志的一曲凯歌，是人战胜了命运！现在我几乎认为我是错了的。

人这一族类
畏惧众神！
他们用永恒的手
牢牢把持统治大权，
他们颐指气使，
他们为所欲为。
人对众神

加倍畏惧，

他们高踞于人之上！

在悬崖上在云层间，

围着金桌

椅子摆好。

爆发了一场纷争，

宾客们

屈辱地、丢丑地

直坠入夜的深渊，

被桎梏在黑暗中

他们无望地期待着

公正的判决。”

他凝视着远处。“真理在哪？”稍顷之后他说道。“我不知道。人对众神，加倍畏惧，他们高踞于人之上！”他把朋友拉到身边。有一瞬间他钢铁般的意志屈服了。但他重新振作起来。“请原谅，斯台凡！我还是太弱呵。”

“你还得休息一段时间才能工作，路德维希！”

“这没用处，斯台凡。我不能不这样。这也是我的命运，而命运是比我们强大的。去反抗它，那是一种疯狂。这种认识我必须用我的灵魂把它写出来。它在我内心深处翻腾，发疯似地旋转，咆哮不已，一定要把它写下来，宁可我不休息。”

F 小调奏鸣曲的构思就是这样完成的，它是那样雄伟，贝多芬本人经常在这种激情的音符面前感到悚然。第一乐章的草稿完成了，第二乐章的主题找到了，是一首完全屈服神的意志的旋律。

布洛宁经常为他的这种狂热般的工作摇头。康复慢慢地有了进展，可同时贝多芬变得神经质般的易怒，本身也是性情暴躁的布洛宁经常不得不用力控制住自己，来忍受朋友的无端发火。可有一天两人吵翻了，是由于谈论贝多芬的弟弟卡尔而引起的。贝多芬本人对他的弟弟们是不看重的，但一当他们受到攻击时，他却立刻为他们进行辩护。这次也是这样！两个朋友进行了一场激烈的争吵，甚至公开地表示决裂；贝多芬捆好他的东西，搬到乡间去住。

在杜布林远离尘嚣的地方，他慢慢地复元了。工作也容他休息了。什么事不干，躺在草地上，望着蓝天，晒着太阳，这确实很惬意。

里斯在此期间给他找到了一个新居，不久他来到这里告诉他，他在迈尔克棱堡上给他弄到一个新的住处，这完全像是为贝多芬建造的一样，在五层楼上，从那儿望去，格拉西斯和郊区一览无余。

“亲爱的里斯，为了感谢您，我要给您上一堂课。但现在还不行。先跟我散散步去！”

天已经中午了，两人走得又饿又累。他们来到一家孤独的葡萄农小房，决定找点吃的。里斯走了进去，贝多芬在房前的一张桌旁坐下，宽大的菩提树荫遮着太阳。一个金发小男孩在近旁和一只小猫玩耍，贝多芬慢慢靠上前去，把猫抱在胳膊上，小猫好奇地望着陌生人。若是贝多芬口袋中装的不是速记本而是一些糖果，那他一定会掏出来给它。到最后他跟小家伙亲热到这种程度，他靠在贝多芬的跟前，让他抱在怀中，和他的小猫一样。

他把这温暖的小家伙抱在怀里时，一种幸福的情感涌向心头。若是自己也有这样一个孩子，能去照料他，而不总是为可悲的自己操心，他大概注定是不会有这种幸福的。他感到少许的倦意；孩子的声音像是来自远方，空气里充满了菩提树的芬芳。一切都是这样美好这样静谧！

这时里斯回来并通知说，他们被邀请吃中饭。他俩穿过一条铺着白色的、踏上去发出轻轻响声的细砂过道，进入一个令人感到亲切的房间。整个一家人都围坐在摆好食物的饭桌旁，父亲、母亲和一大群金发碧眼的小孩。有一个人念饭前祷告，随后邀请客人就餐。母亲揭开盆盖，里面是蛋黄色的冒着热气的面条，她分给每人一份。父亲把三只酒杯斟满，向客人表示欢迎。大家谈论天气，谈论葡萄丰收在望。置身于这朴素幸福的人们中间，贝多芬觉得快乐无比。他们在田地里进行健康的劳动，这劳动与大自然交融一体，这该是多么美好啊！一种渴望攫住了他，他要与他们成为一样的人，把一切都置之脑后，成为一个农夫，每天扶犁耕作或者栽植葡萄，晚间让疲惫的身体得到充分的休息，有一个老婆，有一群活泼快乐的孩子，不再去同黑暗力量进行斗争。神加于他身上的是一种多么沉重的负担呵：给人们以欢乐、幸福，可自己的一生却毫无欢乐和幸福可言！他那开头欢欣、充满感激的快乐情绪蒙上了一层阴影。

在返家的路上他长时间地沉默不语。突然他开始哼出些不连贯的音，一再地高上去和低下来。这是什么？里斯问。F小调奏鸣曲的最后乐章。

又回到了杜布林。一进到家中，贝多芬便走到钢琴前面。像是在大海上起了一场风暴。翻卷起泡沫的海浪在追逐着，它们狂暴地撞击着雄浑的开始主题，使它像风浪中的一叶小舟在动荡。霹雳在轰鸣，大海在翻腾，把小船抛到浪尖，随之又掷到浪谷。现在是一个急板，一切都被精灵的力量撕成碎片投入深渊。

贝多芬气喘吁吁地从钢琴旁站了起来，擦干了额头上的汗水。“只要我能，那我就是一个胜利者！”他自言自语，仰望着夜空。

现在他发现了里斯。“您还在这儿？夜安！我得工作。”

贝多芬重新回到维也纳，不久，他遇到了斯台凡·冯·布洛宁，他忧愁地望着贝多芬。这时贝多芬跑到布洛宁跟前，把他拥到怀中。为了表示和解，他寄给布洛宁一幅自己的石版画，并附上了一封信：

“在这幅肖像的后面，我亲爱善良的斯台凡，永远隐藏着一段时间里我们之间发生的事。我知道，我撕碎了你的心。我内心的不宁——这一点你肯定注意到了——已给予了我足够的惩罚。我反对你，这不是出于恶意，不，我几乎不配享有你的友情，你的激情，我的激情；但是对你的猜疑在我内心曾活跃起来过；插手我们之中的人，不值得你和我去尊敬他们。——我的画像早就是为你定做的；你知道，我一直是为了送给某个人才定做画像的。除了你，我忠实的、善良的、高尚的斯台凡之外，我能怀着火热的心把它送给谁呢？原谅我，如果我使你痛苦，我自己也好不了多少。当我长时间看不到你在我的周围时，我才真正地感觉到，对于我的心说来你是多么珍贵，永远是这样珍贵。——你也会重新地奔向我的怀抱，像从前一样。”

第十一章

F 小调奏鸣曲刚完成草稿，贝多芬就已着手进行新的歌剧的创作。莱奥诺拉，忠实勇敢的女人，为了自己所爱的人，她无坚不能摧毁，无所不能克服；他在一生中无望地渴求这样一个女人，但作为一个艺术家他至少是能得到她的，是他自己所爱的一个创造物！监狱的场面以及地窟中的恐怖，他一再地阅读，令他刻骨铭心。再就是那吹响的号角！像上帝的声音直冲进尘世的黑夜，去炸毁监狱的穹顶，去进行审判！

草稿很短时间就完成了。随后开始定稿：不仅仅是每一个个别的旋律，每一个个别的主题，不，就是它的最小的细节，也都反复改动，十次，二十次，直至找到最佳的效果。

贝多芬一写完，立即就到约瑟芬那里，给她弹奏，对她热情的称赞极为高兴。去年夏天的这个时候，当贝多芬正卧病于红房子时，她害上了伤寒症，直到现在她还没有完全复元。整天她都躺在遮光房间里的沙发上，总是感到疲倦、头痛。她的美貌是得自神赐，每次都使贝多芬产生新的激动。娴静、温柔、纤细，像是经受不住生活似的。教育四个孩子，照看一幢内有博物馆的大楼房，这对她过于沉重了，经常使她感到近于绝望。只有一个人，是她能从其身上一再得到鼓励的。每当贝多芬晚间进入房间时，她都直望他的眼睛，他的眼睛里还闪烁着创作的喜悦，这时她感觉到，仿佛有一股力量的激流在涌进她的心胸，随之她觉得，再没有忧虑再没有痛苦。当他坐在钢琴前，给她弹奏他近来的作品时，他的音乐在给予她某种来自莱奥诺拉的勇敢和力量。她逐渐克服了自己的软弱，最后中断一年多的钢琴课又重新开始；一首新的 C 大调奏鸣曲，瓦尔德史泰因奏鸣曲，它是那样壮丽，令她赞赏不止。贝多芬几乎是每天都来，若是有一次没来，她就觉得这一天是白白地过去了。她有着这样一种情感，没有他，她不能再活下去，会重新陷入沮丧和软弱之中无法自拔。他感到幸福，他成为这朵绚丽、娇嫩的花的太阳，给予她温暖、力量和生命。但是他知道，这个太阳有一天会失去它的力量，因为失聪的乌云已出现在地平线上。

一八〇五年九月，贝多芬完成了歌剧，可以开始进行排练了。可在这个时候，维也纳人的心思却不是放在剧院和音乐上。

维也纳和彼得堡宫廷同英国——它两年以来又与法国处于战争状态——结成了一个秘密联盟。拿破仑在布洛涅集聚大量军队，像是准备在英国海岸登陆。联盟国家的兵力在不声不响地进军，一支奥地利军队已挺进到南德。但在人们猜测拿破仑还在布洛涅时，他业已挥师越过了莱茵河。奥地利的马克将军在乌尔姆被包围，已经做好了屈辱投降的准备。法国人推进到奥地利，维也纳无兵力可守。能逃的人都纷纷逃走，约瑟芬和她的孩子要到亲戚家中避难。这是一次沉重的告别。“路德维希，”她说，“没有你我会变成什么样子呵！”她把头倚在他的胸上。“我太软弱了！只有在你身边我才感到有力量。若是有一天我完全失去了你，我知道，那我一定得死去。跟我说，我不久就回来，跟我说，我们会完全结合！”

“约瑟芬，我怎么向你说呢！有那么一天，需要帮助的人是我。想想你的孩子，他们需要再有一个父亲，但是他必须是一个健康人，在生活中站得稳的人。让我还是成为你的朋友吧，约瑟芬！”

她把他拉到身边，哭了起来。

十一月十三日，法国人举着猎猎飘动的旗帜，身带锃亮的武器穿过城门，进入维也纳。一个星期之后，《莱奥诺拉》举行了首场演出。维也纳剧院的观众厅有一半空着，在正厅和包厢里坐着法国军官，在顶层楼座上是法国士兵。在每幕结束之后几乎没有掌声。亲自指挥的贝多芬极为沮丧。随后的两天，观众席上几乎没有什么人，于是他把这部歌剧撤了回来。

第十二章

贝多芬并不因歌剧所遭到的挫折而沮丧，他立即着手创作新的作品。一八〇六年夏天他完成了G大调钢琴协奏曲和三首重要的弦乐四重奏，这是他为俄国大使拉祖莫夫斯基写的，此人是里希诺夫斯基侯爵夫人的姐夫。

初秋，贝多芬动身前往毛尔通瓦沙尔，苔莱赛·布伦斯维克和她的弟弟弗朗茨在那儿等他，弗朗茨很早就是他的一个密友了。

太阳平静而滞重地照耀着沙石公路两旁一片辽阔的玉米地，在这样的公路上经过多日炎热的旅程，现在从一望无垠的平原中出现了一座城堡花园。马车穿越了满是黄色的白色的低矮土房，从玩耍的孩子身边，从庄重的群鹅和咕噜叫着的猪群旁驶过，然后由公路踅入一条林荫大道，两边都是巨大的合欢树。白色的带有垛口的城堡就偃卧在林荫深处，四周围着高大的古树，但并不令人感到压抑。一缕蓝色的炊烟从一个烟囱里直升上傍晚的黄金般的天空，西沉的太阳反射在玻璃窗上燃烧着。

马车驶上宫堡的前坡，停了下来。一条在门前睡觉的家犬惊醒了，它发出一种和善的吠声，履行了自己的警卫义务。一个仆人疾步走来，打开了车门，贝多芬从车里跳了出来。苔莱赛伯爵小姐已站在门口，她的美丽的面庞闪着光辉。

“一个人返家时，有个可爱的妻子倚门等待，该是多么幸福呵。”这个念头掠过他的脑际。

他站在她的面前，握住她的手。

“贝多芬！”她用说得极好的道地德语说道，“您来了，这太好了！”

她说得多么慢，多么清晰！

“你们要我来，这太好了！”他回答说，“在毛尔通瓦沙尔生活好吗？”

“一切平安。我们有许多工作。这是说：我们？我是个懒人，让母亲和弟弟去干。”

“懒惰不是怎么太危险的事，若老是那么能干的苔莱赛我该认不出来了。钢琴怎么样？”

“我在努力地练。您带来什么新的东西了吧？”

“那当然，苔莱赛。”

“从我们最后一次见面之后，您创作出多少出色的作品啊！”

“这已经好长时间了。我现在才慢慢知道什么是创作。您不要笑！我这是说真心话。您的弟弟藏到哪里去了？”

“弗朗茨跟母亲还在田里；现在正是收获季节。”

“您妈妈还一直这样操心？一个了不起的老太太！我相信，她一定活得比我们长久。告诉我，苔莱赛，我来的不是时候吧？”

“在首都时您不是不得不应付我吗？”

“这是很糟糕的前景，”他高兴地说，“那我就不会长时间留在这儿了。呐，阿尔帕特，还一直这样健康？”他向老仆人打招呼。

“我们这种人活得长呢，男爵先生！”

“阿尔帕特，”苔莱赛说，“领范·贝多芬先生到他的房间去。如果您觉得方便，我们是七点半吃饭。”

贝多芬住在二层楼上的两间房子。美观大方的核桃木家具，在绸制的绿色壁毯上有一两幅漂亮的图画。靠近窗户摆着一架钢琴，这是由维也纳的斯特拉歇尔制造的。在书架上贝多芬看到他所喜爱的作家的作品：荷马、莎士比亚、歌德。在书桌上，一大束紫红色的玫瑰在散发着芳香；旁边放着一叠乐谱纸和一把鹅毛笔。贝多芬走近窗户，向庭园望去。夕阳的柔和的余晖停落在树尖上。——这儿多么好啊！

他洗洗脸，换了衬衫和外衣，来到餐室。弗朗茨伯爵热情地款待他，像是对待哥哥一样。老伯爵夫人也高兴她的孩子们的这位著名的朋友的来访。他们围座在餐桌四周，在一次匈牙利旅行的劳顿之后，贝多芬现在得以轻松轻松了。弗朗茨伯爵拿出他的最贵重的酒，晚餐很快充满了一种愉快的气氛，这使伯爵夫人也兴致勃勃。

“我们能在这儿快乐地聚会，”她喊道，“你们该感谢谁？感谢我！完全该感谢我一个人！若是那个时候我不和姑娘们登上四层楼梯到范·贝多芬先生那里去，那该怎么样？赛莱尼伯爵有次就住在四层楼上——”

“那我们会单独去见贝多芬先生的！”苔莱赛笑着说。

“亲爱的苔茜，你们是不能这样做的！不！我做出了牺牲！范·贝多芬先生在金雕旅馆上课，每次课都上很长时间，而做出了牺牲的还是我！阿尔帕特，再来块火鸡！我一想到这些事，我就老是浑身发软！我一生中从来没有这样饿过。”

贝多芬迸发出爽朗的笑声。“我当时爱上了你们三个，只是我不知道，我最喜欢谁，苔茜、佩比，还是妈妈！”

“也喜欢上妈妈了？”伯爵夫人问道。“我相信这点！对，那时是幸福的时期，”她继续说下去，变得严肃起来。“可从那以后变化多大啊！我亲爱的小女儿，我的洛蒂，我们在她的特莱基伯爵那里看望了她。他把她拖到那么一个真正凄凉的地方去，我可怜的孩子！您知道，在他的工作室里写着一条什么样的格言吗？‘孤独生活的人是幸福的’。这是什么意思，亲爱的特莱基？我问。这条格言是要赶走您的岳母吧？——也是的，他说。——还要赶走谁？——每一个人！——怎么？也有您的妻子？——那当然了！——我的上帝，为什么男人要结婚呢？可这儿坐着两个固执的光棍，在暗中想，这个特莱基是完全正确的！”

贝多芬和弗朗茨伯爵两人声称，就是在梦中他们也不会这样想的。

“那你们为什么不结婚？”她神经质地喊了起来。“这是利己主义！男人们都是利己主义者！苔茜，若是有一个人要和你结婚，那这个人必须首先对我许下一个神圣的誓言：他决不在他的房间挂这样一条格言！”

“我准备许下这样的誓言！”贝多芬喊道。“还有，夫人，您不知道我写了一部歌剧《夫妇之爱》吗？”

“我想，她叫费德里奥[①]吧？”

“它叫《莱奥诺拉》，或者《夫妇之爱》！”

“我年轻的朋友，《夫妇之爱》不应当是个副标题！您看，您过于露了。啊，孩子们，我今天在马上骑了十二个钟头。不打搅你们了，我要去睡觉了。”

翌日清晨，贝多芬去吃早餐时迟了，这时弗朗茨伯爵和他的母亲早已又去了田里。苔莱赛面前放着一篮菜豆，这是准备中午烧菜的。贝多芬的兴致很好。经过近几周的勤奋工作，现在他渴望好好休息休息，在毛尔通瓦沙尔，在这些可亲的人们中间，外面是绿色的草地，可以躺在上面，舒展开四肢，晒着太阳，什么也不想，什么也不做，这真惬意啊！

他用过了早餐，随后拿起一把银制刀子，过去帮助他的女友。苔莱赛微笑着从他手中拿下了刀子，递给他一把木制的小刀。他注视她，看她怎样一拨一挑就把饱满的黄色菜豆从皮里剥了出来，然后他自己也剥起豆来。

“我觉得这比写音符和把手指让墨水弄脏要美多了，”稍顷之后他说道，“我是一个孩子时，每当妈妈生病，我经常得干活。您看，我的手指还很灵活。有一次我们乐队坐船去旅行，溯莱茵河而上。我被任命为厨工，得到一顶白帽子，戴在头上，也是剥菜豆。”

苔莱赛瞬间停下了手中的刀子，微笑着观察他。“那您的样子一定很

①费德里奥字义为忠实。——译注

好笑！”

“我当时很不幸。我第一次爱上了一个人，她也是一个伯爵小姐。但是，当我剥出了一锅豆时，我的心情就轻松多了。”

“这是简单的劳动给予人们的好处，”苔莱赛回答说，“劳动是最能帮助人摆脱掉忧郁的念头了。”

“您也知道这一点，苔莱赛？在我的记忆里，您永远是一个幸福的人！”

“亲爱的上帝，哪有永远幸福的人！”

“您有忧愁吗，苔莱赛？”

“忧愁？不，我不能说是忧愁。”

‘那是什么呢？您信赖我吗？”

“贝多芬，没有别的人我更信赖了。啵，我该怎么说呢！我缺少——缺少一种伟大的责任。我要工作，在生活中应做出些伟大的事业，可我不知道是什么。还有我也缺少能力，缺少一种扎实的教育。”

“您说得过分了，苔莱赛！”

“是这样的，贝多芬！我所知和所能的，都是出之偶然。我们很早就失去了父亲。妈妈操心的只是庄园，几乎整天都在田里。有一两年我们有一个家庭女教师，在地理课上她从葡萄牙讲起，总算讲到了西班牙。从那以后我们就自己管自己了。我们手头有什么书就读什么书，我学弹钢琴，学唱歌，学画画——但缺少系统的教育，就是努力也没有什么用处！十二岁时我去维也纳的寄宿学校，但是什么正经的也还是没有学到。从那以后就待在毛尔通瓦沙尔，一年又一年地过去了，生命一天天变得短了。有时我强烈感受到要去做一番事业，我想去做某种伟大的、有益的工作——可还是坐在这儿剥菜豆！”

她应当结婚，贝多芬在想。但是他没有说出来。苔莱赛三十一岁了，若是说了，那一定会引起她伤感的。

“苔莱赛，您说您没受教育，”他终于开口道，“那您可以把我作为您的安慰。或者更确切地说，同我比起来，您是一位伟大的学者。”

“是啊，但您是贝多芬！您创作出那么伟大的东西，还会创作出更伟大的！我多么羡慕约瑟芬！她有她的四个孩子，她知道为什么活着。——但是我确也没有理由可抱怨的。无数的姑娘肯定不会有什么两样。只是——姑娘们不应一个跟另一个一样才对。算了！现在我已向您发了不少牢骚。请您原谅，我要走开半小时。我得到厨房去。然后我领您去看看我们的花园。”她拿起菜豆，朝她的朋友点了点头，就走掉了。贝多芬站了起来，步下台阶，走入庭园，坐在靠近小喷水池旁的一把椅子上。他望着水的喷起和溅落，同时脑子在思索着刚才所听到的一切。当然苔莱赛早该结婚了。她不这样做，那是因为她没遇到合适的。一个极普通的农村贵族当然是不会得到苔莱赛·布伦斯维克的欢心的。莱奥诺拉！他脑子里突然闪出个念头。对，苔莱赛变成了他的莱奥诺拉！——她不就是他所渴求的女人吗？他把她同她美丽的妹妹相比较，后者的每一表情都充满了甜蜜的女性美——同她的表妹尤利亚比较。在外表上，苔莱赛无法与她们两人相比。但是，她有着一种她俩所缺少的东西：那种娴静崇高的表情，那种与莱奥诺拉相近的东西。这是他现在才发现的并且他早就把它看做是一个能成为他的终身伴侣的女人所具有的重要品德。难道也是一个聋子的终身伴侣？是的，也是一个聋子的终身伴侣！这样的英雄主义，尤利亚绝对没有，约瑟芬大概也缺少这种精神力量——苔莱赛是能做到的！他自己的命运越是严酷，他那越发严重的失聪把他与人们隔离起来的墙愈是高大，那她的爱就会愈是成长，那她就会更多地去弥补命运从他那里剥夺去的一切；一种牺牲精神，一种完全献身的爱情！

他这在胡思乱想些什么呀！她根本不会爱他，这些年来看来她几乎没想过他！

她走下了台阶，身穿一件朴素的白色晨衣，看起来年轻漂亮。几乎像她的妹妹一样漂亮。

“您看起来多像约瑟芬！”

她注视到他那赞赏的目光，脸上泛出一抹红晕。“啵，贝多芬，去花园散散步好吗？”

他站了起来，把胳膊递给她。同她这样漫步真好。

“当我的祖父接管毛尔通瓦沙尔时，”苔莱赛叙述道，“那这儿是一片荒地。在八千约赫[①] 土地上只有惟一的一棵树。从一无所有中创造出今天这个样子，是多么了不起的事！这有点像您写一部交响曲似的。一开始只是些上面画着五条线的纸，到最后就出来一部在几世纪后依然使人们感到快意的东西！”她停下脚步，把手伸给他。

“您的下一部作品是什么？”她边走边问。

“我还不知道。也许还是一部交响曲，或者是一部小提琴协奏曲。”

“也许是两部，还要再加上一部！”

“也是可能的，苔莱赛。”

“当我意识到，每一个人有着自己的一个世界时，”她说道，“经常是使我感到奇怪。跟一些完全普通的人在一起，我这一点感受得尤为强烈，都使我不寒而栗。一个农夫站在我身边，我在想：这是我，那是他。谁知道他在想什么呢：是他的母鸡下蛋下得多还是少？或者在想什么时候他的牛生小牛？或者他想的完全是别的事情，我是不知道的！而他也不知道我在想什么。现在我站在您的身边也是这样！您的作品出之您的脑子！也许您现在又在构思一部新的作品，您的脑子正在酝酿着这部作品，可我是不知道的！您是贝多芬，我紧靠在您的身旁走着，我是苔莱赛·布伦斯维克！这多么叫人不舒服！这样互不相通，每一个人都完全在为自己！”

“只要他能听见人们向他说的话，”他回答说，“那大概就不会这样糟糕的。”

苔莱赛一怔。

“但是，每当我想到，”他继续说下去，“有那么一天，我再听不见人们跟我说的话，或者更确切地说，没有人再同我说话，因为我什么也听不见——”

“贝多芬，不会有这么一天的！”

“会的，苔莱赛，会有这么一天的！绝对不会错的！那时我就真的被隔离

①约赫：奥地利的面积单位，即一对牛一天所耕的面积。——译注

了，完全是一个人了，完全孤独了！”

苔莱赛沉默不语。他觉察到她的胳膊在轻轻发抖。

“贝多芬！”她突然说，“您必须结婚！若是那一天真的来了，您就不会孤独一人了！”

“谁会同一个聋子结婚！”

“若是您爱她，她也爱您，那她就不会畏缩！正相反！她能帮助您，使您不失去勇气，使您继续创作，那她会感到幸福的！”

她的这番话在他的灵魂中闪现出希望的光华。他凝视她：她的目光充满了善和喜悦，然而又坚定、安详。他理解到，她说的话并不是没想到她自己。

“呶，苔莱赛，我们等等看吧。这一切还不是很近的事。我现在听到了！这儿，乌东鸟在树上面，我听到它在吟唱：

多么迷人的动机！这可用于小提琴协奏曲的最后一个乐章！您稍等一下！”

他掏出速记本，写下了几个音符。

“您看，苔莱赛，”他边走边说，“有那么多悦耳的声音：小鸟、流水、树木，它们在风暴呼啸中该发出什么样的声音呵。可我不得不放弃这个念头呀。”

她不知道如何回答他。他俩肩并肩走了一段时间。这时贝多芬轻轻哼唱。他又停下脚步，在本子上记了些什么。

“好了！现在我有了！”他高兴地说，“一个迷人的主题！一个道地的回旋曲主题！刚才我们扯了不少可悲的事！世界确实是美的！我还能听得见！有时我在想：或许亲爱的上帝还能开恩，对我的疾病说：停住！到此为止，不再恶化！即使他没有这样说，那至少他不会剥夺我的创作力！”

路变得开阔起来，直通到一块圆形的空地，四周种植的是正在茁壮成长的菩提树。苔莱赛在一株特别漂亮壮实的树前停下脚步，树枝向四下伸长，形成伞状。

“这是您，贝多芬！”

“苔莱赛，您这是指什么？”

“这些菩提树是我栽的。这是我们兄弟姐妹，还有一两个我们喜欢的出类拔萃的人。我喜欢坐在这里，并经常同您交谈。每当我熟悉了您的某些新作品，我就到这棵树这儿来沉思冥想。每当我需要人安慰时，他也经常在安慰我。您觉得这愚蠢吗？当然是您的音乐在安慰我。我从中汲取力量和勇气，噢，经常是这样！但是一棵树，一个活的生物，同它交谈比同音符交谈要好得多，它像一个人一样。”

她靠到树上，用胳膊拥抱起它。

“您什么时候栽的它？”“六年前，在约瑟芬订婚之后我们从维也纳返回来的时候。”

“我给您留下的印象有这么长的时间了？”

“噢，还要长得多！是从我弹奏您的第一个音符时起！”

贝多芬轻轻地叹了口气。她爱的只是他的音乐呵。

“那这一棵可怜的树是什么呢？”

“它是我的一个朋友，一个年轻的军官。”

“它好像体质很弱！”

“是啊，它不好好长。”

贝多芬满意地莞尔一笑，当他们继续走时，禁不住用胳膊肘轻轻地撞了小树一下，作为告别。苔莱赛没有注意到。她的双眼垂下，嘴边泛出一丝微笑，一声不响地迈着步子。

“呶，它还会长好的。”她说了一句。

“谁会长好？”他惊愕地问道。

“小树。”随后她又沉默了。贝多芬也没有说什么。乌东鸟的主题抓住他不放，他在继续冥思苦索。在一个小山丘上，他在一张凳子旁站住了。

“这对我是一个好地方，苔莱赛！一眼望去景色多美，花园，池塘！如果我现在想工作，您不会生我的气吧？”

“但是，贝多芬，您来这儿是休息的呵！”

“改变不了嘞。工作在催促着我，我无法抗拒。”

“那您带来了足够的纸和笔吗？”

“这您放心好了。”他从衣袋里拿出他的速记本和一小截铅笔。

“若是我打搅您，那会是一种犯罪。再见，贝多芬！别忘了吃饭，随您什么时候回来！”

“若是菜豆烧烂了呢？”

她笑了起来，递给他手，随后走了。他望着她的背影，直到她消逝在绿荫之中。随后他开始了工作。

在毛尔通瓦沙尔的这段时间多美好呵！第一声早安是出自一位可爱的少女的嘴唇。与她在凉台上共进一个小时的早餐。然后到荫凉的花园里去工作，去进行愉快的美好的工作。

我的小提琴协奏曲！这一切我进行得又是如此的顺利！独奏小提琴在引子中长时间地沉默，先是让乐队自己演奏，当所有的乐器都静下来谛听它们的女王时，它以庄严的八度开始了，它飞翔到幸福的高峰，用它那华丽的快速演奏紧缠住乐队的旋律不放。这一切是多么适宜用小提琴呵！可我是从哪儿学到的？我在提琴上只是个半吊子。我的小广板！我可爱的小广板！如果有一天我成了聋子，遭到不幸，那你应该对我说，我也曾经幸福过。还有你，我的回旋曲，像乌东鸟一样地快乐和活泼；乌东鸟，是你把你的主题给予了我——我不是渴求能有这样欢乐的时刻吗？我听到了！我的上帝，我感谢你。

“苔莱赛，”一天早上他在早餐时说，“小提琴协奏曲写完了，当然只是草稿。等回维也纳再完成它。”

“您感到满意吗？”

“这也许是我最顺利的一部作品。啵，我又属于您的了—— 一两天。”

“只是一两天？”

“您的预言说对了。真的是两部作品。现在该写交响曲了。”

多么美好的休息天！贝多芬经常一连几小时地躺在草地上晒太阳，不久他的脸就晒成了古铜色；或者他陪同弗朗茨·布伦斯维克和他的母亲乘马去田里，让老太太讲述农业的秘密。晚饭后多半时间是弹琴，他同他的女朋友四手联弹，或者与她的弟弟一道演奏大提琴奏鸣曲。但最美的还是靠在苔莱赛身边在花园里散步。

他觉得苔莱赛一天比一天可爱，他现在不理解，在维也纳她跟她的妹妹在一起时，他怎么几乎能够忽视了她。他那时把她的娴静看做是冷漠，其实这是她那伟大灵魂的显而易见的流露，这个灵魂意识到它的价值和它的义务。如果说它有时显得不安，使她那纯洁安谧的形象受到骚扰的话，那这不是因为别的什么，而是因为缺少一项适于她的精神和心灵的伟大使命。当她谈到女人时，那一番话说得是多好呵：帮助一个人承受生活的压力，使他继续创作，这该是一种幸福！可她为什么想不到自己去承担这项使命？她大概不爱他。或者——她在等他先说话？忍耐！这个时候还没有到来。但是他有着希望，他觉得世界每天都变得更美。

一部新的交响曲在他的脑海涌现出来。《命运交响曲》还在等着他去完成。可毛尔通瓦沙尔的神圣般的静谧像是围起了一堵高墙，C小调交响曲的波涛无望地冲击着它。这样在《英雄交响曲》之后是一部另外的作品。这就是第四交响曲，是纯净幸福的一个深沉的梦。

贝多芬答应过里希诺夫斯基侯爵，从匈牙利去他的西里西亚庄园做客，可他一再拖延了行期。第四交响曲的草稿完成了，他又可以和他的女朋友在一起，他每天都在希望进行一次详尽的交谈。

一天清晨，他出现在苔莱赛的面前，她像往常一样在等待着他。在她面前的桌子上放着一封启封了的信。当她给他倒咖啡时，她的手抖得厉害，使她不得不把咖啡壶重新放下。

“啾，苔莱赛，怎么啦？希望不是收到什么不好的消息？”

她看着他微然一笑："不是！是好消息！"

"我可以知道吗？"

"这是一个朋友的信，我跟您谈过他。"

"您跟我谈过？啊！那棵小树，那棵不想长好的小树？"

"它还在长。是这样，贝多芬，我要订婚了！"

他听到了什么？

"他是一个年轻的军官，经常来拜访我们。当他去前线来告别时，我们都说，我们会彼此喜欢的。"

"这样，这样！完全正确！"

"可我们还没有说定；但他写信来，说他那方面没有改变，问我这方面怎样。"

"继续下去！我已经懂了。"

她惊讶地望着他。"您不高兴，贝多芬？"

"当然高兴，苔莱赛！格外高兴！呶，您现在有了您所追求的生活使命！"

"是的，我有了！"她高兴地喊道。"我比他大，但这正好，因为他还有些——不稳定，需要一个妻子，一个给予他母亲般关怀的妻子。"

"这对苔莱赛·布伦斯维克是一项美好的使命！"

"贝多芬！对于一个女人说来，她把一切都献给一个男人，能有比这更高尚的吗？"

"您说得对，苔莱赛。——是啊，我得自己给自己倒咖啡了。"

下午，他通知他的女友，他得明天动身，他已经答应了里希诺夫斯基侯爵，不能让他再长期地等待了。

"一定要走？"她问。

"是的，苔莱赛，一定得走。"

"那好，我不能对此表示反对，如果您明年夏天喜欢的话，那您一定要再来！"

和苔莱赛的最后一次散步。

他们离开了花园，向一望无垠的田野走去。太阳接近了地平线，像一个硕大的火红圆球停在地球的边缘上。两个人停住了脚步，在观望着太阳如何下沉。

“再见了！”当燃烧着的紫红色最终消逝了时，她说道，并握住了贝多芬的手。

“再见了，苔莱赛！”

燃烧着的天际慢慢变得苍白，一缕温柔的绿光抚摸着天空和大地，星星一颗接着一颗羞怯地发出了颤抖的微光。

“我们得往回走，”苔莱赛说，“若不得走夜路了。”

他俩踏上了归途。在他们前面不多远的地方有一堆大火。当他俩走近时，他们看到这是一群吉普赛人在围火露宿。他们在唱一支忧郁的歌曲，一把诗琴[①]发出低沉的断断续续的音在伴奏；一支古老的哀歌，它的和声是那么的奇特。它疲惫而呆钝地直拖下去，反复不断，没有目的可去，没有目标可奔。诗琴最后增强了力度，声音变得嘶哑起来，终于在黑夜之中消逝了。

他俩离开了火圈，伴送着他们的是从这些褐色的冷漠的面孔上流露出的滞重的目光。

晚餐是在相当的沉默中进行的，离情别绪使每个人感到压抑。

姐弟俩曾多次请求贝多芬给他们弹奏F大调奏鸣曲，他总是回答说，他没有情绪。现在他自己请求来弹这首作品。——

他弹完了。

苔莱赛仰坐在扶手椅上，脸色像大理石一样煞白。弗朗茨突然立起身，离开了房间。在寂静中座钟轻轻地发出滴答的响声。苔莱赛终于站了起来，握着贝多芬的手。

“弗朗茨怎么了？”稍顷之后他问道，“我要去看看他。”

他走进他的房间。他坐在那儿，用手帕掩着双眼。

---

①吉普赛人常用的一种弹拨乐器。——译注

“弗朗茨！你这是怎么了！”

弗朗茨·布伦斯维克扑到他的胸前，“好人！”他低声说，“好人！”

“走吧，弗朗茨！做个大丈夫！你的姐姐没有哭！音乐应当使男人的灵魂中迸发出火来，而不要是水！这首奏鸣曲献给弗朗茨·布伦斯维克伯爵！但是他可不能哭哭啼啼的！对！这样就对了！永远也不要那样！现在回到你姐姐那儿去！”

“我不能！让我一个人！晚安，兄弟！”

贝多芬在音乐室里只遇见老仆人，他对他说，伯爵小姐请求原谅，她要睡觉。于是贝多芬回到自己的房间。他看到苔莱赛的房间还有灯光。他想，她现在在给她的未婚夫写信。

但是苔莱赛并没有写信，她跪在床前在啜泣。

贝多芬坐在窗前，望着花园，月亮把一片银辉洒向大地。死一般的静寂。

他感到死亡的悲哀。他的莱奥诺拉——完了，完了！他永不会找到终身的伴侣！他还得像直到现在这样孤独地流浪下去——孤独，无家可归，像那些吉普赛人一样。他又听到他们悲哀的歌声，又听到诗琴的疲倦低沉的声音。突然他站了起来，点起台灯，拿出了一张谱纸，开始写起来。复旦之时，他已经完成了 C 大调四重奏的慢乐章，这是他长时间所一直期待的。

清晨，一辆华丽的旅行马车停在城堡门前。这次离别使贝多芬感到无比的沉重，但他掩饰住他内心的一切。当马车踅入公路时，贝多芬再次回首凝望。苔莱赛站在那儿，她那白皙的身形从树林的深绿色中闪闪发光。她向他挥手。他想，我不可以像其他人一样。对于我说来，我的幸福只在我自己身上，在我的艺术中，除此之外再没有幸福。留下给我的，只有我的作品。

第十三章

普鲁士和法国之间的战争爆发了。贝多芬刚一到达西里西亚格雷茨的里希诺夫斯基城堡，就得到了他的朋友路易斯·斐迪南亲王在耶拿和奥尔施塔特溃败阵亡的消息。在此后不久，一部分法国军队涌进西里西亚，直向特劳帕尔地区挺进。贝多芬很想离开此地，但里希诺夫斯基不愿把他的财产丢给敌人，于是贝多芬也留了下来。一天，一个军团司令部进驻了城堡，吃饭时敌人的军官坐在贝多芬旁边，他一肚子闷气。就在第二天晚上，一场灾难发生了。

酒足饭饱之后，这些法国人要听音乐。“如果我们不听听世界著名的贝多芬演奏点什么而就离开这座好客的住宅，”法国将军说，“那我们会感到伤心的。幸运之星使我们有缘与他意外地相聚一堂。”

“我很遗憾，”他回答说，“无法满足您的愿望。在我们祖国的敌人面前，我是不演奏的。”

“请原谅，范·贝多芬先生：您是普鲁士人？”

“我是德国人。”

“可我们只同普鲁士人打仗！半个德国都和我们结成同盟！我可以问一句

吗？哪一个国家有幸，您能称做是它的公民？”

“我出生于波恩。”

“是莱茵河畔的波恩？那我们就是同胞了！波恩是法国的！”

“不知羞耻！”贝多芬用德语对里希诺夫斯基说。

“贝多芬！我迫切地恳求您！请看在我的面上！”

“将军先生！波恩是法国的？波恩是德国的！就是您的皇帝本人在那里建立皇都，那波恩也是德国的！”

“那他是不会这样做的，”将军回答道，“但是不管怎样说——艺术是国际的！范·贝多芬先生，不要使我们的请求落空！”

“我已经说了我要说的。晚安，先生们！”他立起身来，回自己的房间去。侯爵尾随而来。“亲爱的贝多芬，您这是做什么啊！您把我置于何等境地！不管怎么说他们毕竟是我的客人呐！”

“不受欢迎的客人！”

“那也是我的客人嘛！我迫切地恳求您，挽救您的失礼行为！”

“我也是您的客人！我不得不请求您，侯爵，您无需对我的举止加以指点！”

“我不是这个意思！”

“怎么不是呢？您把我看做是个粗鲁无礼的人了！”

“我根本就没往这方面想！我非常理解您，但是人有时不得不做出些牺牲！”

“在我的祖国的敌人面前我不演奏！”

“贝多芬！您一定要为我做这件事！”

“我不演奏！”

侯爵脸变得煞白。“那好吧！随您的便。但我不得不请求您，此后您在您自己的房间里用餐，直到这些先生们撤出为止。”

贝多芬面色苍白。“什么！把我关在房间里？软禁起来？侯爵！难道您不知道我是谁？不知道您是谁？有成千上万的侯爵，还会有成千上万，可贝多芬却只有一个！”

侯爵耸耸肩膀，走了。贝多芬提起他的手提包，离开了城堡。这是一个寒冷的夜晚，下着大雨。他费力地走了很长时间才到达特鲁帕，浑身湿透，冷得发抖。他叫醒侯爵的私人医生，请求留宿。第二天早晨，他乘上去维也纳的特快邮车。

他回到自己的家里，第一眼看到的是里希诺夫斯基的胸像，这是他一度所尊敬的侯爵的胸像。它默默地从柜子上庄重而亲切地俯视着他。他用手杖的把手钩住它的脖子，猛地一下把它拉到地上，摔得粉碎。

贝多芬怀着热烈紧张的心情注视着北方的战事。俄国帮助普鲁士。噢，若是现在奥地利挺起身来就好了。但是奥地利毫无所动。它看来已屈服于一年前普勒斯堡和约所安排给它的命运了。这是德国极度屈辱的时代，是它自身感到绝望的时代。

就在这时贝多芬向德国人唱起意志战胜命运之歌。

他又回到 C 小调交响曲！再次回到了谐谑曲[①] 的阴森恐怖的世界！第一乐章中的命运的声音再一次响了起来，消逝在黑夜里。混乱，恐惧。这时大师插手了，他抓住黑夜的幽灵，把它从深渊中扯出来，扯得越来越高——太阳升了起来，凯旋的歌声响了起来，所有的昏暗，所有的忧郁在这种欢呼的激流之前都消逝得无影无踪了。

五月到了，贝多芬又到了乡间，住到他所喜爱的海利根斯塔特。在他的脑际又重新开始响起了对造物主的感激之歌。是造物主把他造就成现在这样，也是造物主创造了这美好的世界，森林、草地和溪流，林中的野兽和空中的鸟儿。田园交响曲—— 一首牧歌，第五交响曲——，是啊，贝多芬现在对此兴致盎然。

---

①此系指《命运交响曲》中的谐谑曲乐章。——译注

随着太阳的升起，他出现在门前，衣袋中装着他的速记本。四周是如此的静谧、和平！树叶上还有着圆圆的露水珠。他摘下一片叶子放在嘴唇上，吮吸着新凉。海利根斯塔特的农民还在睡觉，只有雄鸡业已醒来，在向黎明礼赞。

贝多芬穿过静寂的市集广场，木制的圣米歇尔像立在那里，他的头盔上插着羽毛，手执长矛，贝多芬路过他时喊了一声早安，随后他迈上了通往他所喜爱的草地之路。不久他到了目的地。草儿晶莹闪光，茁壮的榆树枝头巍然耸立，纹丝不动，郁郁葱葱。黄鹂在吟唱，小溪潺潺流动，它是那样纯净，仿佛才从造物主手中流出似的。一些长着青苔的石块不时挡住它的去路，逼使它形成小小的瀑布，去寻找自己的道路。这一切多美呵！

太阳升高了，草上的露水干了。贝多芬躺在紧靠溪边的草丛中，仰望着蓝天，心中充溢着神圣的和平。一片白云孤寂地飘过蓝天。他的灵魂也随之穿过无垠的空间，前往神的宝座，前往造物主和庇护者的面前，甘心为他服务，去赞美他，是他使他的心灵充满了音乐。他长久地躺在那里，心中充溢幸福的情感，与上帝的造物合为一体；——既是被创造之物又是创造者。

他打开速记本，读第一乐章开始的主题，驿车把他从巨大喧嚣的维也纳带到他喜爱的乡间时的感受一下子浮上脑际，这些感受使他激动不已：

那是一个清晨，草原上悬着一片薄雾，一切都静寂无声。但乡间的生活慢慢地苏醒了：鸟鸣，蟋蟀的唧唧声，牧群的铃声，蜜蜂的嗡嗡声。草地里的青草，田地里的禾苗像是在一同摆动，一同歌唱。他，这位早起的漫游人停下脚步，在谛听；他躺在一片庄稼地边的草丛里，闭起双眼，温煦的太阳照着他。这一切像是梦。树与山丘和森林一同歌唱，是整个造物的一部伟大的恬静的合唱。

阳光在浪花上画出抖动着的光环，鲜花和青草饥渴地需求着荫凉，蜻蜓飞来掠去。一只金巫鸟飞了过来，它妩媚地饮着水，鸣啭出它那快乐的、断断续续的 G 大调和弦。他听到了，这使他感到由衷的喜悦，他朝它望去。这个动机是那样自然清新，那样悦耳可爱，他一定要用上它！这金巫鸟参与了创作。

如果他在《溪边小景》中让鸟声出现，那他的那些忠实的艺术评论家该说些什么呢？音乐不应该是绘画！但是他并没有绘画！鸟的鸣啭也是音乐！小溪的喃喃低语也是音乐；在第三乐章中农民的舞蹈也是音乐，这一乐章应该描绘农夫的一次快乐的聚会，这种聚会是贝多芬在他的星期天出游时所熟悉的和所喜爱的。在墨德林，“双乌鸦饭馆”经常演奏的农民乐队特别令他着迷。他们，他的七个艺术同行，依次在他的眼前出现了，他看到，他们的脚下放着一大杯酒，欢呼的人群围成圆圈席地而坐，中间的人在跳舞，乐队像崖石一样，在欢乐的冲击下动也不动，他们一本正经地在演奏；他看到，有一个人放下了他的乐器，去喝一口酒，另一个人打起了瞌睡，又有一个，半睡半醒，拉了几下琴，或者吹出几个音来，完全随随便便地，多半是节拍得当，音调准确，但有时也不是这样。暴风雨也是音乐，它使欢乐的场面猝然中止，它挟带着越来越近的霹雳、闪电、狂风、急雨。雷声在远处消逝了，天空变得澄明，小提琴和单簧管奏起了一种深情的音乐：牧人的歌唱，风暴后的快乐而感激之情。一支伟大的赞歌，它飘向上帝的宝座，这造物主，他把一切造就得多美，多美呵！

《田园交响曲》结束后不久，贝多芬得到了一项聘请，在卡塞尔的热洛姆·冯·威斯特伐伦国王的宫廷任第一乐队指挥。

他早就渴望得到一个固定的职位，免得他为每天的面包奔波。在两年前他就想得到宫廷歌剧院的乐队指挥之职，但是他的请求一直没有得到答复。皇家宫廷中的职位都由一群平庸之材把持着，没有给贝多芬留出多余的位置。年轻的卢道夫大公爵曾在贝多芬这里学过一段时间的钢琴，他为此也做过努力，但都在他的身为皇帝的哥哥那里化为泡影。这样一来，贝多芬还一直主要是靠出版商的稿酬为生，就是用手来养活嘴。若是有一天他的创作力衰退了，他变老了，那会怎么样？他那做药剂师的弟弟说过：“若我是作曲家的贝多芬的话，那我就在钱里打滚了！”但遗憾的是，他缺少他弟弟的那套生意经，他最厌恶的是用自己的作品去讨价还价了。在卡塞尔，人们给他的是一笔可观的薪俸；他除了指挥宫廷音乐会之外，不负有别的什么义务，而这种音乐会既短也不经常；这个“快乐国王”一定是一个奇怪的音乐迷！

尽管如此，贝多芬并没有认真地考虑应聘。但这件事确也带来了好处：他的庇护者和朋友们意识到他到现在为止所受到的怠慢。卢道夫大公爵、金斯基侯爵和洛勃克维茨侯爵共同商议，付给他一笔四千古尔登的终身养老金，只有一个条件，即是他拒绝前去卡塞尔任职，留在维也纳。

他希望能完全解除金钱上的忧虑，可由于在此期间发生的政治事件，他的希望不久就完全落空了。奥地利准备第四次与法国作战。法国在西班牙进行的战争已经一年多了，它虽然取得不少的胜利，但却不能制服得到英国支持的西班牙人。眼下是有利的时机。每个人都充满了爱国的热情，奥地利像一座巨大的军营。最高统帅卡尔大公爵向德意志人民发出号召，一齐起来反抗外国暴君：

“我们战斗，为维护奥地利君主国的独立，为重新赢得德国的独立和民族尊严。现在威胁我们的骄横业已使德国屈从。我们的事业是德国的事业。德意志人！认清你们的处境！接受我们给予你们的援助！为拯救你们自己而振作起来！机不可失！时不再来！西班牙人为你们树立了伟大的榜样！”——

但是没有一个德意志国家敢于拿起武器，去反抗那个不可战胜的人，他正闪耀着无往不胜的光辉。只有在蒂罗尔——根据普勒斯堡和约它被割让给巴伐利亚——爆发了起义。这样几乎只有奥地利单独去进行战争。

受到符腾堡、巴伐利亚和其他莱茵联邦国家的支持，拿破仑率领大军沿多瑙河而下，把奥地利人从各处击退。在五月十日，他已站在维也纳的门口了。投降遭到了拒绝，在第二天晚上开始了轰击。贝多芬逃到他弟弟卡尔的地窖里。在炮弹的轰鸣声中他那可怜的耳朵遭到不可名状的痛苦。翌日挂起了白旗，敌人占领了城市。市民们，包括贝多芬在内，都苦于各种各样的摊派征索。

随后从阿斯帕恩那边传过来炮声；拿破仑遭到了打击，第一次被完全击溃，他的军队伤亡惨重，蒂罗尔完全站了起来，在西班牙还依然进行着一场血腥的战争；整个北德在酝酿着反抗，普鲁士在准备挺起，莱茵联邦在动摇；可这时却签订了停火协定和维也纳和约。德国的锁链似乎比任何时候都更加坚固。

海顿逝世了。当敌人的大炮开始轰击时，这位白发苍苍的大师变得越来越衰弱。但他依然让人每天扶到钢琴前，弹奏他的战争颂歌。在五月的最后一天，他的灵魂回到了天国。

直到秋天贝多芬才能振作起来开始创作，仅在一两个星期之内他就创作了一部又一部的杰作：三首钢琴奏鸣曲；降E大调弦乐四重奏，人称之为竖琴四重奏；钢琴幻想曲和降E大调钢琴协奏曲。

他又着手新的创作。这些作品不要等待，它们在进逼，在冲动不止，在催促不已，它们不要在别的时间去完成。他被他的守护神，他的精灵一再地逼向新的创作，贝多芬不可以像其他人一样。他被一部作品扯到另一部作品，这是幸福，也是不幸。他知道：会这样一直下去，贯穿他的一生，直到终结。

第十四章

一个五月之夜结束了。星星变得惨淡无光，夜莺也唱得疲倦，它沉默了。贝多芬睡醒了。在东北方向，天业已发亮，不久太阳就要升起，孤独的、劳动的白日就要来临。他走到窗前，望着朝霞。到处都是这样的寂静。世界还在沉睡中。

天更亮了。一种痛苦的震颤穿越大自然。在地平线上慢慢地升起了一轮红日。

贝多芬交叉起两手。

“崇高的！不可理解的！不可把握的！让我保持创作的力量！给我以力量，使我能够弃绝贪求！使我能够放弃人们称之为幸福的东西！让我只能在我的作品里找到幸福！给我以力量，伟大的主啊，给我以力量！”

他用凉水洗脸，穿好衣服，用完简单的早餐。像经常一样，歌德的诗集就放在写字台上。他拿起书翻阅，被几行短诗吸引住：

不要拭干，不要拭干，
那永恒的爱的泪水！

啊，只有半拭干的眼睛，

它才觉得世界如此荒凉、死寂！

不要拭干，不要拭干，

那不幸的爱情的泪水！

他的泪水涌出，炽热而如泉涌的泪水。痛苦的犁铧撕裂了他的心，诗人的词句的种子播了进去，在发芽，在成长，在开花，在结实。贝多芬坐在那里，陷入沉思，直到这果实到了收获的时刻：这首歌很快就完成了，他又通读了一遍。

有人敲门，不是轻轻地敲。来人像是知道这里住的人，需要大点声才能听见。

贝多芬什么也没有听到。一只手放到了他的肩上。在他旁边站着一个年轻的少女。一张浅褐色的南方人的面孔，两只美丽的深色眼睛羞赧然而信任地注视着他。她俯在他耳边，慢慢地大声地说："我姓布伦塔诺！"

"谁姓布伦塔诺，那我表示欢迎！"他回答说，他站了起来，握住她那温柔的小手。"您肯定是我的朋友弗朗茨的一个姊妹！"

"对，我叫贝娣娜！"

"您是一个人来的，亲爱的——""贝娣娜！"她补充说。"您就这样叫我好了，如果我可以这样请求的话；千万不要叫我小姐！"

"您不需这样大声讲话，亲爱的贝娣娜。大概是有人告诉您，说我是个半聋子？在维也纳这座大城市，您是单独一个人找到这儿的？"

是的，她是一个人来的；人们不愿意带她前来，人们强烈地劝阻她不要来拜访，因为这种拜访对于大师说来是一种恼人的打搅。

贝多芬笑了。"亲爱的贝娣娜，他们大概向您讲了不少关于我的事情！是啊，我成了一头老熊，谁若是进入我的石洞，经常是很快被扔出去。现在您坐下，讲讲是什么好风把您吹到这儿来的。啊，上帝，我这里又是一塌糊涂！"

他很快地把一些乐谱纸拿开，腾出了一把椅子。

贝娣娜说，她是准备和她的姐姐及姐夫萨文尼前往柏林的，前一段时间她在朗德胡特他们那里住了一些时候。萨文尼收到新建立的柏林大学的聘书，现取路维也纳来看望哥哥；只停留三天。

“三天就走？”贝多芬遗憾地喊道，“终于有一个人到我这儿来了，一个人呵！我从您的眼睛里看出，您是来自另一个世界，而不是来自这个折磨我的荒诞世界。我的耳朵里已经响起了再见的声音！那么说您是来自法兰克福，歌德的故乡了，亲爱的贝娣娜，您的哥哥告诉过我，说您认识歌德本人。您确实是令人羡慕呵！我爱他胜过一切！您看——”他把歌德诗集推给她——，“这本书已经看成这个样子了！我生活在他的诗歌之中，也许比这还甚，我不知如何表达。它们的内容，美妙的语言——是啊，它们的节奏以一种巨大的力量主宰了我。我刚才又把他的诗谱了一首歌。您要听一听吗？”

她点了点头。他坐到钢琴前，边弹边唱。他的声音是尖厉的，刺耳的，可这种激情的叫喊确实撼人心灵。“您喜欢吗？”她点头，他看到她的眼睛熠熠闪光。“啊！您是一位艺术家！”他喊了起来，“大多数人只是对某些美的东西感兴趣，但这不是艺术家的气质。艺术家是火热的。您还要再听一首歌德的歌？这也是我不久前谱成的。”

他唱起了《迷娘之歌》（“你认识那个地方吗？”）。他唱完了，他看到他的这位年轻的听者处于深深的激动之中，她在享受中所表现出的欢欣也使他高兴。可是他对她提的问题，她却尽量回避。

“我一直在想，”贝多芬说，“若是能知道歌德对我谱的歌的意见就好了！”

“可他几乎不知道它们哪。”贝娣娜回答说，她看到贝多芬的失望表情，于是她为自己的话感到抱歉。

“您怎么知道的呢？”

“我们谈了许多关于音乐的事情。在给他的诗谱曲的作曲家之中他只是一再地提到蔡尔特和莱依恰特。”

“再没有了？他不知道我的其他作品？不知道我的四重奏，我的奏鸣曲，我的交响乐？”

“我不清楚。”

他露出一丝痛苦的微笑。“为了得到他的称赞，我宁可放弃整个世界的称赞，他大概根本不认识我！可我老早就认识他了，比我所想的还要早，我要得到他的鼓励。现在我刚写完了《哀格蒙特》的音乐，几天之内就要首次上演。”

“您该把您的歌寄给他！”贝娣娜说，“或者您去魏玛拜访他一次，这更好些！哦，跟他在一起多美呵！在楼梯的壁龛上放有塑像，它们肃穆端庄。一切都令人感到亲切，并且庄重。”

“到魏玛是一个很长的旅程呵。”贝多芬说道。

“您不能在波希米亚浴场同他会面吗？他每年都要到那儿去的。”

“这倒是一个好办法！”贝多芬喊道，“这是可行的！我要亲自给他弹我的作品！直到他理解我，我是不会放开他的！但是，他是一位伟大的人物，我听人们跟我说过。他会友好地接待我吗？”

“他会在您的身上看到一个旗鼓相当的人，并会爱您的！”

他不禁为她的热情莞尔一笑。“孩子，孩子！您在说什么啊！我与歌德比肩并立，这我梦中都不敢想。可现在我们还要长时间待在这间可悲的房子里吗？外边从蔚蓝色前天空吹来温柔的轻风。”

贝娣娜环顾四周。“这间房子不是可悲的！我羡慕这四面的墙，它们听到您的那些美妙的作品。”

“我所写出的好的东西，”贝多芬喊道，“首先都不是在我的四面墙里听到的，而是在外面的大自然里。走，我们散步去！”

她望了望钟。“我得到我的兄弟那里去。中午有一个大型聚会，是为了欢迎我的。我要弗朗茨请您参加，可他笑了，并说：贝多芬怕见人！他不会来。您来吧！难道要我孤独地坐在陌生人中间只是去想到您吗？”

“跟您去！”他喊了起来，抓起他的帽子，“走吧！”

贝娣娜站了起来，但她稍感犹豫地望了望他那相当破旧和不怎么干净的上衣，这位音乐之王把它穿到身上。

贝多芬笑了起来。

“啊哈，您觉得我不够整洁！我在柜子里当然还有一套好的上衣。”他走到隔壁的房间里去。

贝娣娜动也不动地伫立了片刻。随后她坐到沙发上，依在靠背上。一种巨大的虚弱感攫住了她。她到这儿来是为了认识这位著名的音乐家，她的兄弟的朋友，他怎么说也还是一个常人嘛。但是当看到他后，她觉得他不同常人：他是天才的化身。歌德也是一位天才，但是他可以理解，可以领会，他只是比她，她的哥哥克莱门斯、她的朋友阿尔尼姆以及她所认识的其他人更高。可贝多芬的天才却完全是另外一种，不可理解，不可领会，是神的一个真正使者。

这时他返了回来，身穿一件蓝色的新上衣，上面是一排闪亮的黄铜钮扣，下穿一条时兴的白色窄裤。

“怎么，感到惊奇吧！”他笑着说。“喂，现在走吧！”

法兰克福的巨商弗朗茨·勃伦塔诺去年迁到维也纳，那时他的岳父，宫廷顾问冯·毕尔肯斯托克刚故去，把他的那幢漂亮的、藏有许多艺术珍品的住宅遗留给他。这位新主人的家里也成了那些艺术家和科学家的聚会之处。贝多芬长期以来避免参加任何社交活动，因此他的意外出现就成了一件引人注目的事情。人们围了上来，提了一连串问题，每个人都要同他握手，这样他有一段时间就与他新交的女友分离开来。可在吃饭时他又在自己的身旁找到了她。他现在变得缄默不语，正如他刚才谈笑风生一样。她发现由于笑语喧哗他多半听不懂她说的话。于是她也沉默起来，只是时而去接触他那熠熠生辉的目光。偶而他摊开小本，在上面写下几个音符。

终于午餐结束了。贝娣娜捅捅贝多芬的衣袖，带他穿过邻室登上一条螺旋楼梯，直到塔楼，从它的平台上放眼望去，远方景色一览无余。

贝多芬高兴地笑了起来。“贝娣娜，您想的真好！刚才我已经开始有些郁郁不乐了，正想离开他们。这上面多美啊！树木、草地、流水、空气、多瑙河运河、普拉特公园！”

“是啊，维也纳是美的，”她回答说，“但是多瑙河毕竟不是莱茵河啊！”

“我也正想到此。”

“我们在温克尔有一幢房子，”她说，“在约翰尼斯山脚下，莱茵河畔，夏天我经常到那儿去。您熟悉那个地方吗？”

“几乎是一点都不熟悉。可是有一次，我差不多二十岁的时候，跟选帝侯的乐队一起在莱茵河上做了一次旅行，从波恩直到美因河。在阿斯曼豪森我们上陆，登上尼德尔森林高处，您熟悉那儿的景色吗？”

“我怎么能不熟悉！”她快乐地叫了起来。“左边是雷布高地，绿色的山谷，有修道院和播种了的土地。在右边，宽阔宏伟的莱茵河突然在昏暗的崖石中间变得狭窄，水光潋滟；下面是泛着浪花的宾格尔洞，小舟就在这里飞速地穿过鼠塔旁的激流！没有一处的河岸是如此之美呵！”

“嚯！”贝多芬喊道。“我必须再见它一次！没有任何地方能比罗兰泽克和波恩之间的莱茵河更美的了！我不能像歌德和您那样善于用词，若是我在您的面前赞美我的七峰山，那定会像孩子似的结结巴巴的。但是在我的作品里，我经常不断地给它们，莱茵河，还有波恩树立起一座座纪念碑的！啊，贝娣娜！我觉得您越来越可爱，自从我知道您是那么热爱莱茵河，就越发可爱。您走了，真不知如何是好！”

“我们得下去了吧？”她说，“他们会发觉我们不见的。”

“真遗憾！我们俩在他们中间能做什么呀？他们都把我当作是半个疯子！”

“真的？”她欢快地叫了起来，“您想想，他们也是这样看我！这是指我的那些熟人。大多数人都简单地把我看做傻子。”

“什么？您？”

“是的，他们这样说也不完全是错的。每当我置身人们中间，被大街上的流行小调的节拍所左右时，我觉得自己太可怜了，除了这些愚蠢的东西没有别的。但是，每当我到外边，到野外或者登山，那在我的灵魂中就有一种节奏，我得按着这种节奏去思想。随之在我的灵魂中就有了一颗理解我的心——我要为这颗心举行一个隆重的宴会！”

有声音从楼梯上传了过来。

“有人来了，”她说，“贝多芬，我还有许多事情要问您。明天您来接我去散步好吗？”他点头。“我还有一个大的请求：我想听您弹钢琴！”

“啊，孩子，一定要吗？”

“我喜欢用最杰出的作品来充实我的生命，而您的演奏意味着是一个时代！”

贝多芬坐到钢琴前。一时寂静无声。他用一只手弹出了一个断断续续的、生硬的经过句，突然中止。一两个不安的、询问式的和弦。现在响起了一个优美之极的旋律。他又遇到贝娣娜的深沉的目光；随后他成了孤独一个，他的灵魂挥动翅膀直飞入无限之中。

翌日，贝多芬又来了，他邀请贝娣娜同他一道去听《哀格蒙特序曲》的排练。到了剧场，他把她带到一间包厢，让她一个人留在里面。整个大厅没有灯光，贝娣娜是惟一的一个听者。透过门缝，挤进一缕阳光，一大群斑斓的亮光在这缕阳光中随意地舞动着，——这是一条通天之路，她在想，拥塞着幸福的精灵。

乐队的音乐家们聚到一起，开始调音。这时贝多芬从他们后面走出来，站在指挥台上。他举起指挥棒，站在那里有一瞬间动也不动；他身上的每一寸都是力量的化身，他脸上的每一个表情都是追求至高无上的意志的化身。——当最后的一个音消逝了的时候，贝娣娜像是从深沉的梦中醒了过来。同这部雄浑壮观的描述暴政和解放的音乐配合在一起，她所崇拜的歌德的剧作有怎样的意义啊！

她坐在剧场门前的一条凳子上等候贝多芬。——在这个人的身上有一种多么巨大的才智呵！她在想，人们可以预言，这样一种才智稍后发展成熟时就会以世界统治者的身份重新再现的。他远远地走在人类智慧的前面。我们能赶得上他吗？但愿他能活到他的才智臻于完善之谜——巨大崇高的谜——

得到解答之时；肯定能的！那时他就会将一把解开一种美好的知识的钥匙交到我们手里，这种知识使我们向真正的幸福更接近一步。

这时他来了，为这次排练的成功而兴致勃勃，神采奕奕。"呶，您喜欢吗？"

贝娣娜在寻找字眼，但她觉得她所想到的都太贫乏了。"贝多芬，您多么幸福呵！"这就是她所能说的一切。他大声地笑了起来，一种无所顾忌的粗鲁的笑声。

他俩静静地穿过大街，进入普拉特公园的草地。成千株栗子树像节日的蜡烛在阳光中闪烁，一条多美的林荫大道！两人在一张凳子上坐了下来。周围空无一人，除了成群的蜜蜂在他俩头上发出管风琴般的嗡嗡声外别无所闻。丁香花散发出迷人的芳香。

"亲爱的贝娣娜，"贝多芬终于提高了声音说，"我多么幸福，这就是您的整个评论？我觉得这不够！您能跟我说得更多才对！"

"啊，上帝，我一定要说些什么吗？您要知道我对您的评论？评论是理智的事业，但是音乐与理智何干！"

"见鬼啦，贝娣娜，您以为我要听您对主题、处理和对位的意见？您应当告诉我，您在听我的音乐时是怎样的感受！"

"我在想蒂罗尔，想那些可怜的、出色的蒂罗尔人，在想他们为自由所进行的斗争。我看到他们成群结队呼啸着冲入山谷，胜利地在各地发展壮大，看到彩旗在飞舞和阳光下弥漫的硝烟。我看到高大的橡树和房屋在火焰中化为灰烬，看到被俘者的头颅在断头台的利斧下纷纷滚落地下，看到安德烈亚斯·霍费尔跨出牢狱的大门，站在刑场上，骄傲而安详地迎接着致命的铅弹。"她沉默了，啜泣起来。"不，我不要哭。我看到蒂罗尔人的英雄灵魂升入天国，看到他们洒出的鲜血流回进神的胸膛。我再次感受到了，您的音乐向我证实了，我在去年所一再一再想到的：在那些英雄事业中被粉碎的一切又都复活起来，热情激昂，如同这旋律的追求和起伏，它们虽然各有独特的方向，但却借助一种共同的情感，汇集起来，臻于尽善尽美。对我说来，英雄们的欢乐的死亡犹如那些为了一个崇高的共同目标而甘愿永远自我牺牲的音一样，这个目标只有通过神圣的力量才能达到；神圣的灵魂在人的胸膛中变为音，这样的一部交响曲就是绚丽的自由。”

贝多芬抓住她的手。两人长时间的沉默不语。“贝娣娜，”他终于说道，“您是一个奇妙的人儿！我要把哀格蒙特的音乐寄给歌德。但愿他能像您这样理解它！您认为他会了解我吗？”

她考虑了片刻。“这是一个难以，难以回答的问题。在他的灵魂的最深处有着音乐，对此是没有怀疑的。也不可能不是这样！在他的精神的天穹里，太阳、月亮和所有的星星在运行，那这所有星辰之中最高大最有力的行星，音乐为什么不向他发射出光辉呢？它就是充溢在他的所有诗歌之中！但是这一切在他那里都是没有意识到的。一当音乐出现在他的意识之中，那他就想用理智来对它进行判断，于是就糟糕了！他向他的朋友蔡尔特以及这一类学究式的工匠讨教，这些人除了那些清规戒律别无所知。但是音乐，它却是在理智所达不到的地方才刚刚开始！我就这个问题向歌德写过不少信了！因为我要设法使他理解音乐；是啊，您在笑我！我要这样去做。我摆脱不开这个不可解之念头！我一再地这样去做。我这样想，不可捉摸之物永远是神，而音乐是不可捉摸的，所以它肯定是神。基督说过：就是你们的肉体也应当净化！难道音乐不就是欲念本性的一种净化吗？所有使心灵和精神为之激动和得到提高的一切：爱情和友谊、勇敢、去从事伟大事业的意志、对神性的追求，当音乐响起来时，能不把它们唤醒吗？难道不是音乐使人超凡脱俗并净化他的肉体，像基督所说的吗？”

贝多芬面带微笑在倾听。

“告诉我，小贝娣娜，您是从哪知道这一切的？”

“从您那里！从您的音乐里！从您的交响曲里！《英雄交响曲》！噢，上帝，当我第一次听到它时，那是怎样一种心境啊！我看到自己站在浩瀚大海岸边的一块光秃秃的岩石上，狂怒的暴风急雨和翻卷的巨浪在我四周咆哮，海浪不断地涌到我的心口，又退了下去，又返了回来，用一再增强的力量要把我吞噬。这时造物的伟大精灵出现了，我在风暴中听到他的声音，这就是您的声音，贝多芬！这声音气势磅礴地，不断起伏地，在天际由此及彼，迎着暴风，疾驰而进，扩展成和谐的阳光之海。噢！我感到自己无所不能！我要向精灵许下任何誓言！我看到世界上许许多多僵化和没有生气的东西，借助音乐的精神才能变得富有生气！因此我竭尽全力要使歌德生动地去感受音乐。但是，我怕我太自不量力了；用凡夫俗子的嘴是不能说出它的真理的。在歌德面前，我这拙嘴笨舌只是给您开开路；这场主要的战斗得由您自己去进行！”

“我勇敢的小侍从！”贝多芬说，“我忠实的好孩子！从您这里我感觉到我理解了自己，这是世界上任何其他人所做不到的！您知道音乐的秘密：它远远高出理智所能达到的一切。它通向一种更高的生活，是啊，更高的生活，也就是生活本身！您是知道的，贝娣娜：音乐是启示录，它高出所有的智慧和哲学！它是酒，鼓舞人去进行新的创造，我是巴克斯[①]，他为人们去酿造这种美酒，让他们的精神去欢饮；从而使他们摆脱开所有的苦难，其他人正在这种苦难中踽踽而行！”

第三天到了，这是最后的一天。

贝多芬和贝娣娜来到原野，沿着林间小径漫步。临近的别离使贝多芬抑郁不乐，但贝娣娜却极为兴致勃勃；她在他身边迈着轻盈的脚步。几缕鬈发在风中戏弄着她那孩子式的颈部。在林中的一块草地上她停了下来，深深地吸了口气。

“噢，美好纯净的空气！因为我们能呼吸到它，您觉得不也是幸福吗？我们头上的以太，无法量度的以太，我们饮用它，我们与它相亲，那么密切，我们的所有生命都从它那里涌出！”

继续走下去的时候，她开始唱了起来。她的声音充实、柔软。她唱《迷

①希腊神话中的酒神。——译注

娘之歌》“你可知道那个地方”，但却用一种贝多芬所不熟悉的方式。开始时庄严、豪迈，随之旋律变得越来越低沉、抑郁；“你可知道吗”，这诗句充满了神秘之感。“去吧，去吧”之中有着一种不可抗拒的思念，“让我们去吧”时而是恳求和急迫，时而是冲动和热望。贝多芬完全被音乐的表现力所慑服，当她唱完了，他问作曲者是谁。当贝娣娜说，她刚才唱的这首歌只是她当时怎么想就怎么唱的，这使贝多芬惊讶之极。他请她再唱一遍，可她回答说，这完全不可能了；要是一定要唱，那肯定是另一个样子，会难听得很，或许她根本就没法再次从头唱到尾。

“孩子！孩子！”他说，“您是一个天生的天才！您把音乐和诗歌集于一身，再加上一副美妙的嗓子！如果您能得到正确的指引，会成为什么样的人材！您要留在维也纳！我来教您！”

“一个月后您就会讨厌我了！”她笑着回答说。“我对任何事情都没有持久性。那边在叫：到那儿去！这儿又在喊：到这里来！此处在引诱我，彼处在向我招手，在我身前身后，各种声音乱成一团，它们都在召唤我，都在引诱我。其他人知道的，我也应该去学！这个不能丢掉，可那使我感到有趣的，我又想去经历经历，这么多东西，我根本没有那么多的时间。”

“可您知道很多了！您这么博学！”

“不！我只是兴之所致，全凭灵感驱使。在我内心有一个精灵，是他在教我，他就是爱情。歌德有次曾对我说过：您说不出任何机智的言辞，但是您的愚蠢所教您的远胜过所有的智慧！我还有什么更多的需求呢！我生为神庙而献身！我占有了歌德，这我就已足够了。”

“您怎么能说您占有他呢？你们确是相距甚远嘛！”

“我给他写信，经常经常地写，这使他高兴，他也一再要求我更多地写信。我以我自己的方式占有他，尽管他钟情许多女人，但没有一个人能从我这儿夺走他。我像一条小溪潺潺流动，越过崖石和峭壁，直到他那汹涌澎湃的激流把我吞没。我尾随着他，不管是奔向光明还是沉入黑暗。”

她的脸色变得苍白，她的嘴唇在发抖。

贝多芬缄默不语。这个年轻美貌的少女对一个年纪大得多的并已结婚的男人所表现出的虔诚的牺牲精神开始使他有些恼火起来。这个歌德究竟多大年纪了？他算了一下，肯定是已经超过六十岁了。这种完全奇特的关系，这种如贝娣娜所说的献身，令他感到陌生，甚至是病态的。它会导致何处？

但是他没有把他的想法说出来。这时他们正好走出森林，前面就是他们喜爱的海利根斯塔特小溪边的草地和山谷，这就是他们漫游的目的地。

他停下脚步，精神为之一爽，显得容光焕发。

"一切还和两年前一样，那时我正在写我的《田园交响曲》。它就在溪边榆树底下诞生的。鸟儿在歌唱吗？"

贝娣娜谛听了片刻。在草丛中有一只山鹊在鸣啭。"没有，静的很。"

"太遗憾了！该有鸟叫才对，特别是黄巫鸟。也许还能听到。现在注意！看我们俩谁能先到下面！"

他信心十足地冲下陡峭的草坡。倏忽间贝娣娜从他身旁一掠而过，裙子飘过膝盖，她的脚像在飞动。她已经到了下面，欢笑着向他张开双臂。他笔直地冲入她的怀抱，两人倒在柔软的高高的青草丛中，躺在那里喘息着。他俩的嘴唇瞬间印在一起。随之贝娣娜一跃而起。

"好了！现在我们又规规矩矩了！这是说，我们适可而止。您看，贝多芬，我还是学过些东西呵：跑、跳、爬山，这都是我的天性，我不会让任何人胜过我！"

她一跃而跳过小溪，向四下张望，想找一块休息之地。在一棵古老榆树的树根中间，她偎依在厚厚的柔软的青苔上，把双手垫在头下，愉快地望着贝多芬，看他笨手笨脚地在她旁边清理一个地方。

"《田园交响曲》就是在这儿诞生的了！"片刻之后她说道。"是啊，我相信。这儿遍地都是旋律。小溪在歌唱，草地、树木在歌唱，还有天空、白云，更不用说乌东鸟和黄巫鸟，可它们今天沉默了。这儿的一切多美啊！多么单纯多么美！在人世间很少能遇到这样单纯的地方，生命的冲动是如此的纯洁；这像草茎、种子的嫩芽、用忠诚建筑的鸟巢一样，令我感动！但是更美的是不要去谈论它，沉默更为美好。”

他俩安静躺在那里，除了小溪的轻轻低语别无所闻。

“它都在讲什么呀！”稍顷之后她说道。

“谁，贝娣娜？”

“小溪。我在问我的灵魂，它在回答我，可我不能马上把它的回答表述出来。这一切都是音乐。”

沉默。

贝娣娜向高处望去，在树枝中间发现了一只红胸鸲，它注意地俯视着他俩。它无声无息地从一个树枝跳下到另一个树枝，直落到他们前边的地面。鸟和人长时间地相望，严肃的，一动不动的。随后这小生物飞走了。

“您看到了吗？”她问，“它看我，表情是那样严肃，紧迫！它要向我说点什么，可是说不出来。啊，我时常经历这样一类的事情！似乎大自然忧郁地在向我祈求着什么，我不理解它的要求，这使我感到揪心！”

“呶，贝娣娜，”贝多芬说，他朝她靠得更近些并抓住她的手，“那您让我来利用这个机会吧，我不是红胸鸲，我能说！明天的这个时候您已经走了，很远很远！我还有好多话要对您说，亲爱的，亲爱的贝娣娜！跟您在一起的三天是多么美好，多么充实！在此之前我对您几乎是一无所知，而今天我觉得我们相识已久！贝娣娜！这样一种幸福有否可能：了解一颗心，它在为一个人忠实而热烈地跳动！它理解他！在所有的方面我们都相互理解，在所有的方面我们都彼此一致！我们不喜欢人，但我们爱慕大自然，崇拜音乐！贝娣娜，如果您走了，我该怎么办！在维也纳我十分孤独，至少没有一个人像您这样理解我！自您来后，一切都是那样美好！”

“是啊，”她回答说，“如果两个人心心相印，神圣的创作力存在于他们之中，那这就是最高的幸福！”

他看到她那入迷的目光。“现在您在想歌德！”他激烈地说。

“我永远在想歌德，就是我不在想他的时候也是在想他。”

他抓住她的胳膊，抓得那样紧，使她轻轻地叫了一声。

“您不应当想歌德！您应当想我，贝娣娜！我爱您！您应当是我的！我向您发誓，您跟我在一起就会忘掉魏玛那个老先生！”

她看到他的眼睛在燃烧，他的身体在颤抖。“贝多芬，放开我，您弄得我痛了！”

他立即放开了她。她坐在他身旁，面色苍白，一声不响。

“您生我的气了？”他闷声地问道。

“我在生我自己的气。我早就应当告诉您：我已经算是订婚了。”

“我的上帝！同谁？”

“诗人阿尔尼姆。”

“他知道您和歌德之间的关系吗？”

“他什么都知道，并且理解我。他随我的意去做。”

“这不行，”贝多芬喊道，“这不行！你们两人会不幸的！怎么算是订婚了？那是说还没有说死吧？”

“没有，还没有说死。”

“那您不要这样做！为了您自己您不要这样做！如果您对阿尔尼姆有一些爱，那为了他您也不要这样做！他知道，他不能把您从歌德那里扯走。您让我来试试看！我觉得我有这种力量！”

“您要只占有我的一半吗？”

“不，您的全部身心和灵魂！”

他拥抱住她，强把自己的嘴唇放在她的嘴唇上面，吻她，一再一再地吻。他觉得，她身体的反抗在开始屈服，但就在随后的一瞬间，她挣脱了他的拥抱。死人一样的苍白，她嘴唇抽搐着，两眼望着他。

“贝多芬，我恳求您！我的哥哥！您要对我好些！”

她倒了下来。

他支撑住她，她把头依在他的肩膀上，静静地哭了起来。

“事情只能这样，无法改变，”她终于说道，“我属于歌德，无法从他那里摆脱开。从这个悬崖上是无法再下来了，我的爱情是以生命为代价攀登到这上面的，不管怎样，我是要完结的。您肯定不要这样做，亲爱的贝多芬！”她补充了最后这句话，在泪水中露出一丝微笑。他吻了下她的额头。

“您不要悲伤！”稍顷之后她说道，“您不要把我看做是贝娣娜·布伦塔诺！她什么也不是，对您说来毫无价值。您把我看做是一种工具，一个去认识歌德的中间人，他，只有他才值得您敬重。你们两人必须见面！从席勒死后歌德十分寂寞。他的灵魂渴求弥补，弥补他所失去的朋友！您和席勒有许许多多的地方是一致的！您有着他的那种卓越的理想主义，歌德对此是仰慕的，因为他本人缺少它。如果他找到了您，那他会理解您，并把您当作惟一和他比肩并立的人抓住不放，肯定会是这样的。当歌德第一次把贝多芬拥抱在自己怀里时，在这一瞬间，世界的心脏将会停止跳动一秒钟！”

第十五章

两年过去了。在一八一一年的夏天，贝多芬前往泰布利茨疗养，说是会给他的耳病的治疗带来奇迹的。但这奇迹没有发生，而他想在泰布利茨与歌德相遇的希望亦完全落空。

他苦于经济上的拮据。战争的失败使政府乘机采取了一项可卑的财政措施，把奥地利的货币贬值了五分之一。贝多芬认为，他的那些贵族庇护者和债务人必然相应地提高他的收入，因为他们应当弥补他拒绝去威斯特伐伦担任乐队指挥一职所遭到的损失。但是他的期望落空了；甚至洛勃克维茨侯爵完全停止了付款，因为由于毫无节制的挥霍他已被宣告禁治产。卢道夫大公爵直到一年后才决定提高他应付的部分。金斯基侯爵的司库部门拒绝采取同样的做法。

这样一来他就得加倍努力。一八一一年年底第七交响曲的最后乐章结束了，开始写第八交响曲。

一八一二年的夏天到了，贝多芬准备再次去泰布利茨进行一次新的疗养。他的医生告诉他说，这样顽固的耳疾，只有一次疗养是不够的。那好吧！如果这次也不见效果，那这就是最后一次。但是至少他这次一定能遇见歌德。

里希诺夫斯基侯爵跟他讲，皇后也将去泰布利茨疗养；他本人也去，因为他被指定为伺读；歌德这次肯定是会到场的，两年以前他在卡尔斯巴德曾有幸结识皇后。

六月底贝多芬从维也纳动身。在布拉格为了去拜访金斯基侯爵他中断了旅程，这是一条沉重之路，因为他是为了钱而去的。但是侯爵对他却表现得甚为得体。怎么回事呢？大概是他的那些账房先生都是些守财奴吧？金斯基侯爵向他保证遵守他所做的诺言，并且，如果他现在立即交给他六十杜卡特作为补交的部分，望他不要见怪。

“范·贝多芬先生，我们是老朋友！侯爵同侯爵！请原谅我的狂妄！我应当说：侯爵同国王！”

“我感谢您，阁下！下一部大型作品将题献给您！”

“无比的感谢，范·贝多芬先生！您以您的题献使我们这些可怜的侯爵变成不朽！”

“这不需要我的题献，阁下！阿斯帕恩这个名字同您的名字永远联在一起！”

“阿斯帕恩和贝多芬！”侯爵颔首，“两个好名字！但是我的野心还没有得到满足！啵，谁知道，要多久我们就要重新骑在马上去反对那位现在正向俄罗斯进军的世界的统治者！我们请求您写一部胜利交响曲！”——

贝多芬在七月五日抵达泰布利茨，住在“橡树”旅馆。在疗养客人登记簿上他没有找到歌德的名字；但是皇后，还有魏玛大公爵均已到达。这是一个好的兆头！

早晨洗泉水浴，然后他到矿泉旁，半信半疑地喝一两杯泰布利茨矿泉水，从德国各地来的游客带着好奇、崇敬、同情、羡慕、热爱在观察他，他们知道他，也知道他的艺术。随后在美丽的克拉里宫殿花园或者在幽美的四周漫步。下午的时间是属于第八交响曲的。有时也与里希诺夫斯基侯爵在一起，一两天后他通知贝多芬，歌德来了，他已经在皇后处与他一起用餐，他不久就要来拜访贝多芬。

七月十九日。贝多芬坐在自己的房间里；桌上放着一个信袋，上面笨拙地绣着五颜六色的玻璃球。这是北德某个小城的一个九岁女孩，他的一个不相识的小崇拜者寄给他的。他要对她表示感谢。他写道：

“我亲爱善良的埃米莉，我的小朋友！

由于工作繁忙和经常生病，复信迟了，请您原谅。我来到这里恢复我的健康，这表明我的道歉是真实的。没有什么能夺走韩德尔、海顿、莫扎特的桂冠；桂冠是属于他们的，还不属于我。把您的信保存下来，标上另样的标记：还远没有从某些人那里赢得尊敬。继续下去，不仅在艺术上不断地锤炼，而且也要深入到它的内部；值得这样去做的，因为只有艺术和科学能提高人，直到神圣的高度。我亲爱的埃米莉，如果您有什么希望的话，那一定要给我写信。真正的艺术家是不骄傲的，遗憾的是他看到艺术是没有止境的；他感到抑郁，目的地离他有多么远呵，也许他被某些人所崇拜，但他觉得悲哀的是，他还没有抵达那里，最好的天赋也只能像远方的太阳一样为他照亮了通往那儿的道路。也许我更愿意到您那里，到您的亲人那里，这比到某个国度去要好得多，到这里去那会暴露出自己内心的贫乏。若是有一天我去 H 地，那我就去您那里，您亲人那里。人的长处就在于把他自己造就成为优秀人物，除此我认识不到人还有其他的什么长处。我在哪儿找到这样的人，那儿便是我的家乡。亲爱的埃米莉，如果您要给我写信，那就写这儿的这个地址，我还要在这里住上四周，或者寄到维也纳；这都是一样的。把我看做是您的和您家庭的朋友。”

有人敲门，女仆走了进来，递给他一张来访客人的名片：枢密顾问约翰·沃尔夫冈·冯·歌德。

贝多芬的心直跳到喉咙。他一跃而起，期待地朝门望去。

一位英俊的、高贵的老先生走了进来，非常客气地躬身致意，并向他伸出手来。

“尊贵的范·贝多芬先生，我十分高兴与您结识。我还一直没有听到娴熟的艺术家和爱好者演奏您的作品，我希望认识您，也许能欣赏您本人的钢琴演奏，您的杰出才能会令我赞叹的。”

“阁下，您太好了！”贝多芬结结巴巴地说。他还一直紧握歌德的手不放，而没有觉察到对方一再轻轻地试图把手抽出。

“还有，”歌德继续说道，“承蒙您惠寄的歌曲和哀格蒙特音乐，在此我向您表示我的感谢。我极为珍视您的馈赠的高贵的价值，衷心地感谢您！”

“没有什么可感谢的，阁下。我应当感谢您！我感谢您，为这所有的一切！您费力来到我这儿！我的上帝，我在说些什么呀！我该说些什么！我感谢您，您——您写诗！”

他由衷地摇动歌德的手，一次又一次地。终于他把它放开了，请客人坐下。“阁下，今天是我一生最最幸福日子中的一天！我该怎样感谢可爱的出色的贝娣娜！她近来可好？”

“我有些日子没有听到她的消息了，”歌德回答说，他用冷峻的目光环顾房间的四周。“这可使我感到奇怪！”贝多芬喊道，“她这个人对您怀有热烈的尊敬，现在到哪儿去了！是啊，她在此期间结婚了；那她就要想些别的，而不是想到写信了。”

“希望是这样，”歌德回答说。他望了他面前绣有玻璃球的信袋一眼，把它推开一些。贝多芬把它拿了起来，装在胸兜里。

“呶，范·贝多芬先生，您在泰布利茨感到满意吗？您是为了您的健康来到此地，这是我从里希诺夫斯基侯爵阁下那里听到的。”

“完全正确，阁下。主要是我的听觉不是很好，我希望在泰布利茨能有好转，至少不再恶化，但愿这是最后一次到这里。”

“您的希望会实现的！整个艺术世界肯定会从此中得到巨大的益处！作为一个音乐家您对这种痛苦格外敏感，但也正因如此对您格外敬佩，您尽管这样仍继续作曲。是啊，我在问自己，这怎样是可能的呢？”

“感谢上帝，耳疾对我的创作没有影响。我对音乐的想象依然是那样纯粹和清晰。”

“这是极为有趣的现象！难道不需要通过外听对作品进行检查吗？”

“很少，正如诗人无需对自己大声朗诵他的诗一样。或者诗人一定要这样做吗？”

“这不是绝对必要的。但我个人不愿放弃这种机会。我觉得，您根本不是这种情况，范·贝多芬先生，您听得还是很好嘛！”

“您太好心了，阁下，”贝多芬稍感痛苦地微微一笑，“现在还可以，也许能再好起来。我净谈自己了，忘了主要的事情：感谢您的那些优美的作品！从少年时代起，我就赞叹和喜爱它们！首先读到的是《葛兹》，然后是《维特》，这个出色的维特！我曾为他而痛苦，为他而哭泣！”

“是啊，维特造成了许多祸害。”歌德有些怏怏不乐地说。

“随后是《哀格蒙特》！当我读完它时，是同样的感动，我一再地想到他，感觉到他，并且把它谱成音乐，这是出于对这部完美作品的热爱，它使我感到幸福。还有您的诗！在它们本身之内就有着和声的秘密，要求用音乐的形式表达出来！”

歌德轻咳了一声，仿佛要说点什么，但是没有讲话。

“我很冒昧地把几首歌曲寄给了您，能听到您对此的批评，这对我当然是无比珍贵的。即使您对我责备，那对我和我的艺术说来也是有益的，我会高兴地把它作为最大的赞赏接受下来。”

“啵，我尊敬的范·贝多芬先生，请允许我直言不讳，我本人对音乐不能妄加评论，我只能就它所给我的影响而谈。我把您谱的与我的朋友蔡尔特谱的相同的诗放在一起比较，我的这位朋友您也是熟悉的。如果我完全开诚布公地讲，我认为蔡尔特谱得好，但我必须再次强调一下，我的评论是不足为准的。蔡尔特的歌和我的诗本质上是一致的，这我立刻就能感觉出来；音乐只是把它们带入高空而已，犹如注入进气球里的气体一样。可您谱的曲子却相反，我首先得观察一下您把我的诗谱成什么样的作品；是啊，我经常觉得有些不舒服，仿佛我看到我的孩子穿上了陌生的服装。”

“陌生的服装！”贝多芬喊道，“但是，阁下，我可不是成衣匠！当我对您的一首诗有所感时，那它就开始在我的内心发出声音，然后产生出来的决不是外表华丽的东西！诗的精神内容变成为有感觉的生命！谁达不到这一点，那他就只停留在外表的描绘上，这样的人最好是不要去碰一首真正的诗。您认为蔡尔特谱的歌好。呶，我不愿说唐突他的话。他是个能干的音乐家！如果您觉得可行的话，我们做番比较。先弹他的，再弹我的。”

他坐到钢琴前弹起来。歌德聚精会神地倾听。

“这是奇妙的，”当贝多芬弹完了时，他说道，“这多么动人！您说的对：我的诗的精神内容借助您的旋律而成为有感觉的生命。迷娘的整个情绪在您的音乐里才真正成为有感觉的、有生气的和可把握的。可蔡尔特的音乐却达不到这点——无论如何是做不到的。”他站了起来，激动地走了几步。“奇怪得很，当蔡尔特给我弹他的歌曲时，我却感觉不出来——恰恰是同一首歌曲！也许在弹奏中有什么巫术？难道您是一位巫师，范·贝多芬先生？”他停在他的面前，他那褐色的大眼对着贝多芬闪闪发亮。“是啊，是啊，是这样！您是一位魔术师，甚至是一位伟大的魔术师，我感到我无可救药地被您迷住了。在您这里我想到了《哈布斯堡伯爵》中诗行的意义：

像暴风在空中呼啸，
人们不知道它来自何方，
像涌自深处的泉水，
歌者的歌儿发自内心，
它唤醒神秘感情的威力，
这感情在心中酣然成眠。”

他望着远处。“是啊，这是我的朋友席勒写的，”稍顷之后他说，“呶，范·贝多芬先生，现在我可不能立即就放开您！您还要讲些我想知道的某些东西，这都是我问过的而直到现在从没有得到解答的。您谈谈纯粹的器乐！

也许我使您感到无聊！您说真话！”

“阁下，我太高兴了！”

“您看，范·贝多芬先生，直到现在我对纯器乐作品还一直无法理解。在听它的时候我总是感到空洞，到最后我就觉得不满意，无所得。器乐作品，没有词和明确意义的旋律和经过句在我看来就像是蝴蝶和美丽斑斓的鸟儿一样，它们在我们面前飞舞盘旋，我们总是抓不住，捉不着。而歌唱与这相反，像是飞向天空的精灵一样，它激起我们身上的更优秀的那个自我去陪伴他。”

“阁下，我猜想，您还没有听到好的器乐曲吧。您熟悉我的交响曲吗？”

“遗憾得很，不熟悉。”

“那我给您弹我最近一部作品中的一个短小的乐章，是我的第七交响曲。”

他演奏慢乐章。

“啾，阁下，这部音乐作品告诉您些什么了吧？”

“如果我感觉不出它告诉给我什么，那我就一定成了块石头了。这是伟大的，是动人的！人们想跟着节奏一道奔跑，都几乎不敢呼吸。像是发生了一种悲剧性的命运。中午时分，阳光灿烂，人们心旷神怡，充满希望；但太阳又失去了它的光辉，黑夜降临了。是的，这是伟大的！这是真正伟大的！现在我明白了：音乐不需要成为诗人的字句的奴仆！是啊，我觉得，如果没有那些不得不顾及到的素材的话，那艺术的威严在您的作品里会表现得也许是极为光彩夺目。没有什么理智能再支配艺术了！从艺术中产生出一种要主宰一切的作用——没有人能够对此加以解释。这种作用是一切创作的源起和归宿的真正因素！”

“贝娣娜没有向您谈及这一点吗？”

“光说是没有用的！您用事实向我表明了！在这种认识之中有着某种无与伦比的东西！它征服了我，它使我震惊！”他立起身，来回踱了几步。随之他停在贝多芬面前，抓住他的手。“能与您会面我很幸运！我今天受益匪浅！”他直视他的双眼。“人们对我说，您不幸福——人们通常所说的那种幸福，这是真的吗？”

“啊，阁下，我该怎么回答呢！”

“您不要称什么阁下了！对我说来，您是贝多芬，而对您呢，我是歌德，别的什么都不是。”

“我是否幸福？我幸福，我也不幸福。当我创作时，我幸福，因为这时我感觉到我的力量；我所要的，我都成功了，开始时我仅是梦想的，最后时它们都出色地成为现实。但我不仅是艺术家，我毕竟也是一个人呵！我热爱人，但我的糟糕的听觉却使我与他们疏远，把我与他们分开，使我孤独。我成了人的敌人，可我根本不是这样的呵！”

“贝多芬，那您愿意与某个人换一换吗？”

“不，歌德！”

“是这样的！这是一个干脆漂亮的答复，我知道，您会这样回答的。每个人都承受着他的十字架；一个称自己为完全幸福的艺术家，我怀疑他不是一个艺术家。”

“在我内心深处燃起的火焰，它不能熄灭！”

歌德一阵颤栗。“贝多芬，”稍顷之后他说道，“您刚才说什么了”——他停住了，又陷入沉默。“一种感官的丧失——这种感官对您是极为重要的——，借助行动和创作而加以弥补，这是高尚的，这是神圣的，这是涤罪。您是怎么说的？‘在我内心深处燃起的火焰，它不能熄灭’。”

他沉默。稍后他轻声说：

> “夜越来越深，一片漆黑，
>
> 可在我的内心明亮的光在照耀。”

贝多芬紧张地望着歌德。他不懂他说些什么，但也不敢问。歌德凝视着他，他在观察这张面孔，这张由精灵所描绘的面孔；观察他那高贵的额头，由痛苦所耕犁的额头；观察严峻的嘴，形成意志和力量的嘴；观察他的眼睛，闪现出善和爱的眼睛。他站了起来，把贝多芬拉向自己的胸前。

“已经很晚了，”他终于说道，“我被邀请在您的皇后那里用餐。我明天能再见到您吗？好的？饭后您有兴致和我一道散步吗？这儿的环境真美！然后您给我弹您的《哀格蒙特》！”

“还有什么我更愿意的呢，歌德！”

“好的，还有一点：我听您的朋友里希诺夫斯基说，您远离所有的社会交际。您为什么不去拜见皇后？她是我所认识的一个最出色的女人，如果能见到您，她会十分高兴的！”

贝多芬摇头。“我的糟糕的听觉使我在社交活动中成为一个可悲的形象。谈到皇后嘛——在维也纳她从来没有关心过我；我也看不出，在这儿我为什么要追随在她的后面。”

歌德笑了。“亲爱的贝多芬，我听说，在维也纳您被骂成为一个相当激烈的共和主义者。皇后在维也纳有她的皇帝。可在这儿她只是一个人，一个非常可爱的、有魅力的人，感谢上帝，皇帝并不在这儿！”

“啾，我可以考虑考虑。但是您，歌德，对我说来胜过世界上所有的皇帝和皇后。明天同您一道走走，真是令人高兴！”

天色暗了下来。贝多芬还一直静静地坐在自己的房间里。歌德，他从童年就敬仰的歌德，过去，他一想到歌德就老是引起一阵神圣的战栗，歌德的作品使他幸福，并经常地鼓舞他把它们谱成音乐。现在他认识了歌德，可以称呼歌德的名字，靠在歌德的胸前，这多么美好！这使他多么骄傲，多么幸福！他是多么为此自豪呵！

在豪华的晚宴上，歌德坐在年轻的卢道维卡皇后身旁。她享受着这美好、愉快、幸福的时光，得到一位伟大的英才的近似崇拜的尊敬，能够远离开她那乏味的表兄和丈夫，他被人民称之为善良的好皇帝弗朗茨，可他实际上却是一个心肠冷酷，固执偏颇的暴君。

在歌德的另一侧是她的宫廷女官，妩媚的伯爵夫人奥唐奈尔。香槟酒都斟满了，桌上谈笑风生；往常是这种快乐的小型集会的灵魂的歌德，今天却一声不响地坐在那里，陷入沉思。

“冯·歌德先生今天郁郁不乐，”皇后说，“我觉得，我们这群可怜的愚蠢的女人使他感到无聊了！”

“我今天认识了贝多芬，”歌德回答说，“我不得不总是想到他。”

里希诺夫斯基侯爵紧张地朝他望去。

“啵，阁下，您觉得他怎样？”

“我没有见过有哪一个艺术家比他更专注、更有毅力和更诚挚可亲的了。我完全理解了，为什么他那么奇怪地和世界作对。”

“什么呀！”伯爵夫人奥唐奈尔喊道，“这条老怒熊，如果他同世界处不好的话，那过错在他本人。如果他愿意的话，维也纳人会把他捧在手上！但他不愿意！”

“我娇小的伯爵夫人，他是完全正确的，”歌德回答说，“如果我看得不错的话，他同人几乎没什么交往。他在走他的精灵领他走的路。想给他规定走另外一条路，那是一种刚愎自用。”

“专注——毅力——诚挚可亲，”里希诺夫斯基喊了起来，“您说的多好呵，阁下！这不仅表明了他的为人，不，也表明了他的全部音乐！”

“如果陛下高兴的话，”歌德转向皇后说道，“我想读点什么，我想读《浮士德》。”

翌日下午，歌德和贝多芬乘车前往毕林。

“泰布利茨要比卡尔斯巴德有趣得多了，”歌德说，“环境开阔，令人赏心悦目，主山脉的南侧和奇妙的假火山似的中部山区的北坡，这一带使人入迷。只是，脑子里不大想到洗泉水浴了，而我的写作也没有什么进展。”

贝多芬莞尔一笑。“是不是这种宫廷空气对您的写作不利？”

歌德没有立即回答。难道这是他的新朋友对他的一种善意的讽喻？“您大概不熟悉宫廷空气。”他从容地说道。

“啊，亲爱的上帝！我是一个年轻人时，就在波恩嗅够了这种空气了！我很高兴，这事已成为过去。比我们那些大人物还渺小的不会有了！”

“如果您认识皇后，那您就不会这样说了！我感谢我的命运，我能对这样一位高贵人物的学识做出微薄的贡献。”

“可我觉得，使您离开创作的每一小时，都是对整个德意志人民的掠夺！”

“但是人不能老是不断地工作，亲爱的贝多芬，人也得去欢庆某些节日。同您的皇后的交往，这对我就是一个节日。永恒的女性，领我们飞升[①]。”

“永恒的男性，领我飞升。”贝多芬回答说。歌德长时间地看着他；随后他沉思地微然一笑。

一次美好的出游之后，人们又回到了泰布利茨。歌德和贝多芬挽着胳膊朝“橡树”旅馆方向漫步；这时他俩看到一大群宫廷人士走来：皇后、宫廷女官奥唐奈尔、里希诺夫斯基侯爵、卡尔·奥古斯特大公、克拉里侯爵和他的岳父利克涅侯爵、皇后随从中的贵夫人和官员。歌德摆脱开他的陪伴者，站到路旁。“呶？”贝多芬惊奇地问，“怎么啦？您怎么松开了我的胳膊了？他们应该给我们让路，而不是我们给他们！”

歌德愠怒地摇摇头，“您在想些什么，贝多芬！请您不要让我丢脸！”

贝多芬耸耸肩膀，泰然地继续走下去，在皇后面前只是摘下帽子，在此期间歌德光着头站在那里，谦卑地等着皇后和她的随从从自己身旁走过。

贝多芬在稍远的地方停下脚步，观察着整个进程。

“喂，歌德！”他喊了起来，“这是怎么回事？我在等您，这是因为我敬重您，尊敬您，这是您理应得到的，但是对那些人，您给予他们的尊敬过于多了！”

“我所做的，并没有超出礼仪所规定的。您大概忘了，我不仅是一个诗人，而且也是魏玛公国的一名官员。”

---

①此系《浮士德》的最后两句诗。——译注

但贝多芬并不甘心，他变得完全激动起来。“即使您当了二十次枢密顾问，这有什么意义？他们能造出一个宫廷顾问，一个枢密顾问，一个男爵，一个侯爵，但是却造就不出一个歌德！凡是他们做不到的，他们本身现在也成不了的，就是将来也成不了的，那他们就应当在此面前学会尊敬，这对他们有好处！他们有所求的人，那他们就必须正眼直视，否则的话他们根本不把您放在眼里！我有过一次切身的体验！有一次我去给大公爵鲁道夫上课，他让我在前厅等着。上课时我把他的手指用力的扳来扳去，他问我为什么这么不耐烦，我说：我的时间都在前厅里丢掉了，现在我没那么多的耐心了。从那以后他就再没有让我等他。”

歌德满肚子的不快在此期间一扫而光，开始笑了起来。“我真想看看当时的景象！是啊，贝多芬，您天生不是一个廷臣。”

“您更不是，歌德！”

“您是一个大孩子，亲爱的贝多芬！”

“这不是回答！不，真的，当我看到这种情况，我就感到揪心的痛苦。这个悲惨的世界颠倒了！居然在这些人面前卑恭屈节——！在一百年之后，人类对这些人还能知道些什么呢！顶多不过是说他们同歌德有过交往。我们的名字也许才使他们不朽，而不是他们的名字使我们变得不朽！难道我说的不对吗？难道一定要说假话吗？”

“您听我说一句，亲爱的贝多芬：遵守沿袭下来的礼节，不去侮辱任何一个人，就是对大人物也不要这样。”

贝多芬咕哝了句含混不清的话。歌德太热衷于宫廷空气了，超出了一个诗人所应做的。如果这位民族的第一位导师为浅薄的光荣而把其他一切置之脑后，那么那些名演奏家们的可笑举动还值得人们一提吗！

他们到达了“橡树”旅馆。贝多芬已失去了演奏的兴趣，但他还是从箱子里拿出《哀格蒙特》总谱，坐在钢琴前，弹起《序曲》。可当他弹完了，并观察他的那位听众时，他立即了解到，他对他的期望过多了。

“是啊，”歌德说，“在音乐上我确是个外行。如果我不知道这是《哀格蒙特》的序曲的话，那我在一生中决不会想起它来的。”

“我能够想到这是为什么，”贝多芬回答说，“您甚至已经看到了，我是一个多么激烈的共和主义者。我以我的方式来谱写您的作品，这您没有什么可奇怪的。哀格蒙特对您说来，首要的是——也许因为您本人就是这样的哀格蒙特。但是我身上有农民的血液，甚至是尼德兰的。对我说来，首要的是被压迫的尼德兰人以及他们从暴君的统治下的解放。”

“这当然就不一样了。您知道，听您的弹奏时，整个时间出现在我面前的是谁？是您本人！我觉得，仿佛您在这部作品里为您本人的性格描绘出了一幅忠实的画像。”

“激烈的共和主义者的画像！”贝多芬笑了起来。

“说真的，是这样。我必须承认：对如此着魔般的狂暴我有时感到有些恐惧，到后来这种狂暴似乎是没有什么能束缚它的了。”

“这您可大错特错了！如果没有什么束缚的话，那这部序曲就不会被写在纸上了。”

“我懂。您是说，您的艺术家的意志不能被您的激情所左右，这种意志是更为强大的，最终在艺术作品里会得到胜利。好，这一点我同意。天才的人物经常必须是从没有节制之中去夺取节制。尽管如此，但我觉得您在表现激情的规模上走的太远了，远超出我的剧作。这当然是您的权利。如果我对此感到某种陌生的话，希望您不要对我生气。我知道一部剧作，您的音乐能更好地与它相配，胜似我的《哀格蒙特》，这就是席勒的《威廉 · 退尔》。”

“我知道一部戏剧，”贝多芬回答说，“它已演出了多年，整个欧洲都围着他转[①]，若是我早就给《退尔》这部戏谱上音乐就好了！”

歌德摇摇头。“这个人对我们说来太伟大了。”

“他不是伟大的！”贝多芬激烈地喊道，“过去我自己是这样认为的。当他

①此处贝多芬喻指拿破仑。——译注

还是最高执政时，我为他写了一部交响曲，这部交响曲我还一直认为是我的最好作品。但是他变了。这个人想到的只是他自己，不是世界，而我说这是渺小。”

“贝多芬，我要对您说一句拿破仑亲口说的话。他对我说：‘您应当写一部凯撒之死的戏剧。应当向世界表明，如果凯撒有足够的时间去实现他那高尚的思想的话，那他会如何使世界幸福’。”

贝多芬一阵狂笑。“这是您自己这样说他的！高尚的思想？把整个欧洲践踏在血泊里！一个多么美好的高尚思想！把我们的祖国加以肢解，大部分归给自己，另一些赠给他的奴仆——您真的能称这是高尚的思想？”

“您说到我们的祖国。德意志人有过一个祖国吗？我比您大二十岁，但是我记不起来我见到过这样一个祖国。当拿破仑登场的时候，德意志是一群渺小的君主。拿破仑用他的铁扫帚横扫一切，对此我只能向他表示感谢。您相信我说的吧，在行政管理上，在立法上，在教育上，在艺术和科学上，现在的德国比十年前要好得多了。假定说，普鲁士借助俄国和奥地利的帮助打败了拿破仑——随之该是怎样呢？那么取代法国宗主权的会是一种普鲁士的或者是奥地利的，甚至是俄罗斯的！可它们都是同样的残忍和不可忍受！普鲁士有一半变成了波兰——一个黑暗反动的国家。或者您愿意选择半个斯拉夫的奥地利？或者半个亚洲的俄罗斯？不，我宁愿要法国和它美好的古老的文明。”

“让所有的法国文明见鬼去吧！”贝多芬喊了起来。“我们不想成为文明的奴仆！我们要自由！自由！自由！我仇恨拿破仑！但愿他和他的整个光荣的军队在俄罗斯的草原上一败涂地，那时我将跪倒在地去感谢上帝！”

说到最后一句话时他几乎在大声喊叫，他的脸扭曲起来，眼睛里燃烧起阴森森的火花，面上流露出冷冰冰的表情。

“我感到非常遗憾的是，我们竟然谈论起政治来了，”歌德说，“从根本上说，您跟我都同样地所知无多。我不应当为您的高论而感到吃惊，但我不得不感到遗憾的是，您这样一个有着杰出才智的人却诅咒一个与之不分轩轾的人去死，对这个人我毫不犹豫地把他当作创造之冠。”

“如果这是您的意见，歌德，那我们必然得分道扬镳！”

歌德微微一笑。“亲爱的贝多芬，您现在所说的，席勒也会这样说的。他也是非此即彼。但是您要想到，这同一个席勒所唱出的：人人彼此成为兄弟！把这吻送给全世界！”

“对！”贝多芬喊道，“把他的《欢乐颂》谱成歌曲，这是我二十多年来的宿愿。但是，只要德国还处在法国的桎梏之下，有必要自甘堕落地去歌唱民族和解与人类的博爱吗？我还必须等待。”

“等到战胜拿破仑？我想，他不会使您心满意足的。好了，再见吧，贝多芬。已经很晚了。衷心地感谢您的音乐！再会吧！呶——还能握握手吗？”

这就是歌德！贝多芬在想。歌德，我把他看做是伟大自由的人的象征，可原来是君主们的一个奴仆，一个不自由的人！是所有德意志的死敌的一个崇拜者，一个没有祖国感情的人！或者我对他太不公平了？在路上与廷臣们相遇那个场面，或者只是我觉得不光彩而已，因为我同这种愚蠢的礼节早就不打交道了。而歌德呢，由于他的职务他的地位，这一切早已成为他的血肉中的一部分；他觉得这没有什么，就像我在熟人的牛群前让路一样。好！我可以这样来看，并向他道歉。但是拿破仑，这个欧洲的奴役者，却受到歌德的极度尊敬，是啊，甚至把他神化了！歌德，年轻时英俊的歌德！你竟变成什么样了啊！

他感到极度的悲哀。某种神圣的东西已化为尘埃，无法挽回，永远地失去了。

他点上灯，沉浸在第八交响曲的总谱里。听任他的精神的翅膀的驱使，他犹如在梦境里。

在晨光熹微中他精力充沛地向高山攀登。他脚下没有路，周围一片孤寂。这时他发现了远处有一个漫游人，他也和他一样在攀登，跨过悬崖峭壁。这该是我的同路人，他在想；要是两人结伴而行会更好更轻松。他加快了脚步，加速前进。但毫无用处，那个陌生人和他总是保持同样的距离。他悲哀地思忖，我不会赶上他了。这时那个人停下来，不久贝多芬追上了他。

“陌生人！”贝多芬对他说，“让我们成为同路人吧！结伴而行会更好更轻松的！”

“你没看见山崩把路挡住了吗？”那个人说，“它比我们强大得多。我们已爬得够高的了。我累了，感到发冷。我要回去。”

他那英俊年轻的脸倏忽之间变得苍老。他慢慢地向山下走去，消失在雾霭之中。

这时他欢叫了一声，直传到远处，他举步继续前进。山崩造成的冰块直延伸到他的面前，幸好他那结实的手杖帮了他大忙，一步一步地，一直向上爬去。路程虽然漫长、艰难，但毕竟是有头的。他又站在古老的岩石上了。他终于到达了目的地，站在峰巅之上。山崩的冰块开始在闪闪发光，太阳升了起来，万道霞光。

他望着下方的人寰，如同草芥，像个玩具，是一片虚无，但却清晰可见，历历在目，仿佛他能用双手把它掬起来似的。尘世的熙攘往来他觉得纷扰喧闹，而现在在他面前，在他的下方，很深很深的下方，却是那样澄明，那样井然有序。

这时，这个孤独者在阳光灿烂的顶峰上迸放出笑声，一种惊人的、巨大的、自由的、神圣的笑声。

第十六章

九月，贝多芬返回维也纳，就在这时候莫斯科燃起了大火。随后，这支巨大的军队的撤退和在俄罗斯雪原上的覆灭。普鲁士站了起来，同俄国结成了联盟。

在那段时间里，贝多芬的情况欠佳。第二次泰布利茨的疗养依然不见效果。近年来时而要犯的胃病，现在变得越来越经常，越来越痛苦了。除此，他的弟弟卡尔又使他忧心忡忡。

三兄弟的关系并不特别亲近。药剂师约翰在林茨成家立业，在一八〇九年的战争期间，他由于向法国人供应奎宁而发了大财。卡尔·贝多芬早就把音乐抛到一旁而成了官员。七年前他同一个富有的裱糊匠的女儿结了婚，这个女人虽然长得漂亮，但名声不佳。他由于这次结婚更和他的哥哥疏远了。他们经常是几个月不照面，甚至是彼此都毫无消息。如果卡尔再次露面的话，那百分之九十九的肯定，他是需要钱了；他的妻子喜欢穿戴和大肆挥霍，这不断地使他债台高筑。

现在卡尔生病了。他一直咳嗽不止，越来越虚弱。求医和用药这都需要钱。这样一来，求助越来越频繁。可这时贝多芬本人经济上也十分拮据。金斯基侯爵坠马而亡，他的遗产管理人只按一八一一年的货币比值付给贝多芬年金。出版商的稿酬到期方能付款。这样他正处于困难之中，为了能救济他的弟弟，他不得不告贷。

在此期间拿破仑在法国又建立了一支大军，一八一三年的四月他跨过莱茵，取得了新的胜利。在六月签订了停火协定，两个对手——法国为一方，另一方是普鲁士和俄国——都争取与奥地利结成同盟。这时传来了威灵顿在西班牙的维多利亚大胜的消息。于是奥地利站到了普鲁士和俄国一方，向法国宣战。

维多利亚战役给贝多芬也带来了令人奇怪的后果。在维也纳有一个名叫美尔采尔[①] 的人，一个职业钢琴师，一个有才能的机械师。他制造了一个自动乐箱，把一个军乐队的所有乐器集于一体。他旅行了半个欧洲，所到之处都引起轰动，赚了不少钱。他来到贝多芬这里，提出了一项建议：要贝多芬为他的自动乐箱谱一部维多利亚战役的音乐，他然后前去英国，保证会取得前所未有过的成功，那他们俩就会成为富翁。这种念头引起贝多芬的一阵狂笑。可当他在想象中看到了一大堆英国金币时，当他想到他的债务和患病的弟弟时，他终于在美尔采尔的催促下屈服了。“这是一种巨大的愚蠢，”他说，“可我要用这个东西来殴打听众的脑袋。”

为自动乐箱写的音乐，总谱不久就完成了。这时美尔采尔带来了新的建议：贝多芬把这部作品写成一部管弦乐曲，越过海峡，去亲自指挥。那整个英国都会狂热得倒立起来。

贝多芬心上的一块石头落地了。他原来只是把这项工作看做是丢人的，是为了救急而不得不为之。现在他可以摆脱开这该诅咒的自动乐箱了，重新写他的乐队作品了。整个事情是一个蠢举，可现在至少是一件伟大出色的蠢举了。

在此期间发生了莱比锡大会战；哈瑙战役之后，许多伤员被送到维也纳，

①美尔采尔（Mälzel，1772—1838），音乐机械技师，1816 年发明节拍机。——译注

他们受到了热情的接待。决定为他们举行义演音乐会，节目中有军乐和第七交响曲。爱国主义的激情，令人赞许的目的，贝多芬的名声，使维也纳的许多著名乐师都竞相参加，不计地位的高低。

这伟大的日子到了。大学礼堂座无虚席，听众紧张地期待着。

音乐会开始了，先是第七交响曲，贝多芬亲自登台指挥。他像一个魔术家站在那里，挥动着指挥棒，沉浸在他的声音的奇妙世界之中，他顶多能听到强音部分。当声波减弱了，他就慢慢地屈膝，令人几乎觉察不到；随着乐音的增强，他又直立起来，在空中挥动起双臂，它们像翅膀一样，把他举了起来，变得越来越大，到最强音时，升到高处，他内心的欢呼声直冲进乐音洪流的呼啸之中。在他后面，乐队指挥乌姆劳夫站在那里，他没有让贝多芬看见，随时准备好，每当大师的指挥赶到乐队的前面或拖后时，就加以补救。但有次乌姆劳夫由于匆忙的动作，贝多芬发觉了在他背后有人。他转回头一看，立即就明白了。在这时刻他不再是独自一个陶醉在他那神圣的、自我创造的世界里，而又是置身在人们之中，是具有听觉的人们之中的一个半聋之人。但这有什么关系，与充溢他身心的幸福感相比，太微不足道了！他的嘴唇上绽出了一种欢愉的微笑。在他继续指挥下去时，他侧过身来，把他的左手递给他的帮助者。

当第七交响曲的奇迹消失了时，当激烈和热情的掌声停了下来的时候，一个金属制成的怪物被推到指挥台上。这是美尔采尔发明的一个能吹小号的机械装置。在乐队的伴奏下，它演奏了两支进行曲。

随后成为这次音乐会大事的是《维多利亚之战》[①]的演出。鼓号齐鸣，开始时还很远，但越来越近。“不列颠的统治”进行曲插了进来，开头时很轻，逐渐加强，但依然是安详和庄严。随之是法国人和他们的马波卢格进行曲：轻浮、大胆、灵活。嘹亮的军号声，战役开始了。在乐队奏出的狂暴的进行曲中，交织着大炮的轰鸣和小型武器射击。战斗此起彼伏，持续不断；终于

①这部管弦乐曲又名《威灵顿之胜利》或《战争交响曲》，作品第 91 号。——译注

英国的胜利已成定局。在此之前是如此欢快的法国进行曲现在在小调上响了起来；越来越仓皇，狼奔豕突，四下逃窜，断断续续地，轻轻地消逝了。英国人民开始热烈地庆祝胜利；《上帝佑我女王》[1] 响了起来，在狂热的赋格中直到结束。

听众的欢呼声热烈异常。整个民族数年来一直受到压抑的自由思想象火山一样地爆发了。贝多芬站在他的座位前，一再地受到暴风雨般的欢呼。

演出进行了三次，但没有美尔采尔的机器号手参加了。最后一次加上了第八交响曲。每次都得到了巨大的成功。二十年一系列最珍贵的杰出作品所未能取得的，一部应时的作品，一种"巨大的蠢举"却得到了：贝多芬成了维也纳有口皆碑的人。在此期间拿破仑失掉了他的皇冠，被流放到厄尔巴岛。一八一四年的九月，欧洲的一些国王们在维也纳开会。庆祝活动一个接着一个：检阅、放焰火、舞会、化装舞会、狩猎、旋转木马、演戏、音乐会。十一月底贝多芬演出了他的第七交响曲和《维多利亚之战》。他邀请了所有在位的亲王大公，这些人全都应邀到场，大舞厅坐满了六千多人。

新的一年，一月，贝多芬被介绍给那些陌生的君王们；他参加了一次宫廷音乐会，选择了《费德里奥》中的卡农和《阿黛莱德》作为演出节目。

这些欧洲的统治者都坐在他的近旁，身穿金光熠熠的军装，胸前挂满勋章：这次维也纳会议的英雄，沙皇亚历山大，英俊、庄重、可亲；普鲁士国王，曾几何时身处厄运，直到丢脸受辱的地步，可现在兴高采烈，变得傲慢、顽固和贪婪，他沉默和呆板地坐在奥地利皇后——她那妩媚而嫌拘谨的漂亮容貌令歌德在泰布利茨十分倾慕——的身边。那边，坐在令人生厌的干瘪可憎的丹麦国王身旁的是大腹便便的符腾堡统治者，从前是拿破仑的忠实仆从，毫无一个国王的样子。这里坐着可怜的萨克森国王，他经常像是为自己的在场而乞人原谅，在他旁边的是弗朗茨皇帝，一脸索然无味的官吏相。

就是这么一类人！贝多芬在想，他身穿简朴的黑色礼服，上面没有勋章，

---

①英国国歌。——译注

在掌声中登上指挥台，微微欠了欠身。就是这么一类人，成了世界的新统治者！一群歹徒，他们终于捕捉住了那只老虎！你们这批人，没有一个能激起我去写《英雄交响曲》！好了，这半个钟点只好让你们无聊地打发过去吧，反正得走走过场。

贝多芬被单独地介绍给每一个国王。他觉得最可亲是俄国皇帝，他诚实地对贝多芬说，他对音乐一窍不通。贝多芬回答说，他早已想到了，前几年他曾把几部小提琴奏鸣曲题献给陛下，但遗憾的是没有反应。沙皇把过错推到他的大使、贝多芬的朋友和庇护者拉祖莫夫斯基身上，并威胁说要把他流放到西伯利亚去。拉祖莫夫斯基认为，若是贝多芬同去的话，那他愿去西伯利亚。贝多芬再度声称，不管他如何珍视和敬重拉祖莫夫斯基，同他一道也好，不同他一道也好，他是不会去西伯利亚的。沙皇决定，明天必须对这次过失弥补。

翌日，三百杜卡特被送到贝多芬手里。在以后的几周，感谢其他的一些统治者，他们相继送来了馈赠，这成了一笔相当可观的钱款。

在此期间，贝多芬也同金斯基和洛勃克维茨侯爵的财产管理人达成了协议。出版商的稿酬也送来了，其中一大笔数目来自英国。贝多芬重又考虑英国之行，但这时发生了一件事，它成了他一生中的一个重要的转捩点。

第十七章

一八一五年，在一个苍白的十一月的日子里，贝多芬收到了他弟弟卡尔用颤抖的手写就的一封信：尽快前来。贝多芬立刻动身上路。

当他看到他的弟弟时，他大吃一惊。卡尔的面色灰白、憔悴，呼吸费力，经常为不停的咳嗽而中断。

“谢谢，您来了，路德维希！我必须利用这个机会；约翰娜出去了，很晚才会回来。路德维希，我病得很重；我患的是肺病，医生终于告诉我了。”贝多芬要安慰他，但他的弟弟打断了他。“这是我从母亲那得来的，已经没法治了。不久一切都会成为过去了。但是我的儿子会变成什么样的人？她根本不教育他！这不是说她不爱他。哦，她非常爱他！比我胜过百倍。但是教育的事——她本人就没有受过教育！”

门开了，小卡尔走了进来，可一接触到伯父的眼光，他感到惊惶，于是窘迫地停在门槛上，他是很少看到伯父的。

“过来，卡尔，向伯父问好！”

小家伙羞怯地走了一两步，随即又停下了。

“过来吧，我的小卡尔！”贝多芬说，“我都快认不出你来了。不要怕你的伯伯，他不会咬你的。啾，把手递给我！你多大了，卡尔？”

“九岁。”

“还上学吗？”

“他是班上最好的学生，”弟弟说，“噢，他很聪明，学习像玩一样。他的听觉很好，非常出色！我身体好的时候，一直教他钢琴。他的进步很快！卡尔，你喜欢弹钢琴吗？”

“喜欢！”孩子果断地说。

贝多芬长时间地观察孩子，充满了情感。一张可爱的漂亮的小脸，体型十分匀称，带有稚气的优雅。他那细长秀气的手指在伯父的宽大有力的手中显得少有的温柔。

“他的眼睛像我们的母亲，”贝多芬说，“我的小卡尔，你喜欢我吗？”

孩子望着他，严肃而审慎地。随之他垂下了目光，轻轻地说，“您长得丑。”

贝多芬没有听清楚。“你说什么，我的孩子？”

“他会喜欢你的。”弟弟匆忙回答说。

“我喜欢你！”贝多芬说罢就吻了一下孩子，小家伙轻轻地抗拒，想摆脱开。

“你怎么到这儿来了，卡尔？”他的父亲问道。

“我感到太没意思了！妈妈和另一个叔叔出去了，那个穿漂亮的绿军装的。那我干什么好呢？”

“你先到院子里去，去看看妈妈昨天带回来的那只新松鼠。”

“好的，这我要去的。”他很快就消失了。

“卡尔！和另一个叔叔——穿漂亮的绿军装，怎么回事？”

卡尔啜泣起来。“她是坏女人！她欺骗我！自从我卧病在床，她就连大面上都不顾及了！我该把孩子交给这样的女人？那一定没救的！在这样人的手里一定要变坏的！路德维希，帮帮我！你把我的儿子领过去！做他的监护人！我恳求你，看在我的份上！路德维希，我的哥哥，帮帮我！”

贝多芬沉默良久。他终于说道："卡尔，你这是怎么想的？监护人——同你的妻子一起？"

"不是！你一个人！"

"其他办法那是不行的。同你的妻子以相等的身份来照料孩子，这我做不到！我一想起她，我的心就感到憋得慌。只能是我一个人！那就是说我要从她那里把孩子带走了？"

"对！我正要这样！"

"可我是个单身汉，不能把他带在身边！他需要一个女人母亲般地照料。"

"那就把他送到儿童教养院去！"

"一两年嘛，这还是个办法。但是以后呢？孩子是要长大的。卡尔，我做事，向来不半途而废的。把你的儿子交给外人，长期下去我不能对此负责。"

"那以后你把他带到身边好了！"

"我若是像其他人一样，那这事再简单不过了。可我不是一个常人。我必须创作，我需要安静。"

"路德维希，这还是以后的事！你要想想眼下怎么办！让我死也安心吧！"

"给我一天的时间考虑考虑，卡尔！今天我还什么都不能答应你。明天我答复你。"

贝多芬深为震惊，满腹忧虑地回到家里。

他的弟媳会自愿地把孩子让给他？这是不可能的。一定要闹翻了天，也许要打一场官司，自己精神上受一番折磨。好吧，这终会过去的。直到目前为止他一直是独自一人生活。可现在要去照顾一个孩子，对一个孩子负责，把这样的负担加在自己身上，而在自己的灵魂中，一部新的作品在他还没有更早一些把它写下来时，就会经常燃烧不止，对他说来，每一天都是贡献给伟大的，可怕、无情的女神的一个神圣的祭品，对任何事情她都不能容忍，任何思想都必须从早到晚为她让路。从一个母亲身边带走她的孩子！可就是一个坏母亲也还是一个母亲呵。当然，这个母亲，还有比她更坏的了吗？这个女人，她毫无羞耻地欺骗她患病的丈夫，应当把一个姓贝多芬的孩子交给她？孩子的父亲谈了他的孩子有如何出色的天赋，他对儿子的期待不是过多了吗？他不相信。这个孩子看起来，好像有些特别。若是他把他带在身边，做他的第二个父亲，那也许他再次为贝多芬这个名字树起第二座纪念碑！突然之间，一种对孩子的炽烈而深沉的爱攫住了他。自己母亲在用双眼凝视着他。她又浮现在他的眼前，他遇到了她的双眼，看到了她的最后的目光，他又听到弥留时她的最后一句话：照看你的弟弟妹妹！他又感觉到她的手的最后一握。

翌日清晨，贝多芬又来到了弟弟的身旁，卡尔满怀恐惧，紧张地望着他。

“卡尔，我同意了！我向你发誓，我抚养你的儿子，就像他是我的亲生的孩子一样。”

卡尔试图把他的手拉到自己的嘴唇；可贝多芬俯下身来，吻他的额头，然后就坐在他的身边，握住他那冰凉的手。卡尔安静地一动不动地躺在那儿，双眼紧紧地盯住哥哥。

“遗嘱！”他终于说话了，指着枕头做了一个动作。

贝多芬从下边抽出一份文件，打了开来。

“她昨天没有回家，”卡尔轻声地说，“我有了机会，请来了三个邻居，现在一切都办妥了。你自己读一读。第五款，其他条款都没有什么。”

贝多芬拿起这张纸，读道：

“第五款：我指定我的哥哥路德维希做监护人。我深深热爱的哥哥经常以最慷慨最高尚的方式，用诚挚的兄弟之爱予我以支持，我对他那高贵的心灵完全信赖和相信：像他经常向我表示出的爱与友情一样，会同样以此对待我的儿子，会尽其所能抚养和教育我的儿子长大成人。”

贝多芬抓起弟弟瘦削的手，“我答应你，卡尔！我把遗嘱交给你的公证人。”他把文件叠好放进口袋里。

“现在我可以安心地死去了，路德维希。不，我还有些话得告诉你。我过去对你经常是以怨报德。这是她的过错！她老是不断地挑唆我！可你却一直对我这样好！”他痛哭失声。

“卡尔，我求你，别说了！除了兄弟还能有谁对你好呢！还记起在莱茵巷我们在一起快乐玩耍的时候吗？还记起费舍尔太太的鸡窝吗？”

卡尔的脸闪出光泽。“路德维希，我放哨，你爬进去！哦，鸡蛋很好吃呀！”

“还记得我们抓住那只飞到我们家里的公鸡吗？”

“是白色的，尾巴漂亮得很。”

“对！你还记得？”

“你把鸡脯上最好的那块肉给了我！啊，几乎是吃了一次烤鸡！”

“卡尔，你还记得母亲对我们是多好吗？”

“记得，路德维希。”

“三个野孩子够她受的了，她受的苦太多了。但她从不发火，总是那样和善、可亲。有一次你病了，她坐在你的床边上，给你唱歌。她不停地唱，越来越轻，直到你睡着了。”

卡尔闭起眼睛，他不再答话了。在安静的睡眠中，他那备受折磨的胸膛在不停地起伏。在他那蜡白憔悴的脸上泛出幸福的微笑。他在怀念母亲！没有欢乐没有安宁的苦难生活所刻划下的可憎表情消失了，莱茵巷时期的那张纯洁无邪的儿童面孔又重新呈现出来。

约翰娜·范·贝多芬回到了家里，她脱下了帽子和皮大衣，站到镜子前，扰了拢她的头发。她满意地微笑着端详自己匀称的体态，红润端正的面庞，上面还看不到任何皱纹，她欣赏着她那双褐色的大眼和用一条假珍珠项链装饰起来的粉颈和在领口开得很低的樱桃红绸衣中洁白的酥胸。是啊，她虽年已三十，但还很美，不久，顶多一两天她就彻底自由了，终于能自由了！

这时她听到里面有人在讲话！她贴近病室的门，谛听起来。啊，是他的哥哥。

“第五款：我指定监护人——”她的脸苍白起来。她把耳朵放在钥匙孔上，站在那里良久不动。

“费舍尔太太的鸡窝——”

她嘲弄地微微一笑。“呐，等着吧，你们两个。”

现在里面静了下来。他走了？一种轻微地移动椅子声。走了！她到了前庭。寂静无人。现在进去到他那儿。

“你睡着了吗，卡尔？或者你只是在装睡？”

她摇动他的肩膀。卡尔·范·贝多芬醒了过来，直盯盯地望着他的妻子。

“我的哥哥走了？”

“早走了。好了，我的朋友，中午我要给你烤只小鸡，这会使你开胃的。”

“约翰娜，你太好了。”

“不是这样吗？是的，我很好！你在你的哥哥面前也称赞了我呵。可告诉我，卡尔，他在你面前念的是什么？”

“我的遗嘱。”

“你的遗嘱？卡尔，你在说些什么？难道你真的指定你的哥哥做监护人？”

“是的。”

“他可以随便处置我的儿子？是这样吗？你住嘴！我不要你回答我！你这个无赖！你这个可怜虫，没用的无赖！你要把我的儿子，我的亲骨肉交给那个聋子傻瓜？你敢，你这该死的无赖！你给我撤不撤销遗嘱？把一个孩子从他母亲身边抢走，她是怎样痛苦生下他的呵？如果你要这样做，那你为什么让我成为他的母亲？你为什么不去找个妓女，而使一个正经的少女陷入不幸？你！你给我什么好处了？一种忍饥挨饿的生活！你这个低贱的小公务员！你以为我找不到比你更好的男人了？有的是！有多少英俊有钱的小伙子追在我约翰娜·莱依斯的身后！可她多傻！多傻！多傻呵！她竟看上了一头红发和有个疯子哥哥的范·贝多芬！我牺牲了我一生的幸福，难道这就是你的感谢？你要把我的孩子抢走？”她抓住垂死者的肩膀。“你！你！你这个该杀的！让魔鬼把你抓走，让我彻底自由，可在此之前得把孩子还我！”

“约翰娜，我请你放开我！”

“不，我不放开你！若是你不撤销遗嘱，那我就要把你的灵魂从身体里摇出来！”

一阵咳嗽，血，脓液。她跳到一旁，观察她的丈夫，充满仇恨和厌恶。他衰竭地倒了下去，额头上满是汗水。

“咳嗽完了吗？要我重新摇动？还是把遗嘱撤销？”

“我怎么能这样做？遗嘱在公证人那里。”

“那让他来，把一切都撤销！”

“约翰娜，不要逼我——我活不长了——我不能！我的哥哥——是监护人。”

她站在他的面前，死一样的灰白；在她的脑子里涌出各种各样的念头。掐死他！没有人会知道！可以后呢？遗嘱有效了！她的儿子就会被他的哥哥领走！

“好吧！那听我最后一句话！如果你要我和他都做监护人，那我就算了！如果你不这样做，我宁愿把孩子杀了，也别想把他从我这里领走！”

“你去喊公证人来！”

第十八章

第二天贝多芬站在他弟弟的尸体前，默默地重复他的誓言，要成为这个失去父亲的孩子的第二个父亲。随后他走到成了寡妇的弟媳面前。

“您什么话都不必说了！”她朝向他的耳朵喊道，“我知道您要从我这儿得到什么。但是我用一个小小的计策就使您的如意算盘落空。我也是卡尔的监护人！”

贝多芬愕然。“您在说什么，弟妹？”

“我也是卡尔的监护人！”

“只有我一个是！”

“还有我！我的丈夫昨天给遗嘱还写了一份附录！”

“这是您骗来的！”

“噢，我无需从我那可怜的丈夫那儿骗取任何东西！”

“那就是您从他那逼来的！”

“您这做哥哥的，真不知害臊！公证人在场，还有三个体面的证人！您说话要有分寸，要不我把您撵出去！”

“弟妹！”贝多芬说，他的声音在颤抖，“我现在就到公证人那去。如果您说的是真的——”

“这话您会听到的！”

“那我就要为卡尔战斗到底！您，这个女人，您认识我吗？您知道我是谁吗？”

“您是一个聋子傻瓜！”

“可能我会成为聋子，但我不是一个傻瓜！我弟弟的儿子现在属于我！我不会把我弟弟的儿子留给一个娼妇！”

她打了他一记耳光。他抓住她的胳膊，让她动弹不得。

“您打了我，我不还手。但我的意志您不可能压服！愿上帝保佑您，贝多芬太太！”

不承认这份附录！什么理由呢？把她那放荡的生活公之于众？贝多芬的弟媳是一个娼妇？见鬼，这是耻辱！可除此没有别的路可走！约翰娜曾因盗用钱款判过刑！这就使她无权成为监护人。这已是四年前的事了，有谁愿意把这种丑事再抖搂出来！可必须这样做！这关系到一个孩子的灵魂！

民法——维也纳的贵族法庭——承认了贝多芬提出的理由。在一八一六年一月十九日他被确定为孩子的惟一监护人，并宣誓保证履行他的义务。卡尔就这样完全属于他一个人了。

詹纳塔西奥·德尔里奥先生开办的维也纳寄宿学校在当时很有名声。这位聪明而严肃的人，他那好心肠的妻子，两个成年了的女儿，早在来维也纳之前就十分钦佩贝多芬，他们向大师做出保证，小卡尔在他们那里会像在家一样。

开头时一切都很顺利。伟大的贝多芬的侄儿，一个英俊的、聪明可爱的孩子受到这一家人的欢迎，他也习惯和喜欢这新的环境，事事听话，十分勤奋。

贝多芬感到自己从一项巨大的负担中解脱出来。他终于又可以开始进行创作了。他完成了钢琴奏鸣曲，作品第101号，在此期间还写成了声乐套曲《致远方的情人》。晚间他经常在詹纳塔西奥家做客。他让他们谈谈孩子的进步情况，他轻轻走到卡尔的床前，一往情深地观望着孩子脸上的可爱的表情，它们是童年的纯洁和安宁的一种流露。他同詹纳塔西奥长时间地谈论儿童的教育问题，这使得这位有实际经验的人半是惊奇半是开心。贝多芬的教育原理主要是来自经典作家，特别是来自普鲁塔克。但贝多芬更喜欢和他的两个女儿闲聊，她们惊奇地看到，这位安静内向的音乐大师，每当他开始在她们家庭中感到无拘无束时，便逐渐地谈笑风生，有时甚至可以说是孩子式地嬉闹起来。他对漂亮的小女儿南妮有某种好感，遗憾的是她已订婚了，并且她对他没有任何表示。大女儿芳妮沉默寡言，这是一个温柔的、羞怯的女性，有很高的音乐天赋；在她那渴求爱的心灵里有着一个希望，不，应当说是由一种希望编织的梦，她对这个梦连想都不敢想，这会是太狂妄了：他，这位伟大的音乐大师怎屑把他的注意力用在她的身上。有主见的南妮看出了些苗头。有一次她直截了当地问贝多芬：他是否除了《远方的情人》还爱什么人？

“我的艺术！”他回答说。

“您大概爱艺术远胜于爱一个女人！”

“这也是完全正常的，”他回答说，“正因如此我一直是个单身汉。”

“您从来没想过结婚吗？”

“当然想过，我美丽的孩子；还不止一次呢。但是今天我已经看出来了，众神是不能老是满足凡夫俗子们的愿望的，这很好啊。”

“您把自己算做是凡夫俗子，范 · 贝多芬先生？”

“您这嘴甜的小猫！等着，为此您要受到惩罚！”他抓住她，狠狠地吻了她一下。

“但是，范 · 贝多芬先生，”她一边把他推开一边喊道，“若是现在就能看到《远方的情人》就好了！”

他立即松开了她；他的目光变得冰冷，甚至是敌意的。一次暂短的谈话拖了很长时间，随后他走了。

是啊，他真是一个怪人，范 · 贝多芬先生；时而是友好可亲的，令人信赖的，兴高采烈的，恣意嬉闹的，时而是沉默寡言的；城府很深的，摈斥拒绝的，甚至，每当涉及他的侄儿的教育问题，经常是多疑的。这些善良的人与老成的市民有什么两样呢！他们对所有高尚的事物都有着兴趣，也有一定程度的理解；但是，若是他把孩子带在自己身边，自己去教育孩子，那该如何呢？他做了一番比较，这时他便逐渐产生一种负疚的感情：他把他的侄子交到了平庸之辈的手里，而不是让他在自己的更高的境界里长大成人。

这个念头越来越深地在折磨着他，夺走了他的安宁，阻碍了他的创作。一首新的钢琴奏鸣曲的草稿依旧还是草稿。几周，几个月过去了，可他连一个音符也没有写到纸上。是什么在阻止他把卡尔带在自己的身边？是必不可少的母爱的关怀吗？可这不是一个借口吗？难道一位善良的女管家不是同样能做到詹纳塔西奥母女所做的吗？也许更多的是害怕他自己的安宁受到妨害？可是，他的安宁早就受到了妨害！只有当他能够重新工作时，他的良心才算重新平静，尽管——不，恰恰因为他不再是孤独一人！能亲自去照看孩子，这该是多么甜蜜的事情！他会把卡尔的床放到他自己的卧室里，晚间同他一齐祈祷，会同女管家一起安排菜谱，让她烧卡尔喜欢的饭菜，下午检查他的作业和钢琴练习，同他一道散步，教他认识草木、太阳的运行和星辰的出没；让他认识大千世界中神的存在。

一天，他整个白天都在为一首新的《槌击键琴奏鸣曲》绞尽脑汁，晚上他坐了下来给斯特拉歇尔夫人写信，她是著名的钢琴制造师史泰因的女儿，维也纳钢琴制造师斯特拉歇尔的妻子，她成了贝多芬家庭事务的忠实的顾问。信的内容是这样的：

两个佣人的中饭和晚饭都该吃些什么？质量上和数量上该如何？该隔几天给他们吃烤肉？中饭和晚饭都要有吗？佣人的饭菜该与主人的一样抑或要单独做呢？即是说，他们的饭菜要与主人有所不同？三个人的用肉量该是几磅？女管家和女仆每天的伙食费是多少？洗衣服的费用如何？女管家和女仆能得到更多的钱吗？酒和啤酒方面呢？要给她们吗？什么时候呢？一个小面包一年要十八个古尔登呢！昨天我同人算了一下账。两个佣人一年要用去一千七百古尔登。是这样吗？上帝可怜我们！——他找到了一个年纪大的女管家和一个女仆，尽管整个家务看起来还不像个样子，可他不愿意老是等待下去。他又请了一个大学生做家庭教师，为他的侄儿做上中学的准备。从一八一八年年初，他把卡尔带在自己身边。

第十九章

中饭结束了，家庭教师自己散步去。卡尔要从饭桌旁离开，可贝多芬把他叫住了。

“喜欢吃吗？”卡尔点点头。“若是不喜欢的话，那就说。我要你在我这儿过得好！”他温柔地望着孩子。“我的好卡尔！跟你的聋子伯伯在一起你觉得没意思吧？”孩子摇摇头。“你不想回到詹纳塔西奥家去？那儿肯定比这儿有趣！”

“这儿更好。”卡尔写到小黑板上。

“真的？哦，我太幸福了！我要你在我这儿永远快乐，永远满意！没有人能像我这样喜欢你！”

孩子向他投了一瞥奇怪的目光。“我的妈妈！”他把它写到黑板上。

“这是肯定的，你的妈妈也喜欢你。”

“那为什么她不能常来呢？”

贝多芬一怔。他该怎样回答？“这你还不懂，”他终于说道，“男孩子都是由男人来教育的。你想想伟大的亚历山大！他的父亲菲力普亲自教育他。”

“可他是没有母亲了！”孩子写道。

“他毕竟成了一个伟大的人！”贝多芬试图转移话题。“你也应该成为一个有出息的人，你妈妈本人也会说，这样做更好些。”

“但是现在她不这样说！”

“她什么时候说过这话？难道你们有什么秘密？”

孩子满脸通红。“我们没有秘密。我不想写这么多了，这太乏味了。”

贝多芬叹了口气。“你一定还有作业吧？”卡尔点了点头。“我现在去散步，等回来时你把做的功课拿给我看。”他吻了一下孩子，立起身来，走了出去。

在贝多芬住宅对面一所房子的门道里，站着一个披着面纱的女人。她的目光不停地在向对面房子三楼的窗户上来回观望。三月的寒风凛冽凄厉，在门洞中盘旋，它把尘土和纸屑刮了起来，围着伫候的女人飞舞不止，可她却毫不在意。

一刻钟过去了，半个小时过去了，这时对面房子的大门打开了，从那里走出来一个男人，这是约翰娜·范·贝多芬在世界上最恨的一个人。一丝轻蔑的微笑浮上她的嘴唇。这么一副长相的人居然称他为伟大的贝多芬！他沿着马路走去，上身微微前倾，缩着脖子，破旧礼帽的帽檐赠到衣领上。风刮起了他的上衣的前摆，可以看到一两本不像样子的笔记本。嗬！他现在踩进水洼，脏水溅了起来。好了！现在他转入街角。

一阵短促的尖厉的敲门声，又重复了一遍。卡尔冲出门来，直扑入母亲的怀里。女厨子和女佣人是这种会见的深受感动的见证人。“你们两位好人！”约翰娜说，“你们都是好心肠的人！我给你们带来点东西，糖和咖啡！你们用吧！我知道，你们挣钱不多，够可怜的了！现在你们好好看着，别让他碰见我们！来吧，我的心肝宝贝！”

他们到了起居室，约翰娜把大衣和帽子脱了下来，狂热地把孩子拉到自己身边。“我的卡尔！我的心肝宝贝！我得偷偷地到你这儿，搂抱自己的血肉还得怕别人瞧见，这难道不是一种罪孽？”她坐在一把扶手椅上，把卡尔搂在怀里。孩子紧紧地搂住他的母亲，眼泪涌了出来。“我可怜的孩子！有谁受过这样的罪！把一个孩子从他的母亲手里夺走！在信奉基督的维也纳居然有这样不敬上帝的事？呐，不要哭，我的宝贝！不会老是这样的！一两个月之后，你就会重新回到妈妈的身边！卡尔，不要哭了！你看，我给你带来了什么样的好东西！”她把一块糖果放进他的嘴里，卡尔流着眼泪咀嚼起来。“让我好好看看你，卡尔！越来越漂亮了！会成为一个英俊的小伙子，妈妈为你感到骄傲！你生活得好吗！吃得饱？”卡尔点点头。“有时也能喝到一杯酒吗？”

“不能，他不叫我喝。”

“这个小气包，这个邋遢鬼！等着，卡尔！等你回到妈妈身边时，每天我都给你喝一杯酒！”她查看他的衣服，他的内衣，可找不出什么可挑剔的。“呐，卡尔，讲讲你过得怎样？讲点什么！”

“过得没意思！他老要和我讲话，我除了老是写再没有什么可干的，没法不写，因为他听不见呀。”

“这个聋子傻瓜！他连一次像样的谈话都做不了，怎么能带一个孩子！”她拿起还放在桌上的小黑板。“你这写的什么？可他是没有母亲了！这指的是谁？”

“马其顿的亚历山大。”

“他是谁？大概是你伯伯的一个朋友吧？”

“不是，是个国王。他是一两千年前的人。”

“伟大的全能的主啊！他用这样该死的家伙来折磨我可怜的孩子！”她跳了起来，打开了房门。“佩彼！南妮！进来一下！看在上帝的份上，你们告诉我，你们的主人都同我可怜的孩子讲了些什么？”

“贝多芬太太！”女厨子叫了起来，“您问我们的太多了。您相信他能讲什么像样的话吗？讲呀，讲呀，讲的都是音乐，是古罗马人，讲的是歌德或者那个写了许多诗的人，叫什么来着？然后就说：卡尔，这是你的榜样！这可怜的孩子坐在那里，两眼发呆，一句话也不懂。有一次我说，冯[①]·贝多芬先

①女厨子无知，把范误认为冯。——译注

生，也许我是写在黑板上的，您不想给卡尔找个小朋友带到家里玩吗？可他喊：住嘴，您这个女人！难道要让大街上的坏孩子把我的卡尔毁掉吗？——这样一个可爱的孩子竟被剥夺了童年，这真是令人伤心啊！好了，我现在去给咱们大家煮杯浓咖啡去！南妮，到那边去取四个杯子来！”她打开贝多芬的书桌，乱翻了一通，把几个小钱塞到女佣人手里，同她一道走了出去。

“我的孩子，”约翰娜说，“你不再待在詹纳塔西奥家，这太好了，他们把你管得像是一个罪犯，我连一次也没法偷偷地到你那儿！”

卡尔狡黠地望着母亲。“正因为这样我才对他说，这儿比在詹纳塔西奥家好多了，这样一说他就高兴极了！”

约翰娜迸出一阵响亮的笑声。“你这么有心眼！你做的完全对，让他认为你在这儿像在天堂一样。这样你就可以背着他随便做你愿做的事。告诉我，卡尔，他讲我的坏话了吗？”

“没有，他不这样的。妈妈，最近有一次我说你是一个真正狠心的妈妈，他好不容易憋住笑，可他把我痛骂了一顿。”

“你为什么要这样说？”

“我想他会给我点什么。可他什么也没给我，我自己去拿了半个古尔登。”

“卡尔，你不许这样做！”

“为什么不行？他老是说，凡是他的，以后都是我的。”

约翰娜无法去驳斥这个理由。“可你至少不能让他瞧见！”

“就是他发现我动过他的钱箱，那我就发誓赌咒，我没有动，他就会认为是他自己弄错了！”

约翰娜惊奇地观察他的儿子，才十二岁，就有这么多的心眼！

这时女厨子出现了。“请原谅，您到厨房去，这儿有点太冒险了。”

她们都进了厨房，喝咖啡，用点心。“耶稣！若是主人现在抓住我们，”女厨子笑着说，“那他会把我们大家的骨头敲碎的！南妮，讲讲新年发生的那桩事！”

“新年那天该我去拉木头，我撅嘴表示不满。您知道，冯 · 贝多芬太太，主人是怎么说的嘛？我们的救世主也是把十字架拖到各各他[①] 的！”

“耶稣，玛丽亚！”约翰娜喊道，她把一块点心塞到嘴里。

“这是大不敬！我朝着他的耳朵喊。他抓起一把椅子就抛到我身上！”

“呐，还有书呢，南妮！”卡尔插了进来说道，“他把整整半打书都扔到她的脑袋上！后来他对我说：也许能把书里的什么东西弄到她的脑袋里就好了！”

“这样一个魔鬼！”约翰娜喊道，“这个十足的撒旦！你们就这么忍受？”

女佣人突然惊慌起来。“耶稣！主人回来了！”

外面的门打开了，听到沉重的脚步声，随之又归于平静。

“他到卧室里换衣服去了！”女厨子轻声说，“冯·贝多芬太太，您得走了！上帝保佑，幸好我把您的帽子和大衣带了来。快点！快点！若不他会把我们打死的！”

匆忙地告别，前厅里一阵轻轻的忙乱声，约翰娜走掉了。

贝多芬不得不缩短他的散步时间。他感到剧烈的疼痛。到了卧室，他服了一片药就躺到床上。右肋下面在撕扯在钻刺，仿佛要把他那强壮的身体裂成两半似的。他咬紧牙关，不使自己喊叫起来。卡尔就在隔壁做功课，不能让他听见。不能让孩子看到自己的软弱！疼痛吗？能忍受，这是对意志的力量的考验。康德说得好极了，他今天晚上要给孩子读读这一段。哦，可怕呀，这种疼痛！布劳恩霍费尔大夫说，这是胃。难道不会是肝？伟大的上帝，救救我吧！——B 大调的第一和最后乐章。降 G 大调柔板？降 G 大调转 B 大调，开头主题的大三度。不，不是大调！——哦，疼痛呵！聋，疾病，贫穷！——降 G 小调，升 F 小调！——若是我现在就死去，那卡尔会怎么样？会交给他母亲！上帝会要这样的！可他不要这样！我还不能死。勇气！忍耐！这都会过去的！——升 F 小调，对，得这样！深深地，深深地降下，苦涩的、无声的悲哀，屈服。这适合用升 F 小调。

①各各他是耶稣殉难之地。——译注

《槌击键琴奏鸣曲》中柔板的夜歌开始从他的灵魂中挣脱出来，让肉体的疼痛从现在起徒劳地敲打意识的大门，它不再给它们敞开了。贝多芬立起身，来到起居室。卡尔坐在那里，埋头书本里。空气中有一种什么样的怪味！某种女人身上的一种味道，下午每当她们在菜市上散步时就留下这种气味。

"卡尔！"孩子带着惊讶的表情望着他。"卡尔！谁到这儿来过？"孩子发怔地摇头。"我闻出来了！有生人来过这儿！"

卡尔抓过黑板，写道："只有南妮来过。"贝多芬来到厨房。这儿也是这种令他恶心的气味。两个女佣人坐在那里削土豆。

"您，南妮，如果您再洒这种难闻的臭水，您就从这所房子里滚出去！"他关上了门，听不到两个女人在里面笑得直不过腰来。他走到卡尔身边挨着他坐了下来。

"我的卡尔，你好好地做功课了吗？"卡尔点头。"呐，给我看看！"这时他的目光突然落到窗户旁小桌子上，那上面有一只黑手套，一只女式手套。贝多芬的心开始怦怦跳了起来。他站了起来。一两步就走到桌前，拿起手套，嗅了嗅。同样的香水味道！他望着卡尔，卡尔看着他，由于发窘而满脸通红。他来到了厨房。

"把你们的手伸出来！这只手套是你们的熊掌戴的吗？"两个女人窘迫地、恐惧地把手撤了回去。"谁到卡尔那儿去过？"没有回答。"他的母亲来过，是你们放她进来的，你们卑劣的、下作的、畜牲般的贱货！走开！滚出去！收拾好你们的破烂！马上！"两个女人一边号着一边骂着离开这所房子。

他蓦地抽搐了下，疼痛又以可怕的力量攫住了他。他摇摇晃晃地进入卧室，又躺到床上，用牙齿咬住枕头。他的五腑六脏在燃烧，仿佛浇上了铁水似的。汗水流个不止。他一声不响忍受着魔鬼般的折磨。痛劲过去了。天色暗了下来。贝多芬还一直躺在床上，在思忖着这究竟是怎么回事。一个母亲想念孩子，一个孩子想念母亲，一两个头脑简单的人帮助她安排了一次秘密会见，难道还有比这更自然的了吗？但是卡尔！当他对他说没有人来过这里，他是那样肯定和诚实地看着他！一个十二岁的孩子居然在撒谎时能这样的冷静和笃定！哦，可怕！可怕！这个孩子，他原先认为纯洁天真，却早已被谎言所毒害了！他该怎么办？结束掉！放弃监护，不再把时间和精力耗费在一项想去完成但却为时已晚的任务上了！——什么？谁说为时已晚？谁敢这样说？这不是在咒骂他的卡尔吗？他只是被带坏了，只是他的母亲的一个牺牲品嘛。不！原谅我，我要加倍的警惕，不再把孩子单独留给女佣人！最主要的一点：母亲和孩子要经常的见面！母亲归终是母亲，孩子毕竟是孩子。只是会面时他本人在场，那她就不会干什么坏事的。

他立起身来到卡尔那儿，孩子畏惧地望着他。没有斥责，他告诉孩子，他是多么爱他。他想念妈妈，这是对的，也是件好事，从现在起他该经常地看到妈妈。但是有一件事不许再发生：卡尔不信任他，跟他说假话。孩子一声不响地听着，大声而庄重的答应，再不撒谎，永远信任，可他一边在想：哦，我现在若在妈妈身边该多好！她身上的香味多么好闻！坐在她怀里多么舒服！而这儿的一切是多么乏味！

在当天晚上贝多芬给他的弟媳写了一封信，但约翰娜的复信却是冷淡的拒绝的。她称，如果她看望她的儿子，那她就要单独和他在一起，她拒绝在别人监视下去看自己的儿子。再有，她希望事情很快就会改变。他两耳完全失聪，这不适于做孩子的抚养人，因此她要设法重新成为孩子的监护人。

开始时贝多芬不把约翰娜的话当作一回事。贝多芬称呼她为“夜后”，这不仅在他——如《魔笛》中睿智的萨拉斯特罗[①]——看来，她是一个不要脸的母亲，才从她身边带走她的孩子，而且也因为她是许多酒馆夜间出现的一个常客，她的名声尽管结婚生孩子也没有变得好些。法庭肯定对她提出的做监护人的要求做出两年前一样的判决。至于责备他因耳聋而不能抚养和教育孩子，那是可以通过聘请一位家庭教师弥补的。五月份，他带着卡尔前去墨德林，在那儿顺利地完成了他的《槌击键琴奏鸣曲》。这时他得到消息，卢道夫

①萨拉斯特罗和“夜后”都是《魔笛》中的人物。——译注

大公爵被指定为奥尔穆茨的大主教，在两年之内就举行就任典礼。

贝多芬有好些地方是要感谢卢道夫大公爵的，这当然不仅仅是因为他物质上的支持，给予一笔为数不多的年金，而且也因为大公爵是他与皇室成员中惟一有交往的人。虽然他在给这样一位身居高位的人上课有过许多不愉快的事，但他还是喜欢大公爵的，也并不低估他音乐上的才能。因此，他的这位学生的擢升对他来说是一件重要和盛大之举。他决定，他要以自己的方式向这位未来的大主教表示敬意：为他写一部大型的弥撒曲。

这样，他一完成《槌击键琴奏鸣曲》就立即着手进行这项工作。写完了慈悲经《吾主怜我》，这是《弥撒曲》的第一乐章，在这段奇妙的音乐里，一颗纯洁无瑕的人的心灵在一种巨大而平静的卑恭虔诚的感情之中匍伏在主的面前。

贝多芬还从没有这样远离尘嚣的情感。但是尘世就在这儿，粗糙的手掌在敲打大门，它要进来，要把大祭司从他的殿堂里赶走。

处理监护事务的行政当局传贝多芬和他的弟媳，出现了一个意想不到的结局。范·贝多芬家族迄今为止一直被认为是贵族后裔，但问题清楚了，荷兰人的“范”根本不是贵族的标志，因此，整个案件不应由贵族法庭判决，而应当由市政机构来受理。

贝多芬极为愤懑。他确实是把自己归于更高的阶级里的人，可现在被推入平民阶层，他把这看成是一种耻辱。除此，他对褊狭的市政机构有着一种不祥的预感。这种预感不久就得到了证实：市政当局暂时取消了他的监护权，并把卡尔交给他的母亲。事情来得如此突然，使她不知该把孩子领到哪儿合适。经过调解，贝多芬继续照料孩子，但条件是把卡尔送入一所儿童教养所。

在此期间贝多芬向市政当局递交了长篇的呈文，要它们改变做法。毫无用处！甚至他被全部取消了监护权。于是他向法庭提出上诉。他写道：“我的意愿和努力仅仅在于使孩子受到尽可能好的教育，他的天赋令人抱有希望，他死去的父亲把实现其愿望寄托我的身上。树干是柔软易弯的，如果再耽误时间的话，那它就是在有教养的园丁之手也会弯弯扭扭长得不成材料，知识和品性的正确发展就永远地失去了机会。除了去关心一个孩子的教育和培养之外，我不认为我还有什么其他的神圣义务。”

一八二〇年四月，最高法庭终于做出了判决：贝多芬重新成为孩子的监护人。他为此欢喜若狂。在这个世界上还是有正义的呵！一切可怖的激动都一去不返了！他不再需要连篇累牍地向法庭写呈文，向他的辩护人写信；毋需再害怕他那考虑再三的教育计划由于呆钝的官僚主义者的反对而成为泡影。现在卡尔完全属于他一个人的了！是他的合法的儿子了！他展望未来，一切是那样美好、宁静。此后他生活中只有两件事：他的艺术和他的儿子！完成伟大的作品，不管是业已开始了的或是还在脑海中酝酿的；把他的儿子培养成一个有出息的人，使他的品性得到发展，使他那出色的才干得以发挥。他对生活再没有别的奢求了。

卡尔现在十四岁了，在教养院里他受到很好的照料。这样贝多芬终于能安下心来写《弥撒曲》了。干扰的力量都被清除了，他感到了平静安宁，于是再度住到墨德林。在那儿没有人打搅他的静寂。树木、草地和溪流、天空和白云都成了他创作时一声不响的见证人。摆脱开尘嚣，沉浸在基督信念的奥秘之中。弥撒的歌词对他说来只是象征而已，他的幻想乘着硕大的翅膀环绕着它翱翔。一八二三年年初，《弥撒曲》完成了。

第二十章

在那个时候，《费德里奥》经过三年的停演之后，再度安排上演了，这是为皇后的命名日而举办的庆祝活动。剧院的经理为了使这个晚上具有一种特殊的隆重感和向这位近年来不在公共场合露面的音乐大师表示敬意，特地邀请贝多芬亲自指挥这场演出。他的朋友们，特别是他那忠实的总管安东·辛德勒——他每天都与大师在一起——极力劝阻他，他早不再适于担任这样的任务了。但贝多芬认为借助他的朋友，乐队指挥乌姆劳夫的帮助，有他的支持，就能成功地指挥演出。在自己的指挥棒下，让他喜爱的莱奥诺拉音乐再度响起来，这种诱惑他无法抗拒。进行最后一次彩排。序曲演奏得十分出色；可在玛采琳娜和雅基诺开始二重唱时，就看出来了，贝多芬对台上唱的什么也没有听到。他指挥的速度慢了；乐队跟着他的指挥，可歌唱家们却往前赶，等演到敲监狱大门那个地方时，已经乱成一团。乌姆劳夫让排练停下，他对歌唱家们做了吩咐，然后从头开始。又是从二重唱开始乱了起来，又是到敲门的地方变得一团糟。

贝多芬环顾四周，看着乐队，望着舞台，变得不安起来，茫然若失。乐师们放下他们手中的乐器，垂下头。拉第二小提琴的一个年轻人把手帕捂在眼睛上。大厅，刚才还响彻着贝多芬的音乐，现在寂静无声。他问乌姆劳夫，这是怎么啦。他没得到回答。这时他朝辛德勒望去。这个忠实的人在他的速记本上写道："我请求您不要继续下去了。回家后再细说。"贝多芬明白了。他一声不响站起来，走开了。到家之后，他坐在沙发上，用双手把脸蒙住。

聋了！完全聋了！去听自己创作的音乐，这完全不可能了！

现在怎么办？多年来难道他不是知道有一天会是这样的结果吗？难道不也早就如此了吗？尽管如此，他艺术家命运的悲剧却从没有像现在这样清晰。一个聋音乐家！二十七年来在他看来一直是飘忽不定的，随着岁月的推移越来越聚集成为可怕的现实——今天已成为铁一样的事实了；是他本人在他的艺术同行的面前证实了和肯定了这件事。

他长时间坐在那儿，一动不动。终于他立起身来。他的目光落到辛德勒身上，辛德勒沉默而悲哀地坐在角落里。贝多芬走到他面前，拍拍他的肩膀。"是啊，辛德勒，您的大师是一头名符其实的蠢驴，但是今天晚上我还是要看《莱奥诺拉》。"

宫廷歌剧院为庆祝皇后命名日悬灯结彩，灯火通明，正厅和楼座都装饰得焕然一新，坐满了兴高采烈的观众。顶层上挤满了人。有个矮小的，稍显肥胖的年轻人不断地摘下眼镜，擦干额头。这时他又把目光投向一楼的一个包厢，只有这个包厢里空无一人。他看了看表，离开演还有两分钟！他还会来吗？一个年轻人费力挤到他的跟前。

"舒伯特，上帝保佑你！他来了！我在入口处看见他了！你看，现在来了，现在来了！"

一个仆人出现在那间包厢里，他移动移动椅子，然后消失了。喧闹的观众大厅一下子静了下来，一种肃穆庄严的寂静。

贝多芬进入包厢，他像往常一样昂头挺胸。

序曲开始了，随后帷幕升了起来，玛采琳娜、雅基诺、罗珂出现在台上。敲监狱门的场面，雅基诺打开了门，走了进来，一个年轻人在锁链的重压下蹒跚。

贝多芬在想，这一定是十七岁的施雷德尔。终于有了个莱奥诺拉，人们相信她，看不出她的性别。她长得漂亮，她扮演的奴仆形象闪耀着一种娴淑的伟大。现在她走到了台前，在朝我张望。你，孩子，不要怕我！他轻轻地向她颔首。她看到了他的点头。她所有的恐惧都一扫而光，她曾怀有的最大的恐惧就是想到坐在那上面的那个人，他聋了，但却看得见。她谦卑地朝他躬了躬身，与此同时她说出了她的第一句台词："我要想方设法，尽我所能"——而在思想上却补充说：你，伟大的人，要谅解我！当她终于用嘹亮清晰的声音唱起来时，她知道了，一切都会顺利的。贝多芬目不转睛地望着她，他从她的嘴唇读到他几乎背诵得出的台词。她在她那被精神和情感映得闪光的面庞上，在她充满活力的动作上向他展现出了她的歌唱的灵魂。他在内心深处听到了他的音乐。他聋了，可他今天头一次如此感受到了他的作品，这是他梦寐以求的呵。剧结束了，爆发出欢呼声。

人们涌出剧院。一些人在谈论在欢笑，一些人沉默不语。两个年轻人摆脱开人群，伫候在出场口。他俩没有说话，他俩把颤抖的手握在一起。还有几个晚出来的人，随之再没有人了，他已经走了？

过来了三个人。

"他在那儿！舒伯特，现在你大着胆子，去同他握手！"

但是这个人动也不动地站在那里。贝多芬从他身边走了过去。

"我不能，"舒伯特说，"我没有勇气。在他面前我算什么呢！"他把手按放在怦怦直跳的心上。"走，我们要跟在他的后面！我至少要呼吸到他所呼吸的空气！"

第二十一章

《费德里奥》的成功使剧院领导产生一个念头，委托贝多芬去创作一部新的歌剧。人们知道，他整个一生都在寻求能撼动他的心灵的歌剧脚本，但除了《费德里奥》之外，他一个也没有找到。现在人们去求助年轻的格里尔帕尔策尔，他由于写了《太祖母》、《萨弗》、《金羊毛》而享有盛名。他最近刚构思了一部有关美露西娜的戏剧，他觉得这个题材很适合写成歌剧。在两周之内，歌剧的脚本完成了，被送到贝多芬的家里。不久格里尔帕尔策尔被要求去拜访大师。

文弱、高贵而有些挑剔的诗人一踅进科特巷——贝多芬当时就住这里，这条街巷也因此而享有名望——，就连连摇头。穿过两旁乌七八糟的房屋，直到一座不像样子的住宅，在它对面的马路当街上一个铁匠在用刺耳的锤击声震荡空气。沿着一条陡直昏暗的楼梯登上二楼，格里尔帕尔策尔开开一扇门，进入厨房。他敲动另一扇门，但毫无反应，于是踏进一间宽大的、陈设简陋的房间。贝多芬穿着一件灰色的居家常用的衣服躺在床上，手上握着铅笔，面前放着几张谱纸。但是他的眼睛双闭。他在睡觉？格里尔帕尔策尔想马上走开，可却被他所尊敬的这个人的形象吸引住了，世上没有哪一个人赢得他如此的尊敬。他想，李尔王看起来就是这个样子，或者诗人奥西安[1]。浓密的华发覆盖着他那出奇宽大和高高隆起的额头。在坚强、狮子式的鼻子下面，嘴紧紧地、倔强地闭拢起来。安睡的、粗壮的身体呈现出聚集起力量的一幅图画。但是整个景象却是一种痛苦的表情。

正当格里尔帕尔策尔要离开时，贝多芬睁开了眼睛。他拿起一张谱纸，准备往上写，这时他的目光落到来访者身上。他立刻立起身来，把手向格里尔帕尔策尔伸去。这位作家得鼓起勇气，以便能承受住这双灰白的眼睛，它们有如钢铁般的坚硬，仿佛要看到他的灵魂的深处似的。但随着在这双眼睛里闪出了一种温和的光辉，格里尔帕尔策尔感到心安了。

贝多芬用手把一两本书和乐谱从一把椅子上扫了下来。

“您请坐，亲爱的格里尔帕尔策尔先生，请原谅我这儿乱七八糟。我这个人天生是没有条理。而维也纳的佣人都是禽兽般的，其中有的比禽兽还坏。呐，您给我写主要的，只要简单地写几个字就够了，我会知道是什么意思的。”

“我得请您原谅，”格里尔帕尔策尔开始说，“如果我打搅了您的工作。可以问一问您正在写什么吗？”

“一部新的交响曲。”

“那么说是您的第九了！”

“对，我的第九交响曲，是伦敦爱乐协会订的。维也纳人在梦中也想不到的。”

“这确实令人惊讶，范·贝多芬先生！我一直以为您不会再写交响曲了。”

“因为我的上一部作品是十一年前写的？”

“您的交响曲顺序地排列起来就像一条锁链的各个环节一样，都已联结起来，形成一个圆圈。我觉得在您的八部杰出的作品里已从所有的高度和深度上十分详尽地阐明了生活，我不知道您还有什么留下要说的。您已经抵达了山的顶峰，再无高处可登了。不过，谁到达了顶峰，谁就喜欢回顾一下他所

[1] 又译为莪相，系传说中的爱尔兰诗人。——译注

走的道路。也许是这样？”

贝多芬笑了。“您是一位诗人，格里尔帕尔策尔先生，谈话像诗人一样。等等看吧，也许的确还要更高呢！”

“在任何情况下，我想，现在恐怕您对歌剧很少有什么兴趣。”

“我不这样认为。通常我都是同时写几部作品。——您感到奇怪？——不可理解？——这没什么！每部作品都是自成一个世界！呐，您寄给我一部非常好的脚本！”他微微一笑，笑得温柔可亲。——他长得多美啊！格里尔帕尔策尔在想。

“我非常害怕，”他写道，由于高兴而满脸通红，“是否这个题材配得上您那极高的天才。您可以用它或抛弃它，这都随您的意愿。我现在声明，对此决没有异议。”

“这完全没有必要，”贝多芬回答说，“您懂得怎样写歌词。您的诗是可以唱的，歌德的也是这样。您本人是个受过训练的音乐家？”

“我喜欢随意弹弹钢琴，这样就会产生出一些很好的念头。但我只是一个蹩脚的业余爱好者。我向来相信，借助音乐能学到诗的旋律。”

“这不大可能，”贝多芬说，“当您来到这个世界上时，这两者在您身上就是不可分的。是呵，《美露西娜》不错，尽管它并不完全使我满意。”他搔了搔额头。“魔法——我对这种东西有些反感，因为感情和理智经常因魔法之故而沉睡。取自现实生活、历史、传说中的题材也许我更喜欢一些。一个激起强烈激情的情节，追逐一个伟大的目标，无所顾及地，直至牺牲自我；某种道德的、崇高的东西！您熟悉格鲁克的《阿尔采斯特》吗？”格里尔帕尔策尔摇了摇头。“您看，在波恩我是个孩子时听过这部歌剧，这个题材立刻就感动了我。那个时候我想，如果我要写歌剧的话，那一定是类似这样的。后来我就写《莱奥诺拉》。从情节的基本特征上看，确实令人想到《阿尔采斯特》。这是一个使我动心的题材，所以也就把它写成了。”

“我还有另一个题材，暂时还只是在构思中，是波希米亚的德拉霍米亚传说。”

“也许这个对我更合适些？您怎么认为？呐，讲讲看！”

“我不能太放肆了，范·贝多芬先生。”

“不要说傻话，格里尔帕尔策尔先生！我用音乐写诗，您用文字写诗。我们是同行。德拉霍米亚是怎么回事？”

“这个题材已近于与恶魔为邻了。呐，我认为，您最近的作品已接近音乐的最后界限——”

一阵爽朗的笑声打断了他的话。“现在看看另一个格里尔帕尔策尔先生！这样一位伟大的诗人——突然露出了一个皇家官吏的模样！您是说我接近了音乐的最后界限？您看出了这些界限？我看不出来！艺术是根本没有界限的！我只知道一点，那就是没有什么像我最近的作品那样遵循音乐的内在规律了。您喜欢七重奏，是吧？”

“如果您这样直接地问我——是的！”

贝多芬笑得喊叫起来。“七重奏！噢，这首该死的七重奏！但愿我没有写它！当时我还不知道什么是作曲。现在我相信我知道了。最后的界限！”他又迸发出一阵大笑。

“我要是保持沉默就好了！”格里尔帕尔策尔写道，“我确实是不应对音乐妄加评论。”

“傻话！您是当代的音乐诗人。我收到过不少戏剧题材。但是音乐家需要什么样的，大多数对此毫无概念。可对您我是信赖的。”

“但是您说的每一句话却使我对自己越来越不能信赖。我的剧本不能把您那幻想的巨大翅膀束缚在笼子里，也许世界上没有一个歌剧剧本能够做到。”我的上帝，现在我又说得太多了！他想，现在他又该笑我了！

但是贝多芬没有笑。“您说的并不完全没有道理，亲爱的格里尔帕尔策尔。我知道我的《莱奥诺拉》的价值，但是我固有的因素却是交响乐。每当它在我内心深处响起来时，我听到的总是完整的管弦乐队。我能感觉到所有的乐器！每当我谱写歌曲时，我总得先考虑考虑：它能唱吗？但有时我也确实想找到歌词。写第九交响曲也许能实现我毕生的一个愿望：把席勒的《欢乐颂》谱成曲子，把它作为交响曲的最后一个乐章。”

格里尔帕尔策尔不晓得自己是否听清楚了。贝多芬，几乎没有一个艺术家像他那样受到命运的打击，可却要歌唱欢乐。他向大师投去怯生生的一瞥；他捕捉住这目光，懂得了他的意思。

“您是在想，处于我的境地，我更应去谱写悲哀吧？亲爱的格里尔帕尔策尔先生，您这大概不是认真的吧，否则的话，您就不是一位诗人！我们这些生也有涯的人怀着无涯的精神是为痛苦和欢乐而来到人世；人们几乎能够这样说：出类拔萃的人都是通过痛苦而得到欢乐。”

“我羡慕您，范·贝多芬先生，我嫉妒您！我若能有您的力量和坚定的千分之一就好了！”

“您还缺少什么呢，亲爱的朋友！”

格里尔帕尔策尔业已为他最后一句话感到后悔了。像他这样一个城府很深的人，从不对任何一个人吐露自己内心的一切。但是当他看到贝多芬的眼睛时，他不能保持沉默。“我并不是白叫格里尔帕尔策尔的。从孩提时起我就抓蟋蟀；不应当是帕尔策尔，而本应该是帕特策尔的[①]。虽说我有时在想，作为一个戏剧诗人，我是紧跟在歌德和席勒之后的，当然隔一段距离，但是在他们和我之间是没有别人的。可有时候我又怀疑起自己来了！我把自己拴在可怜的官吏的职务上，而不是把它甩掉，完全为我的艺术而活着。我是一个奴隶。您是自由的！您是我所认识中的最自由的人！我是写！您是作曲。可我得受审查。现在我写了一个剧本：《奥托卡》，这是取自奥地利历史的一部爱国主义作品。可审查官把它禁止了。”

贝多芬的眼睛冒出怒火。“维也纳的流氓！”他喊道，“从皇帝直到擦鞋的！维也纳人能吃会喝，除此没有别的本事！该离开这儿，让他们在这个肮脏地方鬼混好了，到那时他们就会看到，他们在我们身上都得到了什么！”

①格里尔帕尔策尔是由Grill和Parzer组成，Grill字义是蟋蟀，转义为怪念头之意，而抓蟋蟀转义为心情忧郁。Parzer，是没有这个字的，但Parze是三个命运女神之一，帕特策尔（Parzer）意为做事轻率的人。——译注

“可是我几乎爱上了维也纳。”格里尔帕尔策尔写道。

“是的，是的！”贝多芬喊道。“只有一个维也纳！莫扎特早就说过，为此维也纳人让他忍饥挨饿。您看好了，我们两个人也会是这样的下场！”

格里尔帕尔策尔忧郁地微然一笑。“尽管这样，我不想到其他地方生活。我的情感在这儿！若是没有审查官就好了！范·贝多芬先生，您应该高兴的是，音乐是不受审查的。那些人是不知道您在音乐创作时想的是什么！我相信，您在您的许多作品里赞颂了自由！”

“看，看，这位格里尔帕尔策尔先生，他到底说出来了，他有着敏锐的诗人鼻子！”

“我有时想过，如果我用文字表达出贝多芬用音符所表达的东西，那我早就蹲在监狱里了。

> 音乐艺术，我首先赞美你！
> 在三种姊妹艺术之中
> 惟你得天独厚：
> 你最自由，你是惟一自由的！”

贝多芬也大声地念道。“好极了！这是您写的？您写得正确极了！”他的双眼仰望上方，呈现出一副热烈的表情，稍顷之后他抓起铅笔，写了几个音符。然后他又凝望着诗人，在他沉思的目光里流露出狡黠的光泽：

“格里尔帕尔策尔，格里尔帕尔策尔！您不是一个轻率的人，年轻人！您是一个帕尔策，也就是一个男性的命运之神。在您的戏剧里，您把人的命运绕成线团，就像三位可尊敬的老妪所做的那样，随之您喜怒笑骂，为所欲为。这样一个格里尔帕尔策尔几乎是像亲爱的上帝一样；他要把我们怎样，就把我们怎样。”——两个人开心地大笑起来。

“我想问一下，范·贝多芬先生：您清楚您的乐思是怎么来的吗？”

“我亲爱的朋友，这个问题我无法回答。我的乐思都是不招自来的，在大自然里，特别是在森林里，在夜的寂静里，在清晨，通过这些气氛——您把它们变成文字，我把它们变成声音——激发起来，它们发出声音，呼啸作响，咆哮怒吼，直到最后在我的面前成为音符。”

“那您立刻就把它写下来了？”

“哦，不是。我经常是长时间地进行酝酿。某些东西我要改变、抛弃，寻找新的，直到我感到满意。然后我在头脑里进行加工，拓宽，变狭，提高和加深。因为我知道我需要什么，因此基本思想从不弃我而去；它升起，它长高，我听见，我看见这幅图画完全延伸开来出现在我的精神之前，余下来的工作仅只是把它写下来就行了。一段时间以来，写对我说来已不再是那么轻松的事了。我坐下，想啊，想啊，很长时间，但是它不愿被写到纸上。我先是打好腹稿，然后就顺利得多了！”

女管家走了进来，消失在隔壁的房间里。随后端了一碟子鸡蛋和一块黄油返了回来。贝多芬不快地望着鸡蛋和黄油，一声不响，直到这个女人离开房间。

“是啊，亲爱的朋友，”他说，“我有些事情是不值得羡慕的。希望您到我的年纪不再是没有老婆的人！”

格里尔帕尔策尔摇头。“我大概不会结婚了。女人有才智就没有肉体，有肉体又没有才智。我只能用我自己突然想到的这个念头来安慰自己了。”

两个人立起身来。贝多芬紧靠着钢琴。在格里尔帕尔策尔心中燃起了一种希望：他现在想弹琴！他走到打开的钢琴前，按了一个和弦。

“这是一架好钢琴，”贝多芬说，“这是我从伦敦得到的礼物。您看，名字在这儿！”他指着钢琴上的横木。那儿写着：克拉默、克莱门蒂、卡尔克布伦纳、莫瑟尔斯；在最后是制造者的名字：布劳德乌德。伦敦的四个伟大钢琴家的名字留在上面，这在某种程度表明他们是证明人，证明这架钢琴是这位制造者制造的最好钢琴，他把它送给这位最伟大的大师表示敬重。

“它的声音很美，”贝多芬说，无需看琴键，他按了一个和弦，右手是 C 大调，而左手是 B，“是吧，声音很好！”

格里尔帕尔策尔感到一阵揪心的痛苦。悲楚和惊愕几乎使他喊叫起来，但他控制住了自己，告辞而去。

在门前围了一大群人。一个年迈的流浪艺人，弹起他的竖琴，唱起一首动听的民歌。女人和孩子聚精会神地倾听；对面的铁匠也停下了手中的铁锤，随着旋律的节拍在晃动身体。格里尔帕尔策尔面色阴沉地从人群中挤出一条路，在他后面是愤怒的目光和咒骂。

你们听着！小丑，无赖！你们能够听，为听到音乐而开心。可是上面那个成为音乐化身的人却是个聋子！上帝！如果你真的是上帝，那为什么你允许这样的事情发生！——愚蠢的问题！孩子和傻瓜问的问题！在人们目光所及之处，不都是同样的疯狂？不都是同样的呆钝的低能的命数在主宰一切？他本人，可能是一个伟大的诗人——这决不是夸张！——，不也是屈服于日常的重压之下。他的最新最好的作品成为一个高级警官手中的猎物，他让它无声无息地消失了。神没有给予任何一个人像他那样创作音乐的能力，可同时却剥夺掉他去听自己音乐的力量，这样一个人的命运意味着什么？这个称做贝多芬的人是怎样承受他的命运呵！换另一个人早就崩溃了，可他巍然挺立。他在内心深处谛听声音，创作一部又一部的作品，仿佛什么事没发生一样。他追求、关注、忍耐，贡献出一切，他就这样穿越人生，他是一个征服者，一个胜利者！伟大的贝多芬，把你的力量的千分之一给予我！

在此期间贝多芬把《美露西娜》歌剧脚本推到一旁，忘记了来访者，继续埋头创作他的生命之歌；第九交响曲。

第二十二章

一八二四年二月，第九交响曲完成了。贝多芬本想在维也纳演出它。近一两年来，罗西尼和他的活泼轻松的音乐成了维也纳人的偶像，贝多芬认为他的《理发师》[①]的成功是理所当然的，但是他的每一部作品，即使是平庸的，也都受到观众的同样欢呼；对于迷恋上罗西尼的香槟酒似的作品的观众，贝多芬认为他的心血之作过于贵重了，于是他开始同柏林商谈演出之事。谁在维也纳听到这个消息，谁都会感到惊讶、羞愧；人们现在才觉察到，贝多芬对于他们意味着什么。他的一大群朋友写了一份恳求书，把它郑重地递交给他。它是这样写的：

"奥地利居民对莫扎特和海顿在他们故乡的怀抱中创作的伟大和不朽的作品的鉴赏力还没有消亡；他们怀着无比喜悦的骄傲深知，三圣者是从祖国土地中央升起的，那两个名字和您的名字作为音乐的精神王国里的最高象征在熠熠发光。正因如此，他们痛苦地感觉到外来力量侵入高贵者的圣地，在辞世者陵墓上方，在三个圣者中尚为我们留下的惟一一个圣者的住地周围，一些人物在出没，他们没有理由自诩与这些盖世英才有着亲缘关系；浅薄滥用

①指《塞维利亚的理发师》。——译注

了艺术的名字和标志，在与圣者的不光彩的嬉戏之中，对纯洁和永恒之美的鉴赏力变弱了，消失了。因此，奥地利居民比任何时候都更多和更生动地感觉到，恰恰是在这个时刻通过有力的手，在一个迫切需要的领域里，创造出一个新的繁荣，一个新的主宰者的形象，只有他才能保证我们之中优秀人物的努力得到决定性的胜利。祖国的艺术期待着从他那里得到新的昌盛，朝气蓬勃的生活和真与美成为那些使时尚精神甚至是艺术的永恒规律也要屈服的力量的一个新的主宰者。所有的人的愿望是听到您那优美的声音，您能使我们的希望得到满足！”

这言词打动了贝多芬。第九交响曲挽救了维也纳。

一八二四年五月七日，在凯伦特纳托尔剧院举行了这场演出，盛况是空前的。开始是《家族庆典》序曲[①]，随之是《庄严弥撒曲》中的《吾主怜我》、《我信我主》和《赞歌》。然后《第九交响曲》开始了。精神王国打开了它的大门。

命运从空荡荡的五度音程的神秘的朦胧之中升现出来，它置身于人和尘世幸福之间，并向人高呼：你应当不幸，你应当不幸！但是一个巨大的人的灵魂集聚起全部力量进行抗拒；对人们所要求所取得的丰功伟业的回忆，赋予反抗的勇气和力量。幸福不业已在微笑了吗？啊，这是一种假象。从热烈的追求中生长出巨人般的力量，开始了殊死的斗争。毫无用处！命运比人强大得多了。

人感到绝望。忙忙碌碌，随波逐流，鞭策前进的意志昏迷了，忘却了。可怜的盲目人！在你仅能找到的地方去寻求慰藉吧——在你的内心深处，如果你的上帝进入你的内心，你的内心就会充实。顺从，最最衷心的顺从上帝的意志——顺从带给你和平，使你重新成为上帝的孩子。凡使你惊骇的都已消失。当你从你那欢愉的澄明中生长时，当绝望再度要攫住你时，那你就会认识到，生活的黑暗势力再不会靠近你。你站在光明的高处，在你的下面，

①作品第 124 号。——译注

你看到熙熙攘攘的人们还为恐惧和混乱所主宰，正如你从前那样。这时你召来你的鹰。它向你抬起它那俊美的头谛听着。你朝它唱起一首崇高庄严之歌——一首欢乐之歌，这是上帝要给予人的一首欢乐之歌；你向人歌唱博爱和人性，歌唱上帝：

> 拥抱吧，亿万人！
> 这吻给予整个世界！
> 弟兄们，在星空之上
> 一定住着一位慈爱的父亲！

这鹰俯冲而下，在人群上方盘旋。他们静静地倾听它的传达。贝多芬，这时你的人类之歌呼啸而起，巨大的合歌，唱起你的欢乐之歌，人类爱之歌，你的上帝之歌。

最后一个音消失了，还没有一只手敢于动弹。但随即爆发出雷鸣般的掌声。有谁经历过这样的欢呼吗？它是冲他而发的，可他听不见。现在有一个女歌手触动了他一下。贝多芬转过头来，他看到了他所听不到的——他微然一笑。

第二十三章

卡尔·范·贝多芬一八二三年秋在文科中学毕业，他重新回到伯父身边，并成了语言系的大学生。贝多芬认为卡尔在这方面有着特殊的才能，但是卡尔本人却感到力不从心。每半年都要进行一场考试，为此那是要下番苦功的。头两个学期卡尔仅仅及格，这是因为他姓贝多芬之故。以后的学期他都会及格吗？再说，把语言学作为他一生的职业！他的伯父劝说他学语言，可那时他还是一个愚蠢的孩子。现在他就要十九岁了，认为自己对世事有了些认识，终生做一个收入微薄的教员那是要挨饿的。他要赚钱，要发财，而要发财那就只有经商。他要做一个商人。

贝多芬一开头对卡尔的这种转业感到吃惊。但逐渐他也就明白了，他对卡尔的才能和品格估价得过高了；他早就放弃了让卡尔为贝多芬这个名字建造第二座“纪念碑”的念头。于是他同意了，但是他要求卡尔不要立即从事经商活动，而是先受一段时间的基础理论教育。因此，卡尔在一八二五年复活节前后进入了综合性科技学校。贝多芬由于不久就要到乡下，于是他在一位可信赖的公务员那里为卡尔租了一套公寓。这一年要付近二千古尔登，远比他的年金要多。这即意味着，他要加倍的努力。彼得堡的加里钦侯爵询问贝多芬是否愿为他写三首弦乐四重奏，这项委托来得正是时候。

卡尔对新的学业有着自己的想法。他看不出做一个商人需要什么理论知识，只要聪明、练达和有实际经验就够了，其他的都毫无意义。他的伯父对生活都知道些什么呵！就像一个聋子对音乐所知道的那么多！不，这个比喻不合适。呐，应该是这样：像一个瞎子对颜色所知道的那么多。主要的是，他现在摆脱开老家伙了，其他的都好办了。首先他要享受一下这新的自由。在这方面他做起来是彻底的。

贝多芬在第九交响曲获得巨大的成功之后，接到前往伦敦的一项邀请；他应当写一部新的交响曲，会付给他一笔很高的稿酬。贝多芬对此并不反对，他进行了构思，但是他内心给予他的委托却不容中断。

贝多芬现在完全聋了。他再听不见外界的声音了。凡是与他亲爱侄子无关的事，都不再触动他了。像一个梦幻者，像一个夜游人，他穿越喧嚣的街巷，穿过熙熙攘攘的人群。生活的声响再也干扰不了他了，他还谛听到的，只是他内心的声音，他不再为任何事发怒冒火，变得沉默、内向。那不可理解的，那听不到的，它在激动，要求具有形体。而作为这样的形体，风格雄浑的交响曲已不再适宜了。他能向之吐露他的衷曲、他的秘密、他神圣的一切的只能是少数几个演奏者。这样他完全出于自身的要求重又着手写弦乐四重奏了。

第九交响曲还远没有完成时，贝多芬就开始了这项工作。降E大调四重奏，作品第127号宣告了他最后一系列自白的开始。欢愉的光辉像是第九交响曲中欢乐颂的一种温柔的反光。在柔板中表现了对上帝的最由衷的信赖。这音乐是多么神圣！这些四重奏是多么神圣呵！这些至神至圣的柔板乐章呵！

在夏天贝多芬前往巴登附近的古敦布鲁恩的乡下，立即开始写一部新的四重奏，这就是A小调四重奏。为了能够创作，这需要他付出意志的全部力量。肉体的痛苦，虽然它早就变得越来越严重，这他都不在意，但是他的侄儿却经常使他陷入不安。他得知卡尔不去上课，在咖啡馆鬼混，同酒馆的侍者和马车夫在一起玩弹子戏，经常深夜才回家。他决定返回维也纳，去到卡尔的老师处打听一下情况。

一天中午，他站在综合科技学校的前厅里。钟敲响了十二点，各个教室的门打开了，大学生纷纷涌了出来，石头大厅里响起了他们的脚步声、谈笑声。卡尔不在他们之中。随之又都寂静下来。一扇门又打开了，走出来一个年轻的老师，他一边用口哨吹着《费德里奥》中小号的旋律，一边走了过来。突然他停下了脚步，他那美丽动人的面孔变得苍白。贝多芬脱下帽子迎向他走去。

“我叫贝多芬。”

“我的上帝！——啊，您戴上您的帽子好吗？请您随我来。”他把他领到自己的房间里，请贝多芬就坐。“您的侄儿不在我的学生之中，”当贝多芬向他提出了自己的请求时，他写道，“请您耐心地等一下，我会把一切告诉您的。”良久之后，他又返了回来。他那先前洋溢着幸福的面孔变得悲哀起来。他把他的嘴贴近贝多芬的耳朵，只是说了：“我没有什么好消息可告诉您。”

贝多芬点了点头。“我早已想到了。”他忧愁地望着地面。突然间他觉得自己被人拥抱住了，一个年轻人啜泣地伏在他的胸膛上。——他在想，对一个完全陌生的人，我是如此地被看重，可对一个我爱如亲子的人我却什么也不是！

一些天来，他一直感到绝望，他在自问，放弃做监护人是不是更好一些。这个年轻人耗费掉他多少精力呵！近几年来他创作的东西寥寥无几，有多少计划都不得不一再搁置起来，因为忧虑、操心、激动而一再地使他无法工作。有谁知道他还能活几年！难道第十交响曲、《浮士德》的音乐、升C小调弥撒曲、清唱剧《扫罗》、安魂曲都得胎死腹中？难道在他心灵的目光之前无垠绵延的一系列四重奏一定得夭折？难道所有那些他现在尚无所知但却肯定会出现在他的意识之中并且要求被创作出来的一切都得无法成形？为谁做出这样的牺牲？为一个轻浮的年轻人，他不是很坏但也不比其他成千上万的人更好。他对于善举几乎从不知感恩，对爱从不还报以爱！是啊，他不知他的侄儿在旁人的抚养下是否会更好一些？在他做监护人的十年中间却表明了，他没能从卡尔那里得到爱和信任，而没有爱和信任做基础，那他们之间的关系就变得毫无意义。但他又一再问自己：如果我对他撒手不管，那他会成为一个什么样的人！如果让他放任自流，他的性格是那样软弱，会完全听任他那可怜的母亲的摆布的，随之这个人就毁了。

于是一切如故。当卡尔到巴登找他时，贝多芬一次是向他倾注了自己的爱，但这个年轻人并不需要这种爱；而另一次是责备、发火，但最终却总是以和解为结束。当告别之后，卡尔坐到了车上，他在想：上帝保佑，一个星期了，又摆脱开这个老家伙了！

在这种忧郁的情况下，还要加上一场重病，尽管如此，他的A小调四重奏还是有所进展，在八月份就完成了，这要归功于贝多芬的铁的意志，每当他进行创作时，他就以这种意志把一切障碍都从他的意识中扫除掉。他在第三乐章上写着：一个康复者对神的感恩！在他的作品的殿堂中他是一盏燃烧着的永恒之灯。

一八二五年秋，贝多芬返回城市，并移居到位于阿尔色城郊格拉西斯的一所新住宅。这所带有教堂的建筑物是西班牙本笃会的僧侣建造的，因此称做黑西班牙人大厦。贝多芬从他所在的三楼的窗户里向外望去，掠过格拉西斯，城市和它的棱堡、塔楼一览无余，左边是利奥波德斯塔特，再远处是普拉特公园和它的美丽的参天古树。在右边，是与黑西班牙人大厦相邻的“红房子”。他的老朋友斯台凡·冯·布洛宁还一直住在红房子里。近几年来，他们的关系变得冷淡，因为布洛宁一再地劝说他摆脱开他的侄儿，与他脱离关系，这种关系带给他的只是不幸。现在毗邻而居，两个朋友又完全恢复了友谊。布洛宁的妻子照料起贝多芬混乱不堪的家务，购置一些必需的新的家具，安排膳食，使这位音乐大师终于有了一个愉快的家了。卡尔住在公寓里；贝多芬觉得同住在一起不再有什么意义。

A小调四重奏一结束他就立即开始创作B大调四重奏①。那缓慢的乐章——卡伐蒂那——又成了他的庄严崇高的顶峰。但这次不是对神的感恩。这是一个祈祷——一个人的祈祷，他在深深的精神苦难中与神进行搏斗。

①按此系指降B大调第十三弦乐四重奏，作品第130号。——译注

第二十四章

“一个老年人总像一位李尔王！——
跟你携手合作、争较的人，
早已一去不返了；
跟你一起同甘共苦的人，
已投奔别处去了。
青年自有青年的向往；
‘来吧，跟我一同偕老！’
这样要求他们，真荒唐。”①

贝多芬经常地念歌德的这些诗行，他早已背诵如流了。他经常默诵它们，以此来告诫自己，不要不公平地对待卡尔，对待他的青年时代，青年自有青年的向往。是这样呵！——贝多芬坐在写字台旁工作。他那可爱的四样弦乐器又在催逼着他，它们从深不可测处窜上来，要变成声音。

①此系引自歌德的《温和的讽刺诗》。译文采自钱春绮所译《歌德诗集》下册，第 282 页，上海译文出版社出版。诗中的李尔王即莎士比亚戏剧《李尔王》中的主人公。——译注

门开开了，卡尔站在门槛上。贝多芬微笑地指着一把椅子。“稍等片刻，我的孩子！”随即他又忘记了他四周的世界。

卡尔随意地仰坐在扶手椅上。他早就领教过了。“我给你半个小时，老朋友！”他大声地说道。他知道他什么也听不见。

升 C 小调四重奏开始的赋格从昏黑的低层朦胧地升现上来。

卡尔环顾房间。他刚从他母亲那里来，在她那里同两个年青的甜姐儿喝了咖啡：其中一个他一直陪她到她的家里，她答应他明天可以去拜访她。一束鲜花，一些糖果这自然是要带去的。可他手边连一个铜板也没有了。怎么办？只好到老头这儿来！在他母亲的绿色客厅中是多么惬意啊，摆好的咖啡桌，一边一个甜甜的姑娘，她把一块点心放进嘴里，而为了表示感激完全愿意让他轻轻地亲上一亲！莱茜的身材确是没有他陪之回家的色菲苗条吧？色菲细长，但是不是有些太单薄了？呐，希望她们俩轮流来。——老家伙还坐在那儿一直写个不停。你好好地写吧！要不钱从哪儿来！这个世纪的最伟大的天才坐在那儿——就算是吧——，我竟是他的侄儿！一个宝贵的念头！说说看，老头，你是怎样得到你的侄儿的？!——是不是所有的天才都是这样不修边幅？上衣的左肘处有一个洞。卡尔的脸上露出一丝冷漠的蔑视表情。这儿的一切是多么寒酸和杂乱无章！一张粗木写字台、一个衣柜、两把扶手椅，除此再没有什么了。那边，两架钢琴和一张床！——他的伯父是不是也有过风流故事？这个念头在刺激着他，他费力地控制自己，以免说出来。呐，就是有的话，那也是多年以前的事了，现在肯定不会有人再上钩了。——好了，半个小时已经过去了。他拿起谈话簿，写道：

“我的功课很紧张，很遗憾我不能等更长的时间了。”他把本子推到贝多芬跟前。

当某种白色的东西出现在贝多芬的眼前时，他为之一怔。随之他拿起本子读。他放下了笔。

“请原谅，我的孩子！我完全把你忘了。呶，什么事？”

“我需要二十个古尔登，买书用。”卡尔写道。

“现在在学期中间要买新书？这是怎么回事？”

“你是有点不相信我了？”

“当然相信，但是我希望你要说清楚。”

“那你得去问老师了。”

“买什么样的书？”

良久，回答才写了出来：“商业法、商人阶层史。”

贝多芬满意地点了点头，他从柜子里取出钱来。“这儿，我的孩子！我很高兴我不用再读书了。”

卡尔道了谢，准备动身。

“你这么忙？我除了给你钱之外，就不再是什么了？”

“我还有好多事情要为明天做准备。”

“你得牺牲几分钟，你来的时候太少了！你为什么老不照面？”

“因为一些老掉牙的事总受你的申斥，我觉得太难过了。你经常责备我懒，可我却一直像一条牛那样去死记硬背！”

死记硬背的牛，这词惹得贝多芬笑了起来。“呐，卡尔，好吧！但有一点你还得告诉我：你听我的话了吗？你不再跟你的朋友尼莫茨来往了吧？”

卡尔考虑了片刻。他想不出用什么谎言来搪塞。但是这次他认为无需费力编造什么谎话。“尼莫茨是我的朋友，我不会停止我对他的爱的，我像爱我的一个兄弟那样爱他，如果我有兄弟的话。”

这最后一句话解除了贝多芬的武装。“我可怜的孩子。他不是你的朋友！我觉得他粗鲁下流。每当他来我这儿时，我就发现，他来的目的不是为我，而是为了女管家。”

“这你只是猜想罢了。”

“我的孩子，这个世道我认识得比你清楚。”

卡尔憋住没有发笑。随后他写道：“我想，在这件事上我们最好是什么话也别说。争论有什么益处！你看到了，刚才我对你的那些责备，不都是我对了吗？”

“卡尔，我要为你负责的！因此我明确地命令你，你必须停止与这个家伙的任何交往！”

“我禁止你称我的朋友为家伙！”

贝多芬看完这句话，就咆哮起来。他由于愤怒而不由自主地大喊：“你敢这样跟我讲话？我，你的赡养人，你的养育人，你的第二个父亲？你这个忘恩负义的人！你这个不知羞耻的人！但愿我见不到你！你是我纯洁生活中的瘟疫！你要摆脱开我？好，走开！你命定是个没出息的人。我已做了我应做的一切，在最高的审判者面前我问心无愧。到你母亲那去吧！你是属于她的，你是你那可尊敬的母亲的一个可尊敬的儿子！”

卡尔一步冲了上来，抓住他，摇动他的双肩。“你！侮辱我的母亲？你这个老傻瓜，你这个吸血鬼！你这个虐待狂！”

猛的一击，他跌到墙上。伯父和侄子充满仇恨和轻蔑地相互凝视，面色死一样的苍白。随之卡尔冲出了房间。

贝多芬蹒跚地走向一把扶手椅，他喘着粗气坐了下来，把脸埋在手里。

“上帝！我的上帝！你给予我什么样的重负！我再不能忍受了！我真的再不能忍受了！”

他长时间坐在那里，缩成一团，几乎什么也不去想，直到赋格旋律又在他的内心响了起来：

不！他抗拒，现在不！放开我！不要亵渎你自己！这太可怕了，这得想法结束掉！但是这赋格旋律仍纠缠不休，它在催逼他，使他的一切抗拒归于无效，它把他推到写字台前，逼他拿起了笔，贝多芬写下了他的那首最为雄伟庄严的四重奏的雄伟庄严的引子。天色暗了。他懒洋洋地站了起来，点上了灯，继续写下去。老厨娘拿着夜餐出现了。——“我今天什么也不吃。”——“账单，范·贝多芬先生，”——“今天不，萨莉，明天。”他继续写，直到这个乐章写完。

随之，今天发生的一切，又都涌现出来。

一个老年人总像一位李尔王！

他站了起来，拿起一卷《莎士比亚集》翻阅起来，读道：

> “吹吧，风啊！胀破了你的脸颊，猛烈地吹吧！你，瀑布一样的倾盆大雨，尽管倒泻下来，浸没了我们的尖塔，淹沉了屋顶上的风标吧！你，思想一样迅速的硫磺的电火，劈碎橡树的巨雷的先驱，烧焦了我的白发的头颅吧！你，震撼一切的霹雳啊，把这生殖繁密的、饱满的地球击平了吧！打碎造物的模型，不要让一颗忘恩负义的人类的种子遗留在世上！”①

忘恩负义！忘恩负义！我付出的一切，我牺牲的一切，甚至我的作品都付之流水！滚他的吧！把他从你的心中驱逐出去！踏上他一脚，把他踩回到泥淖中去，你就是把他从泥淖中拎出来的！

这时在他内心响起了一个声音：他毕竟是你弟弟的儿子啊！他毕竟是你母亲的孙子啊！

是啊！他反驳说，他毕竟是他母亲的儿子啊！而这个母亲，这个声音继续说道，他为她辩护，因为你骂了她！

难道她不该挨骂吗？

母亲归终是母亲！

可他写的那些不知羞耻的话呢？

他为他的朋友辩护。

---

①见《李尔王》第三幕第二场，译文引自《莎士比亚全集》第九卷，第208页。——译注

“这样！”贝多芬大声地说，仿佛他在同某一个人说话，“这真是好极了！这么说是我错了？是吗？没有回答？”

不再有回答了。但是贝多芬彻夜不眠，他在寻求回答。当白昼来临时，他找到了答复：

“我珍贵的儿子，

不要再继续下去了！回到我的怀抱中来！你不会再听到任何严厉的话！你会永远得到爱！对未来该考虑怎样去做，我们要亲切地加以磋商。我以名誉做保！你从我这儿得到的只是最亲切的关怀和帮助，而决不是责备！来吧！来到你父亲的身边！”

但是卡尔没有来。他一连三天不在他的公寓里照面。在色菲那儿惬意呵。可是到第四天，来了一位年轻的骑兵军官，卡尔被请求腾出位置。

“若是你也穿上一身时髦的军装就好了，”色菲说，“那我也许就能守住你了。但是你必须看到，卡尔，一个未来的店员是无法与一个少尉进行竞争的。”

好啊！一个未来的店员！这样！别人一定会这样说的！肯定的！决不会错的！真活见鬼了，为什么我就不能成为一个军官？现在我差不多已经在综合科技学校混了两年了，死记硬背些没用的东西；马上又要考试了，我不会及格的，这样还要再受一年罪，就是考试及格了，那我就成了一名店员，被塞到商行里，给每个人跑腿，削羽毛笔，填墨水，给账房先生去附近酒馆端啤酒；这真是一份好差事！

他到一家咖啡馆，喝了一杯酒，在脑子里把事情反复地琢磨一番。

呐，当然要当军官！让商人见鬼去吧！那老家伙会同意吗？又换一种职业？管它呢！今天我到他那儿去，对他好一点，这样就会好办些。他对这件事还是没有把握，但两杯水酒下肚，他就有了勇气。

贝多芬在此期间却经受了痛苦的折磨。当第一天过去了时，而直到傍晚时卡尔还一直没有回到公寓，他感到吃惊，他的侄子已有一天一夜没有回家了。翌日清晨他去过他憎恨的弟媳处，甚至克制了自己的厌恶，去到卡尔的朋友尼莫茨那里询问，最后他向警察当局报告了。这不愉快的三天，充满了自责，这不眠的三夜，他辗转反侧。若是这孩子出了事怎么办！他怎么能让他的母亲在自己面前说三道四！他热烈祈求上帝这次饶恕他，把他的儿子还给他。第四天，当卡尔真的出现在他的面前时，他高兴地欢叫起来，把他拥入自己的怀抱。

“卡尔！我的卡尔！你到哪儿去了？”

“我要跳水，”这个十分自信的年轻人写道，“三天，我走迷了路！”

“我可怜的好孩子，原谅你年老的伯父吧！”

“你原谅我吧！我对你太不讲道理了！”

“不，卡尔，是我不对！呐，现在一切都好了！”他重又拥抱他；这时他察觉到卡尔身上一股强烈的酒味。“你喝酒了，卡尔？”

“我现在都站不住了。”

“我可怜的孩子，你看起来像一具死尸！快坐下！你吃过了吗？没有？”他摇动铃，让人准备一顿丰盛的晚餐。

“你多好啊，伯父！”卡尔感动得热泪盈眶。“你多好啊！你是世界上最好的人！有谁说你坏话，我就打死他！有谁说你的作品不好理解，那他就是一头牛，他，我也要打死他！”他立起身来，张开双臂冲向他的伯父，他踉跄一下跌倒在地。贝多芬同厨娘一道把他放到自己床上。他本人躺在沙发上，像个死人睡了过去。但是卡尔的这次新的打算落空了。贝多芬对他解释说，他是为了成为一个商人，才放弃了学习语言，这是他自己提出的愿望，因此事情不能改变。

呐，好吧，卡尔在想，我们看看，谁最后制服谁。

他根本就再不去听课了，大半时间都泡在咖啡馆里。马上就要考试，他绝对是不会及格的。他也没打算及格。一个妓女的话深深地伤害了他的自尊心；他现在认为商人阶层太有失他的体面。他再次试图说服他的伯父，但贝多芬向他声明，如果他再有一次带着这个鬼念头来的话，那他就会放弃监护人的身份，再也不管他了。

“你是要把我逼到绝路上的！”卡尔写道，“你会感到后悔的！”

“我的孩子，你是一个喜剧演员！”

“我会自杀的！”

“如果你能做到这点，那这对你不是件坏事。”

“我真的，真的会自杀的！我的血会溅到你的身上的！”

“喜剧演员！”

“好！是你要我这样的！”他向伯父投去悲哀的一眼，随后走掉了。

那么现在我必须自杀了！他在想。可我怎么能想到自杀呢！——但是我自己确是这样说了！他叫我是喜剧演员，如果我不去自杀，那他就说对了，我真的也就成了一个喜剧演员！是啊，是啊！一个活着的喜剧演员总是比一个死去的英雄要好多了！是啊，可是债务怎么办？若是老家伙知道了的话，那一切都完了。可是考试呢？该死的！我讨厌这乌七八糟的事情！等等！——在他脸上露出一丝狡黠的微笑，——现在有了主意！我开枪自杀，可不让自己死掉！我只把自己擦伤就行了！这样做那可得多加几分小心。这样就行，他就会惊慌失措，我要怎样，他都会答应的。就这么办！他卖了他的表，到了一家武器商店。

“有好的手枪吗？”

“用这枪您都会把一头牛击毙的。”

“呐，我不需这样的。给我一支小一点的！”

他付了钱走了出来，但又返了回去，又买了一支手枪。“这样他们就会看到我死的坚强意志！”他回到公寓。“永别了，施莱默先生！您再不会见到我了！”他离开了公寓。

他乘车到了巴登，在那儿过了一夜，第二天早晨用了一顿丰盛的早点，然后步行到罗恩斯坦废墟。

好了！但是现在要小心！他把手枪偏举向头部，根据他的预料这样正好是擦伤，他揿动了扳机。一声枪响——一股白烟笔直地冲向夏日晴空，几只被惊动的乌鸦在古老的塔楼上空盘旋，鸣叫不已。卡尔摸了摸他的头。根本没打着。那就再来一次，得稍微往下一点。——又是一响，击中了头部，他倒在地上，失去了知觉。

近处公路上的一个车夫听到了枪声，他登上废墟，把伤者背到自己的车上。卡尔已恢复了知觉，他请求车夫把他送到维也纳他母亲处。

贝多芬两膝摇晃心跳不停地登上楼梯，来到他弟媳的住处，走了进去。卡尔卧在床上，头部缠上了绷带，苍白的脸上只露出眼睛、鼻子和嘴。他的母亲从他的床边立起身来。

“啊哈，他来了，伯父先生，监护人先生，多么可爱的人！您看看吧，这就是您干的好事！卡尔，现在你说话，把你心里的话都说出来！现在该他听你的了！现在你有什么要求都提出来，现在他不硬气了，该屈服了！”

但是卡尔只用手做了一个反对的动作。

“让他走开，母亲。我不能见他，我不能忍受他！”

贝多芬坐在卡尔的床边，拿起他的手；但是卡尔激烈地把他的手甩开，把脸转向墙。

“卡尔！我的孩子！我亲爱的儿子！你看我一下！你再不会听到我对你的责备了！”

这时卡尔转过脸来。“让他走开，母亲！”他叫喊起来，“若不我就把绷带撕下来！”

贝多芬听不见他说的话，但是他懂了。他艰难地立起身，走了出去。

他来到阳光灿烂的大街，走啊，走啊，一直走个不停。他的脑袋里空空。有时他在想：卡尔不要见我。可随即又茫然若失，直到最后他站立在一座城门之前，这才发觉，他走错了方向，于是又踅了回来。再次穿过炙热和满是尘土的大街。突然他停在一家商店的橱窗前面；一些东西把他紧紧吸引住了。那儿是刀子和剪子，各式各样，各种规格的都有。在它们中间是两支手枪。

他伫立良久，呆呆地望着它们。真奇怪，他在想，在这样的小东西里竟然有那么大的力量！把它们对准额头，一扳枪扣，于是一切都完了。或者也完不了。只是受点伤，或者完全从旁边一滑而过。这真够稀奇的了，人们居然能这样去做！

他耸动一下肩膀，继续走下去，回到他那寂寞的家里。升 C 小调四重奏的总谱还放在桌子上，就在这件可怕的事打断了他超凡脱俗的孤寂的当儿，他正在写这部四重奏。

他坐在一张扶手椅上，闭上了双眼。卡尔的面孔在他眼前浮现，他又看到了仇恨，向他倾泻的仇恨。他清楚了，现在一切都完了，他清楚了，他十年来所做出的牺牲毫无益处，他把他的爱给予的是一个不配的人，这个人既不要也不值得享有这种爱。

有人敲门，布洛宁走了进来，把他拥到怀里。现在这种麻木状态终于结束了，贝多芬紧贴在忠实的朋友胸前，哭个够。

“我可怜的路德维希，”布洛宁写道，“镇静！一点危险也没有！只是一点无足轻重的擦伤而已，整个事情我看是一出不知羞耻的喜剧！这个年轻人别的本事没有，可这种作戏的鬼点子倒想得出来。”

贝多芬惊愕地瞪起眼睛望着他。“你认为，斯台凡，他敢这样做？”

“任何下作的事情他都能做得出来。这类事干得够多的了。他背了一屁股债。他跟所有下贱的妓女都有来往。对学业早就不再问津了。”

“这都是年轻人的轻浮。但是这件事？这可是件无赖行径！”

“也许是我错了。但归终说来反正都是无所谓的。路德维希，你现在必须摆脱掉卡尔！放弃监护！”

“我不能这样做，斯台凡。若是我不管他，那他就全毁了！”

“不是说你该不管他！继续关心他，但这样做就足够了！路德维希，你是对人类负有债务的，不要忘了这点！为了这个年轻人弄得心力交瘁、精神不宁，上帝才知道，你本会给世界带来多少不朽的作品，他从人类窃取了多少幸福！若是你愿意的话，让我做监护人。我会把事情弄好的！”

“斯台凡，你真的要这样做？啊，现在我的心又轻松得多了！”

“你打算让他怎么办？”

“继续他的学业。”

"不，路德维希！你干吗要强迫一个不想再念书的人去学习呢？让他当兵去！这是一个很好的念头！对于那些忍受不了自由的人，这是一个最好的去处。"

"我要考虑考虑。我好心的斯台凡，有了你这个朋友，我真感谢上帝！你们布洛宁一家是我真正的保护天使！我想起你那善良的，善良的母亲，她对我那么好！"

"她让我向你致意！啊，我差一点忘了：我今天来是为了这件事。"他从衣袋里掏出一封厚厚的信。

"是威格勒的！"贝多芬喊道，"我太高兴了！"

"看看我姐夫给你写了些什么吧。"布洛宁说着立起身来。

"晚安，斯台凡！我忠实的好斯台凡！我几乎觉得，未来在闪闪发光！"

贝多芬坐在窗边，打开了信。他满怀深情地注视着他那老朋友的坚实的笔迹，他的少年时代又浮现在他的眼前，他读到的使他多么愉快啊：

"同你的结识，和通过你那善良的母亲与你结成的可庆幸的友谊，至少对我说来是我生命中的一个非常光辉的时刻。我看到你像看到一个英雄那样崛然而起，我能够骄傲地说：我对他的成长不是没有影响的，他向我倾诉过他的希望他的梦想。让我们再说一遍：是的，在欢乐和阴郁的心境里我都在怀念你！"

还有一段附言，埃莱诺蕾的亲笔！是邀请他到科布伦茨他们那里做客。"您看，亲爱的贝多芬，我们一直在想念您。告诉我们，您对此还是珍视的，并且我们也没有完全被您忘却！"

当女管家在暮色苍茫中进来时，她发现她的主人在扶手椅上睡着了。

"他今天的气色多么和蔼！"她喃喃自语，"信里一定写了些好的事情。"

第二十五章

根据负责监护事宜的行政当局的命令，卡尔被送进医院。虽然这无足轻重的伤口也能在家里治疗，但是，一当一个年轻人要自杀，那就说明他没有受到正规的宗教教育，医院里的神职人员应当给他补上这一课。

贝多芬在此期间硬下心肠，决定按照布洛宁的主意去办。卡尔一得知他可以去当军官，于是就请求伯父去看望他，至少在表面上两人和解了，但是彼此都知道，他俩从现在起已陌如路人了。

一两个月之后，伤口就痊愈了。这个年轻人的整个信仰和通过上帝的帮助而获得的宗教思想不再受到怀疑了，听取忏悔的神父给他写了证明，这样他可以离开医院了。可他的伤疤还明显可见，头发长得还不足以遮盖住它。他不愿意在外人面前露面。他的叔叔约翰前几年出售了在林茨经营的药房，成了克莱姆斯附近的一个庄园主；现在他邀请卡尔前去他的格纳依克森村的庄园住一两个星期，并请他的哥哥同往。

还在半年之前贝多芬对类似的邀请做了回答：每个人最好是留在自己的领域里。这次他接受了邀请，但也对同约翰一家的相聚感到不乐。事已至此，管它呢！

九月底的时候，他与弟弟和侄儿沿多瑙河溯流而上。行至古城克莱姆斯时踅入一条崎岖不平狭窄的林间小路，这是一条上坡路，老是沿着一段狭隘的深谷蜿蜒而行，一个小时之后到了高原，森林留在了后面，眼前除了一片空旷的收割了庄稼的土地别无所见。“格纳依克森村！”约翰朝着他哥哥的耳朵喊，指点他们从旁经过的一些低矮简陋的房子。一两个孩子在肮脏的街巷里玩耍，当他们看到他们的庄园主的车辆时，就跑进一间茅舍里。现在约翰的庄园出现了，这是一座漂亮的、带有塔楼的巴罗克建筑，完全可以称得上是一座古殿，还有一个花园和宽大的附属建筑物。一切都整洁，井然有序。

“二十四个房间！”约翰在谈话簿上写道，“若是你愿意的话，有十间是你的。”

“谢谢，显赫的大庄园主，我有一间就满意了。”

车停在门前。弟媳“肉墩子”出来了，打扮得花枝招展，面带娇媚的表情，身旁是她的女儿，一个可爱的丰满的十九岁姑娘，她激起卡尔的格外好感。

约翰把他的妻子拉到一旁。“哥哥住二层楼角的房间。侄子你安排在他旁边。其他事情你弄得好一点。我已经同我的律师说过了，你可完全得听我的。”

嘲弄的目光。“感谢上帝，我也有一个律师，我的亲爱的，你不妨听听我的。若是我和阿玛丽有什么过失，那我们自己知道。你这位傻哥哥识相些，那一切都好。若是他放肆的话，那他会有好瞧的。”

彼此寒暄过后，贝多芬被领到他住的房间里去，这间房子很大，布置得很好，他感到尤为重要的是，凭窗临望花园，景致甚佳。饭后约翰邀请他散步，以便参观一下庄园。当然没有多少东西可看，都是一眼望不到头的收割过庄稼的土地。

“四千摩尔干[①]！”约翰骄傲地解释说。

①一摩尔干相当于 0.25—0.34 公顷。——译注

“你没有森林？”贝多芬问。

“它无利可图，”他的弟弟写道，用手做了一个数钱的姿势。太阳西沉，寒风阵阵。贝多芬感到发冷。他的双脚沉重，走起来疼痛。他请求回去。“你一向是能走路的吗？”约翰惊奇地问。

到家之后，贝多芬解释说，他累了，不吃晚饭了。上床时他费力地脱下鞋，发现他的脚直到踝骨都肿了起来。“这是怎么回事？也许是水肿？主啊，你的意志，随你的便吧！”

他躺在床上，熄了灯。火光在壁炉里闪烁。在飘忽不定的光亮中，贝多芬看到了对面墙上的一幅巨大的油画。这是一位年迈的老人，他那平庸无奇的面孔与弟媳费特吕迈尔酷似。

“晚安，面包师先生！”他说，“希望我没有打搅您。上帝怜悯给您画像的那位可怜的人！他一定是饿得瘦骨嶙峋[①]。”

他闭起双眼。一种被彻底遗弃的情感袭上心头。他觉得，在他的一生里还从没感到像在他的胞弟家里这样孤独。当时在海利根斯塔特呢？当尤利亚发现他变聋时，离他而去，当他病卧在远离城市的小房里濒死时呢？不，就是那当时也不是如此！因为他当时还年轻，不管怎样，还有希望；他不屈服，他与生进行斗争，继续创作。第二交响曲就是在那个时候完成的，那是他的第一部大型作品，在这部交响曲里他完全是他自己。——完全是他自己？第二交响曲中的小广板在它那纯洁无瑕的优雅中荡漾。他是这样吗？他还能从中认出自己吗？生活，沉重苦难的生活把他造就成了另一个他吗？他不知道。但是他知道，长期以来渴求那种小广板的安谧幸福的愿望在他身上就一直在燃烧着。他觉得，他仿佛从那以后跑了一个大大的圆圈；驱使他穿过昏暗的森林，越过陡峭的山峦，通过炽热的沙漠，越过荒凉的草原；在星际飞行中他跨越了这个大千世界。现在它又重新回到了他的面前，安宁的、纯洁的、寂静的，他青年时代的故地，第二交响曲的王国。它生活在他的弦乐四重奏

①费特吕迈尔字义是肉墩子，胖得发圆之意，故贝多芬有此一说。——译注

里，在来格纳依克森村之前他还没有完全完成，他带了来，是为了最后把结束的乐章写完。幸福的欢愉！与世界、与上帝、与人，和睦相处！不再争论，没有愤怒，没有仇恨！爱，宽恕，谅解，和平！

他的目光又落在墙上的画像上。“面包师先生，”他笑着说，“您也是一个人呀。那就没什么不好的！可是您打搅我太厉害了。若是我不看您，您不会有什么不满吧？”他要起来，可他的身体沉重地躺在床上。“一定得这样？——一定得这样！”他喘息着从床上下来，把画像从钉子上拿下来，然后把它反过去再挂到墙上。他喘着粗气重新躺倒在床上。“这样，面包师先生，从背后看您肯定更美些。好好睡吧！”这时“一定得这样”的动机[①] 开始了，这是四重奏的最后乐章的主题，它在天穹中飞舞，随着熄灭的火焰的最后一缕光亮它消逝了。

翌日清晨，贝多芬起身后要刮胡子，这时他发现眼白中有一条黄丝，两脚依然肿得和昨天一样，尽管经过长夜的休息。他的弟弟十分认真，严格规定他卧床休养，单做病号饭菜，除此还服大剂量的药片和药水。这可真是一次美好的农村休假！户外十月的太阳在澄蓝的天空中燃烧着！

卡尔对这次意想不到的变化环境并不感到不满意。他喜欢格纳依克森村，若是他的叔叔约翰不是向他不厌其烦地谈论一个农村地主的艰苦生活的话，那他真愿意对他的伯父路德维希说，他现在终于发现了他的真正的职业。呐，伯父病了，去军队服役的事眼下又遥遥无期。最好在这儿多住一段时间！他同两个女人处得很融洽，每当约翰叔叔晚间回到自己的工作室去摆弄账目时，卡尔在沙发上坐在婶婶和堂妹中间，用胳膊左右搂着两个妇女，向她们讲述他在伯父家所度过的艰难时刻，感谢上帝，这一切总算过去了；两个女人不断安慰他。

楼上，贝多芬在房间里，躺在床上，时常受到疼痛的折磨，但他仍不倦

① F 大调四重奏是贝多芬的最后一部完成了的作品，“一定得这样？”“一定得这样！”这两个问与答的乐句是最后乐章的主要构成。迅恩沃尔夫在他的《贝多芬——在时代的转折点》中对这两个乐句做了详尽的分析。——译注

地创作。他总是一再感觉到他用自己的艺术所划出的那个圆圈。十几年来他不再想到的那些早期作品，现在又挤入他的意识，随同它们一道的是他的青年时代。他成小时地静静地躺在那儿，合起双眼，想起波恩、莱茵河，想起他童年时的朋友，特别是想起埃莱诺蕾和威格勒，他一直还没有给他们复信。现在他有时间了。

“我亲爱的老朋友，”他写道，“你和你的洛尔馨的信给予我什么样的快乐啊，我简直无法形容。我本应当立即复信的，但我生性疏懒，特别是在写信方面，因为我想，最好的朋友就是我不写信也能认识我的。我在脑海里经常地答复你们，可每当我要把它们写下来时，往往我把笔丢得远远的，因为我无法写出我的感觉。我记起你一向对我表示的爱，例如，你让人粉刷我的房间，使我喜出望外。我同样地想念布洛宁一家。人们彼此分离，此系事理之常；每个人都必须追随他命定的目的，并力图达到。只有永远不能动摇的善的原则依然把我们永远牢固地连在一起。你信中谈到你的儿子。如果他到维也纳来，他会看到我是他的朋友和父亲，凡我所能，尽力而为，并心怀喜悦，此事不言自明。我手头还有你的洛尔馨的一张剪影，由此可以看到，出自我年轻时代的爱和善在我依然是宝贵的。”随之他谈及他赢得的种种荣誉，因为他相信，作为一个男子汉大丈夫的威格勒是知道珍视与己相同的人的。然后他继续写道：“还有我现在的情况是：无日不动笔，如果我让缪斯安睡的话，那也只为使她醒来时更兴奋。我希望再完成几部大型作品，然后，像一个老小孩，在善良人中间结束我尘世的路程。我亲爱的朋友！今天就到此吧；对往昔的回忆令我激动，你收到此信也不会不泪水盈眶。业已开了头，不久你会再收到一封信，你的信写得越频繁，你给予我的快乐就越多。我们的友谊已无需彼此问候，别了！我请求你以我的名义拥抱和亲吻你的洛尔馨和你的孩子们，并使他们想起我。上帝与你们同在！你永远忠实的朋友，尊敬你的贝多芬。”

眼泪！——往常他什么时候这样哭过呢！他一定是太软弱了。还要完成几部大型的作品——上帝是否会给予他这份慈悲？呐，眼下是可以写完这部四重奏的，他在脑子里已经完成了。八天之后他能把它寄给出版商。

长时间卧床给他带来了好处；两腿的肿胀已经消失了，他又有兴趣起身和到外边走走。

这是十月里的美好的一天，空气凉爽，天空晴朗。贝多芬离开住地愈远，他的心境就愈感到轻松。远方的斯塔依马克高地的景色令他心旷神怡，还有开阔的多瑙河谷，这使他稍许忆起他青年时代离开的故乡风光，三十年来他一直眷恋不已。成对的牛正在犁地，它们缓慢然而大步地曳犁而行。长长的白色丝线状云彩在晴空中飘荡，直消失在澄蓝之中。他的朋友——葱茏的森林越来越近地走了过来。从蓊郁的林墙中升起了几株大树，仿佛在向他招手。终于他到达了目的地。他跳过公路旁的壕沟，用胳膊拥抱起一棵光滑的树干。“现在我又到家了！”他顺着树干滑倒躺在柔软的苔藓地上，仰面朝天，望着在风中摇曳的树冠。树，亲爱的树！我好长时间没看到你们了！你们多么强壮、善良、忠实！有谁在你们的华盖下安卧不感到幸福！今年我到你们这儿该是最后一次吧？当你们幼叶的嫩绿与枞树和松树的深绿混淆不辨时，我就再看不到你们了吧？上帝还能再给我一两年的时间吗？

他静静地躺在那儿，沐浴着温煦的阳光，心怀感激之情。他的双臂停放在柔软的苔藓上，用手轻轻地抚摸着。这一切多么美！在高高的树干上他发现了一只啄木鸟，它有节奏地啄树。一些细小碎片落了下来，正巧落在他的脸上。他微笑着把它们挥掉。

终于他立起身来，向树林里走去。他的双脚由于坚硬的公路又开始了疼痛，现在走在柔软的林中空地上，每一步对他都是一种享受。阳光透过深褐色树叶形成的金色小圆圈多美啊！他再次感谢上帝，他使他聋而没有使他瞎。

他踏上一条车辙很深的狭路，这是伐木工人使用的一条小道，它相当陡的直抵一个小丘。正当他要步下小丘时，他看到了什么，这使他停下脚步。

在路中间有一匹马，颤抖着，喘着粗气，使劲地在拉一辆低矮的车，车上装着一棵粗粗的树干。马旁边一个伐木工在不停地挥鞭抽打这个畜生。贝多芬的心开始跳起来。他听不见鞭打声，可这种无声更增加他对这种野蛮事的反感和憎恶。

他疾走几步站在那个人面前，抓住他的胳膊。

"您这个人！难道您没看到您的马已经拉不动了吗？"

这个人把他推开。"这是我的马！你懂吗？"

"我不知道您说些什么，我是个聋子。但是您不能再鞭打它了，它拉不动了！"

由于阻拦而发火，车夫挥动起鞭子，愤怒地狠狠朝马抽去。这时贝多芬扑向他，一阵短暂的搏斗，他被摔倒在地。盛怒之下，车夫抓起鞭柄朝着他打去，他碰上贝多芬的目光。他停住手，胳膊垂了下来。贝多芬站了起来，他走到马跟前，用胳膊搂着马的满是汗水的细长脖子。马感激地用嘴蹭着它的保护人的肩膀。

"您不要生气，先生，"车夫说，"我想赶路呀。现在我自己也来拉好了。"贝多芬拍拍马的脑袋，往后退了几步。"吁，吁！"车夫喊叫，抓住车轮，用强壮的身体抵住木干。毫无用处！

"您等一下，我来帮您！"贝多芬说着就抓住另一个车轮。"现在开始！一,二,三！"车真的动了。很快爬上了上坡路，到了最高处，下坡路直通向山谷。车夫停下来，把手伸向贝多芬。

当他疲惫不堪地返回庄园时，他的弟弟满脸不高兴地迎接他。"你怎么搞成这副样子？发生什么事情了？"他看到贝多芬的肮脏衣服时喊了起来。

"我掉进坑里了。"

"你这是怎么搞的。"随后他写道："我得请求你生活有点规律。我不能指望我的妻子成小时地等你吃饭。再说，你也该保养你的身体，不能这样长时间地在外面乱逛！"

贝多芬漫不经心地点头。"你说的完全对。可我现在不想吃饭。我累了，要躺下休息。"

他回到自己的房间，解衣就寝。两脚又肿了起来，可毕竟做了点事情。

在床上又静养了一两天，埋头工作起来。要为大型的 B 大调四重奏写一个新的结束乐章，来代替演出时不怎么满意的赋格。出版商恳求他最好是自己单独出版这部四重奏音乐中的怪物，并写一个新的最后乐章，来点轻松一些的，在长时间的紧张之后，人们该喘喘气了。好吧，按他的要求去做。轻松，欢快！老贝多芬，正如你现在的心境。将来那一天终会到来的，到那时会重新用这个赋格的，把它放到惟一适合它的位置上：在卡伐蒂那之后，在我迄今创作上达到的高度之后，该用得上它了。——他躺在床上，闭起双眼，谛听起卡伐蒂娜，就像他能听见似的。可另一点他却知道，这简短的乐章包含着痛苦、悲哀和对上帝意志的谦卑和屈从。那最后的两小节难道不是他感觉到的最神圣的吗？在此之后来一个欢快的乐章？若是过去他就会咒骂起来，大声咆哮，叫他们是没有教养的人，有谁能这样对他指手划脚呢？今天他已经准备按人们的意志去做。这是怎么回事呢？是软弱？是疾病的结果？它慢慢，慢慢地消磨了他的力量？呐，随它的便吧。他们需要欢乐。我已经在第九交响曲中给予了他们欢乐，我要继续给你们欢乐。

一两天的卧床休养之后，他又逼使自己像健康时那样生活。五点半他起床，吞下他的早点就坐下来写个不停，就是女仆进来整理打扫房间，他也不让自己受到干扰。这个老实的农村姑娘当然对这样的先生不习惯。当他停下笔时，就开始打拍子，哼唱，高歌，女仆便忍俊不禁，哈哈大笑起来。贝多芬觉得这太过分了，于是他要求换一个男仆。于是来了一个满头金发的农村小伙子，他有一对和善的蓝眼睛，名叫米歇尔。当他看到主人的哥哥的滑稽模样时，他开头虽然也是控制不住自己发笑的肌肉，但是他走到门外，笑够了再满脸正经地回到房里。贝多芬让人把饭菜拿到房间里，他不能再忍受和亲戚在一起用饭。由于他没有病，他对自己不能与大家一道进餐而表示歉意。每天他都到野外去，不管是晴天还是刮风下雨。米歇尔不是一个勤快的佣人，于是贝多芬的衣服不久就弄得乱七八糟。每当他在田野上信步而行时，就打着拍子，哼唱，高歌，这时他不管遇到什么，都视而不见；随之会发生这样的事，他把田地上的牛吓跑，自己去拉犁耙地。农具弄坏了，去到铁匠那儿修理。约翰这个地主当然不能容忍这类事情，他把东西放在哥哥面前。

“是啊，我亲爱的，”做哥哥的对弟弟说，“牛对我不满意，你们也不满意。”每当他开玩笑时，他总是迸出爽朗的笑声。

约翰在他的哥哥住了十四天之后声称，再想多住一段时间是可以的，他是一个受课税所累的农庄主，如果从现在起给他一笔小小的房费，那这是不过分的，每月四十古尔登决不算多。贝多芬当然表示同意。从他这个“假弟弟”那里还能期待什么呢！

他很少看到他的侄儿，卡尔跟女人们在一起觉得舒服多了。现在他的头发差不多完全遮住了伤疤，但只是差不多而已。他认为还不到出现在他的团长面前的时候。

贝多芬有不同的意见。“你在头发上抹一点润发油，就是用放大镜也发现不了你的伤疤。不，卡尔，这种散漫的生活你会更喜欢的，等待你的那种严格的军队生活你受不了的。我们要动身回去。”

“伯父，你是在想着把我摆脱掉吧？一回到维也纳，我们就必然要分开了！”

贝多芬怀疑地看着他。“我亲爱的孩子，我想，对你说来，婶母和堂妹比你的老伯父要可爱得多了。”

卡尔起咒发誓决不是这样，贝多芬又一次让步了。但是这种令人不快的逗留使他感到气闷。他完成他的四重奏的乐章，一部新的五重奏已经开始了，但是这项工作没有进展。已是十一月的最后一周，天气变冷了，尖厉的风在荒凉的田野上呼啸。他不再去拜访他的森林了，路太远，费力太大。他的健康情况看起来不好，两只脚一直肿到膝盖上面。就这样又过去一个可悲的星期。他的弟弟向他宣布，他不能为这样继续耽误卡尔的前程负责，并确定了动身的日子。贝多芬感到自己被赶出去了，于是满怀愤怒地声称，他要马上动身。约翰回答说，在三天之内他的妻子反正要到维也纳去，三个人可以一道同行。

“什么？你要我跟你的妻子在一辆车里待上两天？我不想这样！请你马上让人备车。”

“如果作为我们的客人你两个月同我的妻子生活在一所房子里，那你也大概能够跟她在同一辆车里待上两天！”

“那么说你是不愿意我用你的车了？”

“在三天之后非常愿意。今天不行。”

“光到克莱姆斯也不行？从那我坐驿车！”

“三天之后非常愿意。”

“那我坐你的送奶车！”

“这随你的便。可现在差不多是十二月了，你会生病的！”

“若是我死了，这与你有什么关系！别了，向你的太太致意！”

寒风在高原上呼啸，浓密的阴云在空中追逐，空气中混杂着细小的雪花。在送奶车的前辕上，路德维希·范·贝多芬坐在车夫身旁；他一动不动，把大衣裹得紧紧的，皮帽压得很低。他的肿胀的双腿冰凉，一股冷气从那里直侵入他的全身。他的侄子坐在他的后面，穿着婶母的一件皮大衣。

车在一条崎岖不平、冻得发硬的公路上缓缓而行，越过了空旷的田野。乌鸦在空中噪叫，尾随着车辆。车上没有人说话。有一次车夫掏出一瓶烧酒，他喝了一口，然后递给他的邻座。随后他为贝多芬给他那么高的小费而感到惊奇。

现在看到了森林，贝多芬的森林。那儿是灌木丛，他就躺在那里过，那样温暖那样快乐。可今天在冬日的天空下，光秃秃的枝条僵立在那里。

我亲爱的树，他在想，你会再见到春天的，再见到夏天的，许多个夏天；你是强壮的，健康的。永别了！

终于到了城里。长时间地等候驿车。又是一次漫长的旅程，直到夜间才抵达一家简陋的农村旅店。一间冰冷的房间，一张冰冷的床铺，令人无法入睡。他一阵阵发冷，身体在发烧。他开始咳嗽起来，每咳嗽一次他都感到疼痛，仿佛针在刺他的胸部似的。折磨人的一夜过去了，又是白天，又是一条漫长的旅途，整整一天，像是没完没了的整整一天。贝多芬回到了维也纳，他身染重病。

第二十六章

最后给大师治病的两个医生虽经请求，但都没有前来。到黑西班牙人大厦这是一条很远的路，它位于阿尔色郊区格拉西斯的外面，而贝多芬又不是一个令人愉快的病人。最好找另一个人去同他打交道。这样一来，有两天的时间贝多芬的身旁没有医生的照看。在第三天终于有一个陌生人来到他的病榻旁，写道：

"我是您的名字的一个热诚的仰慕者，愿竭其能，使您不久解除病痛。瓦鲁赫教授。"他确诊为肺炎，病情有了好转，八天之后贝多芬又能下床了，并认为自己得救了。但是他的生命力受到一次严重的冲击，多年来他体内的病痛现在不再遇到什么抵抗了。黄疸病和肿胀的身体第二天就又使他卧床不起。

"水肿！是吧，教授先生？呐，水在肚子里比在脑袋里和羽毛笔里要好得多！啊，我都再无法笑了！水在往上挤，压迫心和肺。教授先生，您把它抽出去！把它抽出去！"

夜间不断发生的窒息情况，满足他的请求已成为十分必要的了。

"教授先生，"当他看到水后，喊叫起来，"我看您简直是摩西，用他的拐杖在敲打崖石！"

“呐，大师，”瓦鲁赫说，“您真坚强呵！现在您忍耐一下！从今天起太阳升得越来越高了。再来一个短时间的检查就行了！”他那有经验的手立即觉察到他预料的东西：肝肿大变硬。可怜的伟大的音乐大师！这儿已无法挽救了！

在经过处置之后，贝多芬感到非常轻松。他认为病已完全根除了，又必须重新攀登了。他躺在房间角落的床上，安静，怡然，望着窗户，眺望户外。他被禁止工作，于是去阅读他的老朋友的书：荷马、普鲁塔克、莎士比亚、歌德。

卡尔要筹备军装，新年一过他就要动身去伊格劳，他的团队就驻扎在那里。还有许许多多事情要办：在裁缝那里多次试装，他把腰部的弧线搞得不够时髦——这还是维也纳最好的裁缝呢！我的上帝，这若是在梅里地方的小城又会怎样！去拜访母亲，她的愿望已得到满足，就不再去纠缠她的大伯子了；他同男友和女友的告别宴会，这位未来的少尉要体面地招待招待他们呢。当然这一切都需要钱。但一当病房的门打开，卡尔满面红光神采奕奕地出现在伯父面前，他用保养得温柔的手指抚摸着伯父的额角，写上一两句亲切的话，这时钱匣就打开了，钱匣放在床头柜上，他朝伯父投去恳求的目光——亲爱的上帝，有谁能说不字呢？只要这个年轻人愉快高兴就好！反正在一两天内严峻的生活就要开始了。

忠实的辛德勒在后室租了一间房子；几乎他单独一人护理病人，关照一切，去考虑、去写、去料理；另一个扶持人斯台凡 · 布洛宁本人也病倒了。辛德勒偶像般的尊敬总是使大师感到有些不快；现在在他的目光里又显得某种异样：这就是一种寂静的、无望的恐惧，这使贝多芬几乎气恼起来。这个善良的辛德勒是怎么啦！他现在确实是一天一天好起来了嘛！

一些老朋友要见他。出版商狄亚伯里露面了，他徒劳地试图还要尽快地掏出一部作品。遗憾呀！作为“最后”的作品那一定能赚一笔大钱。

当他们都走了时，贝多芬高兴了。现在他最喜欢交往的是布洛宁的十二岁儿子格哈德。他长得酷似其父，贝多芬一看到他，他就觉得自己回到了波恩的少年时代。这个男孩，对他父亲的这位著名朋友，对这个在维也纳几乎成为传奇的人物有着一种狂热的爱。他所有的空闲时间都在他身边度过，每当格哈德可爱的，由于奔跑而通红的小脸出现在门口时，贝多芬总是感到一种新的快乐。很久以前，在一次散步时爱丽儿[①] 给他行了洗礼，当孩子敏捷愉快得像莎士比亚《暴风雨》中的精灵一样，在他和父母亲之间跑来跑去时，这个名字就留下给他了。他在歪斜小黑板上天真烂漫地写的一切，经常使贝多芬爽朗地大笑起来。

在这些日子一件使他极为快乐的事是伦敦的竖琴制造家斯图穆普夫给他寄来一套豪华版的《韩德尔全集》。他是在一两年以前拜访过贝多芬的。贝多芬早就希望能有一部全集，但是他什么时候才能筹措到这样一笔可观的费用来购置它呢！当格哈德像往常一样中午进入他的房间时，病人容光焕发地指着他让人摆在两架钢琴上的四十卷精美的集子。

“你看，我今天得到了什么！一份了不起的礼物！韩德尔是最伟大的钢琴家！我还要向他学习。你去把全集给我拿过来！”

他开始一卷接着一卷翻阅，有时在一些段落上停留一段时间，然后一卷接着一卷放在床上右手靠墙的地方，一直把整个《韩德尔全集》堆成一个小山。随后他心满意足地仰靠在床上。

“是啊，韩德尔是大师中的大师！他善于用极少的手段取得极大的效果！”

一八二六年平静地结束了。两天之后卡尔启程去他的团队报到，贝多芬指定他是他惟一的继承人。愿上帝保佑他！他已竭尽所能了。

肿胀又慢慢开始了。他那做过药剂师的弟弟露面了，他卖弄他的聪明，对瓦鲁赫教授的措施连连摇头。贝多芬本人也开始怀疑起他的医生。在一月初又进行了一次处置之后，他请求把他从前的朋友马尔法蒂大夫找来，此人现在是维也纳的第一权威。他来了，并规定饮潘趣酒[②] 加冰和用冷水擦身。这对他是一种折磨，但通过含有酒精的冷冻饮料的作用，他觉得自己好多了。

①莎剧《暴风雨》中的缥缈的精灵。——译注

②原文为Punsch，此系用葡萄酒、果汁、香料、糖、茶混合在一起的一种饮料。——译注

“奇迹！奇迹！奇迹！”他喊道，“只有马尔法蒂的学识才能救我！”但这种高兴却为时不久。到二月初就不得不进行第三次穿刺。贝多芬原一直抱有希望，可现在他清楚了，这病会拖很长时间。他还只有一两百古尔登。加里钦侯爵还欠他订购的三部弦乐四重奏共一百二十五个杜卡特，可这笔钱迟迟不来。贝多芬虽然还拥有七千古尔登的股票，但是他把这笔钱看做是他侄子的不可侵犯的遗产。这时他想起了伦敦爱乐协会在一两年前曾提出为他举行一次募捐音乐会。当时他拒绝了，现在，当苦难叩打他的大门时，他重新提起了这件事。在伦敦人们对贝多芬的疾病和困难感到极为震惊。立即寄来了一千古尔登，对任何进一步的求助都极愿应允。但是待钱和复信到达维也纳时，五个星期已经过去了。

在此期间，贝多芬越来越衰弱；他终于知道已不再有救了。瓦鲁赫教授在二月底给他做第四次穿刺，并安慰他春天来了就会好转，这时他面带谦恭的微笑回答说：“我一天的工作已经结束。在这儿还能起死回生的医生，那他一定叫做‘奇迹’。”他这是隐喻韩德尔《弥赛亚》中的一个地方。

不，贝多芬知道，他的日子屈指可数了。正像莎士比亚《暴风雨》中的精灵之王普罗斯彼罗一样，他准备折断他的魔杖，自己去死。不久他就会站在上帝面前。他在他的面前通得过吗？

“在世界上，仅除了一种善良的意志之外，任何认为是善良的东西都不会没有限制。”他还是一个年轻人时就把康德的这句话挑选作为自己的指针。他忠实于这句话吗？

他的生活是艰苦的，沉重的，是一场持续不断的斗争。是一场与外来的苦难的斗争，这苦难一再地困扰他；是一场与世界的斗争，这个世界不理解他；是一场为自己的灵魂进行的斗争，这个灵魂他像爱一个儿子那样爱它；是一场与命运的斗争，这命运把他击成聋子；是一场与自身内部的黑暗势力的斗争；是一场与他的艺术进行的斗争——每一部新的作品都要经过那种一再重新爆发的斗争。为了把他想象中的东西谱写出来，要进行一场最可怕的、呕心沥血的斗争，这种斗争使创作者成为人类的殉道者。

他用他的呼吸和他的才智充实了音乐。所有震撼人的心灵的一切，他都让它们倾诉出来，更加清晰的，更加直接的，它能成为文字。他把音乐提升为全人类的语言。

全人类的？贝多芬，你这个老傻瓜，你是在做梦吧？你躺在这儿，身患不治之症，只有一两个朋友关心你，你的音乐已半被遗忘了，你还胡思乱想什么整个人类分享你的音乐？

在他合起的眼前一片光明。他看到许多人集聚在自己身旁，有孩子、男人和女人。他们虔诚信赖地仰视着他，他听到他们高呼：救救我们！你，伟大的人，伟大的人，把我们提升到你那样的高度！你看，我们还未成年，你馈赠给我们的那瑰丽多彩的一切，过于迅急地在我们上空一掠而过。给我们时间去理解你，当我们还不够完全懂得你时，你不要性急。贝多芬粲然一笑。"人们，我爱你们。我有耐心的。我的日子会充实起来的。过早地离开你们，这当然是令人难过。可我觉得，我还完全站在起点上。还有那么多事情要做！谁会是我的后继者？我怕我没有后继者。"

他觉得有人在晃动他的肩膀，于是睁开眼睛。辛德勒站在他的面前，手里拿着一本乐谱。他写道："我伟大的大师，我打搅了您吧？我今天给您带来了您定会喜欢的东西：弗朗茨·舒伯特的歌曲。您有兴趣翻一翻吗？您不会感到失望的！"

"呐，让我看看，"他读了第一首，又读第二首。"亲爱的辛德勒，如果您有事就忙去吧——我今天觉得满好，您放心做您的事好了。"

剩下贝多芬一个人。

他又读了一遍第一首歌。

"舒伯特！你是谁？你这个小家伙，你这个躲在斯塔因纳尔店铺里在老远地方从眼镜片后面经常奇怪地看我的人——舒伯特，你究竟是谁？你是为我而来！你是与我一样的人！你是我的兄弟！我和你长年地共同生活在同一座城市里，我的兄弟从我身边走过，而我不知道！现在我认识了你，现在，时间太晚了！"一声痛苦的大声叹息。"舒伯特！你这才华横溢的伟大艺术家！

你的乐思如同泉涌！你写的一切是那样真实！这一切从你那奇妙的心胸中源源不绝地流出！你一定像我一样有过痛苦！你多么纯洁多么高贵！'我陌生地走了进去，我又陌生地走了出来。'是啊，舒伯特，我相信你！"他继续读下去，风信旗的死一样的悲哀，结冰的泪水，凝结和整个冬日之旅[①]，直至街头艺人手摇风琴的可怖的尾声，歌声疲惫地断断续续，那伴奏近似精神错乱一样的单调乏味。这一切他都感受到了。噢，他一定要见他，握住他的手，同他说话，安慰他，如果他需要安慰的话。躺在这儿的是一个聋子，一个垂危的病人。舒伯特，年轻的健康人，还有比你的痛苦更强烈的痛苦呢！

"我伟大的大师，"辛德勒返了回来，他写道，"您已经都读完了这些歌曲？"

"在舒伯特身上闪烁着神圣的火花。他被人承认了吧？评论界是怎么说的？"

"责备他旋律贫乏，和声混乱。"

贝多芬点了点头。"老是这一套把戏。听听我的朋友莎士比亚是怎样回答的。"他拿起放在床头的一本书，翻到一个地方读了起来：

"你们这些蠢人！我和我的弟兄
都是命运的仆人。你们用来
铸造宝剑的材料，即使能
把清风一劈为二，或者
骄横的一斩，使河水两分，
可它对我有如绒毛，毫无伤损！

您把这诗告诉给弗朗茨·舒伯特，说是我叫您这样做的！找时间把他带来！不，不要太晚——快一点！明天！快些！我要认识一下我的后继者！"

---

①《冬日之旅》是舒伯特的一部歌集，内有《风信旗》、《结冰的泪水》、《凝结》、《菩提树》、《江湖艺人》等二十四首短歌。——译注

第二天，弗朗茨两膝发抖地登上黑西班牙人大厦的二层楼梯。在房门口他停了下来，把额头靠在一个小磁牌上，那上面就写着他的尘世上帝的名字。几年来，他一直渴望能被允许跨进这道门槛；可他从没有勇气去接近这位强者。现在那个人亲自召见他，他可以期待一次友好的接待；他伫立良久才下定决心扯动门铃。

辛德勒开开门。“大师今天非常虚弱，但他要见你，亲爱的舒伯特。”

他踏入病房，谦卑地站在门槛旁。在那边角落里有一张床。贝多芬死一样安详的头放在枕头上，蓬乱的长发围着憔悴的脸，深陷的双眼紧闭。

辛德勒走到床前，触动病人。这时双目睁开了，转向房门，舒伯特觉得世界一下子坍塌了，压在他的身上。贝多芬向他近旁的一把椅子点了点头，并示意辛德勒出去。舒伯特坐了下来，他说不出话来。贝多芬也一句话没说，他用消瘦苍白的两手握住舒伯特的手，有时温柔地抚摸着。舒伯特突然跪倒床前，把脸依在贝多芬的手上，抽泣起来。

临近结束了。贝多芬对医生们的最后一次嘱咐已不介意了。马尔法蒂在告别时说不久就会好转，这时贝多芬点了一下头并微笑着说了一句奥古斯丁皇帝垂死时说的那句话：“Plau-dite，amici，comoedia finita est.”①

这样的时刻到了：他再不能认出他四周的一切，他再不理解别人给他写的是什么了。

小格哈德悲哀地坐在他身边，握住他的手。贝多芬睁开双眼，看到了孩子。“斯台凡！”他惊奇地说道，“你是从哪儿来的？洛尔馨在这儿吗？妈妈呢？她来了，这多好啊！带上我！我要去波恩！带上我！”突然他微笑起来。“你还记得吗，斯台凡！

‘今天我还要与你分离，

①拉丁语：鼓掌吧，朋友，喜剧收场了。——译注

这事谁也无法阻拦——'

下面是怎么说的了？"

"他这是指的什么？"辛德勒轻声地说，"是少年时的回忆？"

布洛宁颔首。

"但是我不想再同你们分离！带上我！我要回家——去找母亲！"

三月二十四日清晨，给贝多芬行了临终宗教仪式。

不久之后他就失去了知觉。

与死的搏斗持续了两天之久。

太阳落下了。阴云密合。风在怒吼。暴风雪把万物都笼罩在白色的夜里。

这时一道闪电撕破了雪的帷幕，天穹的大门打了开来，贝多芬的灵魂返回到它永恒的故土。

作者后记

关于这本书同史料的关系，我想应当向读者交代几句。

有关贝多芬在波恩的青少年时代的情况，我们知道的比较少。因此，如果要从名字中创作出人，如果要从贝多芬的青少年时代和他作为人与作为艺术家的发展中塑造出一个生动的形象，那多半是必须借助想象的。其余的地方我严格地忠实于史料。只是在一些个别的无关紧要之处有意地加以偏离，这是因为，如果把它们严格地编入叙述的进程中，从艺术上来看似乎是无益的。——我既非音乐史家也非职业音乐家，这样，我就应当说明书中有关音乐历史方面我所利用的材料的来源。在某些地方我逐字地引用了有关作家的话。表现莫扎特的“音乐趣事”的地方，取自阿伯尔特－扬所著《莫扎特传》中引人入胜的描写。更多的我要感谢舍德曼的出色作品《青年贝多芬》，当然还有泰依尔的重要的《贝多芬传记》。此外，P.贝克尔的《贝多芬》、H.普菲茨内尔的《缺乏音乐功能的新美学》*(Die neue Asthetik der musikalischen Impotenz)*、W.克鲁格的《贝多芬的完成》，罗曼·罗兰的《贝多芬的大师时期》和W.恩格斯曼的《贝多芬的创作计划》对我特别有启发。每当需要简炼地概括贝多芬的个别作品时，我多次逐字引用了他们的观点。

图书在版编目（CIP）数据

扼住命运的咽喉：贝多芬传 /（德）费里克斯 · 胡赫著；高中甫译 .

-- 北京：新星出版社，2018.3

ISBN 978-7-5133-2981-1

Ⅰ. ①扼… Ⅱ. ①费… ②高… Ⅲ. ①贝多芬(Beethoven，ludwig Van 1770-1827) -传记 Ⅳ. ① K835.165.76

中国版本图书馆 CIP 数据核字（2018）第 018856 号

扼住命运的咽喉：贝多芬传

【德】费里克斯 · 胡赫 著；高中甫 译

责任编辑：简以宁
责任印制：李珊珊
装帧设计：冷暖儿

出版发行：新星出版社
出 版 人：马汝军
社 址：北京市西城区车公庄大街丙3号楼 100044
网 址：www.newstarpress.com
电 话：010-88310888
传 真：010-65270449
法律顾问：北京市岳成律师事务所

读者服务：010-88310811 service@newstarpress.com
邮购地址：北京市西城区车公庄大街丙3号楼 100044

印 刷：北京市松源印刷有限公司
开 本：660mm×970mm 1/16
印 张：30.5
字 数：435千字
版 次：2018年3月第一版 2018年3月第一次印刷
书 号：ISBN 978-7-5133-2981-1
定 价：69.00元